Ein ausführliches Verzeichnis
der jetzt über 230 Bände umfassenden
Guttentagschen Sammlung

Deutscher Reichs- und Preußischer Gesetze
Textausgaben mit Anmerkungen; Taschenformat

befindet sich hinter dem Sachregister

Guttentagsche Sammlung
Nr. 17. Preußischer Gesetze. Nr. 17.
Textausgaben mit Anmerkungen.

# Preußisches Gerichtskostengesetz

(neueste Fassung).

Nach dem Tode des früheren Herausgebers
Kammergerichtsrat Dr. P. Siméon

erläutert von

Geh. Oberjustizrat Otto Lindemann
Ministerialdirektor im Pr. Justizministerium.

Achte völlig umgearbeitete Auflage.

Berlin und Leipzig 1928.
Walter de Gruyter & Co.
vormals G. J. Göschen'sche Verlagshandlung — J. Guttentag, Verlagsbuchhandlung — Georg Reimer — Karl J. Trübner — Veit & Comp.

# Inhalt.

# Abkürzungen.

AG. = Ausführungsgesetz.

AG.BGB. = Ausführungsgesetz zum Bürgerlichen Gesetzbuche.

AVfg. = Allgemeine Verfügung des Justizministers.

Art. = Artikel.

BGB. = Bürgerliches Gesetzbuch.

Begr. = Begründung des Entwurfs des PrGKG. von 1895, Drucksache des Abgh. 7/1895.

Begr. AG. = Begründung zum Entwurfe des AG.BGB.

Begr. 1910 = Begründung zum Entwurf des PrGKG. vom 25. Juli 1910, Drucksache des Abgh. 24 A/1910.

Begr. 1922 = Begründung zum Entwurf eines Gesetzes, betreffend Abänderung des PrGKG. vom 25. Juli 1910, Preuß. Landtag 1. Wahlp., 1. Tagung 1921/22 Nr. 2195.

Bkm. = Bekanntmachung.

FGG. = Reichsgesetz über die Angelegenheiten der freiwilligen Gerichtsbarkeit.

DGKG. = Deutsches Gerichtskostengesetz.

G. = Gesetz.

GBO. = Grundbuchordnung für das Deutsche Reich.

Gruchot = Beiträge zur Erläuterung des deutschen Rechtes (Rassow und Küntzel).

GS. = Gesetz-Sammlung.

HO. = Hinterlegungsordnung.

JFGErg. = Entscheidungen des Kammergerichts in Miet- und Pachtschutz-, Kosten- und Strafsachen (Ergänzungsband zum Jahrbuch).

JM. = Justizminister.

JMBl. = Justiz-Ministerial-Blatt.

JR. = Juristische Rundschau.

JWG. = Jugendwohlfahrtsgesetz.

KB. = Kommissionsbericht des Abgeordnetenhauses über den Entwurf des PrGKG. von 1895, Drucksache 94/1895.

KB. 1910 = Kommissionsbericht des Abgeordnetenhauses über den Entwurf des PrGKG. vom 25. Juli 1910, Drucksache des Abgh. 365 A/1910.

KB. 1922 = Bericht des Ausschusses für das Rechtswesen, Preuß. Landtag, 1. Wahlp., 1. Tagung 1921/22 Nr. 3205.

KassO. = Kassenordnung für die Justizbehörden.

KGJ. = Jahrbuch für Entscheidungen des Kammergerichts.

LStG. = Preußisches Landesstempelgesetz.

PrFGG. = Preußisches Gesetz über die freiwillige Gerichtsbarkeit.

RG. = Entscheidung des Reichsgerichts (ohne nähere Angabe = Sammlung der Entscheidungen in Zivilsachen).

RGBl. = Reichsgesetzblatt.

Rsp. = Mugdan und Falkmann, Rechtsprechung der Oberlandesgerichte.

RStG. = Reichsstempelgesetz vom 15. Juli 1909.

RVO. = Reichsversicherungsordnung.

Vfg. = Verfügung.

ZPO. = Deutsche Zivilprozeßordnung.

ZVG. = Reichsgesetz über die Zwangsversteigerung und die Zwangsverwaltung.

Müller = Müller, Preußische Justizverwaltung 6. Aufl. 1910.

Die ohne nähere Bezeichnung angeführten Paragraphen sind solche des Preußischen Gerichtskostengesetzes.

# Einleitung.

1. Der 1. Januar 1900 brachte ein einheitliches bürgerliches Recht und ein reichsrechtlich geordnetes Verfahren in den Angelegenheiten der freiwilligen Gerichtsbarkeit, mit Einschluß der Grundbuchsachen. Auch für die Zwangsversteigerung und die Zwangsverwaltung trat eine einheitliche reichsgesetzliche Ordnung in Kraft. Nur das Kostenrecht blieb von der Reichsgesetzgebung nahezu unberührt. An die deutschen Prozeßordnungen, die am 1. Oktober 1879 Geltung erlangten, hatte sich das deutsche Gerichtskostengesetz geknüpft, das für das ganze Reichsgebiet die Kosten in streitigen Rechtssachen einheitlich regelte. Die Reichsgrundbuchordnung und das Gesetz über die Angelegenheiten der freiwilligen Gerichtsbarkeit wurden jedoch von einem Reichsgesetz über die Kosten dieser Angelegenheiten nicht begleitet. Der Grund für diese Beschränkung ist darin zu finden, daß die reichsrechtliche Regelung der freiwilligen Gerichtsbarkeit und besonders der Grundbuchsachen nur Hauptgrundsätze aufstellt und die Regelung im einzelnen der Landesgesetzgebung überläßt, welche in den einzelnen Ländern wesentliche, zum Teil durch die historische Entwicklung bedingte Verschiedenheiten aufweist. Auch die Verknüpfung der freiwilligen Gerichtsbarkeit mit dem Notariatswesen, das gleichfalls in den einzelnen Ländern verschieden gestaltet ist, ließ eine reichsrechtliche Regelung des Kostenwesens in der freiwilligen Gerichtsbarkeit nicht angezeigt erscheinen.

Es ist deshalb bei der landesgesetzlichen Regelung der Kosten für die Geschäfte der freiwilligen Gerichtsbarkeit sowie für die — dem Verfahren nach zur streitigen Gerichtsbarkeit gehörende — Liegenschaftsvollstreckung verblieben. Das PrGKG. von 1895 —, dessen systematische Stoffordnung übrigens dem Reichsgesetzgeber im wesentlichen als Vorbild für den Aufbau des FGG. gedient hat —, mußte bei dieser Umgestaltung des Verfahrens und des bürgerlichen Rechtes bereits im Jahre 1899 in vielen Punkten geändert und ergänzt sowie dem Sprachgebrauche der neuen Gesetzgebung angepaßt werden. Eine einheitliche, alle Änderungen umfassende Novelle wurde allerdings nicht aufgestellt. Vielmehr zerlegte man die Zusätze und die Abweichungen von dem bisherigen Gesetzestexte in drei Massen von ungleichem Umfange, die drei verschiedenen Gesetzen anderen Inhalts, den Ausführungsgesetzen zum BGB., zum ZVG. und zur GBO., als Anhängsel einverleibt wurden. Demnächst hat der Justizminister auf Grund gesetzlicher Ermächtigung die so zerstreuten Vorschriften wieder gesammelt und in einer amtlichen Bekanntmachung des sich aus ihnen ergebenden mit veränderter Paragraphenzählung versehenen Gesetzestextes zusammengestellt.

2. Die Prozeßnovelle von 1909 führte bekanntlich zu einer Änderung des DGKG., die hauptsächlich in der Pauschalierung der als Schreib- und Postgebühren zu entrichtenden baren Auslagen gipfelte. Der Wunsch, auch das landesrechtliche Kostengesetz mit dieser Änderung in Einklang zu bringen, gab den Anstoß zu einer erneuten Umgestaltung des PrGKG. Sie beschränkte sich aber keineswegs darauf, dieses Kostengesetz nur den neuen reichsrechtlichen Kostenvorschriften anzupassen. Man erstrebte dabei zugleich und in erster Linie das finanzielle

Ergebnis des Gesetzes zu verbessern, zumal auch die Stempelabgaben durch die zum PrStStG. erlassene Novelle von 1909 nicht unbeträchtlich erhöht worden waren. Das neue Gesetz steigerte deshalb fast durchweg die Kostensätze. Sodann aber war man bemüht, durch einfachere und klarere Fassung mancher Vorschriften den Zweifeln und Schwierigkeiten abzuhelfen, die sich bei der Handhabung des Gesetzes in der Praxis ergeben hatten. Ein Kostengesetz, das sich allen Feinheiten des Rechtssystems mit bewundernswerter wissenschaftlicher Durchbildung auf das sorgsamste anpaßt, erfordert zu seiner Anwendung ein Maß von Rechtskenntnissen und logischer Schulung, wie es bei den Gerichtsschreibern und den Gehilfen der Notare nicht immer vorausgesetzt werden kann. Auch die Rechtsprechung des Kammergerichts hatte zu einer durchweg zutreffenden Handhabung des Gesetzes nicht führen können, da sie (nach einer Regierungsbemerkung in der Kommission) von den Notaren und Gerichtsschreibern vielfach nicht ausreichend beachtet wurde. Die Novelle von 1910 hat deshalb auch einzelne Vorschriften vereinfacht, von denen hauptsächlich der bisher sehr schwierig gefaßte § 40 (jetzt 39) hervorzuheben ist. Sie hat ferner einige offenbare Härten des bisherigen Gesetzes beseitigt. Wichtig war ferner die Neuerung, daß Beschwerden in gerichtlichen Landesstempelsachen — wie schon seit 1909 in Reichsstempelangelegenheiten — ausschließlich im Aufsichtsweg entschieden werden, soweit der Stempel nach dem 1. Oktober 1910 fällig geworden ist. Es wurde dadurch der eigenartige Zustand beseitigt, daß nach drei gerichtlichen Instanzen der Justizminister im Einverständnisse mit dem Finanzminister in vierter Instanz entschied, worauf dann die Prozeßgerichte bis zum Reichsgerichte hinauf als fünfte, sechste und siebente Instanz angerufen werden konnten. Jetzt ist das Beschwerdeverfahren bis zur Ministerialinstanz reine Verwaltungsangelegenheit. Dem Zahlungspflichtigen bleibt es aber unbenommen, wie bisher, durch Klage auf Rückzahlung des Stempels den Rechtsweg zu beschreiten.

Der Justizminister hat das Gesetz mit den sich ergebenden Änderungen wiederum neu bekannt gemacht (am 6. August 1910), wobei — zum zweiten Male seit seiner Entstehung — auch die Paragraphenzählung wieder geändert wurde.

3. Die nächste Änderung brachte das Gesetz vom 17. Februar 1917 (GS. 17), das die Pauschsätze auf 15% erhöhte. Während sodann durch das Gesetz vom 4. Juli 1919 eine geringe sachliche Änderung insofern eintrat, als die Erhebung einer Zusatzgebühr bei Gebrauch einer fremden Sprache auf die Fälle beschränkt wurde, in denen es sich um eine im Gerichtsbezirk nicht gebräuchliche Sprache handelte, begann mit dem Gesetz über Kriegszuschläge zu den Gebühren der Notare, Rechtsanwälte und Gerichtsvollzieher und zu den Gerichtskosten vom 6. Juli 1918 (GS. 128) bereits die lange Reihe der durch die wachsende Inflation bedingten Änderungen der Gebühren. Zunächst erfolgte eine Erhöhung der Beurkundungsgebühren um $^{3}/_{10}$ und eine solche der Schreibgebühren. Das Gesetz vom 29. April 1920 (GS. 152) steigerte diese Erhöhung bereits auf $^{20}/_{10}$ und erhöhte die Pauschsätze auf 30%, während das alsbald nachfolgende Gesetz vom 10. Dezember 1920 (GS. 2098) diese Gebührenerhöhung auf alle Gebühren ausdehnte. Im Jahre 1922 wurden mehrfache Erhöhungen der Gebühren erforderlich. Das Gesetz vom 10. Februar 1922 (GS. 34) steigerte die Erhöhung auf $^{30}/_{10}$, bei Werten über 10 000 M. auf $^{40}/_{10}$; das Gesetz vom

24. Juli 1922 (GS. 191) ersetzte die $^{30}/_{10}$ durch $^{40}/_{10}$, die $^{40}/_{10}$ durch $^{50}/_{10}$; das Gesetz vom 30. September 1922 (GS. 301) erhöhte alle Gebühren auf das Zwanzigfache mit Ausnahme der Gebühren in Vormundschaftssachen, die auf das Dreifache erhöht wurden.

Einen Abschnitt in dieser fieberhaften Arbeit der Gesetzgebungsmaschine machte die Novelle vom 28. Oktober 1922 (GS. 335). Sie bezweckte neben einer durch die Zeitverhältnisse gebotenen weiteren Erhöhung der Gebühren durch Vereinfachung der Kostenvorschriften Verminderung der Ausgaben herbeizuführen. Die Abänderung der Kostenvorschriften erstreckte sich daher in der Hauptsache auf eine Herabsetzung der Anzahl der Gebührenreihen, auf deren bessere Übersichtlichkeit und auf eine Verminderung der verschiedenen Gebührensätze. Durch die Vereinfachung der Gebührentabellen sollten die Kostenschuldner in den Stand gesetzt werden, in einer Reihe von Fällen die Gebühren selbständig zu berechnen, und durch die Einführung der Vorschußpflicht sollte auf sie eingewirkt werden, die Kosten tunlichst durch Verwendung von Kostenmarken zu entrichten. Unter dem Datum vom 28. Oktober 1922 wurde das Gesetz in neuer Fassung und Paragraphenfolge vom Justizminister bekanntgemacht (GS. 363).

Art. IV des Gesetzes vom 28. Oktober 1922 führte bereits einen Teuerungszuschlag von 400%, zur Mindestgebühr einen solchen von 650% ein und ermächtigte das Staatsministerium, diesen Teuerungszuschlag entsprechend den Veränderungen des Diensteinkommens der Beamten zu ändern. Der weiter fortgeschrittenen Geldentwertung trug das Gesetz vom 12. April 1923 (GS. 107) Rechnung, indem es, von einigen Änderungen der Gebührensätze abgesehen, die Ermächtigung des Staatsministeriums dahin erweiterte, daß es im Falle einer wesentlichen Änderung der wirtschaftlichen Verhältnisse die Gebühren anderweitig festsetzen könne. Diese Änderungen geschahen in rascher Folge im Wettlauf mit der weiter steigenden Inflation. Nachdem zunächst in mehreren Staatsministerialverordnungen versucht war, die Gebühren der Inflation unter Beibehaltung der Berechnung in Papiermark anzupassen, ging die Sechste Verordnung des Staatsministeriums über anderweite Festsetzung der Gebühren der Gerichte, Notare, Rechtsanwälte und Gerichtsvollzieher vom 4. Oktober 1923 (GS. 459) dazu über, die Gebühren nach Grundzahlen zu berechnen, die mit der jeweiligen Reichsindexzahl für die Lebenshaltungskosten zu vervielfältigen waren. Die Siebente Verordnung vom 18. Dezember 1923 (GS. 556) endlich normierte unter Aufstellung eines neuen Tarifs die Gebühren in Gold.

Das alsbald nach Stabilisierung der Währung einsetzende Drängen der Wirtschaftskreise auf Herabsetzung der Gerichtskosten und Notariatsgebühren hat bisher zu einem Ergebnis nicht geführt. Es sind nur unbedeutende Fassungsänderungen durch die V. v. 31. 8. 1925 (G. S. 111) — Einfügung des § 7 Abs. 1 Nr. 7 —, die V. v. 2. 7. 1926 (G. S. 192) — Ersetzung der Goldmark durch Reichsmark — und das Gesetz v. 30. 11. 1927 (G. S. 201) — Beseitigung der Funktionsbezeichnung „Gerichtsschreiber" — erfolgt.

# Preußisches Gerichtskostengesetz

(neueste Fassung).

## Erster Teil.

## Angelegenheiten der freiwilligen Gerichtsbarkeit.

Den Gegensatz zur freiwilligen Gerichtsbarkeit bildet die streitige Gerichtsbarkeit (Teil II) und die Justizverwaltung (§ 140). Unter die freiwillige Gerichtsbarkeit fallen alle in den Abschnitten zwei bis acht des ersten Teiles behandelten Gegenstände (vgl. FGG. und PrFGG.). Die Vorschriften des ersten Teils beziehen sich nur auf die vor die ordentlichen Gerichte gehörigen Angelegenheiten der freiwilligen Gerichtsbarkeit (§§ 132, 133).

### Erster Abschnitt.

### Allgemeine Bestimmungen.

**Verpflichtung zur Kostenzahlung.**

**§ 1.** Zur Zahlung der Kosten ist, soweit nicht in diesem Gesetz ein anderes bestimmt ist, derjenige verpflichtet, durch dessen Antrag die Tätigkeit des Gerichts veranlaßt ist, und bei Geschäften, welche von Amts wegen betrieben werden, derjenige, dessen Interesse dabei wahrgenommen wird. Soweit ein Beteiligter zur Tragung der Kosten des Verfahrens verurteilt ist, trifft auch ihn die Zahlungspflicht.

**Übersicht zu § 1:**

1. Allgemeine Regel über die Kostenzahlungspflicht.
2. Begriff des Antragstellers.
3. Von Amts wegen vorzunehmende Geschäfte.

4. Verurteilung in die Kosten.
5. Stempel.
6. Erstattung unter den Beteiligten.

1. Die allgemeine Regel über die Kostenzahlungspflicht ist in Satz 1 enthalten. Sonderbestimmungen finden sich in § 3 (Erhebung aus dem Nachlaß), § 4 (freiwillige Übernahme der Kosten), § 5 (Zahlungspflicht nach den Vorschriften des bürgerlichen Rechts), § 23 (Beweisaufnahme über den Wert eines Gegenstandes), § 44 Abs. 6 und § 45 Abs. 2 (Versteigerungen), § 53 Abs. 2 (Beurkundung eines Rechtsgeschäfts in fremder Sprache), § 66 Abs. 2 (Anlegung von Bahngrundbüchern), § 87 Abs. 1 Satz 3 (Anmeldung von Nachlaßforderungen auf Aufforderung eines Nacherben), § 92 Abs. 1 (Haftung des Vaters oder der Mutter in den Fällen § 92 Abs. 1 Nr. 4—6), § 100 (Kosten der Dispache), § 101 (handelsrechtliches Ordnungsstrafverfahren), § 107 (vereitelte Termine), § 129 (Zwangsversteigerung und Zwangsverwaltung bei Gegenständen des unbeweglichen Vermögens).

2. Begriff des Antragstellers. „Antragsteller" ist bei Urkunden über Rechtsgeschäfte jeder, dessen Erklärung aufgenommen oder dessen Unterschrift beglaubigt wird (Begr. 64). Als Antragsteller haftet auch, wer nur die Annahme einer gleichzeitig beurkundeten Verpflichtung beurkunden läßt. Nicht als Antragsteller haftet derjenige, dessen Erklärung nur gelegentlich der Vornahme des Geschäfts mit beurkundet wird, z. B der Bieter bei einer Versteigerung, der Aktionär beim Generalversammlungsprotokoll, der Wechselschuldner bei der Protesterhebung. Das „vorgelesen, genehmigt" unter einer notariellen oder gerichtlichen Urkunde macht nicht jeden Unterzeichner zum Antragsteller aller in der Urkunde enthaltenen Anträge im Sinne des § 1 KG. 10. 6. 10, 1a X 515/10.

In Grundbuchsachen ergeben §§ 3 ff GBO., wer als Antragsteller anzusehen ist. Nach § 13 Abs. 2 GBO. kann der Antrag von demjenigen, dessen Recht von der Eintragung betroffen wird, oder von demjenigen, zu dessen Gunsten die Eintragung erfolgen soll, gestellt werden; steht demjenigen, der den Antrag stellt und demgemäß allein für die Kosten haftet, gesetzliche Gebührenfreiheit zu, so müssen die Kosten außer Ansatz bleiben (AVfg. v. 24. 11. 24 JMBl. 400). Für die Kosten der auf Antrag einer Behörde im Wege des Verwaltungsverfahrens erfolgenden Grundbucheintragungen haftet der Grundstückseigentümer unmittelbar KG. 12. 10. 17 (KGJ. 50, B 246); ebenso für die Kosten der Eintragung einer auf Antrag des Finanzamts eingetragenen Hypothek zur Sicherung des Anspruchs auf Zahlung von Reichssteuern KG. 13. 10. 22 (JFGErg. 1, 62).

In Registersachen steht die Anmeldung dem Antrage gleich; bei Verpflichtung zur Anmeldung ist der Antragswille zu vermuten KG. 19. 10. 05 (KGJ. 31, B 22).

Handelt der Antragsteller als Vertreter für einen anderen, so entscheidet das bürgerliche Recht, ob der Machtgeber oder nur der Vertreter oder beide nebeneinander für die Kosten haften (BGB. §§ 164—180). Nach § 168 Satz 2 FGG. ist im Urkundswesen der Erklärende Beteiligter, also Partei, selbst wenn er seine Erklärung als Vertreter in fremdem Namen abgibt, diese Bestimmung bezieht sich aber nur auf die formelle, nicht auf die sachliche Beteiligung (RG. 49, 129); als Kostenschuldner ist gleichwohl nicht der Vertreter, sondern der Vertretene anzusehen. Betreibt ein Notar, der einen Antrag beurkundet hat, die Beglaubigung seiner Unterschrift zum Zwecke der Legalisation, so trifft die Kostenpflicht den Vertretenen, nicht den Notar KG. 2. 11. 23 (JFGErg. 1, 90). Ein Vertreter ohne Vertretungsmacht (falsus procurator) haftet persönlich KG. 2. 1. 82 (KGJ. 3, 191). Über Haftung der für eine noch im Gründungsstadium stehende Aktiengesellschaft oder Gesellschaft mit beschränkter Haftpflicht handelnden Person vgl. RG. 72, 401. Beantragt ein Miterbe im eigenen Interesse einen gemeinschaftlichen Erbschein, so haftet er allein für die Kosten, Erhebung aus der Masse ist unzulässig KG. 4. 7 07 (KGJ 34, B 3). Wer, ohne Vertreter zu sein, mit Wirkung für ein fremdes Vermögen handelt, wie der Konkursverwalter, Nachlaßverwalter, Zwangsverwalter, Testamentsvollstrecker (GGJ. 13, 142; 12, 150), haftet nicht persönlich, solange er sich im Rahmen einer ordnungsmäßigen Wirtschaft hält; Kostenschuldner ist die Vermögensmasse, für die er kraft Amtes auftritt Bei den Anmeldungen zum Handelsregister handeln die Vorstandsmitglieder nicht als Vertreter der Gesellschaft, sondern im eigenen Namen (KGJ. 31, A 206), Kostenschuldnerin ist aber allein die Gesellschaft KG 20 6. 07 (KGJ. 34, B 9). Die Gesellschafter einer Gesellschaft mit beschränkter Haftpflicht haften für die Kosten der Eintragung der Beendigung der Liquidation und des Erlöschens der Firma ins Handelsregister und für die Kosten der erforderlichen Bekanntmachungen selbst dann nicht persönlich, wenn das Vermögen der Gesellschaft bereits restlos verteilt ist KG. 12 3. 26 (JFGErg. 4, 234)

3. Von Amts wegen vorzunehmende Geschäfte. Wer nur eine von Amts wegen zu übende Gerichtstätigkeit anregt, gilt nicht als Antragsteller (KB. 1), Antrag, wegen Firmenmißbrauch ein;uschreiten, begründet also nicht die Zahlungspflicht KG. 5. 10. 08, 1a X 797/08. Das gleiche gilt für Beschwerde eines Unbeteiligten im Interesse des Mündels KGJ 5, 3; 6, 3; 19, 129; Anträge aus § 1666 BGB KG. 19. 12. 04 (KGJ 29, B 7); Antrag auf Zuordnung eines Pflegers (RVfg. d. JM. v. 25. 2. 02); auch eine Anzeige, daß das Bedürfnis zur Bestellung des Pflegers in Wegfall gekommen ist, ist nicht als Zurücknahme eines Antrags anzusehen. Für die Entscheidung über die Anträge, welche von den Organen des Handelsstandes zum Handelsregister gestellt werden, sind Gerichtskosten nicht zu erheben; wird eine auf Grund des § 126 FGG. erhobene Beschwerde zurückgewiesen, so sind keine Gebühren, sondern nur Auslagen zu erheben (AVfg. v. 16. 11. 99 JMBl. 347). Für die diesen

Organen auf Antrag erteilten Registerabschriften sind Schreib- und Postgebühren zu erheben KG. 28. 11. 04 (KGJ. **29**, B 3). Ein Antrag auf Testamentseröffnung begründet keine persönliche Haftung des Antragstellers, vielmehr tritt die Kostenhaftung des Nachlasses gemäß § 3 ein. Auch bei widerrufenen Testamenten sind die Eröffnungskosten von den Beteiligten zu erheben KGJ. **43**, 332.

Als Geschäfte, welche von Amts wegen betrieben werden, bei denen aber das Interesse einer beteiligten Person wahrgenommen wird, kommen namentlich Vormundschaften, Pflegschaften und Beistandschaften in Betracht. Bei Beschwerden in Vormundschaftssachen ist das Kind Schuldner bei den in seinem Interesse erhobenen Beschwerden. Verfolgt der Beschwerdeführer ein eigenes Interesse, so ist er als Antragsteller zahlungspflichtig.

Die Löschung einer infolge erfolgter Auflassung gegenstandslos gewordenen Vormerkung erfolgt nur auf Antrag; die Kosten einer trotzdem von Amts wegen erfolgten Löschung trägt der Grundstückseigentümer, falls nicht der § 10 eine Niederschlagung rechtfertigt KG. 23. 4. 20 KGJ. **52**, B 228.

Liegt die Tätigkeit des Gerichts lediglich im öffentlichen Interesse und ist noch kein Zahlungspflichtiger durch besondere Bestimmung bezeichnet, so entfällt die Gebührenpflicht; daher werden keine Kosten erhoben für ein ergebnislos bleibendes Löschungs- oder Ordnungsstrafverfahren KG. 28. 11. 04 (KGJ. **29**, B 10); 6. 6. 04 (Rsp. **12**, 221).

4. Eine Verurteilung in die Kosten, welche nach Satz 2 die Zahlungspflicht des Verurteilten gegenüber der Staatskasse, und zwar, soweit noch andere Verpflichtete vorhanden sind, als Gesamtschuldner, begründet, findet nur ausnahmsweise statt. Nach Art. 9 PrFGG. kann das Gericht, wenn an einer Angelegenheit der freiwilligen Gerichtsbarkeit mehrere Personen beteiligt sind, bei der von ihm zu treffenden Entscheidung auf Antrag einen Beteiligten verurteilen,

diejenigen Kosten des Verfahrens ganz oder teilweise zu tragen, welche er durch ein unbegründetes Gesuch, einen unbegründeten Widerspruch oder eine unbegründete Beschwerde, durch vorzeitiges Anrufen des Gerichts, durch eine Versäumung oder durch grobes Verschulden veranlaßt hat. Diese Verurteilung darf nur bei der Hauptentscheidung erfolgen und kann später nicht mehr beantragt werden KG. 1. 8. 11 (KGJ. **41**, 7). Nicht erforderlich ist, daß Kostenentscheidung und Hauptentscheidung gleichzeitig ergehen, sofern nur der zur Verurteilung erforderliche Antrag vor der Hauptentscheidung gestellt ist, so daß das Gericht in der Lage war, beide Anträge zusammen zu erledigen KG. 17. 6. 12 (KGJ. **43**, 243). Eine Verurteilung in die Kosten findet ferner statt bei der Festsetzung einer Ordnungsstrafe nach § 138 FGG., Art. 16 PrFGG. und im Falle der Beweisaufnahme behufs Festsetzung des Werts gemäß § 23. Außer diesen Fällen von Verurteilung in die Kosten kommt eine Entscheidung des Gerichts über die subjektive Kostenpflicht nur noch insofern in Frage, als diese Kostenpflicht durch Niederschlagung der Gerichtskosten seitens des Gerichts gemäß § 10 beseitigt werden kann. Wenn sonst das Gericht in einer Angelegenheit der freiwilligen Gerichtsbarkeit „kostenpflichtig" oder „kostenfrei" entscheidet, so ist das kein notwendiger Bestandteil der Entscheidung, sondern hat nur die Bedeutung einer Anweisung an den Gerichtsschreiber, daß die Kosten nach dem Gesetz zu erheben bzw. daß kein Anlaß vorliegt, sie nicht zu erheben; in diesen Fällen ist gegen einen mit der Hauptentscheidung verbundenen Kostenausspruch nicht das gegen die Hauptentscheidung zulässige Rechtsmittel, noch überhaupt der Beschwerdeweg gegeben; es kann nur gegen den Ansatz oder Nichtansatz von Gerichtskosten im Wege der Erinnerung und unbefristeten Beschwerde (§§ 24, 26) vorgegangen werden KG. 23. 10. 14 (KGJ. **47**, B 275); 22. 1. 09 (KGJ. **37**, B 43).

5. Für den Stempel bestimmt sich die Zahlungspflicht nach den Vorschriften des LStG. (§ 29; §§ 12, 13 LStG.).

Daneben gelten aber die Bestimmungen des PrGKG. in §§ 3—5 (LStB. § 4; abgedruckt im Anhang IV).

Für die Verwahrungsgebühr in Hinterlegungssachen bestimmt § 41 Nr. 1 HO „Zur Zahlung der Kosten ist auch der Empfangsberechtigte, an den oder für dessen Rechnung die Herausgabe verfügt ist, sowie derjenige verpflichtet, in dessen Interesse das Hinterlegung veranlassende Ersuchen einer Behörde gestellt ist".

6. Das Gesetz regelt nur die Zahlungspflicht gegenüber der Staatskasse; ob einer der Beteiligten gegen den anderen einen Anspruch auf Erstattung der ihm durch das Verfahren der freiwilligen Gerichtsbarkeit entstandenen Kosten hat, richtet sich nach den Grundsätzen des materiellen Rechts. Neben besonderen Vorschriften (z. B § 369 BGB. — Kosten der Quittung —, § 449 BGB. — Kosten der Auflassung und Eintragung —, § 897 BGB. — Kosten der Grundbuchberichtigung —, §§ 261, 2028, 2057 BGB — Kosten der Abnahme des Offenbarungseides —, §§ 1034, 1035, 1093, 1372, 1528, 2122 BGB. — Kosten der Feststellung des Zustandes oder Wertes einer Sache und der Aufnahme eines Bestandverzeichnisses —, § 1217 BGB. — Kosten der Bestellung eines Verwahrers für die Pfandsache —, § 254 Abs. 4 HGB — Kosten der Berufung einer Generalversammlung —) kommen die allgemeinen Vorschriften des bürgerlichen Rechts, insbesondere die Grundsätze von der Gemeinschaft oder Gesellschaft, dem Auftrage oder der Geschäftsführung ohne Auftrag, von der ungerechtfertigten Bereicherung und den unerlaubten Handlungen in Betracht. In dem Erinnerungs- und Beschwerdeverfahren der §§ 24 ff hat das Gericht nicht darüber zu entscheiden, ob dem als Kostenschuldner in Anspruch Genommenen im Falle des Obsiegens etwaige außergerichtliche Kosten zu erstatten sind KG. 10. 12 08 (KGJ. 37 B 6). Gerichtliche Festsetzung der zu erstattenden Kosten kann nach Art. 9 ff PrFGG vorkommen

**Gesamthaftung.**

**§ 2.** (1) Mehrere Kostenschuldner haften als Gesamtschuldner.

(2) Stehen auf seiten einer Partei mehrere in Rechtsgemeinschaft befindliche Personen, so haften dieselben für die Kosten nach Verhältnis ihres Anteils und, soweit ein bestimmter Anteil nicht zu ermitteln ist, nach Kopfteilen.

(3) Sind durch besondere Anträge eines Beteiligten Mehrkosten entstanden, so fallen diese Kosten ihm allein zur Last.

1. Regelmäßig tritt Gesamthaftung mehrerer Kostenschuldner ein. Besonders geregelt ist die Haftung der Miterben im § 3 und die Haftung für die Gebühren in der Liegenschaftsvollstreckung nach § 129. Mehrere Ersteher bei freiwilliger Versteigerung haften für die Kosten des Zuschlags getrennt § 46 Abs. 4 und 6. Wird im Erbteilungsverfahren mit einem Dritten vor dem Teilungsgericht ein Vertrag geschlossen, so ist dieser hinsichtlich der im § 84 Abs. 2 bezeichneten Gebühr zahlungspflichtig. Bei mehreren Mündeln sind die Kosten für jeden nach seinem Vermögen besonders zu berechnen (§ 90). Beim Eigentumsübergang an Grundstücken kann der Eintragungsantrag sowohl vom Veräußerer wie vom Erwerber gestellt werden; wer den Antrag gestellt hat, haftet für die Kosten der Eintragung, stellen beide einen Antrag, so haften sie als Gesamtschuldner.

Das Gesamtschuldverhältnis ist nach BGB. §§ 421 ff. zu beurteilen: Unterbrechung der Verjährung wirkt nur gegen den einzelnen. Soweit ein Rückgriffsanspruch unter den Beteiligten besteht, geht die Forderung auf den Leistenden über und zwar mit den von der Gerichtskasse erworbenen Hypotheken und Pfandrechten: BGB. § 401. Die Kasse darf daher, sofern ein Ausgleichsanspruch unter den Kostenschuldnern besteht, über die von ihr erworbenen Sicherungsrechte nur mit Zustimmung aller Kostenschuldner verfügen.

Die Reihenfolge, in der die einzelnen Gesamtschuldner heranzuziehen sind, ist durch KassO. § 17 Abs. 7 bestimmt: Wer die Kosten eines Verfahrens durch eine dem Gericht gegenüber abgegebene oder dem Gericht mitgeteilte Erklärung übernommen hat oder wer nach gesetzlicher Vorschrift oder im Verhältnis der Beteiligten untereinander zunächst zur Kostentragung verpflichtet erscheint, ist in der Regel ohne weiteres als Erstschuldner zur Zahlung der Gesamtschuld heranzuziehen, so z. B. der Käufer (§ 449 BGB.); ist jedoch die Zahlungsfähigkeit des Erstschuldners zweifelhaft, so ist von vornherein ein anderer Gesamtschuldner als Erstschuldner in Anspruch zu nehmen. Hierbei hat sich der Gerichtsschreiber nach den Umständen des Falles darüber schlüssig zu machen, ob nur einer der Gesamtschuldner für den Gesamtbetrag oder zunächst jeder für einen Kostenanteil in Anspruch zu nehmen ist. Ein Rechtsanspruch auf diese nur durch Verwaltungsvorschrift vorgesehene Reihenfolge besteht für die Partei jedoch nicht. Sie kann keine Erinnerung oder Beschwerde darauf stützen, sondern lediglich die Dienstaufsichtsbehörde anrufen.

2. Voraussetzung der Anwendbarkeit des Abs. 2 ist, daß mehrere in Rechtsgemeinschaft befindliche Personen (z. B. Mieteigentümer, Gesellschafter, Miterben) auf seiten einer Partei stehen, d. h. bei dem kostenpflichtigen Geschäft ein gemeinschaftliches Geschäftsinteresse verkörpern. Möglich ist, daß die Rechtsgemeinschaft erst durch das kostenpflichtige Geschäft begründet wird, z. B. durch Verkauf an mehrere zu Miteigentum. Die in Rechtsgemeinschaft stehenden Personen haften anteilmäßig, falls bestimmte Anteile nicht zu ermitteln sind, nach Kopfteilen.

3. Als durch besondere Anträge eines Beteiligten entstandene Mehrkosten kommen außer Schreibgebühren für besonders beantragte Abschriften auch Gebühren in Betracht, z. B. die Zusatzgebühr für Erklärun-

gen in fremder Sprache (§ 53). Bei zusammengesetzten Geschäften haftet jeder, soweit sein Antrag oder sein Interesse reicht (§ 1).

4. Auf Stempel ist § 2 nicht anwendbar (§ 29). Nach § 12 Abs. 2 LStG. haftet von mehreren zur Zahlung der Stempelsteuer Verpflichteten jeder einzelne als Gesamtschuldner.

**Erhebung aus der Masse.**

**§ 3.** (1) Die Kosten der Eröffnung einer Verfügung von Todes wegen, der Sicherung des Nachlasses, der Nachlaßpflegschaft, der Inventarerrichtung und der Erklärung einer als Testamentsvollstrecker berufenen Person gegenüber dem Nachlaßgerichte, daß sie das Amt annehme, ablehne oder kündige, können aus dem Nachlaß entnommen werden; dasselbe gilt für die Kosten der Pflegschaft für einen Nacherben, der noch nicht erzeugt ist oder dessen Persönlichkeit erst durch ein künftiges Ereignis bestimmt wird, sofern eine Nacherbfolge nicht eintritt. Für die Zahlung der Kosten haften die Erben nach den Vorschriften über Nachlaßverbindlichkeiten.

(2) Für die Kosten der Teilung von Vermögensmassen haften die Anteilsberechtigten als Gesamtschuldner.

(3) Die einem Erben oder einem Anteilsberechtigten zustehende Gebührenfreiheit entbindet ihn nicht von der Entrichtung der in den Abs. 1, 2 bezeichneten Gebühren.

1. Unter Abs. 1 fallen die Kosten, die auch im Konkurs als Masseschuld gelten (§ 224 Nr. 4 KO.). Das gleiche gilt von den Kosten eines Aufgebots der Nachlaßgläubiger

und einer Nachlaßverwaltung (§ 1975 BGB.) KG. 9. 11. 05 (KGJ. 31, B 26). Die Kosten eines Erbscheins gehören nicht zu den Masseschulden und sind auch in § 3 ausgeschieden. Für die Erbscheingebühr haften also die Erben persönlich und unbeschränkt, sie darf nicht aus der Masse erhoben werden KG. 4. 7. 07 (KGJ. 34, B 3). Dagegen fallen unter § 3 die Kosten für Erklärungen des Testamentsvollstreckers und die Kosten der Pflegschaft für einen nicht erzeugten Nacherben (§ 1913 Satz 2 BGB.); in anderen Fällen sind nur die Nacherben selbst Kostenschuldner, sofern sie ermittelt werden KG. 30. 4. 09 (KGJ. 38, B 30). Für die im Abs. 1 bezeichneten Kosten haftet der Erbe oder Antragsteller zunächst nicht persönlich, sondern nur nach den Vorschriften über die Nachlaßverbindlichkeiten (§§ 1975 ff. BGB.); ein entsprechender Vermerk ist in die Kostenrechnung aufzunehmen KG. 9. 11. 05 (KGJ. 31, B 26). Mehrere Erben haften als Gesamtschuldner (§ 2058 BGB.). Die Haftungsbeschränkung ist nach § 781 ZPO. geltend zu machen (§ 24 Abs. 3). Die Kasse kann also zunächst unbeschränkt vollstrecken und den Einwand der beschränkten Haftung abwarten; es gelten dann die Grundsätze über die beschränkte und die unbeschränkte Haftung des Erben. Selbstverständlich hat § 3 nur die auf Grund begründeter Anträge oder von Amts wegen entwickelte Tätigkeit des Gerichts im Auge, so daß die Haftung des Antragstellers für unbegründete oder zurückgenommene Anträge (§ 105 Abs. 2) nicht berührt wird (vgl. § 86 Abs. 1).

In Hinterlegungssachen können die Kosten der Masse entnommen werden, soweit diese in barem Gelde besteht (§ 41 Nr. 2 HO.).

**2.** Unter Abs. 2 fallen die Kosten der Teilung von Vermögensmassen jeder Art: Nachlaß (§§ 86 ff. FGG.), Gesamtgut einer ehelichen oder fortgesetzten Gütergemeinschaft (§ 99 FGG.), Gesellschaftsvermögen (§ 733 BGB.), Gemeinschaft nach Bruchteilen (§ 755 BGB.). Die Haftung der Anteilsberechtigten als Gesamtschuldner tritt ein, wenn das Verfahren eingeleitet wird, mag es auch nicht zur Auseinandersetzung führen KG 25. 4. 13 (BürBl. **13,** 176) Auch der Gebührenvorschuß im Erbteilungsverfahren ist von sämtlichen Anteilsberechtigten zu zahlen KG. 13. 6. 13 (KGJ **45,** 365)

3. Die in Abs. 3 vorgeschriebene Ausnahme von den Befreiungsvorschriften des § 7 beruht auf der Erwägung, daß die hier in Frage stehenden Kosten auf der betreffenden Masse als solcher haften, so daß die persönliche Stellung des Beteiligten zurücktritt

**Übernahme der Kostenpflicht.**

**§ 4. Hat jemand durch eine vor Gericht abgegebene oder dem Gerichte mitgeteilte Erklärung die Kosten übernommen, so haftet er neben dem zur Zahlung Verpflichteten als Gesamtschuldner.**

1. Durch die freiwillige Übernahme der Kosten tritt neben den nach sonstigen gesetzlichen Vorschriften Verpflichteten ein neuer Kostenschuldner, und zwar nicht als bloßer Zweitschuldner, die Kasse kann sich sofort an ihn halten und soll dies nach KassO. § 17 Abs. 7 grundsätzlich tun (vgl. § 2 Abs. 1). Die Übernahmeerklärung ist keine Schuldübernahme nach §§ 414, 415 BGB — einer solchen wird, da sie den ursprünglichen Schuldner befreit, die durch den Rendanten vertretene Kasse wohl nur ausnahmsweise zustimmen —, sie wirkt vielmehr als einseitiger Verpflichtungsakt und bedarf nicht der Annahme Ihre Rechtswirksamkeit hängt jedoch von der Zahlungspflicht des ursprünglichen Kostenschuldners ab. Genießt der gesetzliche Kostenschuldner Gebührenfreiheit, so ist die Übernahme der Kosten durch einen anderen insoweit gegenstandslos, als sie sich auf den gebührenfreien Akt bezieht Vfg. d. JM. v. 20. 7 96, Müller 1568, KG. 30. 4. 15 (KGJ 48, B 267).

Mehrere Übernehmende haften nach Maßgabe der abgegebenen Erklärung; § 2 ist bei freiwillig übernommener Kostenpflicht nicht anwendbar (KB. 2).

Eine Erfüllungsübernahme (BGB. § 329, RG. 65, 164) gibt der Staatskasse kein unmittelbares Recht auf Leistung; sie genügt daher nicht, um den Versprechenden zum Kostenschuldner zu machen KG. 24. 3. 11, DJZ. 1911, 1048.

2. Auf freiwillig übernommene Kosten erstreckt sich die Gebührenfreiheit des Übernehmenden nicht. Veräußert also eine gebührenfreie Baugesellschaft ein Grundstück an einen nicht befreiten Erwerber und übernimmt dieser dem Gericht gegenüber die Hälfte der Auflassungskosten, so ist die volle Eintragungsgebühr von ihr und dem Erwerber je zur Hälfte zu erfordern KG. 31. 10. 07 (KGJ. 35, B 3). Das gleiche gilt, auch wenn der Fiskus Kosten übernimmt; die Kosten sind zwar vom Fiskus nicht einzuziehen, um Zahlungen von einer Kasse an die andere zu vermeiden; der ursprüngliche Kostenschuldner wird aber durch eine solche Übernahme von seiner Zahlungspflicht nicht befreit KG. 13. 7. 11, Rsp. 23, 286 und § 7 Abs. 6.

3. § 4 ist auch auf Stempel anwendbar (§ 29).

**Zahlungspflicht nach bürgerlichem Recht.**

**§ 5. Durch die Bestimmungen der §§ 1 bis 4 wird eine nach den Vorschriften des bürgerlichen Rechtes begründete Verpflichtung Dritter zur Zahlung der entstandenen Gebühren und Auslagen nicht berührt.**

1. Neben den Bestimmungen des Gesetzes über die Zahlungspflicht (§§ 1—4) hat eine nach den Vorschriften des bürgerlichen Rechts begründete Verpflichtung Dritter nur die Wirkung, daß neben den eigentlichen Kostenschuldner ein weiterer Kostenschuldner hinzutritt. Als solche Verpflichtungen Dritter kommen namentlich in Betracht: Haftung der Mitglieder einer offenen Han-

delsgesellschaft, Kommanditgesellschaft, Genossenschaft mit unbeschränkter Haftpflicht (HGB. §§ 128, 171; GenG §§ 122, 141), Haftung des Übernehmers eines Vermögens (§ 419 BGB), des Erwerbers eines Handelsgeschäfts (§§ 25, 27 HGB), des Erbschaftskäufers (§§ 2382, 2383 BGB); Haftung des Ehemanns und des nutzungsberechtigten Elternteils (§§ 1385 ff., 1654 BGB.). Der Mann ist nach § 1385 Nr 1 BGB. der Frau gegenüber verpflichtet, die der Frau obliegenden öffentlichen Lasten mit Ausschluß der auf dem Vorbehaltsgut ruhenden Lasten und der außerordentlichen Lasten, die als auf den Stammwert des eingebrachten Guts gelegt anzusehen sind, zu tragen Die Kosten für die Eintragung eines zum eingebrachten Gut der Ehefrau gehörigen, in der Zwangsversteigerung erworbenen Grundstücks in das Grundbuch gehören nicht zu solchen außerordentlichen Lasten, für sie haftet der Ehemann KG. 22 8 08, KGJ **36,** B 8. Der Mann haftet der Gerichtskasse gegenüber allerdings neben der Frau als Gesamtschuldner, seine Haftung besteht aber nach § 1388 BGB nur, soweit er der Frau gegenüber deren Verbindlichkeiten zu tragen hat; aus dieser Voraussetzung der Gesamthaft ergibt sich, daß Bestand und Umfang der Haftung des Mannes sich nach der Forderung gegen die Frau insoweit richtet, als auch der Mann nicht haften kann, wenn die Frau nicht haftet; die Bewilligung des Armenrechts an die Ehefrau und die hierin liegende Stundung der Kosten kommt auch dem Ehemann zugute (Vfg. d. JM. v. 23. 4 07, Müller 1579) Die gleichen Grundsätze gelten für den Vater und die Mutter als Inhaber der elterlichen Gewalt. Der Vater haftet während des Bestehens der elterlichen Gewalt für die Kostenschulden des Kindes dann nicht persönlich, wenn ein seiner Nutznießung unterliegendes und nutzbringendes Vermögen des Kindes überhaupt nicht vorhanden ist KG. 24. 1 13 (KGJ. **44,** 365). Es kommt aber nicht darauf an, ob das unfreie Vermögen so erheblich ist, daß aus seiner Substanz oder aus seinen Erträgen die Kostenschuld gedeckt werden kann; um eine persönliche Haftung des Vaters zu begründen, genügt es vielmehr, daß überhaupt, wenn auch noch so geringfügiges, der Nutznießung des Vaters unterliegendes Kindesvermögen vorhanden ist, das Nutzungen abwerfen kann (Gutachten des KG. 20. 6. 13, JMBl. 451). Die Mutter, auf deren Gesuch eine Beistandsschaft angeordnet ist, haftet für die Gebühr weder als Antragstellerin noch als Gewalthaberin KG. 29. 1. 09 (KGJ. 37, B 52). Über die Haftung dessen, der eine zahlungsunfähige Person als Kostenschuldner vorschiebt, vgl. RG. 72, 97.

2. Verfahren. Der Dritte wird entweder vom Gerichtsschreiber, der bei der Berechnung der Kosten zu prüfen hat, ob statt oder neben den bei dem Verfahren unmittelbar beteiligten Personen noch andere Personen, namentlich Ehegatten oder Vater, zur Zahlung der Gerichtskosten verpflichtet sind (RVfg. v. 6. 3. 83, Müller 1581), in der Kostenrechnung als Schuldner in Anspruch genommen — hiergegen findet Erinnerung und Beschwerde an die Gerichte nach § 24 statt KG. 12. 3. 08, KGJ. 36, B 3 — oder, wenn seine Verpflichtung zur Zahlung erst später begründet ist, erfolgt seine Heranziehung durch die Vollstreckungsbehörde nach § 3 der V. v. 15. 11. 99 über das Verwaltungszwangsverfahren (§ 17 Abs. 7d, § 33 Abs. 2 KassO.) —, dann findet nach Wahl des Dritten Aufsichtsbeschwerde oder gerichtliche Klage statt.

### Vorschuß und Zurückbehaltung von Schriftstücken.

**§ 6.** (1) Bei Geschäften, die nur auf Antrag vorzunehmen sind, kann ein zur Deckung der Gebühren und baren Auslagen hinreichender Vorschuß erhoben werden. Die Vorschriften der §§ 1 bis 5 finden auf die Verpflichtung zur Zahlung des Vorschusses entsprechende Anwendung. Das Gericht kann die Vornahme der Handlung von der Zahlung des für die baren Auslagen geforderten Vorschusses abhängig machen, sofern nicht die Verzögerung dem Antragsteller einen unersetzlichen Nachteil bringen würde.

(2) Die Aushändigung von Ausfertigungen und Abschriften sowie die Rückgabe der aus Anlaß eines Geschäfts der freiwilligen Gerichtsbarkeit vorgelegten Urkunden kann von vorheriger Zahlung der Kosten und Stempelabgaben abhängig gemacht werden.

(3) Über Erinnerungen gegen eine nach Abs. 1 Satz 3, Abs. 2 getroffene Anordnung wird im Aufsichtsweg entschieden.

(4) Ein Vorschuß wird nur insoweit zurückgezahlt, als er den bei Beendigung des Geschäfts in Ansatz kommenden Betrag an Gebühren und Auslagen übersteigt.

1. Die Vorschußpflicht erstreckt sich auf alle Geschäfte, die nur auf Antrag vorzunehmen sind. Die Verpflichtung zur Zahlung des Vorschusses richtet sich nach den Vorschriften der §§ 1—5. Die Vorschußpflicht trifft also nicht nur den Antragsteller, sondern alle nach den Bestimmungen des PrGKG. zahlungspflichtigen Personen. Hinsichtlich des für bare Auslagen und die Zusatzgebühr des § 51 geforderten Vorschusses gilt die Besonderheit, daß das Gericht die Vornahme der Handlung von der Zahlung des Vorschusses abhängig machen kann, sofern nicht die Verzögerung dem Antragsteller einen unersetzlichen Nachteil bringen würde. Die Aussetzung der Handlung ist vom Richter besonders anzuordnen, falls er nach freiem Ermessen eine solche Anordnung für sachgemäß erachtet. Die Aussetzung darf nicht wichtige Interessen der Partei gefährden. Sie ist daher in der Regel unzulässig bei schleunigen Testamenten. Sie ist auch unzulässig bei solchen Handlungen, deren Vornahme von Amts wegen erzwungen werden müßte, insbesondere bei den unter Registerzwang gestellten Register-

eintragungen. Die Zurückbehaltung von Ausfertigungen, Abschriften und sonstigen Urkunden ist nicht nur dem Kostenschuldner, sondern auch Dritten gegenüber zulässig, falls ihnen gehörige Urkunden aus Anlaß des betreffenden gerichtlichen Geschäfts eingereicht sind. Die Entgegennahme der Auflassung und, wenn diese nicht vor dem Grundbuchrichter erfolgt, die Eintragung des neuen Eigentümers im Grundbuch kann nach dem Ermessen des Gerichts von einer vorgängigen Sicherstellung der Staatskasse wegen der Kosten der Eintragung abhängig gemacht werden (§ 55 Abs. 6). Die Vorschußpflicht besteht nicht in Hinterlegungssachen; es kann aber die Herausgabe der hinterlegten Sachen von der Zahlung der Kosten abhängig gemacht werden (§ 41 Nr. 3 HO.). Die Vorschußpflicht erlischt mit der Fälligkeit der Kosten, da eine ihre Fortdauer aussprechende Vorschrift nicht aufgenommen ist KG. 9. 11. 05, KGJ. 31, B 26.

2. Verfahren. Über Einforderung des Vorschusses enthält § 16 KassO. nähere Vorschriften. Danach ist in Angelegenheiten, in denen für den Kostenansatz die Bestimmungen des PrGKG. maßgebend sind, von der Einforderung eines Vorschusses in der Regel abzusehen; die Einforderung soll nur dann erfolgen, wenn das Geschäft voraussichtlich längere Zeit in Anspruch nehmen wird, wie z. B. in Nachlaßsachen, Erbteilungen und Zwangsversteigerungssachen, oder wenn die Besorgnis eines Verlustes vorliegt. Das Gericht soll die Vornahme der beantragten Handlung regelmäßig von der Zahlung eines Vorschusses für die entstehenden Auslagen abhängig machen, wenn zu besorgen ist, daß ohne diese Maßnahme die Kosten der Staatskasse entzogen werden; von der Befugnis soll kein Gebrauch gemacht werden, wenn die Vornahme der Handlung von einem Notar oder Rechtsanwalt beantragt ist und dieser sich zur Zahlung der entstehenden Auslagen persönlich verpflichtet oder die Haftung für die Kostenschuld übernimmt.

Die Zurückbehaltung von Ausfertigungen, Abschriften und sonstigen Urkunden bis zur Kostenzahlung regelt § 13 KassO. Zuständig für die Anordnung ist zunächst der berechnende Gerichtsschreiber; der Kassenkurator kann aber jederzeit eine abändernde Entscheidung treffen. Die Gerichte als solche sind mit der Anwendung der Vorschrift nicht befaßt; ein wegen der Kosten zurückbehaltener Hypothekenbrief befindet sich nicht im Gewahrsam des Grundbuchamts KG. 5. 10. 03, Rsp. 7, 367. Von der Befugnis zur Zurückhaltung ist Gebrauch zu machen, sofern nicht der Eingang der Beträge mit Sicherheit zu erwarten ist. Kein Gebrauch ist von ihr zu machen, wenn der Antrag von einem Rechtsanwalt oder Notar gestellt ist und dieser sich zur Zahlung der Kosten persönlich verpflichtet oder die persönliche Haftung für die Kosten übernommen hat Über Aushändigung von Ausfertigungen, Abschriften und Urkunden unter Nachnahme vgl. § 14 KassO.

Auf Erinnerungen des Zahlungspflichtigen gegen die Einforderung des Vorschusses finden §§ 24 ff. Anwendung. Über Erinnerungen und Beschwerden gegen die Anordnung, daß die Handlung von der Zahlung des Vorschusses, die Aushändigung von Ausfertigungen, Abschriften und Urkunden von Zahlung der Kosten und Stempel abhängig gemacht wird, wird im Aufsichtsweg entschieden, und zwar gebührenfrei. Der Rechtsweg findet gegenüber der Zurückhaltung von Ausfertigungen usw. nur insoweit statt, als geltend gemacht wird, daß die Voraussetzungen des § 6 Abs. 2 nicht vorliegen. Auch über Erinnerungen gegen eine Anordnung gemäß § 55 Abs. 6 (vgl. Abs. 1) wird im Aufsichtsweg entschieden. Die Aufsichtsinstanz hat zu entscheiden:

a) ob die Maßregel zulässig ist,

b) ob Anlaß bestand, von ihr Gebrauch zu machen,

c) ob die Höhe des Vorschusses richtig bestimmt ist.

Die Aufsichtsinstanzen sind auch dann zuständig, wenn der Zahlungspflichtige sich darauf beschränkt, Herabsetzung des

Betrags zu fordern, von dessen Einzahlung das Geschäft abhängen soll KG. 22. 12. 11, KGJ. 42, 284.

3. Zurückzahlung eines nicht vollverbrauchten Vorschusses findet nur insoweit statt, als der Vorschuß den bei Beendigung des Geschäfts insgesamt in Ansatz kommenden Betrag an Gebühren, Stempeln und Auslagen übersteigt; dabei ist es ohne Belang, ob der Vorschußpflichtige Kostenschuldner geworden ist oder nicht (KassO. § 47 Nr. 4c). Über Zurückzahlung von Kosten im allgemeinen vgl. § 59 KassO.

**Sachliche Gebührenfreiheit.**

§ 7. (1) Gebührenfrei sind:

1. die auf Ersuchen der Verwaltungsbehörden auszuführenden Geschäfte, die ein öffentliches Interesse betreffen;
2. die auf Ersuchen von Verwaltungsgerichten oder Auseinandersetzungsbehörden vorzunehmenden Geschäfte;
3. die Vereidigung von Personen, die mit dem Forstschutze betraut sind;
4. die Beurkundung, amtliche Verwahrung, Eröffnung und Rückgabe der von Angehörigen der Wehrmacht aus Anlaß einer Mobilmachung errichteten einseitigen und wechselseitigen letztwilligen Verfügungen sowie die Eröffnung und Rückgabe solcher letztwilligen Verfügungen, die von den infolge der Mobilmachung zum Kriegsdienst einberufenen Personen mit Rücksicht auf diese Einberufung errichtet worden sind;
5. das Verfahren zum Zwecke der Todeserklärung Kriegsverschollener. Das gleiche gilt für das Nachlaßverfahren nach für tot erklärten Kriegs-

verschollenen und nach Kriegsteilnehmern, die vor dem 1. Januar 1922 gestorben sind, soweit als Erben Abkömmlinge, die Eltern oder die Ehefrau in Betracht kommen und der Wert des Nachlasses 50 000 Mark nicht übersteigt;

6. alle Rechtsvorgänge beim Erwerbe von Grundstücken zwecks Schaffung oder Erweiterung öffentlicher Erholungs-, Wald- oder sonstiger Grünanlagen sowie für Zwecke öffentlicher Straßen und Plätze. Falls und insoweit das Grundstück innerhalb einer Frist von fünfzehn Jahren seit Abschluß des Veräußerungsgeschäfts für andere Zwecke verwendet wird, sind die Gebühren nachzuentrichten;

7. Eintragungen im Grundbuche, wenn sie betreffen:
   a) die Eintragung des gesetzlichen Aufwertungsbetrags von Hypotheken, Grundschulden, Rentenschulden und Reallasten;
   b) die Wiedereintragung gelöschter Hypotheken, Grundschulden, Rentenschulden und Reallasten in Höhe des gesetzlichen Aufwertungsbetrags;
   c) die Eintragung der Befugnis des Eigentümers, an der vorbehaltenen Stelle eine Hypothek oder Grundschuld eintragen zu lassen, und die Eintragung des Verzichts auf diese Befugnis (§ 7 Abs. 3 und 5 des Aufwertungsgesetzes vom 16. Juli 1925 — RGBl. I S. 117).

   Das gleiche gilt für die entsprechenden Eintragungen im Bahngrundbuch und im Schiffsregister.

(2) Bei den besonderen Anordnungen, durch welche außerdem für gewisse Rechtssachen eine gänzliche oder

teilweise Gebührenfreiheit bewilligt ist, behält es sein Bewenden.

(3) Die Vorschriften des § 43 des Gesetzes vom 11. Juni 1874 über die Enteignung von Grundeigentum (GS. S. 221) finden auf alle Besitzveränderungen, denen sich die Beteiligten aus Gründen des öffentlichen Wohles zu unterwerfen gesetzlich verpflichtet sind (Enteignungen), entsprechende Anwendung.

Übersicht zu § 7:

1. Allgemeines.
2. Ersuchen von Verwaltungsbehörden.
3. Ersuchen eines Verwaltungsgerichts oder einer Auseinandersetzungsbehörde.
4. Vereidigung von Forstschutzbeamten.
5. Letztwillige Verfügungen von Wehrmachtsangehörigen.
6. Todeserklärungen Kriegsverschollener und Nachlaßverfahren.
7. Erwerb für Erholungsanlagen, öffentliche Straßen und Plätze.
8. Aufwertungseintragungen.
9. Besitzveränderungen auf Grund Enteignung.

1. Allgemeines. Die Vorschriften über die sachliche Gebührenfreiheit gelten auch für die streitige Gerichtsbarkeit (§ 115). Die Fälle sachlicher Gebührenfreiheit sind im Gesetz nicht erschöpfend geregelt; besondere Anordnungen, durch welche außerdem für gewisse Rechtssachen gänzlich oder teilweise Gebührenfreiheit bewilligt ist, bleiben unberührt. Solche Vorschriften finden sich in zahlreichen Reichsgesetzen: §§ 137, 138 RVO. und in Verbindung damit § 14 der Zweiten VO. über die Abfindung von Unfallrenten v. 10. 2. 28 (RGBl. I, 22); §§ 333, 334 AngestelltenversG. in der Fassung v. 28. 5. 24 (RGBl. 563); § 84 ReichsversorgungsG. v. 12. 5. 20 (RGBl. 989); § 76 d. G. über das Verfahren in Versorgungssachen v. 20. 1. 22 (RGBl. 59); § 39 d. VO. über das Erbbaurecht v. 15. 1. 19 (RGBl. 72); § 29 d. ReichssiedlungsG. v. 11. 8. 19 (RGBl 1429) — gebührenfrei sind alle Geschäfte, die für sich allein oder im Zusammenhang mit später vorzunehmenden Geschäften die

Siedlungszwecke, d. h. die Schaffung von landwirtschaftlichen Kleinsiedlungen oder die Hebung solcher zu erreichen geeignet sind, sofern sie nicht mit den Siedlungszwecken nur in einem ganz losen Zusammenhang stehen KG. 30. 12. 15, JFGErg. **4,** 242 —; §§ 36, 37 d. ReichsheimstättenG. v. 10. 5. 20 (RGBl. 962) — Gebührenfreiheit ist nicht davon abhängig, daß die Eigenschaft als Reichsheimstätte bereits im Grundbuch eingetragen ist; das Gericht hat zunächst die Rechtsfrage zu prüfen, ob das in Frage stehende Geschäft zur Begründung oder Vergrößerung einer Heimstätte dienen kann; erst wenn diese Rechtsfrage bejaht worden ist, kommt es auf die Tatsache an, ob das Geschäft zur Ausführung eines solchen Geschäfts tatsächlich gedient hat, deren Prüfung dem Gericht entzogen ist, falls der Ausgeber der Heimstätte die im Gesetz vorgesehene Bescheinigung erteilt KG. 30. 12. 25, JFGErg. **4,** 247 —; § 23 d. G. über die Sozialisierung der Elektrizitätswirtschaft v. 31. 12. 19 (RGBl. **1920,** 14) —; Gebührenfreiheit genießen alle Akte, die infolge des Gesetzes vorgenommen sind, die also dem Zwecke der Sozialisierung der Reichs-Elektrizitätswirtschaft in der vom Gesetzgeber angegebenen Richtung unmittelbar dienen; dagegen nicht Akte, die im laufenden Geschäftsverkehr der einzelnen Elektrizitätsgesellschaft vorgenommen werden, die also mit den So ialisierungsbestrebungen in keinem Zusammenhang stehen KG. 13. 11. 25, JFGErg. **4,** 239; 5. 11. 26, 1a X 1009/26 —; §§ 11, 14 d. BeamtensiedlungsVO. v. 11. 2. 24 (RGBl. 53) — Gebührenfreiheit nicht nur bei den Geschäften, die unmittelbar den Erwerb oder die Bebauung der Grundstücke betreffen, sondern auch bei den Geschäften, die für sich allein oder im Zusammenhang mit später vorzunehmenden Geschäften die nach § 11 Abs. 1 d. VO. in Frage kommenden Zwecke zu erreichen geeignet sind, sofern sie nicht mit diesen Zwecken nur in einem ganz losen Zusammenhang stehen KG. 30. 12. 25, JFGErg. **4,** 245 —; § 74 d. RG. für Jugendwohlfahrt v. 9. 7. 22 (RGBl. 633); § 28 d. VO. über die Fürsorgepflicht v. 13. 2. 24 (RGBl. 100); §§ 45, 51, 67 d. IndustriebelastungsG. v. 30. 8. 24 (RGBl. II, 257) und § 25 d. zweiten VO. v. 5. 12. 24 (RGBl. II, 427) zur Durchführung d. IndustriebelastungsG.; — und in Landesgesetzen: § 18 d. G., betr. Schutzwaldungen und Waldgenossenschaften, v. 6. 7. 75 (GS. 416); § 272 d. WasserG. v. 7. 4. 13 (GS. 53); § 81 d. FischereiG. v. 11. 5. 16 (GS. 55); § 9 d. G. zur Erhaltung des Baumbestandes v. 29. 7. 22 (GS. 213); § 3 d. G., betr. den Austritt aus den Religionsgesellschaften öffentlichen Rechts, v. 30. 11. 20 (GS. 1921, 119); § 38 d. G., betr. Anerbenrecht bei Renten- und Ansiedlungsgütern, v. 8. 6. 96 (GS. 124); § 44 d. G. v. 8. 7. 95 über das Anerbenrecht in Westfalen (GS. 139) (Eintragung und Löschung der Anerbengutseigenschaft kostenfrei, nicht aber die Beurkundung und Beglaubigung der Eintragungen KG. 7. 11. 01, KGJ. 23, B 9); § 9 d. G. zur Förderung der Ansiedlung v. 8. 5. 16 (GS. 51); § 11 d. G. über Beamtensiedlungen v. 27. 3. 24 (GS. 195).

2. Ersuchen von Verwaltungsbehörden. Als Verwaltungsbehörden sind nur Staats- und Reichsbehörden anzusehen, nicht Gemeindebehörden; Provinzial- und Kreisbehörden, soweit sie mit der Bearbeitung staatlicher Angelegenheiten befaßt, mit der Wahrnehmung staatlicher Hoheitsrechte betraut sind KG. 13. 10. 02, KGJ. 25, B 16; 2. 6. 10, KGJ. 40, 350. Ersuchen der Verwaltungsbehörden sind nur befreit, wenn sie ein öffentliches Interesse betreffen; bei Ersuchen der Verwaltungsbehörden im Interesse einer Privatperson ist diese Kostenschuldner (§ 1). Unter öffentlichem Interesse ist nicht nur das Interesse der Gesamtheit der Staatsangehörigen zu verstehen, sondern auch das Interesse einer größeren Gemeinschaft, z. B. eines Kommunalverbandes, wenn der Zweck dieser Gemeinschaft ein gemeinnütziger ist; gebührenfrei ist deshalb die auf Antrag eines Kreisausschusses erfolgende Vereidigung von landwirtschaftlichen Taxatoren einer Kreissparkasse KG.

7. 2. 99 KGJ. 18, 154. Wird auf Grund der preußischen Auflösungsgesetzgebung auf Antrag der Auflösungsbehörde im Grundbuch eines bisherigen Fideikommisses der Fideikommißvermerk gelöscht und auf einem zum Schutzforst erklärten Grundstücke der Schutzforstvermerk eingetragen, so sind diese grundbuchlichen Geschäfte, weil sie im öffentlichen Interesse vorgenommen werden, gebührenfrei, und zwar auch im Fall einer zur Vermeidung der Zwangsauflösung vorgenommenen freiwilligen Auflösung KG. 16. 1. 25, JFGErg. 3, 210. Diese Entscheidung ist sinngemäß anzuwenden auf den auf Ersuchen der Auflösungsbehörde einzutragenden Vermerk über die Wald- (Deich-, Wein-, Land-) gutsgemeinschaft und über die Zugehörigkeit zu einer Waldstiftung oder Waldgutsstiftung (AVfg. v. 20. 7. 25, JMBl. 267). Ebenso ist die auf Ersuchen der zuständigen Behörde erfolgende Eintragung eines Widerspruchs in den Fällen des § 11 Abs. 1 d. G. über den Verkehr mit Grundstücken v. 10. 2. 23 (GS. 25) sowie seine Löschung gebührenfrei (AVfg. v. 2. 12. 25, JMBl. 415). Beim Erwerb von Grundstücken durch eine Stadtgemeinde zu Straßenzwecken handelt es sich nicht um ein öffentliches Interesse, sofern nicht Enteignung vorliegt KG. 17. 9. 00 (BüroBl. 04, 37); ebenso nicht bei Übertragung eines einem Landkreis gehörigen Grundstücks auf eine aus dem Landkreis ausscheidende Stadtgemeinde KG. 13 9. 05, KGJ. 30, B 40. Die zur Erwirkung eines Unschädlichkeitszeugnisses erteilte beglaubigte Abschrift des Grundbuchblatts ist gebührenpflichtig KG. 18. 10. 12, KGJ. 43, 315. Für die Entscheidung über die Anträge der Handelskammern gemäß § 126 FGG. sind Gerichtskosten nicht zu erheben; wird eine auf Grund des § 126 erhobene Beschwerde zurückgewiesen, so sind keine Gebühren, sondern nur Auslagen zu erfordern (AVfg. v. 16. 11. 99, JMBl. 347).

3. Gebührenfreiheit schlechthin besteht, wenn das Ersuchen von einem Verwaltungsgericht oder einer Auseinandersetzungsbehörde ausgeht,

weil für das ganze Verfahren ein Pauschquantum erhoben wird. Gebührenfrei sind alle Verhandlungen und Geschäfte, welche unmittelbar durch das regelmäßige Auseinandersetzungsverfahren veranlaßt oder zu dessen ordnungsmäßiger Ausführung erforderlich sind; dagegen nicht solche Geschäfte, die nur mittelbar durch das Auseinandersetzungsverfahren veranlaßt sind oder darüber hinaus eine selbständige Bedeutung haben KG. 18. 6. 94, KGJ. 14, 195. Erbscheine sind gebührenfrei, wenn glaubhaft gemacht wird, daß sie nur für das Auseinandersetzungsverfahren gebraucht werden KG. 17. 12. 02, Rsp. 4, 397.

4. Die Vereidigung von Forstschutzpersonen liegt stets im öffentlichen Interesse, auch wenn sie auf Antrag eines Waldbesitzers erfolgt, und ist deshalb gebührenfrei. Die Vereidigung von Sachverständigen für gerichtliche Angelegenheiten im allgemeinen ist zu einem Geschäft der Justizverwaltung erklärt (PrFGG. Art. 130 X); dafür wird eine Verwaltungsgebühr erhoben.

5. Die Gebührenfreiheit von letztwilligen Verfügungen der Angehörigen der Wehrmacht bezieht sich auch auf Erbverträge und wechselseitige Testamente; auch der andere Testator hat solchenfalls keine Gebühr zu entrichten. Nach Sinn und Zweck der Vorschrift erscheint es nicht geboten, die Gebührenfreiheit davon abhängig zu machen, daß der Testamentserrichter bereits zur Zeit der Errichtung Militärperson ist, vielmehr genügt es, wenn das Testament aus Anlaß der Mobilmachung und mit Rücksicht auf die bevorstehende Erlangung der Eigenschaft einer Militärperson errichtet ist (Vfg. d. JM. v. 9. 7. 15, Ia 860).

6. Für die Todeserklärung wegen Kriegsverschollenheit gilt die Bundesratsverordnung v. 18. 4. 16 (RGBl. 296).

Die Freigrenze für Nachlaßverfahren ist bisher nicht auf Reichsmark umgestellt. Die Vorschrift hat deshalb neben dem Staatsministerialerlaß v. 4. 2. 15, wonach in Nachlaßsachen von Kriegsteilnehmern entstandenen Gerichtskosten im Falle der Bedürftigkeit ganz oder teilweise im Wege der Gnade erlassen werden können, geringe praktische Bedeutung.

7. Erwerb für Erholungsanlagen, öffentliche Straßen und Plätze. Werden Gebühren auf Grund der Nr. 6 außer Ansatz gelassen, so hat der Gerichtsschreiber während des Zeitraums von 15 Jahren alle drei Jahre einmal festzustellen, ob das veräußerte Grundstück nicht inzwischen für andere Zwecke als die im ersten Satze der Vorschrift angeführten verwendet worden ist (KassO. § 15 Abs. 13a).

8. Aufwertungseintragungen. Der gesetzliche Aufwertungsbetrag von Hypotheken, Grundschulden, Rentenschulden und Reallasten bestimmt sich nach den Vorschriften des AufwG.

Gesetzlicher Aufwertungsbetrag ist für Hypotheken 25 v. H.; der Umstand, daß die persönlichen Forderungen unter Umständen höher aufgewertet werden können, macht diesen höheren Betrag nicht zum gesetzlichen Aufwertungsbetrag. Für die Eintragung der Vollaufwertung einer Hypothek ist eine Gebühr aus § 56 Abs. 1 nach dem den gesetzlichen Betrag von 25 v. H. übersteigenden Wert in Ansatz zu bringen KG. 23. 4. 26, JFGErg. 5, 98.

Erfolgt bei Wiedereintragung gelöschter Hypotheken in Höhe des gesetzlichen Aufwertungsbetrags gleichzeitig die Umschreibung der Hypothek auf den Erben des letzteingetragenen Berechtigten, so ist diese Umschreibung nach § 57 Abs. 1 Ziff. 2 gebührenpflichtig KG. 18. 3. 27, JFGErg. 6, 154; ebenso die auf Antrag zugleich mit der Eintragung des gesetzlichen Aufwertungsbetrags erfolgende Umschreibung auf die Erben KG. 18. 2. 27, JFGErg. 6, 152.

Unter Lit. b fällt auch die Eintragung des Widerspruchs im Falle des § 16 Abs. 2 Satz 2 AufwG. sowie die Löschung des Widerspruchs (AVfg. v. 30. 9. 25, JMBl. 363 Nr. 1 und v. 4. 10. 26, JMBl. 365); dagegen nicht die Eintragung des

Widerspruchs aus § 8 Abs. 2 AufwG., weil die Gebührenfreiheit nur dem Gläubiger eingeräumt ist RG. 31. 8. 26, JR. Nr. 2056.

9. Besitzveränderungen auf Grund Enteignung. Nach § 43 des Enteignungsgesetzes sind die sämtlichen Verhandlungen der freiwilligen Gerichtsbarkeit, die durch das Enteignungsgesetz entstehen, einschließlich der Quittung und Konsens der Hypothekengläubiger und der sonstigen Beteiligten gebühren- und stempelfrei. Die Gebührenfreiheit greift Platz, auch wenn die Besitzveränderung nicht durch Enteignungsbeschluß, sondern durch freiwilliges Veräußerungsgeschäft bewirkt wird, vorausgesetzt, daß die freiwillige Veräußerung auf Grund eines verliehenen Enteignungsrechts innerhalb des vorgelegten Planes und auf Grund einer vorläufigen Planfeststellung erfolgt. Ob der Unternehmer zahlungspflichtig ist oder nicht, macht keinen Unterschied KG. 25, 04, KGJ. 28, B 49. Gebührenfrei ist auch die beglaubigte Abschrift des Grundbuchblatts, wenn sie für Zwecke des Enteignungsverfahrens erteilt wird KG. 12. 11 08, KGJ. 37 B 38. Nicht gebührenfrei ist dagegen die nach §§ 135 ff des Berggesetzes stattfindende Grundabtretung KG. 8. 2. 04, KGJ. 27 B 51. Auch die Kreise genießen bei ihren freihändigen Erwerbungen von Grundstücken zu Chausseezwecken nur dann Gebühren- und Stempelfreiheit, wenn ihnen für die erworbenen Grundstücke das Enteignungsrecht verliehen ist KG. 3. 10. 98, KGJ 18, 108 oder kraft Gesetzes zusteht, wie z. B in Hannover KG. 25. 6. 09, KGJ. 39, 12. Die Gebührenfreiheit in Enteignungssachen geht bei Übergang des Unternehmens auf einen anderen Unternehmer nicht ohne weiteres mit über KG. 24. 1. 19, KGJ. 51, 342. Indessen kann sich die Reichsbahngesellschaft auf das ihren Rechtsvorgängern verliehene Enteignungsrecht berufen KG 14. 1. 27, JFGErg. 6, 148.

Nach dem Fluchtliniengesetz v. 2. 7. 75 beginnt die Gebührenfreiheit für Besitzveränderungen schon mit der vom Gemeindevorsteher im Einverständnis mit der Gemeindevertretung und mit Zustimmung der Ortspolizeibehörde vorgenommenen Festsetzung der Fluchtlinien KG. 8. 10. 08, KGJ. 36, B 12, 5. 2. 09, KGJ. 38, B 11; vgl. RG. 69, 68.

Den öffentlichen Wassergenossenschaften alten Rechts steht für die Grundbuchgeschäfte, die durch eine auf statutenmäßiger Verpflichtung der Genossen beruhende Abtretung von Grundstücken an die Genossenschaft veranlaßt werden, nach der KabO. v. 4. 5. 33 Gebühren- und Stempelfreiheit zu KG. 16. 1. 99, KGJ. 18, 110.

**Persönliche Gebührenfreiheit.**

**§ 8.** (1) Von der Zahlung der Gerichtsgebühren sind befreit:

1. der Fiskus des Deutschen Reichs und des Preußischen Staates sowie alle öffentlichen Anstalten und Kassen, welche für Rechnung des Reichs oder Staates verwaltet werden oder diesen gleichgestellt sind;
2. alle öffentlichen Armen-, Kranken-, Arbeits- und Besserungsanstalten und Waisenhäuser; ferner milde Stiftungen, insofern solche nicht einzelne Familien oder bestimmte Personen betreffen oder in bloßen Studienstipendien bestehen, sowie endlich die Gemeinden in Armenangelegenheiten; darüber, ob den milden Stiftungen Befreiung zu bewilligen ist, wird von den Ministern der Justiz und der Finanzen gemeinschaftlich entschieden;
3. alle öffentlichen Volksschulen;
4. alle öffentlichen gelehrten Anstalten und Schulen, Kirchen, Pfarreien, Kaplaneien, Vikarien und Küstereien, jedoch nur insoweit, als nach dem Zeug-

nisse der zuständigen Staatsbehörde die Einnahmen derselben die etatmäßige Ausgabe, einschließlich der Besoldung oder des statt dieser überlassenen Nießbrauchs, nicht übersteigen; insoweit jedoch eine Angelegenheit zugleich solche Ansprüche betrifft, welche lediglich das zeitige Interesse der für ihre Person zur Nutzung des betreffenden Vermögens Berechtigten berühren, haben letztere die auf ihren Teil verhältnismäßig fallenden Kosten zu tragen;

5. Körperschaften des öffentlichen Rechts in Angelegenheiten, welche die Schaffung gesunder Kleinwohnungen für Minderbemittelte betreffen, sowie Vereinigungen, deren durch die Satzung bestimmter Zweck mittelbar oder unmittelbar darauf gerichtet ist, Minderbemittelten gesunde und zweckmäßig eingerichtete Wohnungen in eigens erbauten oder angekauften Häusern zu billigen Preisen zu verschaffen, wenn die Verteilung des Reingewinns satzungsgemäß auf eine Verzinsung von höchstens fünf vom Hundert beschränkt, bei Auslosungen, Ausscheiden eines Mitglieds und für den Fall der Auflösung der Vereinigung den Mitgliedern nicht mehr als der Nennwert ihrer Anteile zugesichert und der etwaige Rest des Vermögens für gemeinnützige Zwecke bestimmt ist. Darüber, ob den Vereinigungen die Befreiung zu bewilligen ist, wird von den Ministern der Justiz und der Finanzen gemeinschaftlich entschieden. Auf Stiftungen finden die für Vereinigungen geltenden Vorschriften entsprechende Anwendung;

6. Unternehmen zur Förderung des Kleingartenwesens, die auf Grund des § 5 des Gesetzes vom 31. Juli 1919 (RGBl. 1371) als gemeinnützig anerkannt sind, und Körperschaften oder Anstalten des öffentlichen Rechts bei Erfüllung der ihnen durch das erwähnte Gesetz zugewiesenen Aufgaben;
7. andere als die in Nr. 5 und 6 bezeichneten Privatunternehmungen, welche nicht auf einen besonderen Geldgewinn der Unternehmer gerichtet sind, sondern einen gemeinnützigen, nicht auf einzelne Familien oder Korporationen beschränkten Zweck haben, sofern denselben durch besondere gesetzliche Bestimmung Gebührenfreiheit bewilligt ist. Die bisher solchen Unternehmungen, z. B. Pensions- und Versicherungsanstalten, Bürgerrettungsinstituten usw., bereits bewilligten Befreiungen bleiben in Kraft. Wenn in einzelnen Fällen die Befreiung zweifelhaft ist, so ist darüber gemeinschaftlich von den Ministern der Finanzen und der Justiz zu entscheiden.

(2) Dem Fiskus anderer Staaten sowie den öffentlichen Anstalten und Kassen, die für Rechnung eines anderen Staates verwaltet werden oder diesen gleichgestellt sind, und den Chefs der bei dem Deutschen Reiche oder bei Preußen beglaubigten Missionen kann die Gebührenfreiheit gewährt werden, wenn der betreffende Staat Preußen gegenüber die gleiche Rücksicht übt.

(3) In den Fällen der Nr. 2 bis 7 erstreckt sich die Gebührenfreiheit nur auf preußische Anstalten, Stiftungen, Vereine usw. Diese Befreiung kann jedoch auch anderen Anstalten, Stiftungen, Vereinen usw. ge-

währt werden, wenn der auswärtige Staat Preußen gegenüber die gleiche Rücksicht übt.

(4) Über die Gewährung der Gebührenfreiheit nach den Abs. 2, 3 entscheiden die Minister der Finanzen und der Justiz gemeinschaftlich.

(5) Die einem Beteiligten bewilligte Befreiung soll in keinem Falle einem anderen Beteiligten zum Nachteile gereichen.

(6) Eine nach den Bestimmungen dieses Gesetzes begründete Pflicht zur Zahlung von Kosten kann der Staatskasse gegenüber nicht dadurch beseitigt werden, daß eine von der Zahlung der Gebühren befreite Partei die Kosten übernimmt.

Übersicht zu § 8:

1. Allgemeines.
2. Fiskus und öffentliche Anstalten.
3. Öffentliche Anstalten im Sinne der Nr. 2: milde Stiftungen; Gemeindearmenangelegenheiten.
4. Öffentliche Volksschulen.
5. Universitäten: Kirchen.
6. Kleinwohnungen für Minderbemittelte.
7. Kleingartenwesen.
8. Gemeinnützige Privatunternehmen.
9. Gegenseitigkeitsvereinbarungen.
10. Wirkung persönlicher Gebührenfreiheit bei Beteiligung mehrerer.
11. Vereinbarungen der Beteiligten.

1. Allgemeines. Die Vorschriften über die persönliche Gebührenbefreiung gelten auch für die streitige Gerichtsbarkeit (§ 115). Für das Verfahren vor dem Reichsgericht gilt die VO. v. 24. 12. 83 (RGBl. 1884, 1). Die Aufzählung der Fälle ist erschöpfend. Die Gebührenfreiheit besteht nicht im Falle des § 109 ZVG.. Die Zwangsversteigerungskosten sind aus dem Erlöse vorweg zu nehmen, der zu ihrer Deckung bestimmte Teil des Meistgebots ist Erwerbspreis. Würde er nicht auf Kosten verrechnet, so fiele er zum Nachteile der

Staatskasse einem nachstehenden Gläubiger zu: OLG. Karlsruhe, Rsp. 11, 325.

2. Fiskus und öffentliche Anstalten. Zu den öffentlichen Anstalten und Kassen, die für Rechnung des Reichs oder Staats verwaltet werden, sind diejenigen zu rechnen, deren Einnahmen und Ausgaben in den Haushaltsplan aufgenommen werden KG. 12. 12. 19, KGJ. 52, B 232. Dazu gehört die Preußische Staatsbank — Seehandlung — (Vfg. d. JM. v. 11. 11. 98, Müller 1568), dagegen nicht die preußische Zentralgenossenschaftskasse (Vfg. d. JM. v. 4. 12. 05, Müller 1568), die Landschaften (Vfg. d. JM. v. 4. 8. 97, Müller 1568), die Reichsbank (Vfg. d. JM. v. 9. 10. 01, Müller 1568), die Reichsversicherungsanstalt für Angestellte (KG. 2. 1. 14, KGJ. 45, 338), die deutsche Reichsbahngesellschaft (auch dann nicht, wenn sie nicht im eigenen Namen, sondern in Vollmacht des Reichs handelt). KG. 8. 5. 25, JFGErg. 3, 216; 18. 9. 25, JMBl. 405. Es fehlt an einem Rechtsgrunde, die dem Reich zustehende Gebührenfreiheit auch einer privatrechtlichen, wenn auch mit gewissen, öffentlich-rechtlichen Befugnissen ausgestatteten Gesellschaft einzuräumen; nicht gebührenfrei sind deshalb die Reichstreuhandgesellschaft und die deutschen Kredit- und Handelsgesellschaften KG. 8. 1. 26, JMBl. 274. Die Reichskreditgesellschaft A.G. haftet persönlich als Kostenschuldnerin für von ihr in ihrer Eigenschaft als Treuhänderin auf Grund des deutsch-schweizerischen Goldhypothekenabkommens gestellten kostenpflichtigen Anträge; sie selbst genießt keine Gebührenfreiheit, sie ist auch nicht Vertreterin des Deutschen Reichs KG. 13. 11. 25, JFGErg. 4, 236. Ebensowenig genießen Gebührenfreiheit die Landesversicherungsanstalten und ihre Genesungsheime (KG. 20. 9. 12, KGJ. 43, 320), die Provinzialverbände wegen der von ihnen übernommenen Staatschausseen (KG. 13. 10, 02, KGJ. 25, B 16). Die Kreise sind wegen ihrer Chausseebauten gebührenfrei nach § 7 Abs. 3 (Enteignung). Keine Gebührenfreiheit genießt ein Grundstückserwerb eines Kreises, der mit Hilfe

der Generalkommission Rentengüter aus den erworbenen Grundstücken bilden will (KG. 31. 12. 10, KGJ. **41**, 279). Der Vorsitzende des Kreisausschusses übt bei der Standesamtsaufsicht reine staatliche Befugnisse aus, genießt daher die Gebührenfreiheit des Fiskus (KG. 15. 10. 09, KGJ. **39**, B 17). Unter den den für Rechnung des Reichs oder Staats verwalteten Anstalten und Kassen gleichgestellten Anstalten und Kassen sind solche zu verstehen, deren Gleichstellung durch eine Verleihung der jura fisci erfolgt ist KG. 12. 12 19, KGJ. **52**, B 232.

3. Öffentliche Anstalten im Sinne der Nr. 2 sind solche, die im Eigentum oder unter der Verwaltung des Staates oder einer Kommune stehen und bei denen die Zulassung von jedermann beansprucht oder doch unter gewissen Bedingungen verlangt werden kann (RG. 22. 11. 81, JMBl. 1882, 315; KG. 2. 3. 03, Rsp. **7**, 237; 12. 10. 03, KGJ. **27**, B 3). Zu den öffentlichen Krankenanstalten gehören auch die Provinzialirrenanstalten. Keine öffentlichen Anstalten sind die Knappschaftslazarette der Knappschaftsvereine (KG. 2. 3. 03, KGJ. **28**, B 55) sowie die Heilstätten der Landesversicherungsanstalten. Keine Gebührenfreiheit genießen die allgemeinen Ortskrankenkassen (KG. 11. 11. 21, Büro **1922**, 149). Die Gebührenfreiheit der öffentlichen Anstalten erstreckt sich auf die erst in der Errichtung begriffenen Anstalten im Vorbereitungsstadium vor Erlangung der Rechtspersönlichkeit (KG. 23. 12. 01, KGJ. **23**, B 33).

Milde Stiftungen sind nach ständiger Rechtsprechung und Verwaltungsübung solche, deren Zweck auf vollständige oder teilweise Unterstützung hilfsbedürftiger Personen durch unentgeltliche Zuwendungen gerichtet ist (RG. 22. 9. 90, JMBl. 1891, 24; 8. 5. 93, JMBl. 311; ferner JMBl. **99**, 170). „Wohltätig" ist nicht gleich „mildtätig", das letztere setzt voraus, daß die Wohltaten Hilfsbedürftigen erwiesen werden KG. 1. 10. 08, KGJ. **37**, B 3; vgl. RG JMBl. 13, 153. Zu den milden Stiftungen im Sinne der

Befreiungsvorschrift sind auch Vereine zu rechnen, die die angegebenen Zwecke verfolgen und eigene Rechtspersönlichkeit besitzen. Auch eine erst in der Entwicklung begriffene milde Stiftung oder Anstalt genießt Gebührenfreiheit KG. 4. 1. 05, KGJ. 23, B 33.

Die den Gemeinden in Armenangelegenheiten gewährte Gebührenfreiheit erstreckt sich auch auf Gutsbezirke und höhere Kommunalverbände (Gruchot 39, 1063) in Armenangelegenheiten (KabO. v. 18. 8. 41, deren Gültigkeit nicht berührt werden sollte — KB. 2). Die Kostenfreiheit der Gemeinden beschränkt sich nicht auf die öffentliche Armenpflege, sie erstreckt sich vielmehr auf alle Angelegenheiten, welche Armensachen sind und die Unterstützung Hilfsbedürftiger betreffen, z. B. die Auflassung eines der Gemeinde zu Armenzwecken vermachten Grundstücks KG. 17. 4. 99, KGJ. 19, 132. Keine Armenanstalten sind Hospitäler d. h. Zufluchtsstätten für ältere und sonst infolge Gebrechlichkeit oder Krankheit hilfsbedürftige Personen, auch wenn diese der Armenpflege nicht anheimgefallen, sondern zur Entrichtung des Einkaufsgeldes und anderer von der Hospitalverwaltung geforderten Beträge imstande sind KG. 26. 3. 09, KGJ. 38, B 50.

4. Der Begriff der Öffentlichkeit ist bei den Volksschulen der gleiche wie bei den öffentlichen Anstalten im Sinne der Nr. 2 (vgl. Abs. 3). Gemeinden und öffentlich-rechtliche Verbände genießen in Volksschulangelegenheiten Gebührenfreiheit (KB. 1910, 9).

5. Eine Universität genießt nicht ohne weiteres Gebührenfreiheit nach Nr. 1, sondern nur dann, wenn sie den für Rechnung des Staates verwalteten Kassen durch Verleihung der jura fisci gleichgestellt ist, andernfalls nur die beschränkte Gebührenfreiheit der Nr. 4 KG. 12. 12. 19, KGJ. 52, B 232. Gebührenfreiheit haben nur die öffentlich aufgenommenen Kirchen (ALR. II 11 § 17), nämlich die evangelische und die katholische, einschließlich der altkatholischen, nicht auch sonstige Religionsgesellschaften, insbesondere nicht

die jüdischen Synagogengemeinden; Art. 137 der RVerf. und die sonstige neue Gesetzgebung haben hieran nichts geändert RG. 15. 2. 08, RGZ. 36, B 15; 14. 11. 24, JFGErg. 3, 218. Die Gebührenfreiheit tritt auch dann ein, wenn die Kirchengemeinde nicht als Vertreterin des Kirchenguts handelt Den Kreissynodalverbänden steht namentlich in Bezug auf ihre Einrichtungen für christliche Liebeswerke die Gebühren- und Stempelfreiheit der Kirchen zu RG. 4. 7. 98, RGZ. 18, 101. Ebenso bischöflichen Stühlen, nicht aber den Bischöfen für ihre Person (AVfg. v. 3. 12. 97, JMBl. 301; Rsp. 38, 324).

6. Nur bezüglich der in Nr. 5 bezeichneten Bauvereinigungen steht die Entscheidung über Gebührenfreiheit dem JM und FM. zu; dagegen entscheiden über die Gebührenfreiheit der Körperschaften und öffentlichen Rechts die Gerichte (AVfg. v. 24. 11. 24, JMBl. 400). Ist einer Bauvereinigung bereits vor dem Inkrafttreten der Vorschrift in Nr. 5 von dem zuständigen Minister Gebührenfreiheit bewilligt worden, so bedarf es einer nochmaligen Bewilligung nicht (Vfg. JM. v. 28. 3. 23, JMBl. 309). Über das Verzeichnis der befreiten Wohnungsbauvereinigungen und Stiftungen vgl. AVfg. v. 23. 1. 23, JMBl. 44.

7. Kleingartenwesen. § 5 d. G. v. 31. 7. 19 (RGBl. 1371) lautet wie folgt:

„Grundstücke dürfen zum Zwecke der Weiterverpachtung als Kleingärten (§ 1 Abs. 1) nur durch Körperschaften oder Anstalten des öffentlichen Rechtes oder ein als gemeinnützig anerkanntes Unternehmen zur Förderung des Kleingartenwesens gepachtet und nur an solche verpachtet werden. Entgegenstehende Vereinbarungen sind nichtig.

Werden Grundstücke entgegen der Vorschrift des Abs. 1 zum Zwecke der Weiterverpachtung überlassen, oder kann eine Körperschaft oder Anstalt des öffentlichen Rechtes oder ein als gemeinnützig anerkanntes Unternehmen zur Förderung des Kleingartenwesens (Abs. 1) zur Kleingartennutzung geeignete Grundstücke nicht in dem von der höheren Verwaltungsbehörde für erforderlich erachteten Umfang beschaffen, so kann die untere Verwaltungsbehörde nach näherer Anweisung der Landeszentralbehörde die Eigentümer oder Nutzungsberechtigten solcher Grundstücke auffordern, sie einer Körperschaft, einer Anstalt oder einem Unternehmen der im Abs. 1 bezeichneten Art bis zur Dauer von zehn Jahren gegen Zahlung eines angemessenen jährlichen Pachtzinses (§ 1 Abs. 2) zur Nutzung durch Kleingärtner zu überlassen. Berechtigte Kulturinteressen sollen jedoch dabei nicht verletzt werden.

Kommt auf Grund der Aufforderung eine Einigung zwischen den Beteiligten nicht zustande, so setzt die untere Verwaltungsbehörde die Bedingungen des Pachtverhältnisses fest. Sie kann das Pachtverhältnis, wenn es auf eine bestimmte Zeit festgesetzt ist, aus wichtigen Gründen bereits zu einem früheren Zeitpunkt aufheben.

Gegen die Verfügungen der unteren Verwaltungsbehörde ist binnen zwei Wochen die Beschwerde bei der höheren Verwaltungsbehörde zulässig. Die Entscheidung der höheren Verwaltungsbehörde ist endgültig."

Die Anerkennung der Gemeinnützigkeit von Unternehmungen zur Förderung des Kleingartenwesens erfolgt durch den Regierungspräsidenten.

8. Gemeinnützige Privatunternehmen genießen Gebührenfreiheit nur, wenn ihnen solche durch besonderes Gesetz eingeräumt ist. Hierunter fallen Provinzialfeuerversicherungsanstalten, sofern ihnen durch landesherrlich genehmigtes Reglement Gebührenfreiheit gewährt ist. Nach § 3 Abs. 2 Nr. 1 d. G. v. 26. 7. 10 (GS. 241) sind öffentliche Feuerversicherungsanstalten soweit ihr Geschäftskreis die Versicherung unbeweglicher Sachen gegen Feuer betrifft, von der Stempelsteuer und den Gerichtsgebühren befreit.

9. Gegenseitigkeitsvereinbarungen über Gebührenfreiheit sind getroffen hinsichtlich des Fiskus und der für Rechnung des Staats verwalteten Anstalten

und Kassen mit Hessen (AVfg. v. 31. 10. 03, JMBl. 271); Waldeck (AVfg. v. 9. 11. 06, JMBl. 483); Württemberg — nur hinsichtlich des Fiskus — (AVfg. v. 13. 4. 07, JMBl. 341); Danzig — auch bezüglich sämtlicher in Nr. 2—7 bezeichneten Anstalten — (AVfg. v. 27. 12. 21, JMBl. 672); Thüringen — auch bezüglich sämtlicher in Nr. 2—7 bezeichneten Anstalten — (AVfg. v. 27. 3. 23, JMBl. 299); Braunschweig (AVfg. v. 29. 4. 24, JMBl. 206); Bremen (AVfg. v. 20. 11. 24, JMBl. 395); Lübeck — nur hinsichtlich des Fiskus — (AVfg. v. 11. 3. 25, JMBl. 100); ferner mit Hessen für Gemeinden und andere Kommunalverbände in Armenangelegenheiten (AVfg. v. 19. 6. 08, JMBl. 248); mit Braunschweig bezüglich der in Nr. 5 bezeichneten Vereinigungen (AVfg. v. 14. 4. 26, JMBl. 151).

10. Wirkung persönlicher Gebührenfreiheit bei Beteiligung mehrerer. Nach dem in Abs. 5 ausgesprochenen Grundsatz darf der Anteil des gebührenfreien Beteiligten auch von den übrigen Kostenschuldnern nicht erfordert werden. Besteht im Innenverhältnis eine Ausgleichungspflicht der gebührenfreien Person, so fällt insoweit der Kostenanspruch des Staats auch gegen die anderen Kostenschuldner weg RG. 13. 6. 04, Rsp. 9, 175; 19. 1. 05, Rsp. 11. 158 (die Kaufkosten, § 449 BGB., sind voll anzusetzen, wenn die gebührenfreie Person Verkäufer ist, und ganz zu streichen, wenn sie als Käufer auftritt).

11. Durch Vereinbarungen der Beteiligten kann an dem Kostenanspruch des Staats nichts geändert werden (vgl. § 4 Abs. 1). Die Übernahme der Kosten durch eine befreite Person läßt die Zahlungspflicht des nach dem Gesetz zahlungspflichtigen Kostenschuldners unberührt. Beruht die Haftung des Fiskus lediglich auf freiwilliger Übernahme, so ist zwar von der Einziehung der Kosten von der betreffenden fiskalischen Verwaltung abzusehen, die Kosten sind aber, ungeachtet der Übernahme, von der beteiligten Privatperson insoweit einzuziehen, als diese nach dem Gesetz der Gerichts-

kasse gegenüber zur Zahlung der Kosten verpflichtet ist (AVfg. v. 23. 9. 05, Müller 1568), vgl. § 4 Abs. 2.

**Keine Auslagenfreiheit.**

**§ 9. Die Gebührenfreiheit entbindet nicht von der Zahlung der baren Auslagen.**

1. Die Vorschrift beruht auf der Erwägung, daß dem Staate, der den von der Zahlung der Gebühren Befreiten unentgeltlich seine Dienste leistet, nicht auch noch zugemutet werden soll, Aufwendungen zu machen, für die er selbst durch Entlohnung der Schreibkräfte oder aus anderen Gründen Zahlungen zu leisten hat KG. 9. 11. 17, JMBl. **1918,** 138. Nach dem allgemeinen Grundsatz des Paragraphen genießt der Reichsfiskus Gebührenfreiheit, aber keine Auslagenbefreiung KG. 9. 11. 17, **KGJ. 50,** B 249; 5. 5. 22, **KGErg. 1, 65.** Das gilt auch im Enteignungsverfahren KG. 5. 5. 22, JMBl. 459. Auch aus § 191 RAbgO., wonach die Staatsbehörden den Finanzbehörden jede zur Durchführung der Besteuerung und der den Finanzämtern obliegenden Prüfung und Aufsicht dienliche Hilfe zu leisten haben, ist eine Berechtigung des Finanzamts, für Hilfeleistungen in Steuersachen Auslagenfreiheit zu beanspruchen, nicht zu folgern KG. 16. 9. 21, **KGJ. 53,** B 278. Schreibgebühren gehören zu dem nach §§ 115, 117 RVO. zu erstattenden baren Auslagen für die Erledigung von Rechtshilfeersuchen KG. 22. 10. 26, **JFGErg. 5,** 102. Mit Rücksicht auf den Verwaltungsgrundsatz, daß Zahlungen aus einer preußischen Staatskasse in die andere zu vermeiden sind, ist von der Einziehung der dem preußischen Fiskus zur Last fallenden Auslagen und Auslagenvorschüsse regelmäßig abzusehen, wenn nicht besondere Umstände eine abweichende Behandlung bedingen, wie beispielsweise in den Fällen, in welchen die Ausgaben der beteiligten staatlichen Stelle nicht aus allgemeinen Staatsverwaltungsfonds, sondern aus besonderen Fonds (Ansiedlungsfonds, Stiftungsfonds usw.) bestritten

werden oder die Auslagen einen dem Fiskus anheimfallenden Nachlaß treffen (KassO. § 12 Abs. 9). Bei Ersuchen der Auseinandersetzungsbehörden ist diesen eine Berechnung der Schreibgebühren und sonstigen Auslagen mitzuteilen (AVfg. v. 21. 6. 77, JMBl. 156; 2. 7. 81, JMBl. 149). Schreibgebühren für die Benachrichtigung von den auf Grund Rezesses erfolgten Grundbucheintragungen sind von den Beteiligten zu erfordern (AVfg. v. 20. 1. 81, JMBl. 64). Bei Ersuchen der Verwaltungsgerichte werden Schreibgebühren nicht berechnet; andere Auslagen werden, wenn das Ersuchen von einem Kreis- oder Stadtausschuß ausgeht, von diesen erfordert, wenn Bezirksausschuß oder Oberverwaltungsgericht ersucht hat, diesen nur mitgeteilt (AVfg. v. 16. 1. 83, JMBl. 12). Die Handelskammern und die ihnen gleichgestellten kaufmännischen Korporationen haben für zurückgewiesene Beschwerden aus § 126 FGG. keine Gebühren, sondern nur Auslagen zu entrichten (AVfg. v. 16. 11. 99, JMBl. 247). Auslagenfreiheit ist in § 59 vorgesehen, ferner in einzelnen Sondergesetzen, so in § 74 JWG. und § 3 d. G. v. 30. 11. 20 betr. Austritt aus der Kirche.

**Niederschlagung.**

**§ 10.** (1) Gerichtsgebühren und Auslagen, welche bei richtiger Behandlung der Sache oder ausreichender Belehrung der Parteien nicht entstanden sein würden, können niedergeschlagen werden. Für abweisende Bescheide und im Falle der Zurücknahme eines Antrags kann Gebühren- und Auslagenfreiheit gewährt werden, wenn der Antrag auf nicht anzurechnender Unkenntnis der Verhältnisse oder auf Unwissenheit beruht. Es kann auch angeordnet werden, daß Auslagen, welche durch eine von Amts wegen veranlaßte Verlegung eines Termins oder durch eine begründet befundene

**Beschwerde entstanden sind, von der Partei nicht gefordert werden.**

**(2) Über die Ausübung der im Abs. 1 vorgesehenen Befugnisse entscheiden die Gerichte. Solange die Gerichte nicht entschieden haben, können die gleichen Anordnungen im Aufsichtswege getroffen werden. Eine im Aufsichtswege getroffene Entscheidung kann nur im Verwaltungswege geändert werden.**

1. Die Befugnis zur Niederschlagung erstreckt sich auf Gebühren und Auslagen aller Art, z. B. Einrückungsgebühren. „Können" bedeutet eine Ermächtigung, von der Gebrauch gemacht werden muß, wenn ihre Voraussetzungen vorliegen (KB. **1910**, 9). Die Niederschlagungsbefugnis des § 10 ist nicht dazu bestimmt, die rechtsprechende Tätigkeit der Gerichte nachzuprüfen und rechtskräftige Entscheidungen auf einem Umwege wenigstens hinsichtlich des Kostenpunkts abzuändern. Das über den Kostenansatz entscheidende Gericht muß sich vielmehr auf denselben Standpunkt stellen, von dem das mit der Hauptsache befaßte Gericht bei seiner rechtlichen Würdigung und sachlichen Beurteilung ausgegangen ist (KG. v. 22. 9. 11, Ia X 834/11).

2. Voraussetzungen. Als unrichtige Behandlung kommt nur die Behandlung der Sache selbst in Betracht, nicht ein unrichtiges Verfahren bei Berechnung und Einziehung der Kosten KG. 4. 6. 09, KGJ. **38**, B 37. Eine unrichtige Behandlung liegt auch dann vor, wenn das Gericht materiell derart unrichtig entscheidet, daß gegen eine klare Gesetzesvorschrift verstoßen ist (Vfg. d. JM. v. 7. 12. 98, Müller 1563). Regelmäßig wird man eine unrichtige Behandlung nicht anzunehmen haben, wenn das Gericht lediglich den Anträgen der Beteiligten stattgegeben hat KG. 27. 5. 11, Rsp. **23**, 287. Die Kosten einer Grundbuchsache können nicht mit der Begründung niedergeschlagen werden, daß eine voraus-

gegangene Nachlaßsache unrichtig behandelt sei KG. 10. 6. 12 KGJ. 43, 324.

Der unrichtigen Behandlung steht unrichtige Belehrung gleich, „Schuldlosigkeit" der Beteiligten wird nicht vorausgesetzt. Es genügt, daß das Verschulden des Gerichts ursächlich war. Bei mitwirkendem Verschulden der Beteiligten soll § 254 BGB. anwendbar sein (Begr. 1910, 17).

Dem abweisenden Bescheide ist die Zurückweisung einer Beschwerde nicht gleichzustellen; die Niederschlagung von Beschwerdekosten ist nur wegen unrichtiger Behandlung der Sache zulässig KG. 14. 5. 15, KGJ. 48, B 272.

3. Verfahren. Für die Niederschlagung von Gerichtsgebühren und Auslagen im Aufsichtsweg ist der Oberlandesgerichtspräsident, hinsichtlich der bei einem Landgericht oder Amtsgericht angesetzten Kosten auch der Landgerichtspräsident — für den Bezirk des Amtsgerichts Berlin-Mitte der Amtsgerichtspräsident — zuständig. Über Beschwerden wegen verweigerter Niederschlagung wird im Aufsichtsweg entschieden (AVfg. v. 17. 8. 10, JMBl. 325 Nr. 1).

4. Die Vorschrift findet auch auf die als Gerichtskosten einzuziehenden Stempel Anwendung.

### Fälligkeit.

**§ 11. Soweit nicht in diesem Gesetze besondere Bestimmungen über die Fälligkeit getroffen sind, werden die Gebühren bei Beendigung des Geschäfts, bare Auslagen bei ihrer Entstehung fällig.**

1. Der Paragraph enthält den allgemeinen Grundsatz über die Fälligkeit von Gebühren und Auslagen; besondere Bestimmungen sind enthalten in § 69 Nr. 3a, § 79 Abs. 1, § 90 Abs. 2, §§ 94, 125, 127. Über den Zeitpunkt der Kostenberechnung vgl. KassO. § 15.

2. „Geschäft" bedeutet im § 11 jede einzelne Tätigkeit des Gerichts, für welche eine Gebühr fällig wird KG.

20. 3. 99, KGJ. **19**, 124; 5. 12. 19, KGJ. **52**, B 290. Vormundschaften oder Beistandschaften über Geschwister werden für jedes Kind besonders mit dessen Volljährigkeit beendet KG. 29. 6. 05, KGJ. **30**, B 5. Im Falle der Vermittlung der Erbauseinandersetzung durch einen Notar werden die Gerichtsgebühren mit der einzelnen richterlichen Handlung fällig KG. 5. 5. 22 KGErg. **1**, 86. Die Gebühr für die Erteilung eines Erbscheins wird fällig, sobald der Erbschein verfügt ist; die Erteilung einer Ausfertigung ist nicht Voraussetzung des Gebührenansatzes (AVfg. v. 23. 3. 06 — JMBl. 79 — Nr. 2). Die Gebühr für eine Eintragung darf erst erfordert werden, wenn diese Eintragung den für sie geltenden Vorschriften gemäß stattgefunden hat; solange sie nicht ordnungsmäßig bewirkt ist, ist das Geschäft nicht beendigt KG. 20. 10. 11, 1a X 835/11.

**Nachforderungen.**

**§ 12. (1) Eine Nachforderung von Gerichtskosten wegen irrigen Ansatzes ist nur zulässig, wenn der berichtigte Ansatz vor Ablauf des nächsten Kalenderjahrs nach endgültiger Erledigung des Geschäfts dem Zahlungspflichtigen mitgeteilt ist.**

**(2) Soweit eine Nachforderung von Kosten unzulässig ist, können Ersatzansprüche der Staatskasse, welche gegen den mit der Berechnung der Kosten betrauten Beamten gerichtet und darauf gestützt sind, daß der Beamte schuldhaft die Kosten irrig angesetzt habe, von der Justizverwaltung aus Billigkeitsgründen niedergeschlagen werden.**

1. Der Grundgedanke der Vorschrift ist der dem Schuldner zu gewährende Schutz gegen verspätete Nachforderungen. Eine „Nachforderung" liegt nur vor, wenn der Gesamtbetrag der Kostenrechnung erhöht wird KG. 6. 5. 89, KGJ. **9**. 8. In Höhe des ursprünglichen Betrags

der Kostenrechnung findet die Nachforderung auch noch nach Ablauf des Jahres statt; es dürfen jedoch nicht Gebühren und Auslagen an Stelle von Stempeln nachgefordert werden KG. 19. 3. 09, KGJ. 37, B 46. Über Nachforderungen bei Verfügungen von Todes wegen vgl. § 42 Abs. 5.

2. Irriger Ansatz ist jeder unrichtige oder durch nachträgliche Umstände unrichtig gewordene Ansatz, gleichviel worauf die Unrichtigkeit beruht KG. 10. 12. 20, KGJ. 53, B 280.

Die „endgültige Erledigung des Geschäfts" als Anfangspunkt der einjährigen Ausschlußfrist bedeutet etwas anderes als die „Beendigung des Geschäfts" im § 11. „Geschäft" bezeichnet im § 12 die gesamte — möglicherweise aus verschiedenen gesondert gebührenpflichtigen Abschnitten zusammengesetzte — Tätigkeit des Gerichts. Somit beginnt, wenn die Rechnungslegungsgebühr des § 90 Abs. 2 nicht erhoben ist, die Ausschlußfrist für ihre Nachforderung erst mit Beendigung der Vormundschaft KG. 20. 3. 99, KGJ. 19, 124. Bei der Eintragung und Niederlegung von Geschmacksmustern ist das Geschäft frühestens mit Ablauf der Schutzfrist endgültig erledigt KG. 5. 4. 06, KGJ. 32, B 3.

3. Zur Wahrung der Frist ist Mitteilung des berichtigten Kostenansatzes erforderlich, vorbereitende Maßnahmen genügen nicht, selbst wenn der Kostenschuldner von ihnen in Kenntnis gesetzt worden ist KG. 24. 11. 02, KGJ. 25, B 7.

4. Der Beamte, der die Kosten nicht rechtzeitig erfordert hat, haftet dem Staate, wenn ihn ein Verschulden trifft. Abs. 2 ermächtigt aber die Justizverwaltung, solche Ersatzansprüche aus Billigkeitsgründen niederzuschlagen.

**Verjährung.**

**§ 13.** (1) Der Anspruch auf Zahlung von Gerichtskosten verjährt in vier Jahren.

(2) Auf die Verjährung finden die Vorschriften des Bürgerlichen Gesetzbuchs mit folgenden Maßgaben Anwendung:

(3) Die Verjährung beginnt mit dem Schlusse des Jahres, in welchem die Kostenforderung fällig wird.

(4) Die Verjährung wird auch unterbrochen durch eine an den Zahlungspflichtigen erlassene Aufforderung zur Zahlung und durch die Bewilligung einer von ihm nachgesuchten Stundung. Ist der Aufenthalt des Zahlungspflichtigen unbekannt, so kann die Zahlungsaufforderung durch Anheftung an die Gerichtstafel erfolgen. Die Zustellung gilt als bewirkt, wenn seit der Anheftung zwei Wochen verstrichen sind. Wird die Verjährung unterbrochen, so beginnt eine neue Verjährung nicht vor dem Schlusse des Jahres, in welchem der für die Beendigung der Unterbrechung maßgebende Zeitpunkt eintritt, und im Falle der Bewilligung einer Stundung nicht vor dem Schlusse des Jahres, in welchem die bewilligte Frist abläuft. Handlungen, welche zur Unterbrechung der Verjährung im allgemeinen geeignet sind, haben diese Wirkung nicht, wenn sie sich auf einen Kostenbetrag unter 1000 Mark beziehen.

1. Die Vorschriften des BGB. über Verjährung sind enthalten in §§ 194 ff. Die Abweichungen stimmen inhaltlich überein mit Art. 8 § 2 AG.BGB.

Die Rechnungslegungsgebühr des § 90 Abs. 2 wird mit dem Schlusse jedes Kalenderjahrs fällig, von da ab beginnt die Verjährung zu laufen RG. 22. 8. 07, Rsp. 17, 262.

In Hinterlegungssachen hindert die Verjährung der Verwahrungsgebühr die Hinterlegungskasse nicht, sich durch Entnahme aus der Masse oder durch Zurückbehaltung der hinterlegten Gegenstände Befriedigung zu schaffen (HO. § 41

Nr. 7). Dies läßt sich durch die Auffassung erklären, daß die Verwahrungsgebühr wie eine Pfandschuld die verwahrten Gegenstände belastet (vgl. BGB. § 223).

2. Neben den Unterbrechungsgründen des BGB. (§§ 208—210) greifen die in Abs. 4 bezeichneten Platz. Förmliche Zustellung der Zahlungsaufforderung ist nicht erforderlich, es genügt, daß die Aufforderung dem Zahlungspflichtigen zugeht (KV. 3) KG. 10. 10. 19, KGJ. 52, B 243. Mitteilung der Kostenrechnung ist ausreichend, weil in diese stets eine ausdrückliche Aufforderung zur Zahlung aufgenommen wird (KassO. §§ 24, 25). Eine von Amts wegen bewilligte Stundung unterbricht die Verjährung nicht, sie muß vom Schuldner angeregt sein. Vgl. auch § 11 Nr. 2 KassO. Die Vorschrift bezüglich der Kostenbeträge unter 1000 M. ist, da eine Umstellung auf Reichsmark bisher nicht erfolgt ist, ohne praktische Bedeutung.

3. § 13 gilt nicht für Stempel (§ 29). Feststempel verjähren in 5, Wertstempel in 10 Jahren (§ 27 LStG.).

4. Die Rückforderung zuviel gezahlter Kosten verjährt in 4 Jahren: AG.BGB. Art. 8 § 1 Nr. 4. Erinnerung nach § 25 unterbricht die Verjährung: BGB. §§ 220, 209.

**Kostenansatz.**

**§ 14. Der Ansatz der Gebühren und Auslagen erfolgt bei dem Gerichte, bei welchem die Rechtsangelegenheit anhängig geworden ist, auch wenn sie bei einem ersuchten Gericht entstanden sind oder die Angelegenheit früher bei einem anderen Gericht anhängig war. Der Ansatz bei dem Gerichte der Instanz, in welcher die Gebühren und Auslagen entstanden sind.**

1. Das sich aus der Vorschrift des Paragraphen ergebende Gericht ist zuständig für die Wertfestsetzung (§§ 18 ff., 23), die Entscheidung über Erinnerungen (§ 24) und für

die sonstigen in den §§ 6, 7, 10, 55 Abs. 6 bezeichneten Anordnungen.

Der für die Zuständigkeit maßgebende Begriff der Rechtsangelegenheit ist derselbe wie der des „Geschäfts" im § 11 (vgl. § 11 Abs. 2).

Das Ersuchen um Rechtshilfe und die Tätigkeit des ersuchten Richters bildet mit dem Hauptgeschäfte zusammen nur eine Angelegenheit. Kosten sind daher nur einmal, und zwar von dem ersuchenden Gerichte, zu erheben. Anders jedoch, wenn eine Beurkundung erfolgt, für die das Ersuchen um Rechtshilfe nur den Anlaß bot. Diese Urkundstätigkeit ist keine Rechtshilfehandlung, ihre Kosten hat das ersuchte Gericht zu erheben: AVfg. v. 6. 1. 05 (JMBl. 8). In dem Verfahren wegen Erteilung eines Erbscheins wird die Gebühr für eine eidesstattliche Versicherung auch dann bei dem Nachlaßgericht angesetzt, wenn die Versicherung vor einem anderen preußischen Gericht abgegeben ist (AVfg. v. 17. 8. 10 — JMBl. — Nr. 2). Die Gebühr für Testamentseröffnung wird bei dem eröffnenden Gericht berechnet KG. 7. 6. 12, KGJ. **43**, B 331.

2. Das Verfahren bei Berechnung der Kosten, Zeit des Kostenansatzes, Form und Inhalt der Kostenrechnung regeln §§ 12, 15, 17 KassO.

**Beitreibung.**

**§ 15. (1) Die zwangsweise Einziehung der Gerichtskosten, insbesondere die Eintragung im Grundbuch, erfolgt im Wege des Verwaltungszwangsverfahrens.**

**(2) Die Zwangsversteigerung von Gegenständen des unbeweglichen Vermögens wegen einer Kostenforderung ist weder gegen den ursprünglichen Schuldner noch gegen einen Ehegatten oder Abkömmling desselben oder den Ehegatten eines Abkömmlings zulässig.**

**(3) Ist eine Kostenforderung durch eine Hypothek gesichert, so ist der Justizminister ermächtigt, die Kosten wegen Unvermögens des Schuldners niederzuschlagen, sofern die Hypothek mindestens zehn Jahre besteht und dem Schuldner unverhältnismäßige Schwierigkeiten in der Wirtschaftsführung bereitet.**

1. Die Beitreibung von Kosten im Verwaltungszwangsverfahren regelt die VO. v. 15 11 99 (GS. 545) in der Fassung der VO v. 18. 3. 04 (GS. 836), 1. 10. 19 (GS 159), 11. 5. 22 (GS 226), 30. 1 23 (GS 37), 16. 5. 23 (GS. 271), 12. 4 24 (GS 209), 28. 11 24 (GS. 742), 31 10. 25 (GS. 153), 16. 3. 26 (GS. 103 — auszugsweise abgedruckt im Anhang XIII —, ferner §§ 33 ff KassO.).

Die Vollstreckungsanordnung steht dem Rendanten der Gerichtskasse zu; er erläßt auch die Pfändungsbeschlüsse und stellt die Anträge auf Eintragung von Zwangshypotheken.

2. Für die Eintragung einer Zwangshypothek gilt § 866 Abs. 3 ZPO, wonach die Sicherungshypothek nur für einen Betrag eingetragen werden darf, der die für die Zuständigkeit der Amtsgerichte in Streitigkeiten über vermögensrechtliche Ansprüche festgesetzte Wertgrenze übersteigt. Der Gerichtsschreiber kann mehrere zu verschiedenen Zeiten in derselben Angelegenheit aufgestellte Rechnungen über Vorschüsse und Kosten, auch aus verschiedenen Instanzen, später in eine Gesamtrechnung zusammenfassen (KassO § 12 Nr. 8); übersteigt diese die Zulässigkeitsgrenze, so kann die Eintragung nicht versagt werden KG. 13. 5. 10, KGJ. **40**, 301. Forderungen verschiedener Gläubiger, z. B. des Reichs- und des Landesfiskus, dürfen jedoch nicht zusammengerechnet werden. Teile einer einheitlichen Forderung sind nicht eintragungsfähig, wenn zwar die Forderung die Zulässigkeitsgrenze übersteigt, aber der Teil diese Summe nicht erreicht ObLG. München 3. 3. 11, KGJ. **43**, 310. Die Kosten der Eintragung, für die das Grundstück schon kraft Gesetzes haftet

(§ 867 ZPO.) brauchen nicht mit eingetragen zu werden; das Grundbuchamt kann ihre Eintragung ablehnen KG. 13. 1. 08, KGJ. 35, A 325. Die Eintragungsgebühren treffen den Eigentümer, obschon sie im Interesse des (gebührenfreien) Fiskus entstehen (§ 1 Abs. 2).

3. Das Verbot des Abs. 2 gilt nicht für den Stempel (§ 29). Zwangsweise Einziehung des Stempels: § 15 LStG.; Beitreibung der Stempelstrafen: § 22 LStG.. Zwangsverwaltung ist unbeschränkt zulässig (KB. 1910, 11).

4. Niederschlagung. Die Vorschrift des Abs. 3 soll im Interesse der Kassenverwaltung und der Übersichtlichkeit des Grundbuchs die Beseitigung der alten Kostenhypotheken erleichtern. „Schuldner" bezeichnet sowohl den persönlichen als den dinglichen Schuldner. Die Niederschlagung ist nicht auf den Fall beschränkt, daß der ursprüngliche Schuldner noch Eigentümer des Grundstücks ist. Bewirtschaftet der Schuldner das Grundstück nicht selbst, so kann eine Niederschlagung nur im Gnadenwege erfolgen (KB. 1910, 12).

**Kostenmarken; Postnachnahme.**

**§ 16. Die Entrichtung von Kosten kann nach näherer Anordnung des Justizministers durch Verwendung von Marken erfolgen.**

1. Die Verwendung von Kostenmarken regelt die KostenmarkenO. v. 15. 2. 23 (JMBl. 110), abgeändert durch Vfg. v. 18. 8. 23 (JMBl. 610), 31. 12. 23 (JMBl. 1924, 3), 11. 2. 24 (JMBl. 28), 14. 2. und 12. 5. 25 (JMBl. 66 und 186), 19. 10. 26 (JMBl. 370), abgedruckt im Anh. 1.

**Armut des Kostenschuldners.**

**§ 17. (1) Ein nach den Vorschriften der Zivilprozeßordnung (§ 118 Abs. 2) für den Schuldner eines Kostenbetrags ausgestelltes Zeugnis soll in der Regel**

ausreichen, um die völlige oder teilweise Niederschlagung oder die Stundung des Kostenbetrags wegen Armut zu begründen. Der Schuldner ist jedoch verpflichtet, auf Verlangen der Kassenverwaltung nach den Vorschriften des § 807 der Zivilprozeßordnung sein Vermögen anzugeben und den Offenbarungseid zu leisten.

(2) Durch die Niederschlagung der Kosten wird deren spätere Einziehung innerhalb der Verjährungsfrist nicht ausgeschlossen.

(3) Über Beschwerden wegen verweigerter Niederschlagung oder Stundung wird im Aufsichtsweg entschieden.

1. Nach FGG. § 14 finden die Vorschriften über das Armenrecht (ZPO. §§ 114—127) auch in der freiwilligen Gerichtsbarkeit entsprechende Anwendung. Neben der förmlichen Bewilligung des Armenrechts durch gerichtlichen Beschluß kennt aber das PrGKG. eine Niederschlagung oder Stundung von Kosten durch den Kassenkurator als Organ der Justizverwaltung. Ob die Anträge des Schuldners zweckentsprechend sind (ZPO. § 114), ist nur bei der gerichtlichen Entscheidung über das Armenrechtsgesuch, nicht aber bei der im Verwaltungswege zu treffenden Anordnung zu prüfen.

Die Vorschrift des § 17 gilt auch für die streitige Gerichtsbarkeit (§ 115). Vgl. ferner § 15 Abs. 3. Die Niederschlagung erfolgt nur als vorläufige, wenn eine Sicherung für die Kostenschuld vorhanden ist oder wenn eine spätere Besserung der Vermögenslage des Schuldners nicht unwahrscheinlich ist KassO. § 20. Nicht geregelt ist hier die Niederschlagung der Kosten im Gnadenwege: vgl. KassO. § 37 Abs. 2, § 53 Abs. 9.

2. Die Ladung zum Offenbarungseid setzt eine fruchtlose Vollstreckung nicht voraus. Die Leistung der Offen=

barungseides ist nur dann zu fordern, wenn ausreichende Gründe zu der Annahme berechtigen, daß der Schuldner Gegenstände seines Vermögens verheimlicht, um sie der Pfändung zu entziehen; besonders sorgfältige Prüfung der Voraussetzung ist geboten, wenn es zweifelhaft sein kann, ob die Höhe des einzuziehenden Betrages zu dem Umfang des Verfahrens und zu der dem Vollstreckungsgericht erwachsenden Arbeit in einem angemessenen Verhältnis steht KassO. § 20 Nr. 1.

**Wertberechnung.**

**§ 18. (1) Für die Gebührenberechnung ist der Wert des Gegenstandes maßgebend, auf den sich das Geschäft bezieht. Betrifft das Geschäft ein Recht an einer Sache, so ist der Wert dieses Rechtes maßgebend.**

**(2) Der Wert des Gegenstandes des Geschäfts wird nach freiem Ermessen unter Berücksichtigung der nachfolgenden Vorschriften festgesetzt.**

1. Grundsätzlich ist für die Wertberechnung nicht das Interesse der Beteiligten, sondern der Gegenstand des Geschäfts entscheidend. Mehrere Gegenstände desselben Geschäfts sind zusammenzurechnen (vgl. jedoch §§ 39, 44 Abs. 4, §§ 45, 56 Abs. 3, § 57 Abs. 3, § 64 Abs. 2, § 78 Abs. 4, § 88 Abs. 2). Bei wahlweise bestimmten Rechten gilt der höhere oder der niedrigere Wert, je nachdem der Berechtigte oder der Verpflichtete zu wählen hat KG. 12. 10. 05, KGJ. 30, B 8. Eine Gegenleistung mindert den Wert, wenn auch nicht gerade um den ziffermäßigen Betrag. Ein Wiederkaufsrecht ist dabei unter Berücksichtigung des Preises und der Dauer des Rechts frei zu schätzen KG. 12. 7. 97, KGJ. 17, 132. Das gleiche gilt für das Vorkaufsrecht und das Nacherbenrecht KG. 22. 9. 11, KGJ. 41, 299. Als Wert eines Ausbietungsgarantievertrags ist der Betrag der Forderung anzusehen, bezüglich deren die Aus-

bietungsgarantie übernommen ist KG. 4. 12. 14, KGJ. 47, B 283. Der Wert eines Anspruchs aus einem Lebensversicherungsvertrag ist nach freiem Ermessen unter Berücksichtigung des Verkaufswerts und aller sonstigen Umstände zu schätzen KG. 13. 4. 17, KGJ. 50, B 255. Bei Bemessung des Gegenstandswerts eines Vertrages über Errichtung einer G. m. b. H. ist der Wert der Belastung der Gesellschafter mit Lieferungsverpflichtungen mit zu berücksichtigen KG. 9. 4. 20, KGJ. 52, B 249. Bei Eintragung des Ausschlusses der Schlüsselgewalt ins Güterrechtsregister ist das Vermögen beider Ehegatten zugrunde zu legen KG. 22. 9. 22, KGErg. 1, 83.

2. Bei Geschäften, die ein Recht an der Sache betreffen, entscheidet Satz 2 den Zweifel, ob dieses Recht oder aber die Sache Gegenstand des Geschäfts sei (Begr. 1920, 21). Der Wert des Rechts ist frei zu schätzen und nicht notwendig gleich dem Wert der Sache zu setzen, die das Recht betrifft. Frei zu schätzen ist insbesondere der Wert der Eintragung eines Nacherbenrechts KG. 22. 9. 11, KGJ. 41, B 299.

3. Sondervorschriften für Wertberechnung:

a) gerichtliche Urkunden §§ 38, 39;
b) freiwillige Versteigerung § 44 Abs. 4, 5;
c) Generalversammlungsbeschlüsse § 46;
d) Grundbuchsachen § 55 Abs. 5, §§ 56, 57, 62, 63;
e) Registersachen §§ 69 ff.;
f) Nachlaßsachen § 78 Abs. 4—7, §§ 79, 82, 87, 88;
g) Vormundschaftssachen § 90;
h) Stiftungen § 94;
i) Dispache § 100;
k) Ordnungsstrafverfahren § 101;
l) Zwangsversteigerungen §§ 123 ff.;
m) Hinterlegungssachen § 41 Abs. 8 HO.

**Zeit der Wertberechnung.**

**§ 19.** (1) Für die Wertberechnung ist der Zeitpunkt der Fälligkeit der Gebühren entscheidend.

(2) Maßgebend für den in Ansatz zu bringenden Wert ist nur der Hauptgegenstand des Geschäfts. Früchte, Nutzungen, Zinsen, Schäden, Vertragsstrafen und Kosten werden nur berücksichtigt, wenn sie für sich den Gegenstand eines besonderen Geschäfts bilden.

1. Von dem Grundsatz des Abs 1 gelten folgende Ausnahmen Bei wiederkehrenden Leistungen entscheidet die Zeit des Anfalls (§ 20 Abs. 5). Bei Begründung wertbeständiger Hypotheken, Grundschulden, Rentenschulden und Schiffspfandrechte ist der Zeitpunkt des Eintragungsantrags bei dem Grundbuchamt bzw. der Registerbehörde für die Wertberechnung maßgebend (VO v. 23 6. 23 -- RGBl 407 — §§ 7, 8; VO. v 12. 2. 24 — RGBl 65 — § 2). Diese Ausnahmevorschrift ist aber auf Roggenrentenreallasten nicht sinngemäß auszudehnen; wird also auf Grund von Roggenschuldverschreibungen eine Geldrentenlast als Reallast eingetragen, so ist der Gegenstandswert der Eintragung nach dem feststehenden Kapitalbetrage der Schuld unter Zugrundelegung des Roggenwerts am Eintragungstage zu errechnen KG. 18. 3. 26, JFGErg. **5**, 100

2. Die Unterscheidung zwischen Hauptgegenstand und Nebensachen entspricht dem § 4 ZPO Grundsätzlich sind bei gleichzeitiger Beurkundung von Vereinbarungen nebensächlicher Natur neben den Gebühren für das Hauptgeschäft besondere Gebühren nicht zu erheben KG. 5. 4. 18, KGJ. **51**, B 358. Danach ist die Unterwerfungsklausel (ZPO § 794 Nr 5) kostenpflichtig nicht besonders zu bewerten, wenn sie bei der Beurkundung des Schuldverhältnisses selbst mitbekundet wird KG. 26. 9. 07, KGJ **35**, B 5 Dies gilt jedoch nicht für die Unterwerfungsklausel des § 800 ZPO. (gegen den jeweiligen Eigentümer), sofern sie bei der

Umwandlung einer Eigentümergrundschuld in eine Hypothek mitbeurkundet wird; die Klausel ist dann nicht Bestandteil des Schuldverhältnisses, sondern eine Veränderung des dinglichen Rechts KG. 12. 5. 11, KGJ. 41, 285. Bei der Gebührenberechnung für die Beurkundung eines Ehevertrags kommt neben dem Werte des Ehevertrags ein besonderer Wert für die gleichzeitige Beurkundung des Antrags auf Berichtigung des Grundbuchs durch Eintragung des nunmehrigen Miteigentums des einen Ehegatten bei dem Grundstück des andern nicht zum Ansatz. Die Verpflichtung in einem Gesellschaftsvertrag, auf Verlangen ein Schuldanerkenntnis zur Sicherung des Anspruchs auf Vertragserfüllung abzugeben, ist gleichfalls eine Nebenabrede im Sinne des § 19 KG. 19. 12. 24, JFGErg. 3, 229.

Der Grundsatz des Abs. 2 gilt nicht, wenn die Gebühr sich nach der Höhe eines Vermögens richtet, z. B. bei Erbteilungen und Auseinandersetzungen. Denn zum Vermögen gehören auch die während des Verfahrens auflaufenden Zinsen und sonstigen Früchte.

**Gegenstand der Wertberechnung.**

**§ 20.** (1) Bei der Berechnung des Wertes einer Sache ist nur der gemeine Wert derselben in Betracht zu ziehen; handelt es sich um einen Verkauf derselben, so ist als Wert der Betrag des vereinbarten Kaufpreises mit Hinzufügung des Wertes der vorbehaltenen Nutzungen und ausbedungenen Leistungen in Ansatz zu bringen, sofern er höher ist als der gemeine Wert.

(2) Der Wert des Besitzes einer Sache ist in der Regel dem Werte der Sache gleich zu achten.

(3) Der Wert eines Pfandrechts oder der Sicherstellung einer Forderung richtet sich nach dem Betrage der Forderung; hat der Gegenstand des Pfandrechts

einen geringeren Wert, so ist dieser maßgebend, soweit nicht die besonderen Vorschriften für Eintragungen im Grundbuche (§ 63) entgegenstehen. Bei Vorrangseinräumungen, einschließlich der Einräumung gleichen Ranges, richtet sich der Wert nach dem Betrage der vortretenden Post und, wenn der Betrag der zurücktretenden Post der geringere ist, nach diesem. Als Vorrangseinräumung gilt im Sinne dieses Gesetzes auch die im § 1179 des Bürgerlichen Gesetzbuchs bezeichnete Vormerkung zugunsten eines nachstehenden Gläubigers. Der Wert bestimmt sich nach dem höheren der beiden nach den Vorschriften dieses Absatzes in Betracht kommenden Beträge, sofern dies für den Kostenschuldner nach den Vorschriften des § 39 günstiger ist.

(4) Der Wert einer Grunddienstbarkeit wird durch den Wert, welchen dieselbe für das herrschende Grundstück hat, und wenn der Betrag, um welchen sich der Wert des dienenden Grundstücks durch die Dienstbarkeit mindert, größer ist, durch diesen Betrag bestimmt.

(5) Der Wert des Rechtes auf wiederkehrende Nutzungen oder Leistungen wird nach den Vorschriften des § 6 Abs. 8 bis 12 des Stempelsteuergesetzes berechnet, jedoch ist der Wert des Rechtes auf Nutzungen oder Leistungen auf Lebenszeit oder bis zum Eintritt eines bestimmten Alters oder Umstandes auf höchstens das Fünffache des einjährigen Bezugs anzunehmen, wenn das Recht dem jetzigen oder früheren Ehegatten des Verpflichteten oder Personen zusteht, die mit dem Verpflichteten in gerader Linie verwandt, verschwägert oder durch Annahme an Kindes Statt verbunden oder in der Seitenlinie bis zum dritten Grade verwandt oder bis zum zweiten Grade verschwägert sind, auch

wenn die Ehe, durch welche die Schwägerschaft begründet ist, nicht mehr besteht. Steht der Zeitpunkt des Anfalls nicht fest, so tritt an dessen Stelle der Zeitpunkt der Begründung des Bezugsrechts. Der Wert des dem unehelichen Kinde gegen seinen Vater zustehenden Rechtes auf Unterhalt wird nach dem Betrage des einjährigen Bezugs berechnet; ist der Betrag der Bezüge der einzelnen Jahre verschieden, so kommt der höchste Betrag zum Ansatze.

(6) Der Wert eines Miet- oder Pachtrechts bestimmt sich nach dem zusammenzurechnenden Werte aller Leistungen des Mieters oder Pächters während der ganzen Vertragszeit. Bei länger als 25 Jahre dauernden Miet- oder Pachtverhältnissen ist der fünfundzwanzigfache Betrag der einjährigen Leistung maßgebend. Bei unbestimmter Dauer des Vertrags erfolgt die Berechnung bei ländlichen Grundstücken unter Zugrundelegung dreier Jahre, in allen anderen Fällen unter Zugrundelegung eines Jahres; kann jedoch bei Verträgen, deren Dauer von einer Kündigung abhängt, die Auflösung des Vertragsverhältnisses erst zu einem späteren Zeitpunkte geschehen, so ist dieser Zeitpunkt maßgebend.

(7) Der Wert der einem Fideikommiß- oder Lehnsfolger anfallenden Rechte ist nach den Bestimmungen im Abs. 5 Satz 1 und 2 zu berechnen.

(8) Bei Kurs habenden Wertpapieren ist der Tageskurs als Wert anzusehen. Die Umrechnung der in anderer als Reichswährung angegebenen Summen erfolgt nach den für die Erhebung des Wechselstempels festgesetzten Mittelwerten und, insoweit solche nicht bestimmt worden sind, nach dem laufenden Kurse.

**(9) Soweit für die Berechnung einer Gebühr der Betrag der Vermögens- oder Nachlaßmasse maßgebend ist, bleiben Hausrat und andere bewegliche körperliche Gegenstände außer Betracht, soweit sie nicht nach den Vorschriften des Vermögenssteuergesetzes vom 8. April 1922 (RGBl. I S. 335) der Vermögenssteuer unterliegen.**

1. Der gemeine Wert ist der Verkaufs- oder Verkehrswert, d. h. der Preis, der im gewöhnlichen Geschäftsverkehr nach der Beschaffenheit des Gegenstandes ohne Rücksicht auf ungewöhnliche oder lediglich persönliche Verhältnisse zu erzielen ist KG. 21. 11. 19, **KGJ. 52, B 276.** Der Wert der Schankerlaubnis kommt für den gemeinen Wert des Grundstücks, auf dem Schankwirtschaft betrieben wird, nicht in Betracht KG. 9. 8. 12, 1a X 781/12. Als gemeiner Wert von Wegeland gilt dessen etwa zu erzielender Verkaufspreis KG. 13. 10. 02, **KGJ. 25, B 16.** Hieraus folgt, daß Wegeland nicht als gänzlich wertlos zu behandeln ist. Die Belastung mit der Zweckbestimmung zum öffentlichen Verkehr und die daraus folgende Unbebaubarkeit werden jedoch nur eine sehr niedrige Wertschätzung zulassen, falls nicht etwa diese Belastung gleichzeitig fortfällt.

Beim Verkauf von Sachen ist der Kaufpreis maßgebend. Bei der Beurkundung von Gutsüberlassungsverträgen und bei der Auflassung des durch einen solchen Vertrag überlassenen Grudstücks ist aber der gemeine Wert, nicht der Erwerbspreis zugrunde zu legen: denn die Gutsüberlassung – über die Merkmale des Überlassungsvertrags vgl. KG. 11. 6. 09, **KGJ. 39,** B 39 — ist nicht Kauf KG. 20. 3. 99, **KGJ. 19,** 138. Bei Zwangsversteigerungen ist entweder das Meistgebot oder der gemeine Wert maßgebend, wenn dieser höher ist; falls aber ein Gläubiger Ersteher ist, ein besonders zu ermittelnder Betrag (§ 123). Bei Zession der Rechte aus dem Meistgebot ist für die Eintragungsgebühr entweder der Kaufpreis, wenn der Zessionar das Grundstück gekauft hat, sonst der gemeine Grundstückswert anzusetzen RG. 2. 3. 05, RGJ. 30, B 20. Der letztere ist auch bei der Zession eines Grundstücksoffertrechts maßgebend RG. 5. 3. 08, RGJ. 36, B 62.

Berechnung des Kaufpreises. Nutzungen sind Früchte einer Sache sowie die Vorteile, welche der Gebrauch der Sache gewährt (§ 100 BGB.). Vorbehalten sind solche Nutzungen, wenn sie durch besondere Vereinbarung dem Veräußerer oder einem Dritten über den Zeitpunkt hinaus gesichert werden, zu dem sie kraft Gesetzes dem Erwerber zustehen würden. Zu den „vorbehaltenen Nutzungen" ist ein etwa vorbehaltenes Recht auf Mineralien und Fossilien nur dann zu rechnen, wenn das Grundstück zu deren Gewinn bereits wirtschaftlich bestimmt ist RG. 8. 12. 02, RGJ. 25, B 34. Ausbedungene Leistungen sind nur solche Leistungen, welche einen Gegenwert für die Übereignung des Grundstücks darstellen; erwirbt eine Bergwerksgesellschaft ein durch von ihr verursachte Bergschäden entwertetes Grundstück, so ist, wenn sie neben dem Kaufpreis dem Veräußerer eine Entschädigung für den zugefügten Bergschaden gewährt, diese Entschädigung keine dem Kaufpreis zuzurechnende „ausbedungene Leistung" RG. 10. 11. 22, JFGErg. 1, 70. Zu den „ausbedungenen Leistungen" gehört die Übernahme von Hypotheken, soweit sie Vergütung für das Grundstück ist (RG. 23. 2. 09, 1 Y 1237/04) und Übernahme solcher Kosten, die nicht schon nach § 449 BGB. dem Käufer zur Last fallen, also z. B. der Löschungskosten einer vom Verkäufer zu beseitigenden Last oder des Mäklerlohns RG. 12. 10. 05, RGJ. 30, B 8; 29. 5. 99, RGJ. 19, 186. Ferner der vertragliche Vorbehalt eines Anteils am landschaftlichen Amortisationsfonds, der nach Ausschüttung dieses Fonds dem Verkäufer herauszuzahlen sein würde RGJ. 7. 2. 13, BüroBl. 13, 96. Lasten, die dem Käufer schon nach dem Gesetze zur Last fallen, wie Rentenbankrenten (RG. 23. 11. 03, Rsp. 9, 209), Ansiedlungsrenten (RGJ. 28, C 15; RG. 22. 3. 12, 1a X 287/12), Altenteile usw. sind dem Kaufpreis auch dann nicht hinzuzurechnen, wenn sie im Vertrag ausdrücklich übernommen sind KG. 2. 5. und 20. 6. 04, KGJ. **28,** B 26, 80; 1. 8. 08, Rsp. **17,** 258. Bestellt aber der Käufer für öffentliche Lasten, die ohnehin auf ihn übergehen, eine Sicherungshypothek, so soll deren Nennbetrag, obwohl ihn der Käufer vielleicht niemals entrichtet, als ausbedungene Leistung dem Kaufpreise hinzugerechnet werden KG. 13. 1. 11, KGJ. **41,** 343. Ist ein im Kaufvertrag übernommener Altenteil zwar schon im Grundbuch eingetragen, hat aber der Veräußerer mit dem Altenteiler weitergehende, noch nicht eingetragene Leistungen vereinbart, so stellt die Übernahme auch dieser Mehrleistungen seitens des Erwerbers eine „ausbedungene Leistung" dar, die bei der Wertberechnung dem Kaufpreise hinzuzurechnen ist KG. 27. 10. 22, KGErg. **1,** 67 Falls der Kaufpreis zinslos oder gegen geringfügige Zinsen auf unbestimmte Zeit, z. B. bis zum Tode des Verkäufers, gestundet ist, so ist der gegenwärtige Wert des Kaufpreises durch Schätzung zu ermitteln KG. 18. 2. 21, KGJ. **53,** B 284.

Über das Verfahren bei Ermittlung des gemeinen Werts von Grundstücken vgl. AVfg. v. 25. 2. 22 (JMBl. 59), betr. Ersuchen an die Katasterämter um Mitteilung von Grundstückswerten, AVfg. v. 16. 8. 22 (JMBl. 356) und v 18. 6. 24 (JMBl. 257) betr. Feststellung des gemeinen Werts land- oder forstwirtschaftlich genutzter Grundstücke.

**2.** Dem Pfandrechte sind fiduziarisch bestellte Rechte nicht gleichzuachten, es entscheidet also nicht der Betrag der Forderung, sondern immer der Wert des fiduziarisch bestellten Rechts (Nießbrauch KG. 27. 3. 07, KGJ. **34,** B 18).

Über Wert einer Hypothek oder Grundschuld vgl. § 63. Über Wertberechnung bei Rangeinräumung vgl. § 57 Abs. 3. Die Löschungsvormerkung wird kostenrechtlich wie eine Rangeinräumung bewertet; das gilt aber nur, wenn ein nachstehender Grundstücksgläubiger der Löschungsberechtigte ist und das Löschungsrecht sich auf den Zweck der Befriedigung wegen des durch den Löschungsanspruch bestärkten Hypothekenrechts beschränkt KG. 14. 6. 12 (KGJ. 43, 351). Andernfalls gilt § 18 Abs. 1 Satz 2. Nach dem Schlußsatz des Abs. 3 soll als Gegenstand des Pfandrechts bald das Pfand, bald die Forderung angesehen werden, je nachdem das Interesse des Kostenschuldners dies verlangt (Begr. 1910, 30). Dieser Satz bezieht sich nur auf die Fälle der Beurkundung, nicht auch auf grundbuchliche Eintragungen KG. 18. 10. 25, JFGErg. 4, 250.

Bei Löschung von in früherer Reichswährung eingetragenen Hypotheken ist nicht der Papiermarkbetrag, sondern der sich aus den Auswertungsvorschriften ergebende Wert maßgebend KG. 21. 3. 24, JMBl. 220. Der Gegenstandswert für die Löschung einer Vorkriegshypothek, deren Abtretung von dem letzten Gläubiger nach dem 1. 1. 18 im Grundbuch eingetragen ist, ist auf 20 v. H. des Goldmarkbetrags anzunehmen, der sich nach dem Aufwertungsgesetze für den Tag der Eintragung der Abtretung ergibt KG. 8. 1. 26, JFGErg. 4, 252.

3. Wie Grunddienstbarkeiten werden auch obligatorische Benutzungs- oder Veräußerungsbeschränkungen hinsichtlich eines Grundstücks, z. B. Baubeschränkungen, bewertet (RG. 29, 406).

Die einer Landschaft gegenüber übernommene Verpflichtung des Eigentümers, das belastete Gut nur mit deren Zustimmung zu verpachten, ist gleich dem Betrage zu bewerten, um den sich der Wert des Gutes durch diese Verfügungsbeschränkung verringert KG. 1. 3. 06, 1 Y 125/06.

Über die Berechnung des Werts einer Reallast vgl. KG. 7. 5. 08, KGJ. 36, B 23. „Kalisalzverträge" sind als Pachtverträge zu bewerten KG. 26. 10. 03, KGJ. 27, B 6. Erbbaurechte sind nicht als Belastungen, sondern wie selbständige Grundstücke zu bewerten.

4. Recht auf wiederkehrende Nutzungen oder Leistungen. § 6 Abs. 8—12 LStG. lauten wie folgt:

„(8) Der einjährige Wert von Nutzungen wird, wenn nicht aus der Urkunde ein höherer oder niederer Prozentsatz hervorgeht, oder sonst festgestellt werden kann, zu 4 v. H. des Wertes des Gegenstandes, welcher die Nutzungen gewährt, angenommen.

(9) Bei immerwährenden Nutzungen und Leistungen ist das Fünfundzwanzigfache ihres einjährigen Betrags, bei Nutzungen und Leistungen von unbestimmter Dauer, sofern nicht die Vorschriften in den beiden nächstfolgenden Absätzen Anwendung finden oder anderweite die längste Dauer begrenzende Umstände in der Urkunde angegeben sind, das Zwölfeinhalbfache des einjährigen Betrags als Wert anzusehen.

(10) Der Wert von Nutzungen oder Leistungen auf Lebenszeit bestimmt sich nach dem zur Zeit ihres Anfangs erreichten Lebensalter der Person, bei deren Tode die Nutzung oder Leistung erlischt, und wird bei einem Lebensalter derselben

| | | | | | | |
|---|---|---|---|---|---|---|
| von | 15 Jahren oder weniger | | | auf das | 18fache | |
| über | 15 | Jahre bis zu | 25 | Jahren auf das | 17fache | |
| „ | 25 | „ „ „ | 35 | „ „ „ | 16 | „ |
| „ | 35 | „ „ „ | 45 | „ „ „ | 14 | „ |
| „ | 45 | „ „ „ | 55 | „ „ „ | 12 | „ |
| „ | 55 | „ „ „ | 65 | „ „ „ | 8½ | „ |
| „ | 65 | „ „ „ | 75 | „ „ „ | 5 | „ |
| „ | 75 | „ „ „ | 80 | „ „ „ | 3 | „ |
| „ | 80 | „ auf das . . . . . . . . | | | 2 | „ |

des Wertes der einjährigen Nutzung oder Leistung angenommen; jedoch ist der Wert des Rechtes auf Nutzungen oder Leistungen auf Lebenszeit auf höchstens das Fünffache des einjährigen Betrags anzunehmen, wenn das Recht dem jetzigen oder früheren Ehegatten des Verpflichteten oder Personen zusteht, die mit dem Verpflichteten in gerader Linie verwandt, verschwägert oder durch Annahme an Kindes Statt verbunden oder in der Seitenlinie bis zum dritten Grade verwandt oder bis zum zweiten Grade verschwägert sind, auch wenn die Ehe, durch welche die Schwägerschaft begründet ist, nicht mehr besteht.

(11) Ist die Dauer der Nutzungen oder Leistungen von der Lebenszeit mehrerer Personen dergestalt abhängig, daß beim Tode der zuerst versterbenden die Nutzung oder Leistung erlischt, so ist für die nach den Bestimmungen im vorigen Absatze vorzunehmende Wertermittlung das Lebensalter der ältesten Person maßgebend. Wenn die Nutzung oder Leistung bis zum Tode der letztversterbenden Person fortdauert, erfolgt die Berechnung nach dem Lebensalter der jüngsten Person.

(12) Der Gesamtwert der auf bestimmte Zeit eingeschränkten Nutzungen oder Leistungen ist unter Zugrundelegung eines vierprozentigen Zinsfußes nach der beigefügten Hilfstabelle zu ermitteln. Ist jedoch die Dauer der Nutzung oder Leistung noch außerdem durch die Lebenszeit einer oder mehrerer Personen bedingt, so darf der nach den Bestimmungen der beiden vorhergehenden Absätze zu berechnende Wert nicht überschritten werden."

Abs. 5 betrifft die Berechnung des Kapitalwerts, mit dem die gesamten wiederkehrenden Nutzungen oder Leistungen anzusetzen sind; der Wert der einzelnen Jahresnutzung wird vom Gericht frei geschätzt (Bruttoertrag abzüglich der Amortisation und gemeinen Lasten) KG. 27. 3. 07, KGJ. 34, B 18. Die Berechnung nach dem Lebensalter ist nur auf natürliche, nicht auf juristische Personen anwendbar KG. 1. 10. 09, 1a X 794/09. Über die Wertberechnung von Renten, die zum Mündelvermögen gehören, vgl. § 90 Abs. 1. Die Berechnung nach dem Kapitalwert, der sich aus dem Lebensalter des Bezugsberechtigten ergibt, greift auch Platz bei der Löschung von Altenteilen und Leibrenten, und zwar ist der Wert nach Maßgabe des Lebensalters des Berechtigten zur Zeit der Eintragung zu berechnen, KG. 21. 2. 98, KGJ. 19, 153. Es rechtfertigt sich dies aus der Erwägung, daß es bei der Löschung nicht darauf ankommt, was das zu löschende Recht zur Zeit der Löschung tatsächlich und wirtschaftlich noch wert ist, sondern was das eingetragene Recht als solches überhaupt wert war. Dagegen ist bei sonstigen Geschäften, die ein schon bestehendes Bezugsrecht betreffen, der Berechnung der menschlichen Lebensdauer des Bezugsberechtigten das Lebensalter zu Grunde zu legen, welches diese Person zur Zeit der Übernahme des Geschäfts bereits zurückgelegt hat KG. 4. 1. 27, JFGErg. 6, 156.

Ein Nießbrauch ist ebenfalls nach dem Lebensalter des Nießbrauchers zu berechnen, und zwar ohne Abzug der vom Nießbraucher zu entrichtenden Hypothekenzinsen KG. 27. 3. 07, KGJ. 34, B 18; 28. 4. 11, KGJ. 41, 292. Der fiduziarisch zur Sicherung einer Hypothek dem Hypothekengläubiger eingeräumte Nießbrauch ist jedoch als Recht von unbestimmter Dauer höchstens zum 12½fachen Jahreswert anzusetzen, wenn er auch mit Tilgung der Hypothek erlöschen soll KG. 27. 07, KGJ. 34 B 18.

Die Agentenprovision kann mit Rücksicht auf ihre Beweglichkeit und Unsicherheit keinesfalls als ein Recht auf wiederkehrende Nutzungen oder Leistungen aufgefaßt werden KG. 19. 9. 24, JFGErg. 3, 226. Auch auf die Wertberechnung bei Dienstverträgen ist Abs. 5 nicht zur Anwendung zu bringen, ebensowenig Abs. 6, vielmehr der Wert nach § 38 Abs. 1 Satz 2, § 22 Abs. 2 zu ermitteln KK. 30. 9. 27, 1a X 794, 27.

Die Vorschrift über Wertberechnung von Unterhaltsgeldern bezieht sich nur auf den Unterhaltsanspruch unehelicher Kinder. Die Anerkennung der Vaterschaft ist eine besondere nichtvermögensrechtliche Erklärung.

5. Die beim Mietrechte vorgeschriebene Wertberechnung gilt dann nicht, wenn die ganzen Einkünfte eines Grundstückes („die Mieten") sicherungshalber abgetreten sind. Es handelt sich dann nicht um ein einzelnes Mietverhältnis, sondern um eine unbestimmte Mehrzahl von solchen. Das Geschäft läuft auf dasselbe hinaus, wie die Bestellung eines Nießbrauchs KG. 3. 2. 11, BüroBl. 11, 160.

6. Über die Umrechnung fremder Währungen bei der Berechnung der Wechselsteuer ist die Vfg. d RFM v 30 9. 23 (RGBl 969) ergangen.

Bei Geldforderungen, die nicht mit kurshabenden Wertpapieren verknüpft sind, ist der Wert der Forderung nach freiem Ermessen unter Beachtung der wirtschaftlichen Lage des Schuldners zu schätzen, wenn die Forderung als unsicher anzusehen ist Sonst ist bei der Abtretung einer unsicheren Forderung der Handelswert maßgebend, den die Forderung nach der Ansicht der Beteiligten hat KG. 1 6. 98, KGJ 18, 169 Bei einem Verkaufe der Forderung ist § 20 Nr. 1 entsprechend anzuwenden, also der Kaufpreis maßgebend Auch bei der Nachlaßpflegschaft sind unsichere Forderungen, die zum Nachlasse gehören, nur mit ihrem Schätzungswerte zu berücksichtigen. Hypotheken sind dagegen ausnahmslos zum Nennwert anzusetzen KG. 18. 6. 09, KGJ. 39, B 48. Für die Verwahrungsgebühr in Hinterlegungssachen ist bei hinterlegten Wertpapieren stets der Nennbetrag maßgebend (§ 41 Nr 8 HO.).

7. Die bei Vermögens- oder Nachlaßmassen nicht zu berücksichtigenden Gegenstände (Abs 9) ergeben sich aus § 5 d. G. über Vermögen- und Erbschaftssteuer v. 10. 8. 25 (RGBl. 233) und § 38 des Reichsbewertungsgesetzes vom gleichen Tage (RGBl. 214).

**Gebührenerstattung.**

**§ 21.** Werden Pachtverträge, welche auf länger als drei Jahre geschlossen sind, vor Ablauf der vertragsmäßigen Zeit aufgelöst, so ist der Justizminister ermächtigt, die Rückzahlung der für die Beurkundung des Pachtvertrags entrichteten Gebühren insoweit anzuordnen, als dieselben denjenigen Gebührensatz übersteigen, welcher bei Verabredung der wirklichen Vertragsdauer anzusetzen gewesen wäre.

**Wert nichtvermögensrechtlicher Angelegenheiten.**

**§ 22.** (1) Bei nichtvermögensrechtlichen Angelegenheiten wird der Wert des Gegenstandes zu 3000 Reichsmark, ausnahmsweise höher oder niedriger, jedoch nicht über 100 000 Reichsmark und nicht unter 200 Reichsmark angenommen.

(2) In Ermangelung genügender tatsächlicher Anhaltspunkte für eine anderweite Wertschätzung sind die Vorschriften des Abs. 1 auch in anderen Fällen entsprechend anzuwenden.

(3) Ist mit einer nichtvermögensrechtlichen Angelegenheit eine mit ihr zusammenhängende vermögensrechtliche verbunden, so ist nur ein Wert, und zwar der höhere maßgebend.

1. Nichtvermögensrechtliche Angelegenheiten sind die Angelegenheiten des Personen- und Familienrechts, z. B. vormundschaftsgerichtliche Maßnahmen, Eheversprechen (KG. 4. 1. 04, Rsp. 9, 213), Heiratserlaubnisschein (KG. 7. 1. 01, KGJ. 21, B 24), Änderung des Familiennamens eines Grundstückseigentümers (Vfg. d. JM. v. 19. 3. 98, Müller 1570), Verlegung des Heimatsorts eines Schiffes (KG. 20. 12. 18, KGJ. 51, B 373), Ausstellung eines Testamentsvollstreckerzeugnisses (KG. 16. 1. 20, KGJ. 52, B 282), Beurkundung des Antrags, ein Grundstück einem anderen zuzuschreiben (KG. 4. 6. 09, KGJ. 39, B 24).

Die Schätzung im Rahmen des § 22 hat nach freiem pflichtmäßigem Ermessen zu erfolgen KG. 10 11. 26, JR. 1927 Nr. 537.

2. Um künstliche Berechnungen zu vermeiden, ist durch Abs. 2 die Wertfestsetzung gemäß Abs. 1 auf alle Fälle erstreckt, in denen es an Anhaltspunkten für die Schätzung fehlt. Beispiele: Auswahl des Liquidators (KG. 10. 11. 11, KGJ. 42, 295); Unterwerfung unter sofortige Zwangsvollstreckung gemäß § 800 ZPO. (KG. 12. 5. 11, KGJ. 41, 285); Beurkun-

dung eines Kommissionsvertrags, bei dem weder eine Verpflichtung zur Lieferung noch eine Provision vereinbart ist KG. 27. 6. 24, JFGErg. 3, 223; Antrag auf Testamentseröffnung KG. 28. 5. 26, JFGErg. 5, 108.

3. Als Fälle der Verbindung einer nichtvermögensrechtlichen Angelegenheit mit einer vermögensrechtlichen kommen in Betracht: Eheversprechen der Verlobten und Mitgiftversprechen des Elternteils (abw. KG. 4. 1. 04 Rsp. 9, 213, wo die Werte zusammengerechnet sind); Anerkennung des unehelichen Kindes und Unterhaltsversprechen (KG. 3. 2. 02, Rsp. 4, 395). Im letzten Falle wird regelmäßig die Gebühr nur nach dem Werte der Anerkennung zu berechnen sein. Ist ausnahmsweise diese geringer zu bewerten als der Jahresbetrag des Unterhaltsgeldes, so bestimmt sich die Gebühr für beide Erklärungen nur nach dem Werte dieses Jahresbetrags.

**Wertfestsetzung.**

**§ 23.** (1) Die Festsetzung des Wertes des Gegenstandes erfolgt gebührenfrei durch Beschluß des Gerichts, falls dieselbe von dem Kostenschuldner beantragt oder von dem Gerichte für angemessen erachtet wird.

(2) Der Kostenschuldner ist verpflichtet, die zur Festsetzung des Wertes erforderlichen Angaben zu machen. Das Gericht kann eine Beweisaufnahme, insbesondere die Einnahme des Augenscheins oder die Begutachtung durch Sachverständige, auf Antrag oder von Amts wegen anordnen. In dem Beschlusse, durch welchen der Wert festgesetzt wird, ist über die Kosten der Beweisaufnahme zu entscheiden. Dieselben sind ganz oder teilweise demjenigen zur Last zu legen, welcher durch Unterlassung der ihm obliegenden Wertangabe, durch unrichtige Wertangabe oder durch unbegründete Beschwerde die Beweisaufnahme veranlaßt hat.

1. Grundsätzlich hat der Gerichtsschreiber den Wert des Gegenstandes zu ermitteln und selbständig festzusetzen. Er hat daher nur ausnahmsweise noch die richterliche Wertfestsetzung anzuregen, und es steht im Ermessen des Gerichts, ob es solcher Anregung folgen oder auch in diesem Falle dem Gerichtsschreiber die Entscheidung überlassen will Hat ein Beteiligter die Wertfestsetzung beantragt, so fallen ihm die Auslagen zur Last

Die Wertfestsetzung kann fur alle Beteiligte nur einheitlich erfolgen, jeder Beschluß wirkt für und gegen alle KG. 31. 393. Ist auf Beschwerde eines Beteiligten eine Entscheidung des Landgerichts bereits ergangen, so steht den übrigen Beteiligten nur noch die weitere Beschwerde offen

Beschwerde über den Festsetzungsbeschluß § 26. Änderung von Amts wegen § 25

2. Beweisaufnahme Der Zahlungspflichtige hat keinen Anspruch darauf, zu dem Beweistermin zugezogen zu werden KG. 1 12 11, KGJ 42, 286. Außer dem im letzten Satz des Abs 2 bezeichneten Rechtsnachteil hat ein Unterlassen der Wertangabe weitere Nachteile nicht zur Folge. doch findet schon gegen die Auflage, solche Angaben zu machen, die Beschwerde statt, KG. 25. 2 01, KGJ. 21, B 21 Wissentlich unwahre Angaben können die Betrugsstrafe begründen RGSt. 10, 48 Wenn die Wertfestsetzung und die Beweisaufnahme über den Wert gleichzeitig die Gebühr und den Stempel betrifft, so wird der mit den Kosten belastete Schuldner hiervon erst frei, wenn sowohl die Zivilkammer wie der Landgerichtspräsident die Kostenentscheidung aufhebt KG 26. 1 12, KGJ 42, 288

**Erinnerung.**

**§ 24. Über Erinnerungen des Zahlungspflichtigen oder der Staatskasse gegen den Ansatz von Gebühren und Auslagen entscheidet das Gericht, bei welchem der**

**Ansatz erfolgt ist, gebührenfrei. Der Ansatz der Gebühren und Auslagen kann im Verwaltungswege berichtigt werden, solange nicht über die Erinnerung des Zahlungspflichtigen eine Entscheidung des Gerichts getroffen ist.**

1. Die Erinnerung ist nicht nur wegen des Betrags der Kosten gegeben, sondern ist auch dazu bestimmt, Einwendungen gegen die Zahlungspflicht (Gebührenfreiheit, Verjährung usw.) geltend zu machen RG. **16,** 211. Auch über das Bestehen einer Zahlungspflicht nach § 5 ist im Wege der Erinnerung zu entscheiden KG. 12. 3. 08, KGJ. **36,** B 3.

Über Erinnerungen gegen den Ansatz der Verwahrungsgebühr entscheidet die Hinterlegungsstelle (§ 41 Nr. 9 HO).

2. Die Prüfung des Kostenansatzes im Verwaltungswege ist geregelt durch AVfg. v. 28. 2. 85 (JMBl. 90) und AVfg. v. 12. 9. 18 (JMBl. 382). Der mit dem Ansatz der Gerichtskosten betraute Gerichtsschreiber ist befugt, auch nach Eingang einer Erinnerung den Kostenansatz zu berichtigen, wenn ihm die Erinnerung begründet erscheint und der Kostenansatz nicht auf Anordnung einer anderen Dienststelle beruht AVfg. v. 4. 11. 13 (JMBl. 439). Auch wenn eine Berichtigung des Kostenansatzes im Verwaltungswege ausgeschlossen ist, weil eine gerichtliche Entscheidung vorliegt, kann das Gericht von der Aufsichtsbehörde zu der Erwägung veranlaßt werden, ob nicht seine Entscheidung von Amts wegen zu ändern sei (Vfg. d. JM. v. 3. 5. 98, Müller 1571).

3. Der Rechtsweg ist in Kostensachen grundsätzlich ausgeschlossen (RG. 25, 332) und nur unter den Voraussetzungen der §§ 78, 79 II 14 ALR., wie gegenüber „allgemeinen Anlagen" zugelassen, so auch KompetenzG. JMBl. **59,** 343 und RG. JMBl. **87,** 85; **96,** 322; SeuffA. **51,** 210; Gruchot **41,** 417.

Ausdrücklich zugelassen ist der Rechtsweg durch § 3 Abs. 3, § 53 der VO. über das Verwaltungszwangsverfahren v. 15. 11. 99 für den Fall, daß ein Dritter auf Grund des bürgerlichen Rechts für die Kostenschuld in Anspruch genommen wird (s. zu § 5) oder daß der Erbe seine Haftungsbeschränkung geltend machen will. Die beschränkte Haftung ist gemäß § 781 ZPO., nicht durch Erinnerung gegen die Kostenrechnung geltend zu machen. Die Kostenrechnung muß aber den Vorbehalt des § 780 ZPO. enthalten, also erkennen lassen, daß der Kostenschuldner nur als Erbe nach den Vorschriften über Nachlaßverbindlichkeiten haften soll KG. 9. 11. 05, KGJ. 31, B 26.

**Änderung von Amts wegen.**

**§ 25.** Die Entscheidungen über Wertfestsetzung oder über Erinnerungen gegen den Kostenansatz können von dem Gerichte, welches dieselben getroffen hat, oder von dem Gerichte der höheren Instanz von Amts wegen geändert werden.

1. DGKG. §§ 4, 17. Die Worte „im Laufe des Verfahrens", welche § 18 DGKG. enthält, fehlen hier. Folglich kann die Entscheidung auch nach Beendigung der Angelegenheit noch geändert werden. Ferner kann das höhere Gericht, auch wenn es nur mit einer Beschwerde über die Wertfestsetzung befaßt ist, die Kostenrechnung zuungunsten des Beschwerdeführers ändern KG. 12. 7. 97, KGJ. 17, 132; 2. 5. 04, KGJ. 28, B 26.

**Beschwerde.**

**§ 26.** (1) Gegen die im § 10 Abs. 2 Satz 1, sowie in den §§ 23 bis 25 gedachten Entscheidungen findet Beschwerde nach Maßgabe des § 568 Abs. 1, 2 und der §§ 569 bis 575 der Zivilprozeßordnung statt. Gegen die Entscheidung der Landgerichte als Beschwerdegerichte findet auch dann, wenn ein neuer selbständiger Beschwerdegrund nicht vorliegt, die weitere Beschwerde statt, falls die Entscheidung auf einer Verletzung des Gesetzes beruht. Die Vorschriften der §§ 550, 551 der Zivilprozeßordnung finden in diesem Falle entsprechende Anwendung.

(2) Die Einlegung von Erinnerungen oder Beschwerden kann in allen Fällen durch Erklärung zum Protokolle des Gerichtsschreibers oder schriftlich ohne Mitwirkung eines Anwalts erfolgen.

1. Die Beschwerde ist nicht nur gegen Endentscheidungen in Kostensachen zulässig, sondern gegen alle das Kostenberechnungsverfahren betreffenden gerichtlichen Anordnungen, z. B. gegen eine die Wertangabe (§ 23) verlangende Zwischenverfügung KG. 25. 2. 01, KGJ. **21**, B 21. In Handelssachen geht auch die Kostenbeschwerde gemäß § 30 PrFGG. an die Kammer für Handelssachen KG. 16. 11. 05, KGJ. **31**, B 18. Zur Beschwerde berechtigt ist jeder Kostenschuldner und die Staatskasse, da die Entscheidung für jeden Beteiligten Recht macht (§ 23 Abs. 1); nicht aber ein Dritter, der, ohne die Kostenschuld zu übernehmen, lediglich dem Kostenschuldner versprochen hat, statt seiner die Schuld zu erfüllen (Erfüllungsübernahme BGB. § 329) KG. 1a X 256/11. Der Rechtsanwalt hat ein Recht zur Beschwerde im eigenen Namen, sofern die Wertfestsetzung auch für seine Gebühren maßgebend ist KGJ. **27**, B 23; dagegen nicht, wenn sich der für ihn maßgebende Wertgegenstand nach anderen Grundsätzen bestimmt KGJ **28**, B 43; **42**, 292. Ob die verschiedenen Vorschriften ihrem Inhalt nach etwa übereinstimmen, ist unerheblich, sofern nur der Anwalt für seine Gebühren an den gerichtlichen Festsetzungsbeschluß nicht gebunden ist. Erinnerung und Beschwerde beziehen sich nicht auf außergerichtliche Kosten des Gegners und deren Erstattung § 1 Abs. 6.

Das Gericht ist zur Beschwerde gegen einen seine Entscheidung abändernden Beschluß nicht befugt KG. 6. 3. 82, KGJ. 3, 195. Auch der Rechnungsbeamte ist im Falle der Niederschlagung von Rechnungsgebühren durch das Gericht nicht beschwerdeberechtigt KG. 19. 10. 17, KGJ. 50, B 252. Zuständiges Gericht § 27; kein Anwaltszwang und keine Beschwerdeform. Jeder Ausdruck der Unzufriedenheit mit der Vorentscheidung kann als Beschwerde behandelt werden, sofern aus dem Inhalt des Schriftstücks die Absicht, Beschwerde zu erheben, hervorgeht KG. v. 12. 10. 03, 1 Y 917/03.

Entscheidungen auf Beschwerden sind nicht gebührenfrei. Die in bezug genommenen Vorschriften der ZPO. lauten:

**§ 568.** Über die Beschwerde entscheidet das im Instanzenzuge zunächst höhere Gericht.

Gegen die Entscheidung des Beschwerdegerichts ist, soweit nicht in derselben ein neuer selbständiger Beschwerdegrund enthalten ist, eine weitere Beschwerde nicht zulässig.

**§ 569.** Die Beschwerde wird bei dem Gericht eingelegt, von welchem oder von dessen Vorsitzenden die angefochtene Entscheidung erlassen ist; sie kann in dringenden Fällen auch bei dem Beschwerdegericht eingelegt werden.

Die Einlegung erfolgt durch Einreichung einer Beschwerdeschrift. Die Einlegung kann auch durch Erklärung zum Protokoll der Geschäftsstelle erfolgen, wenn der Rechtsstreit bei einem Amtsgericht anhängig ist oder anhängig war, wenn die Beschwerde das Armenrecht betrifft oder von einem Zeugen oder Sachverständigen erhoben wird.

**§ 570.** Die Beschwerde kann auf neue Tatsachen und Beweise gestützt werden.

**§ 571.** Erachtet das Gericht oder der Vorsitzende, dessen Entscheidung angefochten wird, die Beschwerde für begründet, so haben sie derselben abzuhelfen; andernfalls ist die Beschwerde vor Ablauf einer Woche dem Beschwerdegerichte vorzulegen.

§ 572. Die Beschwerde hat nur dann aufschiebende Wirkung, wenn sie gegen eine der in den §§ 109, 380, 390, 409, 619, 656, 678 erwähnten Entscheidungen gerichtet ist.

Das Gericht oder der Vorsitzende, dessen Entscheidung angefochten wird, kann anordnen, daß die Vollziehung derselben auszusetzen sei.

Das Beschwerdegericht kann vor der Entscheidung eine einstweilige Anordnung erlassen; es kann insbesondere anordnen, daß die Vollziehung der angefochtenen Entscheidung auszusetzen sei.

§ 573. Die Entscheidung über die Beschwerde kann ohne vorgängige mündliche Verhandlung erfolgen.

Ordnet das Gericht eine schriftliche Erklärung an, so kann die Abgabe derselben durch einen Anwalt erfolgen, der bei dem Gericht zugelassen ist, von welchem oder von dessen Vorsitzenden die angefochtene Entscheidung erlassen ist. In den Fällen, in welchen die Beschwerde zum Protokoll der Geschäftsstelle eingelegt werden darf, kann auch die Erklärung zum Protokoll der Geschäftsstelle abgegeben werden.

§ 574. Das Beschwerdegericht hat von Amts wegen zu prüfen, ob die Beschwerde an sich statthaft und ob sie in der gesetzlichen Form und Frist eingelegt sei. Mangelt es an einem dieser Erfordernisse, so ist die Beschwerde als unzulässig zu verwerfen.

§ 575. Erachtet das Beschwerdegericht die Beschwerde für begründet, so kann es demjenigen Gericht oder Vorsitzenden, von welchem die beschwerende Entscheidung erlassen war, die erforderliche Anordnung übertragen.

§ 550. Das Gesetz ist verletzt, wenn eine Rechtsnorm nicht oder nicht richtig angewendet worden ist.

§ 551. Eine Entscheidung ist stets als auf einer Verletzung des Gesetzes beruhend anzusehen:

1. wenn das erkennende Gericht nicht vorschriftsmäßig besetzt war;

2. wenn bei der Entscheidung ein Richter mitgewirkt hat, welcher von der Ausübung des Richteramts kraft Gesetzes ausgeschlossen war, sofern nicht dieses Hindernis mittels eines Ablehnungsgesuchs ohne Erfolg geltend gemacht ist.
3. wenn bei der Entscheidung ein Richter mitgewirkt hat, obgleich derselbe wegen Besorgnis der Befangenheit abgelehnt und das Ablehnungsgesuch für begründet erklärt war;
4. wenn das Gericht seine Zuständigkeit oder Unzuständigkeit mit Unrecht angenommen hat;
5. wenn eine Partei in dem Verfahren nicht nach Vorschrift der Gesetze vertreten war, sofern sie nicht die Prozeßführung ausdrücklich oder stillschweigend genehmigt hat;
6. wenn die Entscheidung auf Grund einer mündlichen Verhandlung ergangen ist, bei welcher die Vorschriften über die Öffentlichkeit des Verfahrens verletzt sind;
7. wenn die Entscheidung nicht mit Gründen versehen ist.

Gegen gerichtliche Entscheidungen, die eine Wertfestsetzung in Stempelsachen enthalten, ferner die einen Gerichtskostenstempel niederschlagen oder die Niederschlagung eines solchen ablehnen, findet nicht Beschwerde an das übergeordnete Gericht, sondern nur Aufsichtsbeschwerde statt § 30 (Begr 1910, 25).

In Hinterlegungssachen findet auch wegen des Ansatzes der Verwahrungsgebühr nicht die Gebührenbeschwerde an die oberen Gerichte, sondern lediglich die Aufsichtsbeschwerde statt (HO § 3).

2. Das Verfahren der weiteren Kostenbeschwerde ist ein Mittelding zwischen der weiteren Beschwerde der streitigen und der freiwilligen Gerichtsbarkeit sie kann sowohl auf Gesetzesverletzung, wie auch — wenn ein neuer Beschwerdegrund gegeben ist — auf Tatsachen gestützt

werden; kein Anwaltszwang; die Zuständigkeit des Kammergerichts ist abweichend geordnet.

3. Die Vertreter der Staatskasse im Beschwerdeverfahren steht zu: a) wenn die Beschwerde gegen die Entscheidung eines Amtsgerichts erhoben wird, dem Bezirksrevisor bei dem übergeordneten Landgericht, bei Entscheidungen des AG. Berlin-Mitte dem Bezirksrevisor bei diesem Gericht; b) wenn die Beschwerde gegen die Entscheidung eines Landgerichts erhoben wird, dem Rechnungsdirektor bei dem übergeordneten Oberlandesgericht. Alle mittels Beschwerde anfechtbaren gerichtlichen Entscheidungen, durch die der Kostenansatz ermäßigt wird, sind vom Gerichtsschreiber des entscheidenden Gerichts dem Landgerichtspräsidenten — beim AG. Berlin-Mitte dem Amtsgerichtspräsidenten — zur Prüfung vorzulegen, welcher geeignetenfalls die Erhebung der Beschwerde veranlaßt AVfg. v. 12. 9. 19 (JMBl. 282), §§ 14, 15.

**Zuständigkeit des Kammergerichts.**

**§ 27. Soweit die Änderung einer Wert- oder Kostenfestsetzung von Amts wegen oder die Verhandlung und Entscheidung von Beschwerden den Oberlandesgerichten als Gerichten höherer Instanz oder Beschwerdegerichten zusteht, ist das Kammergericht ausschließlich zuständig, wenn nicht ein anderes Oberlandesgericht gleichzeitig über eine Beschwerde in der Angelegenheit, für welche Kosten in Ansatz zu bringen sind, zu entscheiden hat. Die Entscheidung erfolgt in einem Zivilsenate.**

1. Vgl. PrFGG Art. 7. Zur Entscheidung von reinen Kostenbeschwerden, soweit die Entscheidung den Oberlandesgerichten als Gerichten höherer Instanz oder Beschwerdegerichten zusteht, ist auch im Zwangsversteigerungsverfahren das Kammergericht ausschließlich zuständig KG. 1. 2. 97, KGJ. 16, 163.

Sind aber gemäß § 109 ZVG. die Kosten des Verfahrens aus dem Versteigerungserlös entnommen und wird darüber Beschwerde geführt, daß hierbei Kosten überhaupt angesetzt oder daß sie zu hoch berechnet sind, so handelt es sich nicht um die Anfechtung einer Kostenentscheidung, sondern um die Anfechtung einer Entscheidung im Zwangsvollstreckungsverfahren; die Beschwerde richtet sich deshalb nach den Vorschriften der ZPO., und im Falle der weiteren Beschwerde ist die ausschließliche Zuständigkeit des KG. nicht gegeben, hat vielmehr das örtlich zuständige Oberlandesgericht zu entscheiden KG. 14. 5. 18, KGJ. **51**, B 353.

Für Gerichtsvollziehergebühren ist das KG. nicht ausschließlich zuständig KG. 3. 5. 12, KGJ. **43**, 339.

**Stempelpflicht.**

**§ 28. (1) Eine Erhebung von Stempeln neben den Gebühren findet nur in denjenigen Fällen statt, in welchen es in diesem Gesetz ausdrücklich angeordnet ist.**

**(2) Urkunden, welche in einem den Vorschriften dieses Gesetzes unterliegenden Verfahren errichtet werden, bleiben, soweit ihr Inhalt über den Gegenstand des Verfahrens hinausgeht, den allgemeinen Vorschriften über Erhebung von Stempeln unterworfen.**

1. Eine Erhebung von Stempeln ist vorgeschrieben:

a) für gerichtliche Urkunden (§ 54);

b) für Eintragungsanträge in Grundbuchsachen (§ 67);

c) für Beurkundungen bei Stiftungen und Vermögensverwaltungen (§ 95);

d) bei gebührenfreier Erteilung von Bescheinigungen oder beglaubigten Abschriften aus gerichtlichen Registern (§ 106 Abs. 2); diese Urkunden sind jedoch nach der neuen Fassung des Tarifst. 4 LStG. stempelfrei, weil es an einer stempelpflichtigen Urschrift fehlt;

e) für Ausfertigungen und Abschriften auf besonderen Antrag (§ 110 Abs. 2);

f) für Zwangsversteigerungen (§§ 122, 131)

Im übrigen werden die Stempelabgaben durch die Gebühren und Stempel zusammenfassenden Pauschsätze dieses Gesetzes mitabgegolten Handelsregisterauszüge sind hiernach stempelfrei.

2. Ein Fall des Abs. 2 liegt z. B vor, wenn im Erbteilungsverfahren ein zu der Auseinandersetzung nicht gehörender Vertrag abgeschlossen und beurkundet wird (Begr 76)

Urkunden, die im Verfahren nicht errichtet, sondern nur gebraucht werden, unterliegen stets der allgemeinen Stempelpflicht: § 30.

### Gerichtskostenstempel.

**§ 29.** (1) Eine Verwendung von Stempelmaterial findet bei den Gerichten nicht statt. Wenn Stempelabgaben neben den Gebühren zu erheben sind, werden sie nach den für Gerichtsgebühren geltenden Vorschriften eingezogen und auch sonst als Gerichtsgebühren behandelt. Die Vorschriften der §§ 1, 2, 7, 8, 12, 13, 15 Abs. 2 und der §§ 18 bis 22, 24 bis 27 bleiben jedoch hinsichtlich der Stempelabgaben außer Anwendung. Über Beschwerden, welche die Festsetzung des für die Stempelberechnung maßgebenden Wertes oder den Ansatz von Stempelbeträgen betreffen, wird im Aufsichtsweg entschieden. Der Justizminister kann den Ansatz dieser Beträge in allen Fällen von Amts wegen berichtigen. Die Vorschriften über die Zulässigkeit des Rechtswegs werden durch die vorstehenden Bestimmungen nicht berührt. Soweit die Finanzverwaltung nach stempelgesetzlichen Vorschriften befugt ist, die Rückerstattung von Stempelabgaben oder die Abstandnahme

**von der Einziehung derselben anzuordnen, steht diese Befugnis hinsichtlich der als Gerichtskosten zu erhebenden Stempelbeträge der Justizverwaltung zu.**

**(2) Auf die nach stempelgesetzlichen Vorschriften zu stundenden Stempelbeträge finden die Bestimmungen des ersten Absatzes keine Anwendung. Diese Beträge werden durch die Behörden der Finanzverwaltung eingezogen.**

1. Über gerichtliche Landesstempelsachen ist die Gem. Vfg. d. JM. und FM. v. 19. 1. 26 (JMBl. 17) ergangen; abgedruckt im Anhang V.

Die §§ 29, 30 gelten landesrechtlich auch für die streitige Gerichtsbarkeit (§ 115).

Die nicht anwendbaren Vorschriften betreffen: Zahlungspflicht, Gebührenfreiheit, Nachforderung und Verjährung, Beschränkung der Zwangsversteigerung, Wertberechnung, Erinnerung und Beschwerde. Hier gelten die Bestimmungen der Stempelgesetze (PrStG. §§ 12, 13; 4, 5; 27; 15; 6). Daher haftet z. B. der in die Kosten Verurteilte der Staatskasse nicht für den zur Vollmacht des Gegners verwendeten Stempel. Wohl aber haftet nach § 4 PrGKG., wer die Kosten übernommen hat, auch für den Stempel. Die Niederschlagungsbefugnis der Gerichte nach § 10 gilt auch für die Gerichtskostenstempel, jedoch ist zu beachten, daß gegen die gerichtliche Entscheidung, soweit sie den Stempel betrifft, nur Aufsichtsbeschwerde stattfindet (Begr. 1910 S. 25).

Über Beschwerden in Stempelsachen wird nicht mehr von den Gerichten entschieden. Gegen den Stempelansatz des Urkundsbeamten der Geschäftsstelle hat der Zahlungspflichtige zunächst den Rechtsbehelf der „Einwendung“; über diese entscheidet das Gericht. Alsdann geht die Aufsichtsbeschwerde an den Landgerichtspräsidenten (Amtsgerichtspräsidenten) — § 9 der AVfg. v. 19. 1. 26. Außerdem verbleibt dem Gericht die Wertfestsetzung zum Zwecke der Stempelberechnung; gegen den

Festsetzungsbeschluß ist aber gleichfalls nur die Aufsichtsbeschwerde statthaft.

2. Rechtsweg: vgl. LStG. § 26 und AVfg. v. 19. 1. 26 § 7.

3. Erstattung aus Billigkeitsgründen: LStG. § 25 Abs. 2; Fälle, in denen der Stempel erstattet werden muß: LStG. § 25 a—c. Zuständig ist der Landgerichtspräsident (§ 9 der AVfg. v. 19. 1. 26).

4. Stundung des Stempels kommt nur bei Geschäften in Frage, bei denen der Wert des Gegenstandes dergestalt unbestimmt ist, daß er von vornherein auch nicht annähernd festgestellt oder geschätzt werden kann (§ 8 LStG.). Vgl. hierüber §§ 11, 12 der AVfg. v. 19. 1. 26.

### Einzelfälle des Gerichtskostenstempels.

**§ 30.** (1) Auf die Einziehung des Stempels finden die Vorschriften des § 29 entsprechende Anwendung:

1. wenn behufs Ausschließung des für die Eintragung, Abtretung oder Verpfändung einer Hypothek oder Grundschuld zu entrichtenden Wertstempels die Urkunden über das der Eintragung zugrunde liegende Rechtsgeschäft ohne den vorgeschriebenen Wertstempel vorgelegt werden;
2. wenn zum Gebrauche bei Gericht bestimmte Vollmachten, amtliche Zeugnisse, Schätzungen und Vermögensverzeichnisse ohne den vorgeschriebenen Stempel eingereicht werden;
3. wenn Anträge auf Eintragung von Änderungen des Inhalts oder des Ranges eingetragener Rechte, von beschränkten persönlichen Dienstbarkeiten, von Grunddienstbarkeiten, von Nießbrauchsbestellungen an unbeweglichen Sachen, von Reallasten und von Vorkaufsrechten vorgelegt werden, ohne daß zu den

Anträgen oder zu den ihnen zugrunde liegenden Eintragungsbewilligungen die erforderlichen Stempel verwendet worden sind;

4. wenn Verfügungen von Todes wegen zur amtlichen Verwahrung überreicht oder durch Übergabe einer Schrift errichtet werden;
5. wenn Urkunden zur gerichtlichen Vollziehung, Anerkennung des Inhalts, Sicherstellung der Zeit der Ausstellung, Genehmigung oder Bestätigung überreicht werden;
6. wenn Urkunden zur Anerkennung oder Beglaubigung einer Unterschrift oder eines Handzeichens vorgelegt werden und die Beteiligten genehmigen, daß das Gericht von dem Inhalte der Urkunde Kenntnis nimmt.

(2) In denjenigen Fällen, in welchen bei nicht oder nicht ordnungsmäßig erfolgter Verwendung des Stempels nach den stempelgesetzlichen Vorschriften Stempelstrafen eintreten würden, sind die Beteiligten von Stempelstrafe frei, wenn die Einreichung der Urkunde bei Gericht innerhalb der für die Verwendung des Urkundenstempels sonst vorgeschriebenen Frist erfolgt. Die Verpflichtung der Behörden und Beamten, einschließlich der Notare, für die Einziehung des Stempels zu sorgen, wird hierdurch nicht berührt.

1. Die Aufzählung der Fälle, in denen bei außergerichtlichen Urkunden die Einziehung des Stempels durch das Gericht erfolgt, ist erschöpfend. In anderen als den bezeichneten Fällen darf der Stempel für nichtgerichtliche Urkunden **nicht** als Gerichskostenstempel eingezogen werden Kein Ermessen des Urkundsbeamten der Geschäftsstelle (KB. 1910 S. 17). Jedoch treten nach § 14 Abs. 1e LStG. zu den aufgezählten noch

die Fälle hinzu, in denen Urkunden über das einer Auflassung zu Grunde liegende und mit diesem im Zusammenhang stehende Rechtsgeschäft ohne die vorgeschriebenen Stempel bei Gericht vorgelegt werden, sofern darin dem Landesstempel unterliegende Vereinbarungen (z. B. Veräußerungen des Grundstücksinventars usw.) mit enthalten sind (AVfg. v. 19. 1. 26, §§ 2 Nr. 1a, 6 Nr. 4).

2. Zu Nr. 1 vgl. LStG. Tarifst. 1 (Abtretung von Rechten), 14 III (Antrag auf Eintragung einer Hypothek oder Grundschuld sowie auf Eintragung der Verpfändung usw.). Ist zwar ein Stempel, aber ein zu geringer verwendet, so ist der Rest als Gerichtskosten einzuziehen. In diesen Fällen ist die Vereinnahmung eines zur Urschrift einer notariellen Urkunde zu wenig verwendeten Stempels zu den Gerichtskosten auch dann zulässig, wenn dem Gericht nur eine Ausfertigung oder beglaubigte Abschrift der Urkunde vorgelegt wird und aus dem darauf befindlichen Stempelvermerk sich nicht oder nicht zweifelsfrei ergibt, daß die Urschrift ausreichend versteuert worden ist (AVfg. v. 19. 1. 26, § 2 Nr. 1b).

Tritt die Stempelpflicht einer Urkunde erst durch ihre gerichtliche Genehmigung oder Bestätigung ein (z. B. durch die Genehmigung des Vormundschaftsgerichts, Bestätigung des Kindesannahmevertrags), so hat das Gericht den Stempel einzuziehen (AVfg. v. 19. 1. 26, § 2 Nr. 1h).

3. Von Nr. 2 kommt nur noch die Einreichung von zum Gebrauch bei Gericht bestimmten Vollmachten in Betracht (Tarifst. 19).

4. Über den Stempel für Anträge auf Eintragung eines Nießbrauchs vgl. Tarifst. 9 LStG.

5. Über den Stempel für Verfügungen von Todes wegen vgl. Tarifst. 16 LStG.

6. Über Verstempelung privatschriftlicher oder notarieller Urkunden, die ihre Gültigkeit erst durch die gerichtliche Genehmigung oder Bestätigung erlangen, vgl. LStG. § 2 Nr. 1h (abgedruckt im Anhang V).

7. Die Verstempelung der zur Unterschriftsbeglaubigung vorgelegten Urkunden kann nur erfolgen, wenn die Beteiligten Kenntnisnahme vom Inhalt gestatten (Art. 60 Abs. 1 PrFGG.).

8. Zeit der Stempelverwendung. Vgl. LStG. §§ 15, 19 und AB. Nr. 23.

**Mindestgebühr und Abrundung.**

**§ 31.** (1) Der Mindebetrag einer Gebühr ist zwei Reichsmark, soweit nicht in diesem Gesetz ein geringerer Gebührenbetrag bestimmt ist.

(2) Pfennigbeträge, welche ohne Bruch nicht durch zehn teilbar sind, sind auf volle zehn Reichspfennige aufzurunden.

(3) Hinsichtlich der Abrundung der Stempelbeträge bewendet es bei den Vorschriften der Stempelgesetze.

1. Abweichende Mindestgebühren gelten infolge Festsetzung eines bestimmten Mindestwertes nach § 46 Abs. 2, ferner für die Wegegebühr (§ 49).

2. Abrundung. Haben mehrere Kostenschuldner eine Gebühr gemeinschaftlich zu tragen, so findet bei den einzelnen Anteilen eine Abrundung nicht statt. Auf Auslagen bezieht sich die Abrundung nicht. Über die Behandlung geringfügiger Kostenbeträge vgl. KassO. § 18 Nr. 6. Kostenbeträge von weniger als 50 Pfg. werden für sich allein in der Regel nicht eingefordert.

3. Über Mindestbeträge der Stempelsteuer und ihre Abstufung vgl. LStG. § 11.

**Gebührentarif.**

**§ 32.** Die Gebühren werden, sofern nicht in diesem Gesetze Ausnahmen vorgesehen sind, nach dem Werte des Gegenstandes erhoben. Die volle Gebühr im

Sinne dieses Gesetzes beträgt bei Gegenständen im Werte:

1. bis 50 Reichsmark einschließlich ..... 2 RM.

| | | | | | | | |
|---|---|---|---|---|---|---|---|
| 2. | von mehr als | 50 | bis | 100 | einschl. | 3 | „ |
| 3. | „ „ „ | 100 | „ | 200 | „ | 4 | „ |
| 4. | „ „ „ | 200 | „ | 300 | „ | 5 | „ |
| 5. | „ „ „ | 300 | „ | 500 | „ | 6 | „ |
| 6. | „ „ „ | 500 | „ | 1 000 | „ | 8 | „ |
| 7. | „ „ „ | 1 000 | „ | 1 500 | „ | 10 | „ |
| 8. | „ „ „ | 1 500 | „ | 2 000 | „ | 12 | „ |
| 9. | „ „ „ | 2 000 | „ | 2 500 | „ | 14 | „ |
| 10. | „ „ „ | 2 500 | „ | 3 000 | „ | 16 | „ |
| 11. | „ „ „ | 3 000 | „ | 3 500 | | 18 | „ |
| 12. | „ „ „ | 3 500 | „ | 4 000 | „ | 20 | „ |
| 13. | „ „ „ | 4 000 | „ | 5 000 | „ | 22 | „ |
| 14. | „ „ „ | 5 000 | „ | 6 000 | „ | 24 | „ |
| 15. | „ „ „ | 6 000 | „ | 7 000 | „ | 26 | „ |
| 16. | „ „ „ | 7 000 | „ | 8 000 | „ | 28 | „ |
| 17. | „ „ „ | 8 000 | „ | 9 000 | „ | 30 | „ |
| 18. | „ „ „ | 9 000 | „ | 10 000 | „ | 32 | „ |
| 19. | „ „ „ | 10 000 | „ | 12 000 | „ | 36 | „ |
| 20. | „ „ „ | 12 000 | „ | 14 000 | „ | 40 | „ |
| 21. | „ „ „ | 14 000 | „ | 16 000 | „ | 44 | „ |
| 22. | „ „ „ | 16 000 | „ | 18 000 | „ | 48 | „ |
| 23. | „ „ „ | 18 000 | „ | 20 000 | „ | 52 | „ |
| 24. | „ „ „ | 20 000 | „ | 22 000 | „ | 56 | „ |
| 25. | „ „ „ | 22 000 | „ | 24 000 | „ | 60 | „ |
| 26. | „ „ „ | 24 000 | „ | 26 000 | „ | 64 | „ |
| 27. | „ „ „ | 26 000 | „ | 28 000 | „ | 68 | „ |
| 28. | „ „ „ | 28 000 | „ | 30 000 | „ | 72 | „ |
| 29. | „ „ „ | 30 000 | „ | 35 000 | „ | 80 | „ |
| 30. | „ „ „ | 35 000 | „ | 40 000 | „ | 88 | „ |

| | | | | | | | | |
|---|---|---|---|---|---|---|---|---|
| 31. | von mehr als | 40 000 | bis | 50 000 | einschl. | 100 | RM. |
| 32. | „ „ „ | 50 000 | „ | 60 000 | „ | 112 | „ |
| 33. | „ „ „ | 60 000 | „ | 70 000 | „ | 124 | „ |
| 34. | „ „ „ | 70 000 | „ | 80 000 | „ | 136 | „ |
| 35. | „ „ „ | 80 000 | „ | 90 000 | „ | 148 | „ |
| 36. | „ „ „ | 90 000 | „ | 100 000 | „ | 160 | „ |

Die fernern Wertklassen steigen um je 10 000 Reichsmark und die Gebühren um je 12 Reichsmark.

## Zweiter Abschnitt.

## Gerichtliche Urkunden.

### Einseitige Erklärungen, einseitige Verträge.

**§ 33.** Die volle Gebühr wird erhoben für die Beurkundung einseitiger Erklärungen oder einseitiger Verträge, namentlich solcher, durch welche nur von seiten einer Partei Verbindlichkeiten übernommen oder bestehende Rechte anerkannt, abgetreten oder aufgehoben werden, ohne Unterschied, ob die Erklärungen nur von einzelnen Personen oder von mehreren Personen als Teilnehmern abgegeben werden und ob die der anderen Partei gemachten Zugeständnisse in derselben Verhandlung angenommen sind oder nicht.

1. Zu den „einseitigen Erklärungen" und „einseitigen Verträgen" des § 33 bilden den Gegensatz die im § 34 geregelten „zweiseitigen", d. h. doppelseitig verpflichtenden Verträge. Die Schenkung ist z. B. ein einseitiger Vertrag, die Miete und der Kauf ein zweiseitiger Vertrag; die Kündigung ist eine einseitige Erklärung. Unter § 33 fällt auch die Erklärung, das Vorkaufsrecht auszuüben (BGB. § 505) KG. 26. 9. 04, Rsp. **10**, 263; die Quittung KG. 23. 11. 03, Rsp. **9**, 209; Registeranmel-

dung KG. 28. 11. 04, KGJ. **29**, B 18; Erbschaftsannahme KG. 26. 9. 04, Rsp. **11**, 346; Abtretung eines Geschäftsanteils, auch wenn die Annahme der Abtretung mit beurkundet wird KG. 5. 11. 08, KGJ. **36**, B 17; auch Abtretung mit gleichzeitiger Übernahme der Kosten durch den neuen Gläubiger KG. 27. 4. 17, KGJ. **50**, B 258; die Vereinbarung der Vollaufwertung der persönlichen Forderung und der für sie bestellten Hypothek vor dem Richter der freiwilligen Gerichtsbarkeit KG. 23. 4. 26, JFGErg. 5, 98; Beurkundung des Antrags des Eigentümers auf Eintragung einer Hypothek für eine eigene Schuld KG. 25. 1. 06, KGJ. **31**, B 12. Vgl. auch § 34 Abs. 1.

Die Rechtsprechung des KG. geht dahin, daß kostenrechtlich ein zweiseitiger Vertrag nur vorliegt, wenn Verpflichtungen b e i d e r Teile beurkundet werden. Das liegt nicht vor, wenn z. B. der eine Teil den Vertrag allein zu Protokoll gibt, die Zustimmung des anderen Teiles aber nachgebracht werden soll: KG. 24. 6. 01, KGJ. **22** B 22 (wegen der sog. Offertverträge vgl. § 35 Abs. 1). Verpflichten sich mehrere in einer Urkunde zu Leistungen, ohne daß zum Ausdruck kommt, daß die Erklärungen wechselseitig bedingt sind, so liegt nur ein einseitiger Vertrag vor KG. 19. 12. 24, JFGErg. 3, 229. Sondervorschriften: §§ 37, 41, 42, 87.

**Zweiseitige Verträge.**

**§ 34.** (1) Das Zweifache der vollen Gebühr wird erhoben für die Beurkundung zweiseitiger Verträge.

(2) Eheverträge und Abtretungen von Geschäftsanteilen einer Gesellschaft mit beschränkter Haftung gelten stets als zweiseitige Verträge.

1. Über den Begriff „z w e i s e i t i g e V e r t r ä g e" vgl. § 33 Abs. 1. Schenkungen unter einer Auflage fallen nach § 525 BGB. unter den Begriff des einseitigen Vertrags, da

der Beschenkte keine Verpflichtung übernimmt. Für eine Zessionsverhandlung ist die Gebühr des § 34 nur dann zu erheben, wenn der neue Gläubiger in der Verhandlung nicht nur die Zession annimmt, sondern selbständig eine Verpflichtung gegenüber dem Zedenten übernimmt KG. 8. 11. 97, KGJ. 17, 204; 14. 11. 04, KGJ. 29, B 59. Unter § 34 fällt die Vereinbarung des Erstehers mit einem Hypothekengläubiger, daß die Hypothek bestehen bleiben solle (ZVG. § 91 Abs. 2) KG. 2. 5. 07, KGJ. 34, B 27; ferner die Umwandlung einer Sicherungs- in eine Darlehnshypothek oder einer Buch- in eine Briefhypothek Rsp. 15, 197, KG. 15. 3. 06, KGJ. 32, B 11; die Abtretung der Meistgebotsrechte, wobei der Zessionar die Verpflichtungen des Meistbietenden übernimmt; der Vergleich über den Unterhalt eines unehelichen Kindes, da er auch den Vormund bindet: KG. 12. 10. 03, 1 Y 1102/03. Es kommt darauf an, ob die Gegenleistung beurkundet wird (bloße Erwähnung ist keine Beurkundung) KG. 4. 1. 04, Rsp. 9, 202. Das gleiche gilt auch bei der Änderung bestehender Rechtsverhältnisse. „Zweiseitig" ist der Änderungsvertrag nur, wenn er Verpflichtungen oder Leistungen beider Teile beurkundet, die einander bedingen KG. 9. 3. 96, KGJ. 16, 247. Fehlt der innere Zusammenhang, so liegen nur mehrere einseitige Erklärungen des einen und des anderen Teiles vor, deren Werte zusammenzurechnen und dann nach §§ 34, 41 zu besteuern sind.

2. Ehevertrag ist nach BGB. § 1432 ein Vertrag, der die güterrechtlichen Verhältnisse der Eheleute regelt. Änderung des Güterstandes ist nicht erforderlich, auch Vereinbarungen über die güterrechtliche Eigenschaft einzelner Gegenstände, z. B. ihre Bestimmung zum Vorbehaltsgut, sind als Ehevertrag anzusehen. Dagegen nicht auch ein mit Rücksicht auf die bevorstehende Ehe gemachtes Schenkungsversprechen. Wertberechnung bei Eheverträgen: § 38 Abs. 6. Wird mit dem Ehevertrag die Auseinandersetzung über die aufgehobene Gütergemeinschaft verbunden, so ist für das ganze Geschäft

nur eine Gebühr, die des Ehevertrags, zu berechnen und die Anwendung des § 86 ausgeschlossen (KB. 1910, 26).

3. Die streitige Frage, ob Übertragungen von Geschäftsanteilen einer G. m. b. H. stets als zweiseitige Verträge anzusehen seien, ist durch Abs. 2 in bejahendem Sinne entschieden.

**Beurkundung eines Vertragsantrags.**

**§ 35.** (1) Wird zum Zwecke der Schließung eines zweiseitigen Vertrags zunächst der Antrag beurkundet, so werden hierfür fünfzehn Zehnteile der vollen Gebühr erhoben.

(2) Auf die Beurkundung der Annahme eines Vertragsantrags findet die Vorschrift des § 37 Nr. 1 bei einseitigen und bei zweiseitigen Verträgen Anwendung.

1. BGB. § 128: Der Formvorschrift, z. B. für eine Grundstücksveräußerung (BGB. § 313), kann dadurch genügt werden, daß zunächst nur der Antrag des einen Teiles und demnächst von der gleichen oder einer anderen Urkundsperson die Annahmeerklärung des anderen Teiles bekundet wird (Wert: § 38 Abs. 1). Die Vorschrift beschränkt sich jedoch nicht auf den Fall, daß die Form gesetzlich vorgeschrieben ist. Sog. Offertverträge, die nur die Verpflichtung zur Schließung eines bestimmten Vertrags begründen (Optionsrechte), fallen nicht unter § 35, der sich nur auf Anträge „zum Zwecke der Schließung" eines Vertrages bezieht KG. 26. 1. 05, Rsp. 11, 352. Der „Antrag" im Sinne des § 35 muß so vollständig erklärt sein, daß es nur noch der Annahmeerklärung bedarf, um den Vertrag zu vollenden Rsp. 11, 352. Wird der Antrag nur mit Änderungen vorgenommen, denen der Antragende wieder zustimmt, so ist die Annahmegebühr des § 37 Nr. 1 und außerdem die Gebühr für Beurkundung der Änderung anzusetzen, die sich nach §§ 36, 38 Abs. 2 und § 22 bestimmt und stets in der vollen Gebühr des § 32 besteht; vgl. KG. 12. 3. 09, KGJ. 37, B 9.

**Ergänzungen und Änderungen.**

**§ 36.** Für die Beurkundung von Ergänzungen und Abänderungen einer beurkundeten Erklärung wird die volle Gebühr erhoben. Sie darf jedoch den für die ursprüngliche Beurkundung geltenden Gebührensatz nicht übersteigen.

1. Voraussetzung der Anwendung des § 36 ist das Vorliegen einer „beurkundeten Erklärung". Eine bloße privatschriftliche Erklärung, mag auch die Unterschrift beglaubigt sein, kann nicht als „beurkundete Erklärung" im Sinne des Gesetzes angesehen werden.

§ 36 umfaßt alle Arten von Änderungen eines bestehenden Rechtsverhältnisses, wenn sie nur nicht von dem Umfange sind, daß wirtschaftlich ein ganz neues selbständiges Geschäft entsteht. Ein erloschenes Rechtsverhältnis kann nicht mehr geändert werden. Daher ist § 36 unanwendbar, wenn eine erloschene Offerte durch Setzung einer weiteren Frist erneuert wird KG. 13. 6. 13, KGJ. **45**, 347. Gleichviel, ob es sich um einseitige oder zweiseitige Abänderungsgeschäfte handelt, wird stets nur die volle Gebühr des § 32 erhoben. Ist aber für die Beurkundung einer Erklärung eine geringere als die volle Gebühr zu erheben (§ 27), so ist auch für die Beurkundung von Ergänzungen und Abänderungen dieser Erklärung nur die geringere Gebühr anzusetzen KG. 4. 7. 19, KGJ. **52**, B 247.

Wertberechnung § 38 Abs. 2.

**Nachträgliche Erklärungen.**

**§ 37.** Fünf Zehnteile der vollen Gebühr werden erhoben:

1. für jede besondere Urkunde, in welcher die Zustimmung einzelner Teilnehmer zu einer bereits beurkundeten Erklärung beurkundet wird, ohne Unter-

schied, ob die letztere von derselben Behörde beurkundet ist oder nicht;

2. für die Beurkundung von Vollmachten und des Widerrufs von Vollmachten;

3. für die Beurkundung der Wiederaufhebung eines noch von keiner Seite erfüllten Vertrags;

4. für die Beurkundung von Anträgen auf Eintragungen oder Löschungen im Grundbuch oder im Schiffsregister sowie von Eintragungs- oder Löschungsbewilligungen oder Zustimmungen nach § 27 der Grundbuchordnung oder nach § 105 des Gesetzes über die Angelegenheiten der freiwilligen Gerichtsbarkeit, sofern nicht gleichzeitig das zugrunde liegende Rechtsgeschäft beurkundet wird;

5. für die Beurkundung einer Auflassung, sofern nicht gleichzeitig das zugrunde liegende Rechtsgeschäft beurkundet wird.

1. Als Gegenstandswert für die Zustimmung einzelner Teilnehmer kommt nur ihr Anteil in Betracht (§ 38 Abs. 3). Demgemäß ist als Gegenstandswert der Zustimmung eines Miterben zur Verfügung der übrigen Miterben über einen Nachlaßgegenstand der Anteil des Miterben an diesem Nachlaßgegenstand anzusehen; dieser Anteil ist, falls die Umstände nichts anderes angeben, gleich dem Bruchteil, zu dem der Miterbe an der Erbschaft berechtigt ist RG. 7. 1. 20, RGJ. 53, B 291.

2. Über Wertberechnung bei Vollmachten vgl. § 38 Abs. 4.

3. Wiederaufhebung. Ein Vertrag ist im Sinne des § 37 Nr. 3 nur dann noch von keiner Seite erfüllt, wenn mit der Erfüllung noch nicht begonnen wurde RG. 16. 6. 98, RGJ. 18, 172. Die beurkundete Aufhebung eines Wieder-

aufhebungsvertrags, so daß der ursprünglich vereinbarte Kaufvertrag wieder in Kraft tritt, unterliegt nicht der Gebühr des § 37 Nr. 3, sondern der Gebühr des § 34 (Vfg. d. JM. v. 1. 2. 06, Müller 1571).

4. Die in Nr. 4 bezeichneten Beurkundungen sind bei gerichtlicher Aufnahme gebührenfrei, es sei denn, daß die Einreichung in beglaubigter Form gesetzlich vorgeschrieben ist (§ 105). Sie sind auch dann gebührenfrei, wenn die erforderliche Erklärung bereits in der vorgeschriebenen Form den Gerichten vorliegt KJ. 6. 10. 11, KGJ. **42**, 296. Die Gebühr kommt bei notarieller Beurkundung auch in diesen Fällen zur Hebung. Wird zugleich mit der sachenrechtlichen Erklärung das ihr zugrunde liegende Rechtsgeschäft beurkundet, so ist nur die Urkundsgebühr (§§ 33, 34) zu erheben; die Gebühr für den Antrag oder die Bewilligung wird durch sie mit gedeckt KG. 4. 1. 04, Rsp. **9**, 203 (Abtretung und Umschreibungsantrag). Die Urkunde über die eine Hypothek betreffende Eintragungsbewilligung enthält notwendigerweise auch die Beurkundung des zugrundeliegenden Schuldverhältnisses, rechtfertigt also die Gebühr des § 33 KG. 25. 1. 06, KGJ. **31**, B 12. Ebenso die Urkunde, in der der Grundeigentümer einer Rangänderung zustimmt KG. 8. 11. 12, KGJ. **43**, 330 Anm. Anders aber bei der Bewilligung pfandfreier Abschreibung; das zugrundeliegende Geschäft (z. B. die Entpfändung einer mithaftenden Parzelle) ist nicht mit beurkundet, wenn es nur zur Erklärung oder Verdeutlichung der grundbuchrechtlichen Erklärung mit erwähnt wird, ohne daß seine Beurkundung beabsichtigt war KG. 30. 4. 09, KGJ. **38**, B 20. Bei der Bestellung einer Sicherungshypothek gilt die Verpfändungserklärung als nicht mit beurkundet, wenn sie nur zur Erläuterung oder Begründung der Eintragungsbewilligung mit aufgenommen ist KG. 27. 9. 12, KGJ. **43**, 327. Als beabsichtigt gilt die Beurkundung des materiellen Geschäfts jedoch, wenn zugleich der Antrag auf vormundschaftliche Genehmigung der Ent-

pfändung beurkundet wird; hier ist die Beurkundung des materiellen Geschäfts erforderlich, weil es dem Richter in urkundlicher Form vorgelegt werden muß KG. 15. 1. 09, KGJ. 37, B 21.

Ist Antrag und Bewilligung verbunden, so ist die Gebühr des § 37 nur einmal zu erheben, weil beide Erklärungen denselben Gegenstand betreffen KG. 18. 4. 04, KGJ. 28, B 3; 30. 4. 09, KGJ. 38, B 20. Bewilligung und Antrag auf haftfreie Abschreibung des Trennstücks sind daher nur einmal nach dem Werte des Trennstücks zu besteuern KG. 30. 4. 09, KGJ. 38, B 20. Für Beurkundung der Bewilligung und des Antrags auf Eintragung einer Eigentümergrundschuld ist nur die Gebühr des § 37, nicht die volle Gebühr des § 33 zu erheben, es sei denn, daß ausnahmsweise anzunehmen ist, daß in der Beurkundung außer der formellrechtlich zur Begründung des Antrags erforderlichen Bewilligung in der Form des § 29 GBO. auch die materiellrechtliche nach § 1196 Abs. 2 BGB. an die Stelle der Einigung tretende Erklärung des Eigentümers enthalten sein sollte KG. 3. 12. 20, KGJ. 53, B 293.

5. Die bisher für das Gebiet des ehemaligen rheinischen Rechts geltende Vorschrift des Art. V des G. v. 28. 10. 22 (GS. 335): „Für die Beurkundung einer Auflassung wird das Zweifache der vollen Gebühr erhoben, wenn nicht gleichzeitig das zugrundeliegende Rechtsgeschäft beurkundet wird. Ist das Rechtsgeschäft bereits früher beurkundet worden, so ermäßigt sich die Gebühr für die Beurkundung der Auflassung auf fünf Zehnteile der vollen Gebühr" ist durch Art. II des G. v. 13. 12. 26 (GS. 319) aufgehoben.

Wird die Vollmacht zur Auflassung bei der Aufnahme des Veräußerungsgeschäfts erklärt, so wird hierfür keine besondere Gebühr erhoben KG. 24. 11. 02, KGJ. 25, B 11; anders, wenn die Auflassungsvollmacht im Vertrags a n t r a g erklärt wird KG. 21. 5. 09, 1a X 418/09.

**Wertberechnung.**

**§ 38.** (1) Bei der Berechnung der Gebühren ist der Wert des Rechtsverhältnisses maßgebend, dessen Begründung, Übertragung, Feststellung oder Aufhebung den Gegenstand des Rechtsgeschäfts bildet. Bei Verträgen, welche den Austausch von Leistungen zum Gegenstande haben, kommt nur der Wert der Leistungen des einen Teils und, wenn der Wert der beiderseitigen Leistungen ein verschiedener ist, der höhere in Betracht.

(2) Handelt es sich um Änderungen eines Rechtsverhältnisses, so ist die Bestimmung des § 22 mit der Einschränkung anwendbar, daß der Wert des von der Änderung betroffenen Rechtsverhältnisses nicht überschritten werden darf. Hat die Änderung einen bestimmten Geldwert, so ist dieser maßgebend.

(3) Bei zustimmenden Erklärungen einzelner Teilnehmer (§ 37 Nr. 1) kommt nur der Anteil derselben in Betracht.

(4) Der Wert einer Generalvollmacht ist unter entsprechender Anwendung des § 22 mit der Maßgabe zu bestimmen, daß der Höchstwert 200 000 Reichsmark nicht übersteigen darf. Bei Vollmachten zum Abschluß eines bestimmten Rechtsgeschäfts ist der für dieses maßgebende Wert in Ansatz zu bringen, jedoch ist der Wert höchstens auf 200 000 Reichsmark anzunehmen und bei der von einem Teilnehmer ausgestellten Vollmacht nur dessen Anteil maßgebend.

(5) Auf Anmeldungen zum Handelsregister oder zu ähnlichen Registern findet, sofern ein bestimmter Geldwert nicht erhellt, die Vorschrift des § 22 entsprechende Anwendung. Der höchste der Gebührenberechnung zu-

**grunde zu legende Wert ist 200 000 Reichsmark, gleichviel ob ein bestimmter Geldwert erhellt oder nicht.**

**(6) Der Wert eines Ehevertrags bemißt sich nach dem Werte des gegenwärtigen Vermögens der Ehegatten unter Abzug der Schulden. Betrifft der Ehevertrag nur bestimmte Gegenstände, so ist deren Wert maßgebend.**

1. Allgemeiner Grundsatz ist, daß bei gerichtlichen Beurkundungen für die Wertberechnung nicht das Interesse der Beteiligten an der Beurkundung, sondern der Wert des Rechtsverhältnisses maßgebend ist, auf welches sich die beurkundete Erklärung bezieht. Bei Ermittlung des Wertes von Gesellschaftsverträgen sind Bareinlagen außer acht zu lassen, wenn sie in wertlosen Papiermarkbeträgen ausgedrückt sind; Verpflichtungen zu Leistungen anderer Art im Sinne des § 3 Abs. 2 GmbHGes. können als Einlagen den Wert des Gesellschaftsvertrags bestimmen; bei einem Verteilungssyndikat ist die Verpflichtung der Gesellschafter, sich hinsichtlich ihrer Produktion den Syndikatsbedingungen zu unterwerfen, als Einlage anzusehen und im Rahmen des § 22 zu schätzen KG. 19. 12. 24, JFGErg. 3, 229.

Der Agenturvertrag fällt als Dienstvertrag unter die Verträge, welche den Austausch von Leistungen zum Gegenstande haben; der Wert des Provisionsanspruchs ist nicht nach § 20 Abs. 5 zu berechnen, sondern anderweit zu ermitteln, wobei gegebenenfalls § 22 Abs. 2 eingreift KG. 19. 9. 24, JFGErg. 3, 226. Den Gegensatz zu Verträgen, welche den Austausch von Leistungen zum Gegenstande haben, bildet die Vereinigung von Leistungen, z. B. bei Gesellschaftsverträgen, Auseinandersetzungen; hier werden die Werte zusammengerechnet KG. 20. 12. 86, KGJ. 7, 182.

Bei „Offertverträgen" ist der Wert derselbe wie bei dem Vertrage, der durch die Offerte vorbereitet wird Rsp. 10, 267. Bei Vergleichen entscheidet der Wert der in dem Vergleich übernommenen Leistung KG. 16. 11. 03, KGJ. 27, B 11. Bei Eingehung der stillen Gesellschaft ist der Wert der von dem stillen Gesellschafter übernommenen Einlageverpflichtung maßgebend KG. 12. 2. 09, KGJ. 37, B 11.

2. Bei Änderung eines Rechtsverhältnisses soll grundsätzlich nach § 22 unter freier Schätzung des Wertes verfahren werden. Nur wenn im einzelnen Falle ein bestimmter Geldwert klar zutage tritt, soll dieser angenommen werden (Begr. 1910, 27). Dies gilt namentlich auch bei Änderung der Zahlungs- und Kündigungsbedingungen einer Hypothek oder bei Beurkundung einer Schuld, die mit einer Eigentümergrundschuld unter Rückverwandlung in eine Hypothek verknüpft wird KG. 12. 5. 11, KGJ. 41, 285; bei der Umwandlung einer Briefhypothek in eine Buchhypothek und umgekehrt (BGB. § 1116), einer Sicherungs- in eine Verkehrshypothek (KG. 4. 7. 07, Rsp. 15, 197), bei nachträglicher Unterwerfung unter die sofortige Zwangsvollstreckung (KG. 12. 5. 11, KGJ. 41, 285) und Verlängerung einer — noch nicht abgelaufenen (§ 36, A. 1) — Offertfrist ohne besonderes Entgelt (KG. 7. 5. 09, KGJ. 38, B 15), Zustimmung des Hypothekengläubigers zur Aufhebung einer Grundstücksversicherung. Bei der Berichtigung von Schreib- und Rechenfehlern und ähnlichen Unrichtigkeiten ist stets anzunehmen, daß ein bestimmter Geldwert nicht vorliegt (KG. 1910, 22). Bei Hypotheken darf der Gesamtwert der Änderungen den Wert der Forderung nicht übersteigen KG. 15. 3. 06, KGJ. 32, B 11.

3. Voraussetzung der Anwendung des Abs. 3 ist Beteiligung an dem Gegenstande der Erklärung; eine solche Beteiligung liegt bei mehreren Testamentsvoll-

streckern, von denen einer der Verfügung über Nachlaßgegenstände zustimmt, nicht vor KG. 3. 12. 08, KGJ. 37, B 14.

4. Eine Vollmacht des einen Mittestamentsvollstreckers auf den anderen ist nach dem Werte des ganzen Nachlasses zu schätzen; betrifft sie nur bestimmte Nachlaßgegenstände nach deren Werte KG 3. 12. 08, KGJ. 37, B 14.

Bei Erteilung oder Widerruf von Vollmachten für mehrere Bevollmächtigte durch denselben Vollmachtgeber in einer Urkunde ist der Wert nur einmal zum Ansatz zu bringen KG. 9. 5. 19, KGJ. 52, B 255.

5. Abs. 5. Für Anmeldungen zum Handelsregister ist nur dann ein bestimmter Geldwert ersichtlich, wenn die Höhe des angegebenen Geldbetrags in das Register einzutragen ist KG. 19. 11. 26, JR. 1927 Nr. 537.

Satz 2 ist dahin zu verstehen, daß bei Zusammenrechnung mehrerer Gegenstände von unbestimmtem Geldwert der in Satz 2 angegebene Wert der Höchstbetrag der zusammengerechneten Werte ist KG. 19. 12. 24, JFGErg. 3, 229.

Ähnliche Register: §§ 74, 76; außerdem die übrigen reichsrechtlich geregelten Register, soweit nicht Gebührenfreiheit vorgeschrieben ist (§ 73).

Auch bei Anmeldung einer Aktiengesellschaft zum Register der Zweigniederlassung bildet das Grundkapital und, wenn eine Kapitalerhöhung angemeldet werden soll, der Betrag dieser Erhöhung den Gegenstandswert der Anmeldung KG. 25. 4. 07, KGJ. 34, B 16. Maßgebend ist der Nennwert, nicht der Ausgabekurs der neuen Aktien, und zwar der volle Betrag auch bei der Anmeldung eines einzelnen Vorstandsmitglieds KG. 28. 11. 04, KGJ. 29, B 18; KG. 7. 11. 04, 28, B 69. Nur wenn kein bestimmter Geldwert erhellt, findet § 22 Anwendung.

Die Anmeldung einer offenen Handelsgesellschaft ist nach § 22 zu bewerten. Ferner ist aber der Wert der mit beurkundeten Firmenzeichnungen und Unterschriften hinzuzurechnen KG. 23. 4. 09, KGJ.37, B 16.

Der für Anmeldungen zum Handelsregister vorgesehene Höchstwert gilt auch für Beglaubigungen von Unterschriften unter Anmeldungen zum Handelsregister KG. 11. 1. 18, KGJ. 50, B 260.

6. Die Wertberechnungsvorschrift des Abs. 6 ist auf alle Fälle der Eintragung in das Güterrechtsregister anzuwenden, auch wenn der Eintragung ein Ehevertrag nicht zugrunde liegt; die Eintragung der Ausschließung der Schlüsselgewalt einer Ehefrau betrifft nicht nur „bestimmte Gegenstände" im Sinne dieser Vorschrift KG. 22. 9. 22, JMBl. 458.

**Gemeinschaftliche Beurkundung mehrerer Geschäfte.**

**§ 39.** (1) Werden in einer Verhandlung mehrere Erklärungen beurkundet, die denselben Gegenstand haben, so wird die Gebühr nur einmal von dem Werte dieses Gegenstandes nach dem höchsten in Betracht kommenden Gebührensatze berechnet.

(2) Haben die in einer Verhandlung beurkundeten Erklärungen einen verschiedenen Gegenstand, so wird, wenn für alle Erklärungen derselbe Gebührensatz zur Anwendung kommt, dieser Gebührensatz nur einmal nach dem zusammengerechneten Werte berechnet. Kommen verschiedene Gebührensätze zur Anwendung, so wird jede Gebühr besonders berechnet; es wird jedoch, soweit ein und derselbe Gebührensatz für mehrere Gegenstände zur Anwendung kommt, der Wert dieser Gegenstände zusammengerechnet. Der Gesamtbetrag der Gebühren darf die unter Zugrundelegung des höchsten Gebührensatzes vom Gesamtwerte berechnete Gebühr nicht übersteigen. Die Vorschrift des § 31 Abs. 1 findet hinsichtlich der Einzelgebühren keine Anwendung; der Mindestsatz wird nur dann angesetzt,

**wenn der Gesamtbetrag der für die Verhandlung zu erhebenden Gebühren hinter ihm zurückbleibt.**

1. Als Grundsatz gilt: Eine Urkunde, eine Gebühr Jede Urkunde ist für die Kostenberechnung als einheitliche Arbeit zu behandeln, mag sie auch Erklärungen über verschiedene Gegenstände oder selbst Erklärungen verschiedener Personen enthalten. Dem pflichtgemäßen Ermessen des Urkundsbeamten bleibt zu entscheiden überlassen, ob er getrennte Urkunden oder eine einheitliche Urkunde aufzunehmen habe. Die tatsächlich gewählte Art der Beurkundung ist dann aber für die Gebührenberechnung maßgebend.

§ 39 umfaßt sämtliche vorhergehende Vorschriften des 2. Abschnittes, soweit sie überhaupt in Betracht kommen können; dagegen umfaßt er nicht die späteren Vorschriften, abgesehen von § 42 Abs. 3; daher ist z. B. eine in der Urkunde mitenthaltene eidesstattliche Versicherung (§ 47 Nr. 2) besonders zu berechnen KG. 3. 5. 12, **KGJ. 43, 333. Zu beachten ist ferner nach § 19 Abs. 2, daß bei gleichzeitiger Beurkundung von Vereinbarungen nebensächlicher Natur neben den Gebühren für das Hauptgeschäft besondere Gebühren nicht zu erheben sind, z.B. kommt bei Beurkundung eines Ehevertrags für die gleichzeitige Beurkundung eines Antrags auf Berichtigung des Grundbuchs durch Eintragung des nunmehrigen Miteigentümers keine besondere Gebühr zum Ansatz KG. 5. 4. 18, KGJ. 51,** B 358.

2. Bei Anwendung des § 39 ist zunächst zu prüfen, ob die in einer Urkunde erfolgten Verlautbarungen überhaupt mehrere gebührenrechtlich selbständige Erklärungen darstellen. Dies ist zu verneinen, wenn bei der Bestellung einer Hypothek noch ein Rangvorbehalt aus § 881 BGB. mitbekundet wird, denn der Rangvorbehalt ist kostenrechtlich ebenso wie eine Zins- und Zahlungsbedingung zu behandeln, so daß er weder eine von der Hypothekenbestellung zu sondernde weitere Erklärung noch ein besonderes Nebengeschäft neben

dieser darstellt KG. 23. 3. 27, JFGErg. **6**, 158. Liegen mehrere selbständige Erklärungen vor, so ist zu unterscheiden, ob die mehreren Erklärungen denselben Gegenstand oder ob sie verschiedene Gegenstände haben. Ein Antrag, ausdrücklich zu bestimmen, daß unter „Gegenstand" dasselbe zu verstehen sei, wie im § 38, ist abgelehnt (KB. 1922 Sp. 23); es verbleibt bei dem durch die Rechtsprechung klargestellten Begriff des „Gegenstandes". Haben die Erklärungen denselben Gegenstand, so ist der Gegenstandswert nur einmal anzusetzen, und zwar ist, falls die mehreren Erklärungen unter verschiedene Gebührensätze fallen, für den einmal anzusetzenden Wert der höchste Gebührensatz zu berechnen. Für den Fall, daß die Erklärungen verschiedene Gegenstände haben, sind die früheren äußerst verwickelten Berechnungsvorschriften vereinfacht (Begr. 1922 Sp. 29). In diesem Fall ist der Wert der verschiedenen Gegenstände nicht zusammenzurechnen, vielmehr ist von jedem Gegenstand, soweit der Gebührensatz ein verschiedener ist, die Gebühr besonders zu berechnen. Nur wenn sich unter den verschiedenen Gegenständen wiederum solche befinden, die den gleichen Gebührensätzen unterliegen, so sollen diese Gegenstände für sich zusammengerechnet und für ihren Gesamtwert die Gebühr erhoben werden. In keinem Fall soll der Gesamtbetrag der Gebühren die unter Zugrundelegung des höchsten Gebührensatzes vom Gesamtwert berechnete Gebühr übersteigen. Bei der Berechnung der Einzelgebühren wird die Mindestgebühr nicht berücksichtigt: der Mindestsatz kommt nur zur Anwendung, wenn der Gesamtbetrag der Gebühren ihn nicht erreicht.

Denselben Gegenstand betreffen der Kauf und die Abtretung des Kaufpreises, sowie Kaufvertrag und die Auflassungsvollmacht (KG. 24. 11. 02, KGJ. **25**, B 11; 16. 11. 03, KGJ. **27**, B 11; 16. 11. 05, Rsp. **13**, 277); ferner die bindende Grundstücksofferte und die Vormerkung des aus ihr entspringenden künftigen Auflassungsanspruchs KG. 8. 12. 11, KGJ. **42**, 299; die Schuldverschreibung und die Hypothekenbestellung und die anstatt der Hypothekenbestellung erklärte Übertragung der Eigentümergrundschuld KG. 12. 5. 11, KGJ. 41, 285; Eintragungsbewilligung und Eintragungsantrag KG. 30. 4. 09, KGJ 38, B 20.

**Anerkennung des Inhalts.**

**§ 40.** Für die Anerkennung des Inhalts einer schriftlich abgefaßten Erklärung (§ 176 Abs. 2 des Gesetzes über die Angelegenheiten der freiwilligen Gerichtsbarkeit), einschließlich der Beurkundung ergänzender oder abändernder Erklärungen, werden dieselben Gebühren wie für die Beurkundung der Erklärung, erhoben.

1. FGG. § 176 Abs 2 „Wird in der Erklärung auf eine Schrift Bezug genommen und diese dem Protokoll als Anlage beigefügt, so bildet sie einen Teil des Protokolls." Es handelt sich hier um den Fall, daß eine bereits schriftlich festgestellte Willenserklärung, z. B. ein privatschriftlicher Grundstückskaufvertrag, mit der gerichtlichen oder notariellen Form umkleidet wird, indem die Parteien den Inhalt der schriftlichen Erklärung unter Bezugnahme auf diese zum Protokolle des Urkundsbeamten wiederholen. Anlagen, die nicht zum Zwecke der Beurkundung beigefügt werden (z. B. Vollmachten), fallen nicht unter § 40. § 40 gilt auch in dem Falle, wenn der Vertrag durch die Beurkundung erst zustande kommt (BGB. § 313): Beschluß der Frankfurter Notare, DNotV. 02, 53 ff. Es kann auch eine öffentliche Urkunde in dieser Weise in eine gerichtliche verwandelt werden KG 13. 4. 05, KGJ. 29, B 69. Für die gleichzeitig beurkundeten Änderungen und Ergänzungen der anerkannten Urkunde wird keine besondere Gebühr erhoben (Begr. 1910, 31).

**Unterschriftsbeglaubigung.**

**§ 41.** (1) Für die Beglaubigung von Unterschriften oder Handzeichen werden zwei Zehnteile der vollen

Gebühr erhoben. Die Vorschriften der §§ 38, 39 Abs. 1, Abs. 2 Satz 1 sind entsprechend anzuwenden.

(2) Für die gerichtliche Beglaubigung amtlicher Unterschriften zum Zwecke der Legalisation im diplomatischen Wege (§ 43 des Ausführungsgesetzes zum Deutschen Gerichtsverfassungsgesetze vom 24. April 1878 in der Fassung des Artikel 130 VI des Preußischen Gesetzes über die freiwillige Gerichtsbarkeit) werden fünf Zehnteile der vollen Gebühr erhoben. Die Vorschriften der §§ 38, 39 Abs. 1, Abs. 2 Satz 1 sind entsprechend anzuwenden.

(3) Außer den reichsgesetzlichen Bestimmungen über das Reichsschuldbuch und dem § 25 Abs. 3 des Gesetzes, betreffend das Staatsschuldbuch, in der Fassung der Bekanntmachung vom 27. Mai 1910 (Gesetzsamml. S. 55) bleibt auch die im § 42 der Hinterlegungsordnung vom 21. April 1913 (Gesetzsamml. S. 225) enthaltene Vorschrift in Kraft.

1. Der Paragraph umfaßt alle Unterschriften, gleichgültig, ob es sich um Unterschriften des bürgerlichen oder handelsrechtlichen Namens handelt und ob sich die Beglaubigung auf die Form des § 183 FGG. beschränkt oder in einer anderen Form vollzieht (Firmenzeichnung) KG. 24. 3. 22, JFGErg. 1, 77. Nur eine Gebühr wird erhoben, auch wenn mehrere Unterschriften oder Handzeichen durch einen Vermerk zusammen beglaubigt werden KG. 7. 11. 04, KGJ. 28, B 72. Nach dem G., betr. Zuständigkeit der Urkundsbeamten der Geschäftsstelle bei den Amtsgerichten für die öffentliche Beglaubigung einer Unterschrift v. 18. 3. 14 (GS. 35), sind auch die Urkundsbeamten bei den Amtsgerichten für die öfefntliche Beglaubigung einer Unterschrift (nicht auch eines Handzeichens) zuständig; für die Beglaubigung von Unterschriften durch den Urkundsbeamten werden die gleichen

Gebühren erhoben wie für die Beglaubigung von Unterschrifen durch den Richter (AVfg. v. 31. 3. 14 ,JMBl. 475.)

Die Gebühr für die Beglaubigung mehrerer Unterschriften unter einer Urkunde, die sich auf verschiedene Geschäfte bezieht, ist nach §§ 38, 39 zu berechnen. Werden an verschiedenen Tagen einzelne Unterschriften unter einer einheitlichen Urkunde beglaubigt, so ist die Gebühr jedesmal in voller Höhe zu erheben KG. 7. 11. 04, KGJ 28, B 72. Die Gebühr für Beglaubigung der Unterschrift unter einer Schätzung von Liegenschaften ist nach dem Werte der Liegenschaften zu berechnen KG. 25. 6. 09, 1a X 507 09.

Für die Beglaubigung einer Unterschrift unter einer Anmeldung zum Handelsregister gilt auch der in § 38 Abs. 5 bestimmte Höchstwert KG. 11. 1. 18, KGJ. 50, B 260.

Der Fall, daß der Richter den E n t w u r f einer demnächst von ihm beglaubigten Urkunde anfertigt, ist im PrGKG. nicht erwähnt, weil der Richter (anders als der Notar, NotGebO. § 12) sich solchen Entwürfen nicht unterziehen soll. Tut er es dennoch, so ist gleichwohl nur der Beglaubigungsvermerk kostenpflichtig KG. 7. 12. 05, Rsp. 14, 155.

2. Die gerichtliche Beglaubigung (L e g a l i s a t i o n) der Unterschriften der Behörden und Beamten bei den um Gebrauch im Ausland bestimmten Urkunden, die durch die Landgerichtspräsidenten zu erfolgen hat, ist nicht mehr gebührenfrei. Für die Höhe der Gebühr war bestimmend, daß auch gleichzeitig die weitere Legalisation der Unterschrift des Landgerichtspräsidenten durch den Justizminister mitabgegolten werden soll (Begr. 1922 Sp. 30). Die Verpflichtung zur Zahlung trifft, vom Fall einer Übernahme der Kostenschuld abgesehen, nicht den Notar persönlich, sondern die Beteiligten, in deren Auftrag der Notar die Beglaubigung seiner Unterschrift herbeigeführt hat KG. 2. 11. 23, JFGErg. 1, 90.

3. § 25 Abs. 3 des R e i c h s s c h u l d b u c h g e s e t z e s (Bkm. v. 31. 5. 10, RGBl. 840) lautet:

„An Gebühren für die schriftliche oder notarielle Beglaubigung der Anträge sind zu erheben bei Beträgen bis 2000 RM. 1,50 RM, bei Beträgen über 2000 RM. 3 RM, soweit nicht nach landesrechtlichen Vorschriften eine geringere Gebühr zur Hebung kommt."

Die gleichen Gebühren kommen nach § 25 Abs. 3 des Staatsschuldbuchgesetzes (Bkm. v. 27. 5. 10, GS. 55) zur Hebung.

§ 42 HO ist aufgehoben (G. v. 4. 1 24, GS 19)

**Errichtungen von Verfügungen von Todes wegen.**

**§ 42.** (1) Für die Beurkundung von Verfügungen von Todes wegen wird das Zweifache der vollen Gebühr erhoben, wenn sie mündlich erklärt werden oder der Entwurf vom Richter angefertigt wird. In allen anderen Fällen wird für die Errichtung einer Verfügung von Todes wegen vor einem Richter die volle Gebühr erhoben.

(2) Für die Beurkundung des Widerrufs einer letztwilligen Verfügung und für die Beurkundung der Aufhebung eines Erbvertrags werden fünf Zehnteile der vollen Gebühr erhoben. Die Gebühr fällt fort, wenn zum Ersatze der widerrufenen Verfügung oder des aufgehobenen Erbvertrags eine neue Verfügung von Todes wegen oder ein neuer Erbvertrag bereits beurkundet worden ist oder gleichzeitig beurkundet wird.

(3) Wird ein Erbvertrag gleichzeitig mit einem Ehevertrage beurkundet, so finden die Vorschriften des § 39 Anwendung.

(4) Soweit die Gebühren für eine Verfügung über den gesamten Nachlaß oder einen Bruchteil desselben bei Lebzeiten des Verfügenden fällig werden, sind sie

nach dem Werte des Vermögens zur Zeit der Fälligkeit zu berechnen.

(5) Der Berechnung der Gebühren sind in der Regel die Angaben des Verfügenden über den Wert des Gegenstandes zugrunde zu legen. Eine Nachforderung der infolgedessen zu wenig angesetzten Gebühren wird durch die Vorschrift des § 12 nicht ausgeschlossen. Bezüglich dieser Nachforderung beginnt die Verjährung erst mit dem Schlusse des Jahres, in welchem die Eröffnung oder Rückgabe der Verfügung erfolgt ist.

1. Verfügungen von Todes wegen sind nicht nur Testamente und Erbverträge, sondern auch Schenkungen von Todes wegen (BGB. § 2301) und die durch Testament (eine besondere Kodizillform besteht nicht mehr) zu treffenden Anordnungen, wie Benennung eines Vormundes und Beistandes oder Anordnungen wegen des Begräbnisses. Keine Verfügung von Todes wegen ist der Erbverzicht (§ 33: KG. v. 26. 7. 05, 1 Y 750/05) und der Verzicht auf den Gesamtgutsanteil der fortgesetzten Gütergemeinschaft (BGB. §§ 2346, 2352, 1517). Beim gemeinschaftlichen Testament wird die Gebühr nur einmal nach dem zusammengerechneten Vermögen beider Ehegatten erhoben KG. 21. 3. 04, KGJ. 27, B 55. Über Gebühren für amtliche Verwahrung, Eröffnung, Rückgabe einer Verfügung von Todes wegen vgl. § 79.

2. Ehe- und Erbvertrag. Die Vorschrift des Abs. 3 gilt auch dann, wenn mit dem Ehe- und Erbvertrage zusammen noch ein anderes Rechtsgeschäft unter Lebenden (Gutsüberlassung) beurkundet wird KG. 22. 4. 01, KGJ. 22, B 3.

3. Wertberechnung. Die Angaben des Testators über den Wert seines Vermögens müssen, solange das Testament nicht eröffnet ist, zunächst ohne nähere Prüfung zugrundegelegt werden, die Nachforderung etwa zu wenig berechneter Kosten würde daher in der gewöhnlichen Frist meistens

nicht möglich sein (Begr. 86). Von dem Vermögen sind die Schulden abzuziehen, nicht aber Vermächtnisse und Auflagen KG. 3. 11. 02, Rsp. 7, 437; bleibt infolge des Abzugs der Schulden nichts übrig, so ist der niedrigste Gebührensatz zu nehmen KG. 19. 3. 94, KGJ. 14, 181.

**Familienstiftungen usw.**

**§ 43.** Für die Errichtung von Familienstiftungen und Familienschlüssen wird das Zweifache der vollen Gebühr erhoben.

1. Für ein etwa notwendiges Aufgebotsverfahren (AG. BGB. Art. 2 § 10 Abs. 2) werden die Kosten besonders erhoben, weitere Gebühren kommen dagegen nicht zum Ansatze (Begr. 82, 86). Gesondert zu erheben sind aber etwaige Grundbuchkosten und die Gebühr für eine zur Vorbereitung des Familienschlusses eingeleitete Vormundschaft nach ALR II 4 §§ 42—44. Diese ist kostenrechtlich als Pflegschaft im Sinne des § 91 zu behandeln KG. 26. 10. 03, KGJ. 27, B 16. Das Vermögen ist ohne Abzug der Schulden zu bewerten.

**Freiwillige Versteigerung**
**a) unbeweglicher Sachen.**

**§ 44.** (1) Bei freiwilligen Versteigerungen zum Zwecke des Verkaufs oder der Verpachtung von Grundstücken oder anderen Gegenständen, welche der Zwangsvollstreckung in das unbewegliche Vermögen unterliegen, werden erhoben:

1. für die Vorbereitung der Versteigerung fünf Zehnteile der vollen Gebühr;
2. für die Aufnahme einer gerichtlichen Schätzung fünf Zehnteile der vollen Gebühr;
3. für die Abhaltung eines jeden Versteigerungstermins die volle Gebühr;

4. für die Beurkundung des Zuschlags die volle Gebühr.

(2) Die Gebühr für die Vorbereitung der Versteigerung wird auch für die gerichtliche Verfügung erhoben, durch welche nach Artikel 112 des Preußischen Gesetzes über die freiwillige Gerichtsbarkeit die Versteigerung einer Ortsbehörde aufgetragen wird.

(3) Der Versteigerungstermin gilt als abgehalten, wenn in demselben zur Abgabe von Geboten aufgefordert worden ist.

(4) Werden mehrere Grundstücke oder andere Gegenstände, welche der Zwangsvollstreckung in das unbewegliche Vermögen unterliegen, in demselben Verfahren versteigert, so sind die Gebühren nach dem zusammenzurechnenden Werte der mehreren Gegenstände des Verfahrens zu berechnen. Die Gebühr für die Beurkundung des Zuschlags wird jedoch für jeden Ersteher besonders nach dem zusammenzurechnenden Betrage seiner Gebote erhoben.

(5) Finden mehrere Versteigerungstermine statt, so wird die Gebühr für jeden Termin nach dem zusammenzurechnenden Werte der in ihm ausgebotenen Gegenstände besonders berechnet.

(6) Schuldner der Kosten für die Zuschlagserteilung ist der Ersteher; im übrigen finden auf die Zahlungspflicht die allgemeinen Bestimmungen Anwendung.

(7) Für die nach Maßgabe der Versteigerungsbedingungen erfolgende Sicherung des Erlöses, insbesondere durch Stellung eines Bürgen, wird eine besondere Gebühr nicht in Ansatz gebracht. Dasselbe gilt für die Abtretung der Steigpreise, die Erklärung, für

einen Dritten geboten zu haben, und den Beitritt des Dritten zu dieser Erklärung, wenn diese Rechtshandlungen in dem Versteigerungsprotokoll oder in einer besonderen Urkunde, die auf Grund eines in den Versteigerungsbedingungen enthaltenen Vorbehalts aufgenommen wird, beurkundet werden.

1. Der Liegenschaftsvollstreckung unterliegen außer Grundstücken auch die Erbbaurechte, die selbständigen Gerechtigkeiten (AG BGB. Art. 40), das Bergwerkseigentum und die im Schiffsregister eingetragenen Schiffe (s. aber ZPO § 931). Bei „Vermietung" an den Meistbietenden ist nicht, wozu BGB § 581 Abs 2 verleiten könnte, § 44 sondern § 45 anzuwenden

„Versteigerung" setzt einen Termin voraus, der zur Abgabe von Geboten und Erteilung des Zuschlags bestimmt ist; ein Verfahren, in dem nur schriftliche Gebote abzugeben sind (Submission) fällt nicht unter § 44

2. Abs. 2 gilt nur für die in Art 112 PrFGG. bezeichneten Gebietsteile (aus den Oberlandesgerichtsbezirken Frankfurt a. M und Kassel) Die Gebühren der Ortsbehörden sind in der AVfg. v. 28. 12. 99 in der Fassung vom 24. 4 24 (JMBl 192) geregelt.

3. Die Gebührenberechnung für mehrere Versteigerungstermine (Abs 5) ist auch anwendbar, wenn eine Versteigerung mehrere Tage lang dauert (KB 20), nicht aber für den Zuschlagstermin.

4. Hinsichtlich der Zahlungspflicht ist durch Abs 6 die sonst aus § 2 folgende Gesamthaftung der mehreren Ersteher ausgeschlossen

5. Die Gebühren des § 44 umfassen die gesamte Tätigkeit des Gerichts oder Notars. Zur Beseitigung der bisherigen Zweifel ist auch die Abtretung der Steigpreise zu einem Nebengeschäft der Versteigerung erklärt

**b) bewegliche Sachen.**

**§ 45.** (1) Für die Versteigerung von beweglichen Sachen, von Früchten auf dem Halme und von Holz auf dem Stamme sowie von Forderungen oder sonstigen Vermögensrechten werden nach dem zusammenzurechnenden Werte der Gegenstände fünf Zehnteile der vollen Gebühr erhoben.

(2) Aus dem an das Gericht bezahlten Erlöse sind die Kosten vorweg zu entnehmen.

1. Die Gebühren des Paragraphen gelten auch für die Gerichtsvollzieher (Art. 20 d. G. v. 28. 10. 22).

Zurücknahmegebühr: § 105 Abs. 2. Keine Gebühr, wenn ein Erlös nicht erzielt wurde, weil kein Bieter erschien oder kein zum Zuschlage führendes Gebot abgegeben wurde: Nr. 1b d. AVfg. v. 16. 2. 03, JMBl. 37.

**Verlosungen, Generalversammlungen.**

**§ 46.** (1) Das Zweifache der vollen Gebühr wird erhoben für die Beurkundung des Herganges bei Verlosungen, bei Auslosung oder Vernichtung von Wertpapieren und bei Wahlversammlungen, ingleichen für die Beurkundung der Beschlüsse der Generalversammlungen, Aufsichtsräte oder sonstigen Organe von Aktiengesellschaften oder anderen Vereinigungen.

(2) Der Wert des Gegenstandes ist, soweit ein bestimmter Geldwert nicht erhellt, zu 20 000 Reichsmark, ausnahmsweise niedriger oder höher, jedoch nicht unter 500 Reichsmark anzunehmen.

(3) Werden gleichzeitig mehrere Beschlüsse beurkundet, für deren Gegenstände ein bestimmter Geldwert nicht erhellt, so ist für alle Beschlüsse zusammen nur ein

Wertbetrag nach Maßgabe der vorstehenden Bestimmungen in Ansatz zu bringen. Werden in Verbindung damit Beschlüsse beurkundet, für deren Gegenstände ein bestimmter Geldwert erhellt, so ist der zusammenzurechnende Geldwert dieser Beschlüsse zu dem für die anderen Beschlüsse ermittelten Werte hinzuzurechnen. Erfolgt die Auslosung und Vernichtung von Wertpapieren in einer Verhandlung, so ist die Gebühr nur einmal zu erheben.

(4) Für das Einzählen von Losen werden neben der Gebühr des Abs. 1 fünf Zehnteile der vollen Gebühr erhoben. Für die Bestimmung des Wertes ist die Vorschrift im Abs. 2 maßgebend.

1. Zu den „anderen Vereinigungen" gehören z. B. Genossenschaften, Gesellschaften mit beschränkter Haftung, Gewerkschaften, rechtsfähige Vereine, eine Versammlung von Schuldverschreibungsgläubigern (nach dem RG. v. 4. 12. 99), ein hannoversches „Syndikat" der Separationsinteressenten KG. 7. 2. 99, KGJ. 18, 151.

2. Wertberechnung. Bei allen in § 46 bezeichneten Geschäften tritt freie Schätzung ein, soweit nicht ein bestimmter Geldwert von vornherein klar ist. Die oft schwierige Frage, ob die mehreren Beschlüsse einer Versammlung sich auf denselben Gegenstand beziehen, ist jetzt einfach gelöst: stets nur eine Gebühr, entweder nach dem einmaligen Schätzungsbetrage oder nach dem zusammenzurechnenden Betrage der bestimmten Geldwerte KG. 22. 10. 26, JR. 1927 Nr. 538. Ein solcher erhellt aus der Urkunde, wenn die sämtlichen Rechnungsfaktoren aus ihr ersichtlich sind KG. 5. 12. 07, 1 X 1395/07. Die Gebühr für Beurkundung eines Generalversammlungsbeschlusses, der die Festsetzung des Etats zum Gegenstand hat, ist nach der Schlußsumme des Etats als Wertgegenstand zu bemessen KG. 9. 11. 96, KGJ. 17, 215. Betrifft ein Versammlungsbeschluß die Her-

absetzung des Grundkapitals, so gilt als Wert der Beurkundung der Betrag der Herabsetzung KG. 8. 7. 01, KGJ. 22, B 27.

Über die Berechnung der Gebühren für die Beurkundung von Beschlüssen der Generalversammlung über die Umstellung auf Goldmark, für die Eintragung solcher Beschlüsse in das Handelsregister und für die Beurkundung der Anmeldung bestimmt die Dritte VO. zur Durchführung der VO. über Goldbilanzen v. 27. 8. 24 (RGBl. 693) in der Fassung der VO. v. 23. 10. 24 (RGBl. 717):

„§ 1.

(1) Bei der Berechnung der Gebühren für die Beurkundung von Beschlüssen der Generalversammlung (Gesellschafterversammlung) über die Umstellung, für die Eintragung solcher Beschlüsse in das Handelsregister und für die Beurkundung der Anmeldung zur Eintragung gilt als Wert des Gegenstandes

1. wenn das auf Goldmark umgestellte Eigenkapital nicht mehr als 20 000 Goldmark beträgt,
   der Betrag des auf Goldmark umgestellten Eigenkapitals;
2. wenn das auf Goldmark umgestellte Eigenkapital mehr als 20 000 Goldmark, aber nicht über 100 000 Goldmark beträgt,
   20 000 Goldmark zuzüglich 50 vom Hundert des 20 000 Goldmark übersteigenden Betrags;
3. wenn das auf Goldmark umgestellte Eigenkapital mehr als 100 000 Goldmark, aber nicht über 1 Million Goldmark beträgt,
   der nach Ziffer 2 errechnete Betrag zuzüglich 30 vom Hundert des 100 000 Goldmark übersteigenden Betrags;
4. wenn das auf Goldmark umgestellte Eigenkapital mehr als 1 Million Goldmark beträgt,
   der nach Ziffer 3 errechnete Betrag zuzüglich 20 vom

Hundert des 1 Million Goldmark übersteigenden Betrags mit der Maßgabe, daß der Berechnung der Notariats- und Gerichtsgebühren kein höherer Wert als 1 Million Goldmark zugrunde gelegt werden darf.

(2) Bei der Bemessung des Betrags des auf Goldmark umgestellten Eigenkapitals wird der Betrag der ausstehenden Einzahlungen sowie ein etwa bestehendes Kapitalentwertungskonto in Abzug gebracht.

§ 2.

Im Falle einer Kapitalherabsetzung zum Zwecke des Ausgleichs eines Kapitalentwertungskontos finden die Vorschriften des § 1 entsprechende Anwendung.

§ 3.

Diese Verordnung tritt mit dem Tage der Verkündung in Kraft. Sie findet auch auf solche Beurkundungen und Eintragungen der im § 1 bezeichneten Art Anwendung, die vor ihrer Verkündung vorgenommen sind."

Beschließt die Generalversammlung einer Aktiengesellschaft zum Zweck der Umstellung neben der Herabsetzung des Nennbetrags der einzelnen Aktien nach deren Zusammenlegung, so sind die Gebühren für die Beurkundung dieser Beschlüsse nur einmal nach dem endgültigen Betrage des auf Goldmark umgestellten Kapitals zu berechnen KG. 10. 11. 26, JFGErg. 6, 160.

Kein bestimmter Geldwert ist ersichtlich bei Wahlen von Vorstands- und Aufsichtsratsmitgliedern, Genehmigung der Bilanz und Decharge KG. 10. 5. 97, KGJ. **17**, 219, Satzungsänderungen formellen Inhalts, Umwandlung der Gesellschaftsform, Auflösung der Gesellschaft, Ernennung eines Liquidators KG. 1. 1. 06, KGJ. **31**, B 17, Beschwerde über die Auswahl der Person des Liquidators KG. 11. 22. 12, KGJ. **42**, 295. Beschluß der Generalversammlung einer Aktiengesellschaft, durch den der Aufsichtsrat beauftragt wird, einen neuen Versicherungsvertrag abzuschließen, wenn der Inhalt des Vertrages noch ganz ungewiß ist KG. 4. 5. 23, JFGErg. 3, 237. Dagegen haben Beschlüsse der Generalversammlung, den Reingewinn zu verteilen oder in bestimmter Weise zu außerordentlichen Abschreibungen und Rücklagen zu verwenden oder auf neue Rechnung vorzutragen, einen bestimmten Geldwert KG. 20. 2. 25, JFGErg. 3, 239. Treffen Gegenstände mit bestimmtem Geldwert und ohne solchen zusammen, so ist nach Abs. 3 der Geldwert und der geschätzte Betrag zusammenzurechnen.

Wenn in einer Urkunde eine Reihe von Gesellschaftsversammlungsbeschlüssen und daneben mehrere rechtsgeschäftliche Erklärungen enthalten sind, so ist die Gebühr für die Beschlüsse nach § 46, die Gebühr für die Rechtsgeschäfte nach §§ 33 ff. zu berechnen; denn im Verhältnis beider Gebührengruppen zueinander gilt nicht § 39, weil beurkundete Erklärungen im Sinne dieser Bestimmung nur rechtsgeschäftliche Erklärungen gemäß §§ 33—38, 40 sein können KG. 22. 10. 26, JR. **1927** Nr. 538.

Werden gleichzeitig mehrere Beschlüsse verschiedener Organe beurkundet (Gewerkenversammlung und Grubenvorstand, Generalversammlung und Aufsichtsrat), so ist ebenfalls die Gebühr nur einmal zu erheben KG. 22. 12. 11, KGJ. **42**, 302.

3. Die Verlosungsgebühr ist nur einmal zu berechnen, auch wenn die Verlosung mehrere Tage dauert KG. 31. 5. 97, KGJ. 17, 236. Sind die Papiere vor der Vernichtung schon durchlocht, also nicht mehr umlaufsfähig, so ist ihr Wertgegenstand freizuschätzen (KG. v. 28. 1. 11, 1a X 51/11).

Für die zeitraubende und mühevolle Arbeit des Einzählens der Lose ist eine besondere Gebühr vorgesehen. Als Wert wird gewöhnlich der Betrag der Gewinne anzusehen sein; liegt aber, z. B. beim Einzählen der Nummern von auszulosenden Teilschuldverschreibungen, kein bestimmter Geldwert vor, so greift Abs. 2 Platz (Begr. **1922** Sp. 32).

**Bescheinigungen, Schätzungen.**

**§ 47.** Die volle Gebühr wird erhoben:

1. für die Erteilung von Bescheinigungen über Tatsachen oder Verhältnisse, welche urkundlich nachgewiesen oder offenkundig sind;
2. für die Abnahme von Eiden und eidesstattlichen Versicherungen und für die Vernehmung von Zeugen und Sachverständigen, soweit diese Geschäfte nicht einen Teil eines anderen Verfahrens bilden; treten in dem Verfahren auf Erteilung eines Erbscheins einzelne Erben der bereits von anderen abgegebenen Versicherung bei, so ist die Gebühr für die Aufnahme ihrer eidesstattlichen Versicherung von ihrem Anteil an dem Nachlasse zu berechnen. Werden die eidesstattlichen Versicherungen zur Erlangung der Zeugnisse über die Fortsetzung der Gütergemeinschaft oder die Ernennung eines Testamentsvollstreckers abgegeben, so gelten die Wertberechnungsvorschriften des § 78 Abs. 7 sinngemäß;
3. für die Mitwirkung bei Abmarkungen;
4. für die Aufnahme von Verklarungen, von Protesten und ähnlichen Urkunden;
5. für die Aufnahme von Schätzungen.

1. Bescheinigungen. Hierunter fallen z. B. Lebenszeugnisse, Identitätsbescheinigungen, Bescheinigungen über die Verfügungsbefugnis (vgl. aber § 86, § 78 Abs. 6, 7); Bescheinigungen über die nach HGB. § 255 Abs. 2 bewirkte Hinterlegung von Aktien KG. 7. 3. 07, **KGJ. 33**, B 22.

Für Erbscheine, auch wenn sie sich nur auf einzelne Gegenstände (z. B. Grundstücke) beziehen, für die in den §§ 37, 38 GBO. bezeichneten Bescheinigungen, für Zeugnisse, die die Verfügungsbefugnis über eine Schuldbuchforderung betreffen, für

Bescheinigungen über den Grundbuchinhalt und für Registerauszüge gelten besondere Kostenvorschriften. §§ 78, 80, 64, 72. Das Testamentsvollstreckungszeugnis (§ 78 Abs. 7) umfaßt auch die Annahme des Amtes. Soll aber nicht die Annahme des Amtes, sondern lediglich der „Eingang einer Annahmeerklärung" gesondert bescheinigt werden, so gilt dafür die Gebühr des § 47 KG. 30. 9. 01, KGJ. 22, B 30; 9. 3. 05, 29, B 79. Über Haftung des Nachlasses: § 1 A. 2, § 3.

2. Unter die „Abnahme von Eiden" fällt der Offenbarungseid der freiwilligen Gerichtsbarkeit KG. 22. 6. 03, RJ. 9, 220. Erfolgt die Abnahme des Eides auf Grund eines Urteils, so gilt DGKG. § 33. „Abnahme" von Eiden und Versicherungen ist soviel wie „Beurkundung", dem Notar steht die Urkundsgebühr auch dann zu, wenn die eidesstattliche Versicherung mit ihrer Erklärung vor dem Notar noch nicht den Schutz des § 156 StGB. genießt KG. 3. 5. 12, KGJ. 43, 333. Der Gegenstandswert notarieller eidesstattlicher Versicherungen im Erbscheinverfahren richtet sich nach § 78 Abs. 4 PrGKG (Wert des Nachlasses oder beim beschränkten Erbschein des Gegenstandes, beides mit Schuldenabzug), also nicht nach § 22 KG. 27. 12. 12, 1a X 1276/12. Dagegen ist bei Leistung des Offenbarungseides durch den Erben auf Verlangen des Pflichtteilsberechtigten die Gebühr nach § 47 zu berechnen und als Gegenstandswert und Betrag der Aktivvermögensmasse ohne Abzug der Schulden anzurechnen KG. 5. 4. 18, KGJ. 51, § 360. Bei einer eidesstattlichen Versicherung zwecks Erlangung eines Zeugnisses über Fortsetzung der Gütergemeinschaft ist der Wertberechnung gemäß § 78 Abs. 7 der halbe Wert des Gesamtguts zugrunde zu legen KG. 12. 12. 19, KGJ. 52, B 264. Für die zur Erlangung eines Testamentsvollstreckerzeugnisses vor einem Notar abgegebene eidesstattliche Versicherung wird die Gebühr des § 47 Nr. 2 erhoben KG. 12. 12. 13, KGJ. 45, 369. In dem Verfahren wegen Erteilung des Erbscheins wird die Gebühr für eine eidesstattliche Versicherung (§ 78 Abs. 1 oder, wenn es nicht zur

Erteilung eines Erbscheines kommt, § 47 Nr. 2) auch dann bei dem Nachlaßgericht angesetzt, wenn die Versicherung bei einem anderen preußischen Gericht abgegeben wurde (AVfg. v 17 8. 10, JMBl. 325 Nr 2). Der Offenbarungseid eines Hausgenossen (BGB § 2028) bestimmt sich nach dem Werte der erbschaftlichen Geschäfte, die der Schwurpflichtige geführt hat, und nach dem Werte der Nachlaßgegenstände, über deren Verbleib er Auskunft geben soll KG. 19. 11 08, KGJ 36, B 20

Die Beeidigung eines Dolmetschers, der bei der Beurkundung eines notariellen Testaments mitwirken soll (PrFGG. Art. 86) fällt unter § 47; als Wert des Gegenstandes gilt der Wert der Testamentserrichtung KG. 2 7 00 KGJ 21, B 9

Für die Beeidigung von Sachverständigen im allgemeinen werden Verwaltungsgebühren erhoben (vgl § 140).

3. Mitwirkung bei Abmarkungen vgl BGB §§ 919, 920; PrFGG Art. 31 Abs. 1 Satz 3.

4. Proteste und Verklarungen (HGB. § 522). Wertberechnung bei Protesten AVfg. 26. 9 64, JMBl S 270 (der Betrag des Anspruchs, zu dessen Erhaltung oder Abwendung der Protest eingelegt wird). Wechselproteste: § 49.

Verklarungen sind gebührenfrei in seemännischen Unfallversicherungssachen: §§ 137, 1761 Abs 2 RVO.

In Binnenschiffahrts- und Flößereiangelegenheiten gelten für das Verfahren zur Sicherung des Beweises besondere Gebührenvorschriften: § 14 des BinnenSchG. und § 11 des FlößereiG. (die Hälfte der entsprechenden Sätze des § 33 DGKG., Art. III Bd. VI v. 13. 12. 23, RGBl. 1186.

Ähnliche Urkunden sind z. B notarielle Zustellungen (PrFGG. Art. 31 Abs. 2) und die Urkunde über Abandon einer Schiffspart (HGB. § 501).

5. Schätzungen. Über Siegelungen und Vermögensverzeichnisse vgl. § 48.

**Vermögensverzeichnis, Siegelung.**

**§ 48.** (1) Für die Aufnahme von Vermögensverzeichnissen oder die Vornahme von Siegelungen oder Entsiegelungen werden nach dem Werte der verzeichneten oder versiegelten Gegenstände fünf Zehnteile der vollen Gebühr erhoben.

(2) Nimmt das Geschäft einen Zeitaufwand von mehr als zwei Stunden in Anspruch, so erhöht sich die Gebühr für jede weitere angefangene Stunde, wenn das Geschäft von einem Richter vorgenommen wird, um 2 Reichsmark, wenn es von einem Urkundsbeamten der Geschäftsstelle vorgenommen wird, um 1 Reichsmark.

(3) Für eine Siegelung mit darauf folgender Entsiegelung, einschließlich der Aufnahme eines Vermögensverzeichnisses, gelangt nur eine Gebühr nach dem Gesamtzeitaufwande zum Ansatze.

1. Siegelung und Vermögensverzeichnis sind einheitlich geordnet. Die gleichen Sätze gelten auch für die Gerichtsvollzieher (Art. 20 der GebO. f. Rechtsanwälte und Gerichtsvollzieher). Bei Gerichtspersonen und Notaren kann aber noch die Zusatzgebühr aus § 51 in Frage kommen.

Wenn das Gericht gemäß Art. 38 PrFGG. die Siegelung oder Aufnahme eines Vermögensverzeichnisses dem Urkundsbeamten der Geschäftsstelle, Gerichtsvollzieher, der Ortsbehörde oder einem Notar überträgt, so ist dieser „Auftrag" keine gebührenpflichtige Entscheidung, sondern nur eine Maßnahme des inneren Dienstbetriebs KG. 3. 5. 12, KGJ. 43, 339.

**Wechselproteste.**

**§ 49.** (1) Für die Aufnahme von Wechselprotesten, einschließlich einer etwaigen Interventionserklärung, wird die volle Gebühr erhoben. Neben der Protestgebühr wird für jeden Weg, welchen der Richter behufs Vorlegung des Wechsels oder behufs Nachsuchung der Wohnung bei der Polizeibehörde unternimmt, je ein Zehnteil der vollen Gebühr, mindestens aber 1,50 Reichsmark, erhoben.

(2) Findet die Aufnahme eines Wechselprotestes durch einen Urkundsbeamten der Geschäftsstelle statt, so beträgt die Protestgebühr fünf Zehnteile der vollen Gebühr und der Mindestbetrag der Wegegebühr 1 Reichsmark.

(3) Die Protestgebühr ist auch zu entrichten, wenn ohne Aufnahme des Protestes die Wechselzahlung an den Protestbeamten erfolgt oder ihm nachgewiesen wird.

(4) Die Protestgebühr erhöht sich, wenn der Wechsel Notadressen enthält, für jede Notadresse um zwei Zehnteile, und wenn der Wechsel in fremder Sprache abgefaßt ist, um fünf Zehnteile.

(5) Auf die Wegegebühren werden die den Gerichtspersonen zustehenden Tagegelder und Reisekosten angerechnet. Dieselben sind auch dann zu erheben, wenn der Auftrag zur Protesterhebung nach Antritt des Weges seine Erledigung gefunden hat.

(6) Die vorstehenden Bestimungen finden auf die Aufnahme von Scheckprotesten entsprechende Anwendung.

1. Wechsel- und Scheckprotest. Bei gleichzeitiger Protestierung mehrerer Wechsel sind Gebühren und Reisekosten für jeden Wechsel besonders zu erheben, auch wenn nur eine Protesturkunde aufgenommen wird (AVfg. v. 16. 2. 03, JMBl 56, Nr. 32). Die Befugnis des Protestbeamten zur Annahme der Wechselzahlung wird im § 89a WechsO. ausgesprochen, nicht erforderlich ist, daß die Zahlung am Protestort erfolgt (KGB **1910**, 42)

Auf die Wechselproteste der Gerichtsvollzieher finden die Gebührensätze für die Tätigkeit des Urkundsbeamten der Geschäftsstelle Anwendung (Art. 20 GebO. für Rechtsanwälte und Gerichtsvollzieher).

2. Die Wegegebühr ist eine neben der Protestgebühr selbständig zu erhebende Gebühr. Sie kommt nur für notwendige Wege zur Erhebung RG. 9. 8. 05, Rsp. 13, 301. Bei mehreren Wegen ist für jeden Weg mindestens die vorgeschriebene Mindestgebühr anzusetzen. Auf die Wegegebühr sind die Reisekosten anzurechnen; es können also nicht Wegegebühren und Reisekosten für denselben Weg nebeneinander erhoben werden. Begründet nur ein Weg den Anspruch auf Reisekosten, so sind sie nur auf die Wegegebühr für diesen Weg anzurechnen, für die anderen Wege aber die Wegegebühr unverkürzt anzusetzen.

3. Schreibgebühren sind zu erheben, wenn zufolge besonderen Antrags eine zur normalen Erledigung des Auftrags nicht erforderliche Abschrift begehrt wird, dagegen nicht für die zu den Protestsammelakten gefertigte Wechselabschrift (Vfg. d. JM. v. 23. 2. 11, JMBl. 116).

**Sicherstellung der Zeit, Abschriftsbeglaubigung, Ausfertigung.**

**§ 50.** (1) Zwei Zehnteile der vollen Gebühr werden erhoben:

1. für die Sicherstellung der Zeit, zu welcher eine Privaturkunde ausgestellt ist;
2. für die Beglaubigung von Abschriften, für diese jedoch höchstens 20 Reichsmark; erfolgt die Herstellung der Abschriften durch das Gericht, so sind neben der Gebühr Schreibegebühren zu erheben.

(2) Für die Erteilung von Ausfertigungen oder beglaubigten Abschriften von Urkunden, die das Gericht selbst aufgenommen hat, einschließlich der Erteilung

**auszugsweiser Ausfertigungen oder beglaubigter Abschriften, werden nur Schreibgebühren erhoben. Dasselbe gilt hinsichtlich der Ausfertigungen oder beglaubigten Abschriften von den in Verwahrung des Gerichts befindlichen Urkunden der Auditeure, Notare und Schiedsmänner.**

1. Sicherstellung der Zeit ist eine Art der Beglaubigung, die das Datum einer Privaturkunde zum öffentlichen Glauben feststellt; zuständig dafür ist auch der Urkundsbeamte der Geschäftsstelle (PrFGG. Art. 36, 59). Wertberechnung §§ 38, 39.

2. Beglaubigung von Abschriften. Für einfache Abschriften werden nur Schreibgebühren erhoben KG. 11. 5. 05, Rsp. 11, 254, Anm. Gebührenfrei sind die für die Akten gefertigten beglaubigten Abschriften (§ 109 Abs. 2). Dagegen ist die Beglaubigungsgebühr nach § 50 zu erheben, wenn eine Abschrift der Schuldurkunde mit dem Hypothekenbrief verbunden werden soll und diese Abschrift beglaubigt wird KG. 10. 5. 12, KGJ. 43, 345. Mitunter kann aber diese Abschriftsbeglaubigung ein gebührenfreies Nebengeschäft darstellen, so bei der Herstellung des Teilbriefs: § 64 Abs. 1.

3. Ausfertigungen und beglaubigte Abschriften vom Gericht aufgenommener oder verwahrter Urkunden. Ausfertigungen sind stets gebührenfrei, und zwar einschließlich der ihnen nach PrFGG. § 49 in beglaubigter Abschrift beizufügenden Anlagen KG. 11. 7. 00, KGJ. 20. B 10; 27. 9. 97, KGJ. 17, 231. Den Urkunden, die das Gericht „aufgenommen" hat, stehen gleich die Urkunden, die das Gericht selbst „ausstellt" und die gerichtlichen Verfügungen (FGG. §§ 16ff.). (Über Auszüge vgl. FGG. § 182 Abs. 2, PrFGG. Art. 47, 57 Abs. 3);

in Verwahrung des Gerichts befindliche Urkunden der

a) Auditeure: § 3 d. G. v. 8. 5. 60 (GS. 240);

b) Notare: PrFGG. Art. 102;
c) Schiedsmänner: § 28 Abs. 2 der Schiedsmannsordnung v 3. 12. 24 (GS. 751);

Die Befreiung bezieht sich nur auf Urkunden, die das Gericht an Stelle des Urkundsbeamten verwahrt, nicht auf Urkunden, die sich in den Akten des Gerichts, z. B. bei den Grundakten, befinden. Dies gilt selbst dann, wenn das Gericht die Akten des Notars amtlich verwahrt, sofern die beantragte Abschrift nicht aus den Notariatsakten, sondern aus eigenen Akten des Gerichts hergestellt wird, bei denen sich die Urkunde befindet KG. 3. 12. 08, KGJ. 37, B 25. Hat es mehrere Urkunden gleichzeitig durch einen Vermerk beglaubigt, so ist § 39 entsprechend anzuwenden KG. a. a. O.

### Handlungen außerhalb der Gerichtsstelle.

**§ 51.** (1) Wird auf Verlangen der Partei oder mit Rücksicht auf die Art der Rechtshandlung die letztere außerhalb der Gerichtsstelle vorgenommen, so werden neben den in diesem Abschnitte bestimmten Gebühren — mit Ausnahme der in den §§ 45, 48, 49 vorgeschriebenen Gebühren — fünf Zehnteile der vollen Gebühr, jedoch höchstens 50 Reichsmark erhoben. Die Zusatzgebühr darf die für das Geschäft selbst zu erhebende Gebühr nicht übersteigen. Kann das Geschäft nicht an einem Kalendertage beendigt werden, so wird die Zusatzgebühr für jeden Tag, an welchem das Gericht außerhalb der Gerichtsstelle tätig war, besonders erhoben; die Gebührenstufe für die Zusatzgebühr wird in diesem Falle durch eine Teilung des Wertes des Gegenstandes nach der Zahl der Tage ermittelt. Beziehen die Gerichtspersonen Tagegelder und Reisekosten oder die im § 113 bezeichnete Gebühr, so wird der Betrag derselben auf die Zusatzgebühr angerechnet.

**(2) Die Zusatzgebühr wird, sofern die Gerichtspersonen den Weg zur Vornahme des Geschäfts angetreten haben, auch dann in Ansatz gebracht, wenn das Geschäft aus einem in der Person des Beteiligten liegenden Grunde nicht zur Ausführung gelangt ist.**

**(3) Die Vorschriften über die Erhebung von Vorschüssen für bare Auslagen finden auf die Zusatzgebühr entsprechende Anwendung.**

1. Voraussetzung der Zusatzgebühr. Das Gerichtstagslokal gilt als Gerichtsstelle (§ 134); für Geschäfte auf Gerichtstagen oder Sprechtagen der Notare wird keine Zusatzgebühr erhoben. Auch für Geschäfte, die auf Verlangen der Partei in der Wohnung des Richters vorgenommen werden, wird die Zusatzgebühr erhoben KG. 20. 1. 96, KGJ. **15**, 173.

Das „verlangen" steht dem „veranlassen" (§ 115) gleich. Daher keine Zusatzgebühr, wenn der Richter (Notar) bei seiner Anwesenheit in einem Orte noch andere Geschäfte beurkundet als dasjenige, welches seine Reise unmittelbar veranlaßt hat (KG. 20. 1. 96). Daß die Partei die Beurkundung außerhalb der Amtsstelle verlangt habe, wird vermutet; durch die Umstände des Einzelfalls kann aber die Vermutung widerlegt werden KG. 26. 3. 09, KGJ. **37**, B 28.

Die Zusatzgebühr hat nicht den Charakter einer Wegegebühr, sie wird daher für jeden Akt besonders erhoben, auch wenn durch die mehreren gleichzeitig erledigten Akte nicht mehr als ein Weg veranlaßt worden ist KG. 27. 4. 96, KGJ. **18**, 168. Ein Antrag, die Gebühr bei gleichzeitiger Beurkundung mehrerer Geschäfte nur einmal zu erheben, wurde abgelehnt (KB. **1910**, 43). Für eine mehrere Geschäfte zusammenfassende einheitliche Urkunde (§ 39) ist aber auch die Zusatzgebühr nur einmal zu erheben.

2. Keine Zusatzgebühr wird erhoben bei Versteigerungen, Inventaren und Siegelungen durch den Ur-

kundsbeamten der Geschäftsstelle und Wechselprotesten; ferner nicht für die Grundbucheinsicht, die der Notar vornimmt, da sie ein gebührenfreies Nebengeschäft der notariellen Beurkundung bildet KG. 15. 10. 09, Rsp. 19, 276.

3. Anrechnung auf die Zusatzgebühr erfolgt bei Tagegeldern und Reisekosten und der Kommissionsgebühr bei Verfügungen von Todes wegen (§ 113).

4. Die Handlung kann von der Zahlung des Vorschusses abhängig gemacht werden (§ 6).

**Ergebnislose Verhandlungen.**

**§ 52.** Unterbleibt die beantragte Beurkundung einer Erklärung, nachdem das Gericht darüber mit den Beteiligten verhandelt hat, so werden fünf Zehnteile der für die Beurkundung bestimmten Gebühr bis zu einem Höchstbetrage von 20 Reichsmark erhoben.

1. Nicht jede Besprechung eines Beteiligten mit dem Richter über ein aufzunehmendes Rechtsgeschäft fällt unter die Gebührenvorschrift, vielmehr ist diese nur dann anwendbar, wenn nach Stellung eines Antrags auf gerichtliche Aufnahme eines Rechtsgeschäfts erfolglose Verhandlungen stattgefunden haben (Begr. 91). Für Entwürfe des Richters wird keine Gebühr erhoben KG. 7. 12. 05, Rsp. 14, 155; ebensowenig für Raterteilung, die in der freiwilligen Gerichtsbarkeit zur Ehrenpflicht des Richters gehört (MinVfg. 30. 4. 96, Müller, 6, A. 464).

Über Zurücknahme eines Antrags vgl. 105 Abs. 2.

**Fremde Sprache.**

**§ 53.** (1) Neben den in diesem Abschnitt bestimmten Gebühren werden für die Beurkundung eines Rechtsgeschäfts fünf Zehnteile der vollen Gebühr erhoben, wenn sich ein Beteiligter in einer fremden, im Gerichtsbezirke nicht gebräuchlichen Sprache erklärt.

**(2) Die Zusatzgebühr sowie die durch die Zuziehung eines Dolmetschers entstandenen Auslagen fallen dem Beteiligten zur Last, der die Zuziehung des Dolmetschers oder die Verhandlung in der fremden Sprache veranlaßt hat.**

1. Eine fremde, im Gerichtsbezirk nicht gebräuchliche Sprache liegt dann nicht vor, wenn sich ein beträchtlicher Teil der Gerichtseingesessenen dieser Sprache im täglichen Verkehr bedient. Wer in fremder, in diesem Sinne nicht gebräuchlicher Sprache verhandeln will, muß nicht nur die Dolmetscherkosten tragen, sondern auch die besondere Gebühr des Abs. 1 entrichten, selbst wenn ihn die Zahlungspflicht für die Gerichtsgebühren an sich nicht treffen würde. Die Zusatzgebühr tritt nur ein bei der Beurkundung eines Rechtsgeschäfts (wozu auch die Versteigerung gehört), nicht bei Beglaubigungen, Protesten, Verlosungsprotokollen, Erbscheinen KG. 21. 9. 03, Rsp 7, 442.

Auf Taubstumme, die sich durch einen Dolmetscher erklären (FGG. § 178), findet die Gebühr des § 55 Abs. 1 keine Anwendung, die Auslagen, welche durch Zuziehung des Dolmetschers entstehen, hat der Taubstumme zu tragen.

Über die Verpflichtung der Parteien zur Entrichtung von Dolmetschergebühren vgl. AVfg. v. 20. 12. 99, JMBl. 861. Keine Dolmetschergebühr in den durch den Etat bestimmten Bezirken, in denen Gehaltszulagen oder Remunerationen an die Dolmetscher gewährt werden, wenn der angestellte Dolmetscher oder der ihn vertretende Justizbeamte zugezogen wurde.

**Pauschcharakter der Gebühren.**

**§ 54. Die in diesem Abschnitte bestimmten Gebühren umfassen die gesamte Tätigkeit des Gerichts einschließlich aller Nebengeschäfte. Neben den Gebühren**

werden die Beträge der nach den Vorschriften der Stempelgesetze zu entrichtenden Stempelabgaben erhoben. Der auf dem Geschäfte ruhende Stempel wird für die Urschrift erhoben; die erste Ausfertigung ist stempelfrei, für weitere Ausfertigungen wird der Stempel nach der Tarifstelle „Duplikate" erhoben. Im übrigen finden auf die Besteuerung von Ausfertigungen und beglaubigten Abschriften die Vorschriften des § 110 Abs. 2 mit der Maßgabe Anwendung, daß, soweit nach § 50 Abs. 1 Nr. 2 für die Erteilung der beglaubigten Abschrift einer stempelpflichtigen Urkunde eine Gebühr zu erheben ist, ein Stempel nicht zur Erhebung kommt.

1. Gebührenfreie Nebengeschäfte im Sinne des § 54 sind Geschäfte, die im Verhältnis zum Hauptgeschäft als minder wichtige, weniger bedeutende Tätigkeit erscheinen und die mit dem Hauptgeschäft derart im Zusammenhang stehen, daß sie nicht als selbständiges Geschäft in Erscheinung treten, sondern nur vorgenommen werden, um das Hauptgeschäft vorzubereiten oder zu fördern. Zu ihnen gehört die eine Beurkundung vorbereitende Grundbucheinsicht durch den Richter oder Notar KG. 2. 3. 03, Rsp. 7, 258, und zwar auch dann, wenn sie auf Grund eines ausdrücklichen Auftrags erfolgt oder wenn der Geldgeber seine Entschließung von dem Ergebnis der Grundbucheinsicht abhängig macht KG. 10. 6. 22, JFGErg. 5, 105. Der Versuch, durch Ansatz der Zusatzgebühr des § 53 sich ein Entgelt für die Grundbucheinsicht zu verschaffen, ist ebenfalls zurückgewiesen KG. 15. 10. 09, Rsp. 19, 276. Gebührenfrei ist die Nebenverrichtung nur, wenn sie von demselben Gericht vorgenommen ist wie das Hauptgeschäft KG. 26. 10. 03, KGJ. 27, B 16.

Der Grundsatz des § 54 gilt auch für den Notar und ergänzt den nur Beispiele gebührenfreier Nebengeschäfte aufzählenden, daher lückenhaften § 10 NotGO., KG. 27 10 11, KGJ. 42, 341

2. Versteuerung von Ausfertigungen und beglaubigten Abschriften. Die Ausfertigungen nicht stempelpflichtiger Urkunden sind stempelfrei; das gleiche gilt von beglaubigten Abschriften, wenn sie von Amts wegen erteilt werden oder wenn die Urkunde nicht stempelpflichtig war. Wird die Abschrift auf einen Antrag erteilt, so ist sie ferner stempelfrei, falls die Gebühr des § 50 Abs. 1 Nr. 2 zu erheben ist, dagegen stempelpflichtig, wenn für die Erteilung der Abschrift nur Schreibgebühren zum Ansatze kommen.

## Dritter Abschnitt.

## Grundbuchsachen.

**Eintragung des Eigentümers.**

**§ 55.** (1) Für die Eintragung des Eigentümers, einschließlich der vorkommenden Nebengeschäfte, insbesondere der gleichzeitig beantragten Eintragung des Erwerbsgrundes und des Erwerbspreises, des Schätzungswertes und der Feuerversicherungssumme sowie der Übertragung des Grundstücks und der auf dasselbe bezüglichen Eintragungen auf ein anderes Blatt, wird die volle Gebühr erhoben.

(2) Für die Eintragung des Eigentums von Abkömmlingen des bisherigen Eigentümers, einschließlich der hierbei vorkommenden Nebengeschäfte, werden fünf Zehnteile der vollen Gebühr erhoben; werden Abkömmlinge auf Grund der Erbfolge oder einer Erbauseinandersetzung eingetragen, so macht es keinen Unterschied, ob die Erben inzwischen im Grundbuch eingetragen waren oder nicht. Dieselbe Gebühr kommt zum Ansatze für die nachträgliche Eintragung des Miteigentums eines Ehegatten oder von Kindern an Grund-

stücken, welche zur ehelichen Gütergemeinschaft oder zur fortgesetzten Gütergemeinschaft gehören, sowie für die Umschreibung der Grundstücke, welche einem Ehegatten oder den Erben eines solchen bei der Auseinandersetzung einer aufgelösten Gütergemeinschaft überwiesen oder welche einem Ehegatten nach Auflösung der Gütergemeinschaft kraft Gesetzes zugefallen sind.

(3) Werden auf Grund der Abs. 1 und 2 Gebühren nebeneinander erhoben, so wird zunächst die volle Gebühr von dem Gesamtwerte berechnet; von der so berechneten Gebühr wird der Anteil der Personen, deren Eintragung als Eigentümer nach Abs. 2 nur fünf Zehnteile der vollen Gebühr erfordert, nur zur Hälfte erhoben.

(4) Wenn nach § 90 der Grundbuchordnung ein Eigentumserwerb unter Ausscheiden des Grundstücks aus dem Grundbuche stattfindet, wird die volle Gebühr erhoben.

(5) Erfolgt die Eintragung eines Eigentümers auf Grund eines gleichzeitig gestellten Antrags bei mehreren Grundstücken, welche im Bezirke desselben Amtsgerichts belegen sind, so werden die vorstehend bestimmten Gebühren nur einmal nach dem zusammenzurechnenden Werte der Grundstücke erhoben.

(6) Die Entgegennahme der Auflassung und, wenn diese nicht vor dem Grundbuchrichter erfolgt, die Eintragung des neuen Eigentümers im Grundbuche kann nach dem Ermessen des Gerichts von einer vorgängigen Sicherstellung der Staatskasse wegen der Kosten der Eintragung abhängig gemacht werden. Über Erinnerungen gegen derartige Anordnungen wird im Aufsichtsweg entschieden.

1. Eintragungsgebühr. Zahlungspflichtig kann nicht nur der neue Eigentümer, sondern auch der Veräußerer sein, es kommt darauf an, wer den Eintragungsantrag gestellt hat § 2 A. 1.

Die Eintragungsgebühr wird ohne Rücksicht auf den Rechtsgrund der Eintragung erhoben, also auch, wenn das Eigentum in anderer Art als durch Auflassung erworben ist oder wennn nur eine Berichtigung des Grundbuchs ohne Eigentumswechsel stattfindet; ebenso für Eintragung des Fideikommißfolgers KG. 8. 10. 94, KGJ. **14**, 156. Wenn der bisherige Eigentümer Ersteher in der Zwangsversteigerung wird, hat auch er die Eintragungsgebühr nach dem vollen Grundstückswerte zu entrichten KG. 10. 5. 97, KGJ. **17**, 145. Die Eintragungsgebühr ist auch bei Einbringung von Grundstücken in ein Gesellschaftsvermögen nach dem vollen Wert des Grundstücks zu berechnen, vgl. KGJ. **17**, 44; RG. **25**, 252; **30**, 150; JMBl. **96**, 243. Wie bei der Auflassung eines Gesellschaftsgrundstücks an einen Gesellschafter, eines Nachlaßgrundstücks an einen Miterben oder eines Gesamtgutgrundstücks an einen Ehegatten der Wert zu berechnen ist, ist streitig. Während nach KG. 25. 1. 04, KGJ. **27**, B 59; 23. 4. 09, KGJ. **38**, B 25 der Wert des ganzen Grundstücks zugrunde gelegt werden sollte, hat sich das KG. in neueren Entscheidungen auf den Standpunkt gestellt, daß in kostenpflichtiger Hinsicht die Gesamthandsberechtigung des Teilhabers mit Rücksicht auf die Berechtigung der anderen Teilhaber zwar nicht als Bruchteilsrecht, aber als Anteil, wenn auch als besonders gearteter Anteil, zu behandeln sei. Insbesondere müsse, wenn ein kraft ehelicher Gütergemeinschaft im Grundbuch eingetragener Miteigentümer als Alleineigentümer eingetragen werde, der Wert dieses Anteils geschätzt werden und sei mangels anderer Unterlagen dem Betrage gleichzusetzen, den der Anteilsberechtigte bei der Auseinandersetzung erhalte KG. 29. 6. 23, JMBl. 614: 11. 3. 24, JFGErg. **3**, 246. Ebenso ist, falls ein Miteigentümer das Grundstück in der Zwangsversteigerung erwirbt, bei der Berechnung der Gebühr für die Eintragung des Erstehers kein ausschlaggebendes Gewicht auf die rechtliche Erwägung zu legen, daß durch den Zuschlag das alte Bruchteilseigentum untergeht und ein neues Eigentum an dem Grundstück entsteht; vielmehr ist die Kostenfrage lediglich nach dem wirtschaftlichen Gesichtspunkte zu beurteilen, daß der erstehende Miteigentümer tatsächlich doch nur die fehlenden Bruchteile hinzuerwirbt KG. 29. 4. 27. 1a X 283/27. Bei Naturalteilung eines im Miteigentum stehenden Grundstücks ist die Eintragungsgebühr von dem Wert der von jedem Miteigentümer hinzuerworbenen Anteile an dem ihm nunmehr allein gehörigen Grundstücke zu berechnen KG. 30. 10. 93, KGJ. 13, 232.

Die Gebühr hängt nicht davon ab, ob die Eintragung rechtswirksam ist; auch bei n i c h t i g e r Auflassung bleibt der Gebührenansatz für die Eintragung bestehen KG. 18. 5. 05, KGJ. 30, B 18.

Bloße Namensänderungen und andere Eintragungen ohne materielle Bedeutung fallen unter § 60.

Die Gebührenfreiheit der Beurkundung der Auflassung und der Beurkundung des Antrags auf Eintragung als Eigentümer ist durch die Novelle von 1922 beseitigt. Kein gebührenfreies Nebengeschäft ist die Vermerkung der eingesetzten Nacherben im Grundbuch KG. 28. 9. 05, KGJ. 30, B 28 — über Wertberechnung vgl. § 18 A. 2 —, ebensowenig, wenn nach Auflassung eines Grundstücks diesem zwei dem Erwerber bereits gehörige Parzellen zugeschrieben werden Rsp. 10, 269.

Die Eintragungsgebühr ist doppelt zu erheben, wenn zuerst der Veräußerer und dann der Erwerber eingetragen werden muß. Vgl. jedoch KGJ. 29, B 36, wo der Richter die notwendige Eintragung des Zwischenerwerbers unterlassen hatte; für eine versehentlich unterbliebene Eintragung kann keine Gebühr erhoben werden KG. 11. 11. 10, 1a X 893/10.

2. Ermäßigung für Abkömmlinge. Ein Unterschied zwischen den verschiedenen Erwerbsarten ist nicht zu machen KG. 15. 2. 11, KGJ. **42**, 309. „Abkömmlinge" sind Verwandte der geraden absteigenden Linie, einschließlich der unehelichen und der an Kindes Statt angenommenen. Treffen Abkömmlinge mit Erwerbern anderer Art zusammen, so wird zunächst vom ganzen Wert die volle Gebühr angesetzt und sodann vom Anteil der Abkömmlinge die Hälfte gestrichen. Pfennige werden in diesem Sonderfall nicht abgerundet (§ 31 A. 2).

3. Abschreibung eines Grundstücks ohne Wiedereintragung tritt z. B. ein beim Übergang auf den Fiskus oder die Gemeinde.

4. Zusammenrechnung der Werte. Die Grundstückswerte sind auch dann zusammenzurechnen, wenn die Zusammenbuchung der Grundstücke durch ein besonderes rechtliches oder tatsächliches Hindernis ausgeschlossen erscheint KG. 10. 6. 01, KGJ. **22**, B 10. „Gleichzeitig" sind die Anträge, wenn sie vor der ersten Eintragung eingegangen sind; daß sie in einer Urkunde gestellt werden, ist nicht nötig KG. 6. 4. 05, KGJ. **30**, B 24.

5. Die Sicherheitsleistung geschieht nach richterlichem Ermessen durch Bareinzahlung, Sicherungshypothek, Bürgschaft oder in anderer Weise. Bei überschuldeten Grundstücken wird sich die Einforderung eines Barvorschusses schon deshalb empfehlen, um betrügliche Schiebungen zu erschweren (Begr. 94). Vgl. hierzu AVfg. v. 15. 9. 95, JMBl. 272.

6. Über Einziehung der Fortschreibungsgebühren durch die Gerichtskassen vgl. AVfg. v. 13. 7. 22, JMBl. 258 und AVfg. v. 27. 12. 23, JMBl. 764.

**Eintragung von Belastungen.**

**§ 56.** (1) Für die Eintragung der Belastung des Grundstücks mit einem Rechte, einschließlich der dabei vorkommenden Nebengeschäfte, wird die volle Gebühr erhoben.

(2) Werden ein oder mehrere Grundstücke mit verschiedenen Rechten belastet, so ist die Gebühr für die Eintragung jedes Rechtes besonders zu erheben.

(3) 1. Werden mehrere Grundstücke mit einem und demselben Rechte belastet, so wird nur eine Gebühr nach dem Werte des Rechtes erhoben, wenn

a) die Eintragung auf Grund eines gleichzeitig gestellten Antrags erfolgt,

b) die mehreren Grundstücke einem Eigentümer oder denselben Miteigentümern gehören,

c) die Grundstücke in demselben Amtsgerichtsbezirke belegen sind.

2. Ist im Falle des § 51 der Grundbuchordnung der Gesamtbetrag der Hypothek, Grundschuld oder Rentenschuld eingetragen, so gilt dies als Eintragung nur eines Rechtes.

3. Grundstücke, welche Eheleuten oder dem überlebenden Ehegatten und den Abkömmlingen des Verstorbenen gehören, gelten als Grundstücke eines Eigentümers.

4. Trifft eine der unter a, b und c angegebenen Voraussetzungen nicht zu, so wird die Gebühr des Abs. 1 für die erste Eintragung nach dem Werte des Rechtes erhoben; für jede folgende Eintragung werden nur fünf Zehnteile der für die erste Eintragung bestimmten Gebühr erhoben, und zwar nach dem Werte des Rechtes oder des Grundstücks; je nachdem der eine oder der andere der geringere ist. Bei gleichzeitiger Eintragung

gilt als erste im Sinne dieser Vorschrift die Eintragung bei dem Grundstücke, das den höchsten Wert hat.

(4) Als Belastungen des Grundstücks gelten auch das Recht des Nacherben, die Lehns- oder Fideikommißeigenschaft, ein bedingtes Recht auf Eigentumserwerb sowie die Zugehörigkeit zu einer Wassergenossenschaft, einer Bahneinheit oder einer sonstigen mit Beschränkungen des Eigentümers verbundenen Vermögensmasse und die nach § 1010 des Bürgerlichen Gesetzbuchs eingetragenen Bestimmungen oder Ansprüche.

1. Die Gebühr wird grundsätzlich für jede Belastung besonders erhoben, auch wenn mehrere Lasten durch einen und denselben Vermerk eingetragen werden KG. 12. 7. 97, **KGJ. 17,** 132; 12. 10. 05, KGJ. **30,** B 8. Als Belastung gelten auch die im Abs. 4 bezeichneten Beschränkungen des Eigentums; sie fallen nicht unter die im § 57 genannten „Verfügungsbeschränkungen". Das Recht des Nacherben wird bei der Eintragung des Vorerben von Amts wegen mit eingetragen (GBO. § 52); auch hierfür ist die Gebühr des § 36 zu erheben. Das Recht des Nacherben gehört aber nur dann hierher, wenn die Nacherbschaft an dem Grundstück, nicht an einem Recht am Grundstück, z. B. einer Hypothek, besteht; für die Eintragung des Nacherbrechts bei einer Hypothek gilt § 57 KG. 9. 4. 08, KGJ. **36,** B 25. Wegen Vormerkung eines Auflassungsrechts vgl. § 58. Unter § 1010 BGB. fallen Ausschluß der Teilung oder Bestimmung einer Kündigungsfrist beim Miteigentum nach Bruchteilen. Zahlungspflichtig ist der Antragsteller, doch muß auch der andere Teil sich die Rückbehaltung der Urkunden bis zur Berichtigung der Kosten gefallen lassen § 6 Abs. 2. Für mehrere gleichzeitige Eintragungen in der II. oder III. Abteilung des Grundbuchs ist also nicht eine einheitliche Gebühr nach dem zusammengerechneten Werte sämtlicher Eintragun-

gen zu erheben, vielmehr wird für jede Eintragung die Gebühr stets besonders berechnet. Wird eine Zwangshypothek verteilt auf mehreren Grundstücken des Vollstreckungsschuldners eingetragen, so ist die Gebühr für jede Eintragung besonders zu berechnen KG. 8. 12. 02, KGJ. **25,** B 36. Wird zugunsten des Gläubigers der neu eingetragenen Hypothek gleichzeitig bei einer anderen Hypothek eine Löschungsvormerkung eingetragen, so ist dies kein gebührenfreies Nebengeschäft KG. 19. 7. 06, Rsp. **15,** 200. Gebührenpflichtig (nach § 57) ist die Löschungsvormerkung auch dann, wenn sie bei der neu einzutragenden Hypothek selbst und für deren Gläubiger eingetragen wird KG. 3. 11. 11, KGJ. **42,** 315. Ebenso ist es kein gebührenfreies Nebengeschäft, wenn das Nacherbenrecht (§ 56 Abs. 4) gleichzeitig mit der Eintragung des Vorerben oder mit der Buchung einer von dem Vorerben getroffenen Verfügung im Grundbuche vermerkt wird Rsp. **13,** 283.

2. Einmalige Gebührenberechnung bei Belastung mehrerer Grundstücke mit einem und demselben Recht. „Grundstück" ist jedes Grundstück, das ein eigenes Blatt oder eine eigene Nummer im Bestandsverzeichnis erhalten hat KG. 30. 5. 12, KGJ. **43,** 347. Die gleichzeitige Eintragung des Nießbrauchs auf mehrere selbständige Grundstücke ist, wenn ein Nießbrauch am ganzen Vermögen vorliegt, gebührenrechtlich als Belastung mit einem und demselben Recht zu behandeln KG. 28. 9. 23, JFGErg. 1, 37. Eintragung einer Hypothek für Teilschuldverschreibungen auf den Inhaber unter Angabe des Gesamtbetrags der Hypothek (§ 51 GBO.) gilt als Eintragung nur eines Rechts.

Voraussetzung der einmaligen Gebührenberechnung ist:

a) Gleichzeitigkeit des Antrags. Zur Annahme der Gleichzeitigkeit genügt es, daß die bei mehreren Grundbuchabteilungen zu erledigenden Anträge vor der ersten Eintragung eingegangen sind, daß sie in einer Urkunde gestellt sind, ist nicht erforderlich KG. 6. 4. 05, KGJ. **30**, B 24.

b) Identität des Eigentümers. Als Grundstücke eines Eigentümers im Sinne dieser Vorschrift gelten, ohne Beschränkung auf Gütergemeinschaftsverhältnisse, nicht nur die dem überlebenden Ehegatten und den Abkömmlingen gemeinschaftlich gehörenden, sondern auch diejenigen mit einem und demselben Rechte belasteten Grundstücke, von denen eines oder einige allein dem überlebenden Ehegatten, andere allein den Abkömmlingen oder einzelnen von ihnen eigentümlich gehören (KB. **1910**, 50).

c) Einheit des Amtsgerichtsbezirks.

3. Ermäßigung gemäß Abs. 3 Nr. 4. Voraussetzung ist, daß mehrere inländische Grundstücke belastet werden KG. 29. 10. 09, BüroBl. **1910**, 172. Als erste Eintragung gilt nur eine bei einem preußischen Amtsgericht erfolgte Eintragung, von mehreren bei verschiedenen preußischen Amtsgerichten zu verschiedenen Zeiten erfolgten Eintragungen nur diejenige, welche zuerst im Grundbuch eingetragen ist KG. 8. 7. 21, KGJ. **53**, B 299. Zur Beseitigung von Zweifeln (Begr. 1922, Sp. 34) ist bestimmt, daß, wenn gleichzeitig mehrere Eintragungen erfolgen, diejenige auf dem Grundstück, das den höchsten Wert hat, als erste zu gelten hat.

**Eintragung von Veränderungen.**

**§ 57.** (1) Es werden erhoben nach dem Werte der Veränderung:

1. für die Eintragung des Übergangs einer Hypothek, Grundschuld oder Rentenschuld auf einen anderen Berechtigten, wenn der Übergang auf einem Rechtsgeschäfte beruht, die volle Gebühr;
2. für die Eintragung von Veränderungen sonstiger Art mit Einschluß der Verfügungsbeschränkungen fünf Zehnteile der vollen Gebühr.

(2) Betreffen eine oder mehrere Veränderungen verschiedene Rechte, so werden die Gebühren des Abs. 1, auch wenn die Eintragung nur durch einen Vermerk erfolgt, für jedes Recht besonders erhoben.

(3) Beziehen sich mehrere Veränderungen auf ein und dasselbe Recht, so wird die Gebühr nur einmal nach dem zusammengerechneten Werte der Veränderungen erhoben, wenn die Eintragung auf Grund eines gleichzeitig gestellten Antrags erfolgt und die Veränderungen dem gleichen Gebührensatz unterworfen sind. Unterliegt die Eintragung der mehreren Veränderungen teils der vollen, teils der Hälfte der vollen Gebühr, so werden beide Gebühren gesondert je nach dem Gesamtwerte derjenigen Veränderungen, deren Eintragung den gleichen Gebührensatz erfordert, berechnet. Die Summe der beiden Gebühren darf jedoch nicht mehr als die volle Gebühr von dem zusammengerechneten Werte der mehreren Veränderungen betragen und in keinem Falle die volle Gebühr von dem Werte des Rechtes übersteigen. Es macht keinen Unterschied, ob die Eintragung durch einen oder mehrere Vermerke bewirkt wird.

(4) Änderungen des Ranges eines eingetragenen Rechtes gelten als Veränderungen des zurücktretenden Rechtes.

(5) Für jedes bei der Eintragung von Veränderungen beteiligte Amtsgericht werden die Gebühren besonders erhoben.

1. Für Eintragung des Übergangs von Hypotheken, Grund- oder Rentenschulden auf Grund eines Rechtsgeschäfts wird die volle Gebühr erhoben, weil die dem Gericht verursachte Arbeit nicht

geringer ist als bei Neueintragung und es im Interesse der Übersichtlichkeit der Grundbücher erwünscht ist, daß die Beteiligten von der Umschreibung der alten Hypotheken absehen und sich leichter zu Neueintragungen entschließen (Begr. 1922, Sp. 34).

2. Die Änderung des Inhalts eines Rechts setzt voraus, daß das Recht als solches schon besteht; als Inhaltsänderung stellt sich u. a. auch seine Erweiterung dar, soweit sie gesetzlich zulässig ist. Eine solche zulässige Erweiterung einer Hypothek ist auch die Erhöhung ihrer Nebenleistungen. Jede Zinserhöhung ist ohne Rücksicht auf den Prozentsatz als eine Erweiterung im Sinne des § 57 anzusehen KG. 30. 9. 27, JMBl. 393. Unter „Veränderungen sonstiger Art" fällt auch der Übergang einer Hypothek oder Grundschuld auf einen anderen Berechtigten kraft Gesetzes, insbesondere auf Grund der Erbfolge und der §§ 1163, 1164, 1170ff., 1182 BGB. (Begr. 1922, Sp. 35). Ferner gehört hierher die Löschungsvormerkung, und zwar auch dann, wenn sie gleichzeitig mit der Gläubigerhypothek eingetragen wird, auf die sie sich bezieht KG. 3. 11. 11, KGJ. 42, 315; auch die Eintragung eines Testamentsvollstreckers und der Vermerk, daß die Nachlaßverwaltung angeordnet ist KG. 6. 1. 02, KGJ. 23, B 39. Veränderung ist auch das Unterlegen einer neuen Forderung bei der Hypothek. Die Zins- und Zahlungsbestimmungen der neuen Forderung sind in dieser Veränderung schon einbegriffen und nicht noch als besondere Veränderungen des dinglichen Rechtes zu bewerten KG. 1. 10. 08, KGJ. 36, B 28.

Keine Gebühr wird erhoben für den Vermerk, daß der Konkurs eröffnet oder wieder aufgenommen ist (KO. § 115) und für den Vermerk, daß die Zwangsversteigerung oder Zwangsverwaltung eingeleitet ist (§ 128). Der Vermerk der landschaftlichen Zwangsverwaltung (G. v. 3. 8. 97) ist gebührenpflichtig, weil § 128 nur eine gerichtliche Zwangsverwaltung betrifft.

3. Wertberechnung. Bei Zerlegung einer Hypothek ohne Gläubigerwechsel, ist nur der Wert des einen Teiles anzusetzen, und zwar des geringeren, wenn die Teile verschieden sind KG. 9. 4. 08, KGJ. 36, B 26. Mehrere Teilhypotheken, die verschiedenen Gläubigern zustehen, sind als mehrere selbständige Rechte zu behandeln KG. 16. 2. 12, KGJ. 42, 317.

Bei der Einschreibung des Nachlaßverwaltungsvermerkes ist als Wertgegenstand der Wert des Grundstücks anzusetzen, und zwar ohne Abzug der eingetragenen Belastungen. Sind die Schulden (Nachlaßschulden) geringer als der Grundstückswert, so ist deren Betrag maßgebend KG. 6. 1. 02, KGJ. 16, 234, 23, B 39.

Wertberechnung bei Vorrangseinräumungen. Treten mehrere Rechte zurück, so werden die Gebühren, auch wenn die Eintragung nur durch einen Vermerk erfolgt, für jedes Recht besonders erhoben; soviel Rechte zurücktreten, soviel Einzelgebühren kommen zum Ansatz KG. 16. 10. 25, JFGErg. 4, 250. Nach welchem Gegenstandswert diese Gebühren zu erheben sind, bestimmt § 20 Abs. 3 Satz 2. Wird bei einer mit Rangvorbehalt eingetragenen Grundpfandpost nachträglich vermerkt, die Post X sei diejenige, auf die sich der Vorbehalt bezog, so ist dieser Vermerk als Nebengeschäft gebührenfrei KG. 1. 3. 12, KGJ. 42, 311.

Bei Unterwerfung unter die sofortige Zwangsvollstreckung ist der Wert dieser Veränderung frei zu schätzen. Wird die eingetragene Veränderung auf dem Hypothekenbriefe vermerkt, so ist dies ein gebührenfreies Nebengeschäft KG. 19. 9. 07, KGJ. 35, B 11.

### Vormerkung und Widerspruch.

**§ 58.** (1) Für die Eintragung von Vormerkungen und Widersprüchen werden fünf Zehnteile der vollen Gebühr erhoben. Die Vorschriften im § 55 Abs. 5,

**§ 56 Abs. 2 und 3, § 57 Abs. 2, Abs. 3 Satz 1, Abs. 4 und 5 finden entsprechende Anwendung.**

**(2) Wird der Antrag zurückgewiesen, nachdem nach § 18 der Grundbuchordnung eine Vormerkung oder ein Widerspruch eingetragen war, so wird nur die Gebühr für diese Eintragung erhoben.**

1. Vormerkung: BGB. § 883, Widerspruch: BGB. § 893, vgl. ferner GBO. §§ 18, 54, 76. Der Widerspruch ist gebührenfrei, wenn er von Amts wegen eingetragen wird, nachdem das Grundbuchamt unter Gesetzesverletzung eine unrichtige Eintragung bewirkt hatte: § 59 Satz 2, vgl. § 10. Die Gebührenvorschrift des § 57 Abs. 1 Nr. 2, wonach für die Eintragung von „Veränderungen sonstiger Art" die Hälfte der vollen Gebühr nach dem Werte der Veränderung erhoben wird, bezieht sich nach ihrer Stellung im System des Gesetzes nur auf Veränderungen der in den vorhergehenden §§ 55 und 56 aufgeführten Eintragungen, nicht aber auf Vormerkungen und Widersprüche. § 58 Abs. 1 gilt nicht nur für die erstmalige Eintragung von Vormerkungen und Widersprüchen, sondern auch bei der Eintragung von Veränderungen eingetragener Vormerkungen und Widersprüche. Die rechtsähnliche Anwendung der in Abs. 1 Satz 2 angeführten Vorschriften hat in der Weise zu erfolgen, daß im Falle einer auf Rechte der im § 55 bezeichneten Art bezüglichen Vormerkung nur die Vorschrift des § 55 Abs. 6, im Falle einer auf Rechte der im § 56 bezeichneten Art bezüglichen Vormerkung nur die Vorschriften des § 56 Abs. 2 und 3 und im Falle einer Vormerkung zur Sicherung eines Anspruchs auf Veränderungen eines Rechts oder auf Eintragung einer Verfügungsbeschränkung nur die Vorschriften des § 57 Abs. 2, Abs. 3 Satz 1, Abs. 4 und 5 entsprechend anzuwenden sind KG. 9. 12. 27, 1a X 1069, 27.

Für die Wertberechnung ist festzustellen, welcher Wert der Gebühr für die endgültige Eintragung zugrunde zu legen wäre. Wird zugunsten eines nachstehenden Hypothekars ein Widerspruch gegen eine Hypothek eingetragen, um deren Löschung auf einem der belasteten Grundstücke zu sichern, so richtet sich der Gegenstandswert nicht nach dem Betrage der Hypothek, zu deren Gunsten der Widerspruch eingetragen wird, sondern nach dem Betrage der Gesamthypothek oder dem Grundstückswert, je nachdem welcher von beiden der geringere ist KG. 1. 7. 27, 1a X 670, 27.

Über die Kosten der Eintragung einer Vormerkung und ihrer Löschung zur Sicherung des Anspruchs auf Erweiterung eingetragener Rechte aus Altenteilsverträgen und von Versorgungsansprüchen bei Stammgütern und Familienfideikommissen vgl. VO. v. 8. 9. 23 (GS. 433) § 8.

2. Die Zurückweisungsgebühr (§ 105 Abs. 2) fällt in diesem Falle weg. Wird dem Antrage stattgegeben, so ist die Gebühr für den Widerspruch oder die Vormerkung neben der Gebühr für die beantragte Eintragung zu erheben, sofern nicht § 10 (Niederschlagung wegen unrichtiger Sachbehandlung) Platz greift. § 58 Abs. 2 ist auch anzuwenden, wenn auf Anordnung des Beschwerdegerichts (GBO. § 76) eine Vormerkung oder ein Widerspruch eingetragen war.

Für die Zwischenverfügung des Grundbuchamts (GBO. § 18) ist keine Gebühr zu erheben KG. 19. 12. 04, KGJ. 29, B 37.

### Zurückführung auf das Steuerbuch.

**§ 59.** Für die Eintragungen, welche die Zurückführung des Grundbuchs auf die Steuerbücher zum Gegenstande haben oder zum Zwecke der Erhaltung der Übereinstimmung zwischen dem Grundbuch und den Steuerbüchern erfolgen, sind weder Gebühren noch Auslagen zu erheben. Gebührenfrei ist die nach § 54 der Grundbuchordnung erfolgende Eintragung.

1. Über die Zurückführung des Grundbuchs auf die Steuerbücher vgl. GBO. § 2 Abs. 2; KglV. betr. das Grundbuchwesen v. 13. 11. 99 Art. 2; AVf. 20. 11. 99 (JMBl. 349) § 3. Alle aus den Flurbuchsanhängen übernommenen Veränderungen sind kostenfrei, auch wenn sie auf Maßnahmen des Eigentümers beruhen KG. 4. 5. 03, Rsp. 7, 253. In Zurückführungsangelegenheiten sind auch Reisekosten und Zeugengebühren von den Parteien nicht zu erstatten KG. 7. 7. 11, DJZ. 11, 1050. Über Einziehung der Fortschreibungsgebühren vgl. § 55 A. 6.

2. Der Widerspruch gegen eine unrichtige Eintragung, die das Grundbuchamt unter Verletzung gesetzlicher Vorschriften bewirkt hat, ist gebührenfrei. Auch die Löschung einer solchen Eintragung geschieht gebührenfrei.

**Sonstige Eintragungen.**

**§ 60.** (1) Für alle Eintragungen, welche unter keine der vorstehend (§§ 55 bis 59) getroffenen Bestimmungen fallen, insbesondere für die Vermerke, welche durch die ohne Veränderung des Eigentümers stattfindende Teilung von Grundstücken oder Übertragung derselben auf ein anderes Blatt veranlaßt werden, für die nachträglich beantragte Eintragung des Schätzungswerts, der Feuerversicherungssumme, des Erwerbsgrundes oder des Erwerbspreises, für die Eintragung des Verzichts auf das Eigentum am Grundstücke, für die Eintragung der nachträglichen Ausschließung der Erteilung eines Briefes oder der Aufhebung dieser Ausschließung, für die Anlegung eines Blattes für ein noch nicht in das Grundbuch eingetragenes oder aus dem Grundbuch ausgeschiedenes Grundstück, für das Ausscheiden eines Grundstücks aus dem Grundbuche, falls nicht gleichzeitig eine Eigentumsverände-

**rung eingetragen wird, für den Vermerk von Rechten, welche dem jeweiligen Eigentümer zustehen, werden zwei Zehnteile der vollen Gebühr erhoben.**

**(2) Auf die Berechnung des Wertes findet die Vorschrift des § 22 Abs. 1 entsprechende Anwendung.**

1. Die Übertragung von Grundstücken auf ein anderes Blatt ist gebührenfreies Nebengeschäft der Eintragung des Eigentümers, wenn sie durch den Eigentumswechsel veranlaßt ist; in anderen Fällen wird die Gebühr des § 60 erhoben KG. 3. 10. 04, Rsp. **10**, 769.

Eigentumsverzicht: BGB. § 928. Ausschluß der Erteilung eines Briefs: BGB. § 1116. Neuanlegung eines Grundbuchblatts: GBO. § 90. Vermerk subjektiv dinglicher Rechte; z. B. Grunddienstbarkeiten, Reallastberechtigungen, Vorkaufsrechte: GBO. § 8. In Preußen ist für solche Rechte im Grundbuche der Abschnitt II des Bestandsverzeichnisses „Verzeichnis der mit dem Eigentume verbundenen Rechte" bestimmt.

Nicht genannt sind von den unter § 60 fallenden Vermerken: Änderung des Namens (Heirat) oder der Firma, nachträgliche Errichtung von Gebäuden, Umschreibung einer Hypothek von einer städtischen Sparkasse auf eine städtische Stiftung (ohne Änderung des Gläubigers § 4 Abs. 2 d. AVfg. über das Grundbuchwesen v. 20. 11. 99); der nachträgliche Vermerk der Bruchteile oder des Rechtsverhältnisses der Mitberechtigten (GBO. § 48) KG. 15. 4. 10, 1a X 345/10.

2. Wertberechnung. Dem Abs. 2 kommt die Bedeutung zu, daß der Gegenstandswert aller Rechtsgeschäfte, auf Grund deren eine der in Abs. 1 gemeinten Eintragungen erfolgen kann, sich nach Abs. 2 bemißt; bei der Beurkundung des Verzichts auf das Eigentum an einem Grundstück bemißt sich also der Gegenstandswert nach Abs. 2 KG. 17. 9. 20, KGJ. **53**, B 303.

**Löschungen.**

**§ 61.** (1) Für jede Löschung, einschließlich der dabei vorkommenden Nebengeschäfte, werden fünf Zehnteile, für die Löschung der im § 60 erwähnten Eintragungen wird ein Zehnteil der vollen Gebühr erhoben. Die Vorschriften im § 56 Abs. 2 und 3, § 57 Abs. 2, Abs. 3 Satz 1, Abs. 4 und 5 finden entsprechende Anwendung. Werden auf einem oder mehreren Grundstücken verschiedene Eintragungen gelöscht, so findet die Vorschrift des § 31 Abs. 1 hinsichtlich der Einzelgebühren keine Anwendung, wenn die Löschungen auf Grund eines gleichzeitig gestellten Antrags erfolgen und die Grundstücke einem Eigentümer oder denselben Miteigentümern gehören und in demselben Amtsgerichtsbezirke belegen sind; der Mindestsatz wird nur dann angesetzt, wenn der Gesamtbetrag der für die Löschungen zu erhebenden Gebühren hinter ihm zurückbleibt.

(2) Werden Hypotheken, Grundschulden oder Rentenschulden infolge der Eintragung anderer, an ihre Stelle tretender Rechte dieser Art gelöscht, so werden für die Löschung Gebühren nur insoweit erhoben, als der Gesamtbetrag der gelöschten Rechte den Gesamtbetrag der neu eingetragenen Rechte übersteigt.

1. Löschungen. Gebührenfrei ist die Löschung des Vollstreckungs- und Konkursvermerks (§ 128, KO. § 115), ferner die Löschung des Vermerks der Rentenpflichtigkeit KGJ. 1, 160; nicht aber die Löschung des landschaftlichen Zwangsverwaltungsvermerks, auch nicht die Löschung der für eine Landeskulturrentenbank eingetragenen Sicherheit. Nicht gebührenfrei ist die bei der Auflassung beantragte Löschung einer Auflassungsvormerkung. Die Kosten der von Amts wegen erfolgenden Löschung einer infolge Auflassung gegen-

standslos gewordenen Vormerkung trägt der Grundstücks-eigentümer, falls nicht unrichtige Behandlung der Sache (§ 10) vorliegt KG. 23. 4. 20, KGJ. 52, B 228. Löschungen im Enteignungsverfahren sind gebührenfrei.

2. Für die Wertberechnung kommt es nicht darauf an, was das zu löschende Recht zur Zeit der Löschung tatsächlich und wirtschaftlich noch wert ist, sondern was das eingetragene Recht als solches wert war KG. 5. 12. 04, KGJ. 29, B 73. Bei Nießbrauch, Altenteil und ähnlichen Rechten bestimmt sich der Wert nach dem Lebensalter des Berechtigten zur Zeit der Eintragung (nicht der Löschung) KG. 21. 1. 98, KGJ. 19, 153.

**Entlassung aus der Mithaft.**

**§ 62. Für die Eintragung der Entlassung einzelner Grundstücke aus der Mithaft werden fünf Zehnteile der vollen Gebühr erhoben. Die Gebühr bestimmt sich nach dem Werte des Rechtes oder des Grundstücks, je nachdem der eine oder der andere der geringere ist. Die Vorschriften des § 56 Abs. 2 und Abs. 3 Nr. 1 bis 3 finden entsprechende Anwendung.**

1. Die Gebühr für Entlassung einzelner Grundstücke aus der Mithaft ist ebenso bemessen wie die Löschungsgebühr. Die Gebühr kommt jedoch nur zur Hebung, falls die Eintragung im Grundbuch erfolgt; eine solche findet nicht statt, wenn ein Grundstück pfandfrei abgeschrieben wird; in diesem Falle greift die Gebühr des § 64 Abs. 3 Platz (Begr. 1922 Sp. 36).

**Wertberechnung.**

**§ 63. (1) Als Wert einer Hypothek oder Grundschuld ist der Betrag der Forderung oder der Grundschuld, bei Rentenschulden der Betrag der Ablösungssumme anzusehen.**

**(2) Hat eine Veränderung keinen bestimmten Geldwert, so bestimmt sich der Wert nach § 22 Abs. 1; in keinem Falle, auch wenn für mehrere Veränderungen eine einheitliche Gebühr zu berechnen ist, darf der Wert des von der Veränderung betroffenen Rechtes überschritten werden.**

1. Abs. 1 weicht von der allgemeinen Regel (§ 20 Abs. 3) ab; jedoch nur bei solchen Eintragungen und Löschungen, bei denen eine Gesamthaft nicht in Frage steht. Die Regel des § 20 Abs. 3 greift wieder Platz bei allen f e r n e r e n (korrealen) Eintragungen und Löschungen der gleichen Post (Abtretungen, Vorrangseinräumungen, Veränderungen) sowie, wenn Trennstücke in die Pfandhaft eintreten oder aus ihr entlassen werden KG. 4. 10. 97, **KGJ. 17,** 158; 5. 4. 99, **19,** 149.

Bei Eintragung von Hypotheken in ausländischer Währung ist der Berechnung der jeweilige Kurswert in Reichswährung zugrunde zu legen (VO. v. 13. 2. 20 — RGBl. 231 — § 12). Bei Eintragung von wertbeständigen Hypotheken ist der Wert maßgebend, den die Forderung zur Zeit des Eingangs des Eintragungsantrags bei dem Grundbuchamt hat (G. über wertbeständige Hypotheken v. 23. 6. 23, RGBl. 407 § 7; vgl. auch DurchfVO. v. 29. 6. 23, RGBl. 482; v. 5. 10. 23, RGBl. 933; 2. 11. 23, RGBl. 1075; 6. 11. 23, RGBl. 1082; 17. 4. 24, RGBl. 415). Nicht maßgebend ist der Wert (Kurs) der Roggenrenten- usw. Pfandbriefe, welche von dem Gläubiger als Valuta hingegeben sind; dies gilt auch dann, wenn der Schuldner die Hypothek durch Hingabe gleichartiger Wertpapiere tilgen darf KG. 30. 9. 24, JFGErg. **3,** 248. Über die Wertberechnung bei Schweizer Goldhypotheken vgl. G. v. 23. 6. 23 (RGBl. II, 284) und Zusatzabkommen v. 25. 3. 23 (RGBl. II, 286). Diese Kostenvorschriften finden aber keine Anwendung auf das Beschwerdeverfahren der freiwilligen Gerichtsbarkeit KG. 30. 1. 25, JFGErg. **3,** 253.

**Hypotheken-, Grundschuld- und Rentenschuldbrief. Abschrift des Grundbuchblatts.**

**§ 64.** (1) Für die Erteilung eines Hypotheken-, Grundschuld- oder Rentenschuldbriefs, eines Teilbriefs und eines neuen Briefes, einschließlich des über die Erteilung im Grundbuch einzutragenden Vermerkes, werden zwei Zehnteile und für die Ergänzung des Auszugs aus dem Grundbuche ein Zehnteil der vollen Gebühr erhoben. Im Falle der Erteilung eines Gesamtbriefs finden die Vorschriften des § 56 Abs. 3 entsprechende Anwendung. Bei der Erteilung eines gemeinschaftlichen Briefes (§ 66 der Grundbuchordnung) werden die Werte der einzelnen Hypotheken oder Grundschulden zusammengerechnet.

(2) Für die Erteilung beglaubigter Abschriften des Grundbuchblatts wird, gleichviel ob die Abschrift das vollständige Grundbuchblatt oder nur einen Teil davon betrifft, ein Zehnteil der vollen Gebühr erhoben. Wird die Abschrift von mehreren Grundbuchblättern desselben Eigentümers auf Grund eines gleichzeitig gestellten Antrags erteilt, so wird die Gebühr nur einmal nach dem zusammenzurechnenden Werte der Grundstücke erhoben. Die Bestimmung im § 56 Abs. 3 Nr. 3 findet auch hier Anwendung.

(3) Für Bescheinigungen des Grundbuchrichters über den Inhalt des Grundbuchs oder für Vermerke desselben auf dem Hypotheken-, Grundschuld- oder Rentenschuldbriefe, welche nicht ein gebührenfreies Nebengeschäft bilden, wird ein Zehnteil der vollen Gebühr erhoben.

(4) Die Einsicht des Grundbuchs ist gebührenfrei.

1. Über Erteilung des Hypotheken-, Grundschuld- oder Rentenschuldbriefs, eines Teilbriefs oder eines neuen Briefs vgl. GBO. §§ 56, 57, 68, 57 Abs. 2, § 61.

Die Gebühr für Ergänzung des Grundbuchauszugs im Hypothekenbriefe richtet sich nach dem Werte der Hypothek, nicht aber nach dem Werte der Rechtsänderung, auf die sich der ergänzende Vermerk bezieht KG. 21. 3. 07, KGJ. 34, B 24; 23. 6. 11, KGJ. 41, 301.

Für die Wiederherstellung eines Hypothekenbriefs bei Wiedereintragung einer bereits gelöschten, aufgewerteten Hypothek ist keine Gebühr zu erheben; § 64 Abs. 1 kann insoweit keine Anwendung finden, da es sich nicht um Erteilung eines neuen Briefes im Sinne dieser Vorschrift handelt (AVfg. v. 30. 9. 25, JMBl. 363 Nr. 3).

2. Für einfache Abschriften werden nur Schreibgebühren erhoben. Die beglaubigten Abschriften des Grundbuchblatts im Zwangsversteigerungs- und Zwangsverwaltungsverfahren sind gebühren- und auslagenfrei § 128. Ebenso die für Zwecke des Enteignungsverfahrens erteilten KG. 12. 11. 08, KGJ. 37, B 38; § 7 A. 9. Ferner Grundbuchauszüge, die bei Begründung einer öffentlichen Wassergenossenschaft gebraucht werden § 272 PrWasserG. v. 7. 4. 13. Nicht gebührenfrei ist aber die zur Benutzung bei einem Unschädlichkeitszeugnisse bestimmte beglaubigte Grundbuchabschrift KG. 18. 10. 12, KGJ. 43, 315.

Die Gebühr für eine beglaubigte Abschrift aus dem Grundbuche, die lediglich eine einzelne Eintragung, insbesondere nur eine Hypothek oder Grundschuld betrifft, ist nach dem Werte des Rechtes, bei Hypotheken und Grundschulden nach deren Betrage, nicht nach dem höheren Werte des Grundstücks oder nach dem Kaufpreise zu berechnen KG. 21. 3. 98, KGJ. 18, 145, 147. Bei der vollständigen Abschrift des Grundbuchblatts oder einer ganzen Abteilung ist dagegen der Grundstückswert maßgebend KG. 19. 12. 04, KGJ. 29, B 27. Bei mehreren Abschriften desselben Grundbuchblatts ist der Wert zu vervielfachen und nur eine Gebühr nach dem so gefundenen Gesamtwert, nicht mehrere Einzelgebühren, zu erheben KG. 17. 9. 08, KGJ. 36, B 33 (vgl. § 57 Abs. 3).

Grundstücke, die Eheleuten oder einem überlebenden Elternteil und den Abkömmlingen des Verstorbenen gehören, gelten als Grundstücke eines Eigentümers.

3. Bescheinigungen und Vermerke Formlose Auskunft des Grundbuchamts ist gebührenfrei KG 16. 2. 03, Rsp 7, 243.

Wird die kostenfreie Abschreibung eines Trennstücks auf Grund eines Unschädlichkeitszeugnisses auf dem Briefe vermerkt, so ist der Vermerk auch dann gebührenfrei, wenn darin der schon aus dem Hypothekenbrief ersichtliche Restbestand besonders angegeben wird. Im übrigen ist der Briefvermerk der pfandfreien Abschreibung nach § 64 Abs. 3 zu besteuern, er ist kein gebührenfreies Nebengeschäft zu der Übertragung des Trennstücks KG. 9. 8. 03, Rsp. 10, 273. Die Gebühr ist so oft anzusetzen, als Hypotheken in Frage kommen KG. 6. 10. 11, KGJ. 42, 296.

Bescheinigungen über die Eintragung des Eigentümers sind nach dem Werte des Grundstücks, nicht nach dem Interesse des Antragstellers zu bewerten KG. 11 5. 03, Rsp. 10, 272.

4. Über Grundbucheinsicht des Notars vgl. § 54 A. 1

**Bergwerke und Gerechtigkeiten.**

**§ 65.** (1) Die vorstehend für Grundstücke gegebenen Vorschriften sind auf Bergwerke und andere Berechtigungen, für welche die sich auf Grundstücke beziehenden Vorschriften gelten, entsprechend anzuwenden.

(2) Wird ein Bergwerk mit unbeweglichen Anteilen der Gewerken in Ausführung eines gemäß § 235a des Allgemeinen Berggesetzes gefaßten Beschlusses auf den

Namen der Gewerkschaft eingetragen, so wird für diese Eintragung, einschließlich des vorläufigen Vermerkes des Beschlusses im Grundbuche, der Anlegung des Gewerkenbuchs und der Ausfertigung und Aufbewahrung der Kuxscheine, die volle Gebühr erhoben. Die gleiche Gebühr wird erhoben für die Umschreibung eines Kuxes in dem vom Gerichte geführten Gewerkenbuch auf einen neuen Erwerber, einschließlich der dabei vorkommenden Nebengeschäfte. Für die Eintragung von Veränderungen bei den auf Kuxscheinen eingetragenen Pfandrechten sowie für Löschungen werden dieselben Gebühren erhoben wie für Eintragung von Veränderungen und Löschungen im Grundbuche.

(3) Für die Erteilung einer beglaubigten Abschrift aus dem Gewerkenbuch ist die im § 64 Abs. 2 bestimmte Gebühr zu erheben. Die Vorschrift im § 64 Abs. 4 findet entsprechende Anwendung.

1. Die Eintragung neu verliehener Bergwerke ist wie die Anlegung des Grundbuchs zu behandeln und die Gebühr des § 60 anzusetzen KG 1 6. 83, KGJ 4, 225.

Als Berechtigungen, fur welche die sich auf Grundstücke beziehenden Vorschriften gelten, kommen in Betracht Erbbaurechte, Fährgerechtigkeiten (KG. 11. 7. 13, KGJ. 39, B 94, vgl. aber auch RG 74, 318), Schiffsmühlengerechtigkeiten (AG BGB Art. 40) sächsische Kohlenabbaugerechtigkeiten (AG.BGB Art. 38)

Beim Erbbaurechte wird für die Eintragung auf dem Grundstücksblatte die Gebühr des § 55 und außerdem für die gleichzeitige oder spätere Anlegung des Erbbaurechtsblatts die Gebühr des § 65 erhoben KG. 25. 7 03, Rsp 7, 255

Die frühere Kostenbegünstigung der Konsolidation mehrerer Bergwerke ist fortgefallen (Begr. 1922 Sp. 37).

**2.** Für die in Abs. 2 bezeichneten Eintragungen gelten §§ 57, 61 ff.

**3.** Die Erteilung beglaubigter Abschriften aus dem Gewerkenbuch ist gebührenrechtlich der Erteilung beglaubigter Abschriften aus dem Grundbuch gleichgestellt (Begr 1922 Sp. 37).

**Bahngrundbuch.**

**§ 66.** (1) Die hinsichtlich der Grundbücher bestehenden Gebührenbestimmungen sind auf die Bahngrundbücher entsprechend anzuwenden. Es werden erhoben für die Anlegung und für die Schließung des Bahngrundbuchs der Satz des § 60 und für den Vermerk des Erlöschens der Genehmigung, einschließlich der öffentlichen Bekanntmachung des Vermerkes, der Satz des § 57 Abs. 1 Nr. 2. Die Eintragung des infolge einer Veräußerung der Bahn eingetretenen Eigentumswechsels in dem über ein Bahngrundstück geführten gerichtlichen Buche erfolgt gebührenfrei.

(2) Die Kosten der Anlegung des Bahngrundbuchs sowie der Vermerke der Zugehörigkeit eines Grundstücks zur Bahneinheit trägt der Bahneigentümer; die bezeichneten Kosten fallen jedoch, wenn ein Gläubiger durch den Antrag auf Eintragung einer vollstreckbaren Forderung die Anlegung des Bahngrundbuchs veranlaßt, diesem Gläubiger und, wenn die Anlegung im Zwangsversteigerungsverfahren auf Ersuchen des Vollstreckungsgerichts erfolgt, dem Ersteher zur Last.

**1.** Durch das „Gesetz über die Bahneinheiten" in der Fassung v. 8. 6. 02. ist eine Sachgesamtheit, die

„Bahneinheit", geschaffen, die als selbständige unbewegliche Sache behandelt wird, solange das Unternehmen besteht. Wegen des Bahngrundbuchs vgl. AVfg. v. 11. 11. 02 (JMBl. 275).

**Stempel.**

**§ 67. Neben den in diesem Abschnitte bestimmten Gebühren werden die für Eintragungsanträge bestimmten Stempel erhoben.**

## Vierter Abschnitt.

## Registerführung.

Vorbemerkung: Reichsrechtliche Kostenvorschriften für die Registerführung:

VO. über das Genossenschaftsregister v. 22. 11. 23 (RGBl. 1123) § 11:

Kosten.

Für die Verhandlung und Entscheidung erster Instanz über Anträge auf Eintragung in das Genossenschaftsregister oder die Liste der Genossen oder auf Vormerkung in dieser Liste sowie für die Eintragungen und Vormerkungen werden Gebühren nicht erhoben. Die Erhebung von Auslagen findet nach den Vorschriften des Gerichtskostengesetzes statt; jedoch werden Post- und Schreibgebühren in allen Fällen erhoben.

G., betr. das Urheberrecht an Mustern und Modellen, v. 11. 1. 76 in der Fassung des G. v. 21. 10. 22 (RGBl. II, 774) und der VO. v. 21. 12. 23 (RGBl. II, 494) § 12:

Alle Eingaben, Verhandlungen, Atteste, Beglaubigungen, Zeugnisse, Auszüge usw., welche die Eintragung in das Musterregister betreffen, sind stempelfrei.

Für jede Eintragung und Niederlegung eines einzelnen Musters oder Modells wird, insofern die Schutzfrist auf nicht länger als drei Jahre beansprucht wird (§ 8 Abs. 1), eine Gebühr von 1 Reichsmark für jedes Jahr erhoben. Wird ein Paket mit Mustern oder Modellen (§ 9) niedergelegt, so ermäßigt sich die Gebühr auf 0,10 Reichsmark für jedes darin enthaltene Muster oder Modell, unbeschadet jedoch einer in jedem Falle zu entrichtenden Mindestgebühr von insgesamt 1 Reichsmark.

Nimmt der Urheber in Gemäßheit des § 8 Abs. 2 eine längere Schutzfrist in Anspruch, so hat er für jedes weitere Jahr bis zum zehnten Jahre einschließlich eine Gebühr von 3 Reichsmark für jedes einzelne Muster oder Modell zu entrichten. Für jeden Eintragungsschein sowie für jeden sonstigen Auszug aus dem Musterregister wird eine Gebühr von 1 Reichsmark erhoben.

Im Falle einer wesentlichen Änderung der wirtschaftlichen Verhältnisse kann die Reichsregierung mit Zustimmung des Reichsrats eine entsprechende Erhöhung oder Ermäßigung der Gebühren anordnen.

RVfg. v. 21. 2. 00 betr. den Kostenansatz für Eintragungen ins Musterregister (Bürobl. 156)).

Standesregister. Gebührentarif abgedruckt im Anh. III.

Der Registerführung ähnliche Verrichtungen liegen den Gerichten ob nach dem G., betr. die Ermöglichung der Kapitalkreditbeschaffung für landwirtschaftliche Pächter, v. 1. 7. 26 (RGBl. I, 399). Die dabei zur Erhebung gelangenden Kosten regelt die VO. v. 18. 7. 26 — abgedruckt im Anh. X.

### Landgüterrolle.

**§ 68.** (1) Für jede auf Antrag bewirkte Eintragung oder Löschung in einer Landgüter- oder Höferolle, einschließlich der darüber dem Eigentümer zu machenden Mitteilung, wird eine Gebühr von 4 Reichsmark erhoben. Für Zuschreibungen oder Löschungen in Landgüterrollen, welche von Amts wegen erfolgen, sowie für den Vermerk der Nummer des Rollenblatts und andere von Amts wegen zu bewirkende Vermerke auf dem Blatte des Grundbuchs sind Gebühren nicht zu erheben.

(2) Die Einsicht der Landgüter- oder Höferolle ist gebührenfrei.

1. Die Aufnahme der Anträge zur Landgüter- oder Höferolle erfolgt gebührenfrei (§ 105 Abs. 1).

Alle von Amts wegen erfolgenden Eintragungen sind gebührenfrei, ferner die Eintragungen auf Ersuchen der Landeskulturämter (§ 7).

**Handelsregister.**

**§ 69.** Für die Eintragungen in das Handelsregister sind folgende Gebühren zu erheben:

1. bei Einzelkaufleuten

a) für die erste Eintragung der Firma,

160 Reichsmark, wenn der jährliche Gewerbeertrag 50 000 Reichsmark oder mehr oder der Wert des Gewerbekapitals 1 000 000 Reichsmark oder mehr beträgt;

80 Reichsmark, wenn der jährliche Gewerbeertrag 20 000 bis ausschließlich 50 000 Reichsmark oder der Wert des Gewerbekapitals 150 000 bis ausschließlich 1 000 000 Reichsmark beträgt;

40 Reichsmark, wenn der jährliche Gewerbeertrag 4000 bis ausschließlich 20 000 Reichsmark oder der

Wert des Gewerbekapitals 30 000 bis ausschließlich 150 000 Reichsmark beträgt;

20 Reichsmark, wenn der jährliche Gewerbeertrag 1500 bis ausschließlich 4000 Reichsmark oder der Wert des Gewerbekapitals 3000 bis ausschließlich 30 000 Reichsmark beträgt;

4 Reichsmark, wenn der Gewerbebetrieb wegen geringen Gewerbeertrags oder Gewerbekapitals von der Gewerbesteuer befreit ist;

b) für jede spätere Eintragung sechs Zehnteile der Sätze zu a;

c) für die Löschung der Firma drei Zehnteile der Sätze zu a;

2. bei offenen Handelsgesellschaften, Kommanditgesellschaften und juristischen Personen, deren Eintragung in das Handelsregister mit Rücksicht auf den Gegenstand oder auf die Art und den Umfang ihres Gewerbebetriebs zu erfolgen hat,

a) für die erste Eintragung derselben das Zweifache der Sätze zu 1a;

b) für jede spätere Eintragung die Sätze zu 1b;

3. bei Kommanditgesellschaften auf Aktien, Aktiengesellschaften und Gesellschaften mit beschränkter Haftung

a) für die Eintragung der Gesellschaft sowie für die Eintragung eines Beschlusses über Erhöhung oder Herabsetzung des Gesellschaftskapitals die volle Gebühr mit der Maßgabe, daß mindestens das Zweifache der Sätze zu 1a zu erheben ist.

Die Gebühren werden nach dem Betrage des Gesellschaftskapitals, bei Erhöhungen und Herabsetzungen desselben nach dem Betrage der Erhöhung und Herabsetzung berechnet. Ist das Gesellschaftskapital nicht voll eingezahlt, so ist der Gesellschaft auf Verlangen zu gestatten, zunächst nur denjenigen Gebührenbetrag zu zahlen, welcher dem eingezahlten Kapital entspricht, und den Rest nach Maßgabe der erfolgenden Einzahlungen nachträglich zu entrichten; in jedem Falle ist mindestens das Zweifache der Sätze zu 1a sofort zu zahlen;

b) für alle sonstigen Eintragungen die Sätze zu 1b;

4. für die Eintragung einer Prokura die Sätze zu 1b, für die Eintragung des Erlöschens der Prokura die Sätze zu 1c.

1. Einzelkaufleute. Der Paragraph sieht drei verschiedene Sätze vor: für die erste Eintragung, für jede spätere Eintragung und für die Löschung. Juristische Personen, die dem Eintragungszwang unterliegen (HGB. § 33), stehen der offenen Handelsgesellschaft gleich. Andere juristische Personen, insbesondere öffentlich-rechtliche Körperschaften (Betriebe des Reichs, Staats, der Kommunen HGB. § 36), deren Eintragung von ihrem freien Willen abhängt, sind dagegen als Einzelkaufleute zu behandeln.

Beim Eintritt eines Gesellschafters in das Geschäft eines Einzelkaufmanns ist nur eine einzige Eintragung (Veränderung) erforderlich und deshalb nur die Gebühr des § 69 Nr. 2a zu erheben; wird aber auch die Firma geändert, so liegen zwei gesonderte, gebührenpflichtige Eintragungen vor.

Unter „Löschung" fällt gebührenrechtlich auch die „Eintragung des Erlöschens" (Gutachten des KG. 17. 1. 13, JMBl. 57).

Über Gewerbeertrag und Gewerbekapital bestimmt die Gewerbesteuerverordnung in der für das

Rechnungsjahr 1927 geltenden Fassung v. 15. März 1927 (GS. 21) folgendes:

„§ 4.

(1) Mehrere Betriebe derselben Person innerhalb derselben Gemeinde werden als ein steuerpflichtiges Gewerbe veranlagt. Die Gewerbesteuer wird bemessen nach dem Gewerbeertrag und nach dem Gewerbekapital.

(2) An Stelle des Gewerbekapitals kann auf Beschluß der Gemeinde die Lohnsumme treten. Die Beschlüsse der Gemeinden sind für das Rechnungsjahr zu fassen. Die Beschlüsse der Gemeinden über Einführung der Bemessung nach der Lohnsumme oder über den Übergang von der Bemessung nach der Lohnsumme zu der Bemessung nach dem Gewerbekapital müssen bis zum 30. April gefaßt sein; sie sollen binnen zwei Wochen nach der Beschlußfassung den zuständigen Veranlagungsbehörden zugestellt werden.

§ 5.

(1) Der Gewerbeertrag wird nach den Bestimmungen des Reichseinkommensteuergesetzes über das steuerbare Einkommen aus Gewerbebetrieb und dessen Ermittlung festgestellt. Die auf die Reichseinkommensteuer bezüglichen Vorschriften der §§ 12 ff. des Reichsgesetzes vom 4. Juni 1923 (Reichsentlastungsgesetz) — Reichsgesetzbl. I S. 305 — finden Anwendung.

(2) Zu den abzugsfähigen Betriebsausgaben gehören nicht:

a) die Zinsen für das Gewerbekapital, mag dieses dem Gewerbetreibenden selbst oder Dritten gehören, und für Schulden, die behufs Anlage oder Erweiterung des Geschäfts, Verstärkung des Betriebskapitals oder sonstiger Verbesserungen aufgenommen sind;

b) die Bezüge der Gesellschafter der offenen Handelsgesellschaft, der Kommanditgesellschaft, der Gesellschaft mit beschränkter Haftung und der persönlich haftenden Gesellschafter der Kommanditgesellschaft auf Aktien für die ihrer Gesellschaft geleisteten Arbeiten und Dienste;

c) bei Vereinigungen zu gemeinsamem Einkaufe von Lebensmitteln oder hauswirtschaftlichen Gegenständen im großen und Absatz im kleinen der sogenannte Kundengewinn, soweit dieser fünf vom Hundert der auf die Waren geleisteten Barzahlungen übersteigt; hierbei macht es keinen Unterschied, ob der Kundengewinn Mitgliedern oder Nichtmitgliedern gewährt wird;

d) der Teil der Miet- und Pachtzinsen der dem Gewerbebetriebe dienenden gemieteten und gepachteten Grundstücke, Gebäude, Räumlichkeiten und Betriebsmittel, der über die von gleichartigen Betrieben unter ähnlichen Verhältnissen üblicherweise gezahlten Miet- und Pachtzinsen hinausgeht, und ein Viertel der nach Ausscheidung der vorbezeichneten Beträge verbleibenden Miet- und Pachtzinsen. Gehört der Miet- und Pachtzins zum gewerbesteuerpflichtigen Ertrag eines Unternehmens des Vermieters oder Verpächters und liegt die Leitung des Unternehmens des Mieters oder Pächters in derselben Gemeinde wie die Leitung des Unternehmens des Vermieters oder Verpächters, so gehört der Miet- oder Pachtzins in voller Höhe zu den abzugsfähigen Betriebsausgaben.

(3) Bei Gewerbebetrieben, die nicht in der Form der juristischen Person betrieben werden, bei Gesellschaften mit beschränkter Haftung und Kommanditgesellschaften auf Aktien können als Entgelt für die persönlichen Arbeiten und Dienste des oder der Geschäftsinhaber (Gesellschafter) insgesamt 1500 Reichsmark abgezogen werden.

(4) Als Gewerbeertrag gelten nicht:

a) bei Versicherungsunternehmen die zu Rücklagen für Leistungen aus Versicherungen erforderlichen Beträge;

b) bei Gesellschaften, die nachweislich seit Beginn des der Veranlagung zugrunde gelegten Geschäftsjahrs mindestens ein Viertel der gesamten Aktien, Kuxe, Anteile und Genußscheine einer anderen Erwerbsgesellschaft besitzen, die hierauf entfallenden Gewinnanteile jeder Art.

§ 6.

(1) Gewerbekapital (Anlage- und Betriebskapital) ist das Betriebsvermögen im Sinne des Reichsbewertungsgesetzes, soweit es dem gewerbesteuerpflichtigen Betriebe dauernd gewidmet ist, mit Ausnahme der von der Grundvermögensteuer betroffenen Gegenstände. Maßgebend ist der auf Grund des Reichsbewertungsgesetzes festgestellte Einheitswert.

(2) Hinzuzusetzen sind:

a) die Schulden, die bei der Festsetzung des Einheitswerts in Abzug gebracht sind, soweit sie behufs Anlage oder Erweiterung des Geschäfts, Verstärkung des Betriebskapitals oder sonstiger Verbesserungen aufgenommen sind;

b) der Wert der dem Unternehmen dienenden, nicht der Grundvermögensteuer unterliegenden Gegenstände, die im Eigentum eines anderen stehen, es sei denn, daß der Wert dieser Gegenstände bei dem Eigentümer als Gewerbekapital der Gewerbekapitalsteuer unterliegen würde. Liegt die Leitung des Unternehmens des Steuerpflichtigen in derselben Gemeinde wie die Leitung des Unternehmens des Eigentümers und gehört der Wert der fraglichen Gegenstände zum Gewerbekapital des Eigentümers, so findet die Hinzurechnung des Wertes dieser Gegenstände nicht statt.

§ 9.

Befinden sich Betriebsstätten eines gewerblichen Unternehmens sowohl innerhalb wie außerhalb Preußens, so sind nur die auf die preußischen Betriebsstätten entfallenden Teile des Gewerbeertrags und des Gewerbekapitals beziehungsweise der Lohnsumme der Besteuerung unterworfen.

§ 10.

Der Finanzminister wird ermächtigt, Bestimmungen zu treffen, nach denen bei der Berechnung der Gewerbesteuer der Gewerbeertrag, das Gewerbekapital und die Lohnsumme abzurunden ist."

Die Höhe der Gebühr aus Nr 1a richtet sich allein nach dem jährlichen Gewerbeertrag oder nach dem Wert des Gewerbekapitals; es ist ohne Bedeutung, ob bei der Veranlagung des Betriebs zur Gewerbesteuer Beträge in Abzug gebracht werden können oder der Betrieb von der Gewerbesteuer ganz befreit ist KG. 19. 11. 26, JFGErg. 6, 163. Der Mindestsatz von 4 RM. in Abs. 5 hat den Sinn, daß diese Gebühr zu erheben ist, falls der jährliche Gewerbeertrag oder der Wert des Gewerbekapitals nicht die in Abs. 4 angegebenen Mindestbeträge erreicht.

Über Auskunftserteilung der Finanzämter und der Gewerbesteuerausschüsse über Gewerbeertrag und Gewerbekapital an die Registergerichte vgl. AVfg. v. 7. 8. 26 (JMBl. 286) abgedr. im Anhang II.

2. Offene Handelsgesellschaft u. s. w. Beim Übergang der Gesellschaftsfirma von einer offenen Handelsgesellschaft auf einen Einzelkaufmann ist nur die Gebühr des § 69 Nr. 1a zu erheben KG. 17. 9. 15, KGJ. 48, B 284.

3. Bei Kommanditgesellschaften auf Aktien, Aktiengesellschaften und G. m. b. H. ist solange das Zweifache der Sätze zu 1a zu erheben als nicht die Gebühr des § 32 höher ist als dieses Zweifache KG. 29. 11. 12, KGJ. 44, 394. Wird der Gesellschaftssitz einer bereits eingetragenen Aktiengesellschaft usw. verlegt, so ist für die Eintragung in das Handelsregister des neuen Sitzes nicht die Gebühr für „die Eintragung der Gesellschaft" (Nr. 3a), sondern nur die Gebühr für eine „sonstige Eintragung" (Nr. 3b) zu erheben KG. 24. 5. 97, KGJ. 17, 166, und zwar auch dann,

wenn die erste Eintragung außerhalb Preußens im Deutschen Reich erfolgt war (RVfg. v. 31. 10. 03, Müller 1572). Im Falle der Verlegung des Sitzes vom Ort der Hauptniederlassung nach dem Ort der Zweigniederlassung unter gleichzeitiger Umwandlung der bisherigen Hauptniederlassung in eine Zweigniederlassung ist für die Eintragung bei der bisherigen Hauptniederlassung nur die Gebühr der Nr. 3b zu erheben; wird hierbei eine Änderung bezüglich der bisherigen Prokuraeintragung nicht vorgenommen, dann ist eine besondere Gebühr für eine auf eine Prokura bezügliche Eintragung nicht zu erheben KG. 7. 7. 22, JFGErg. 1, 80. Da von einer „Erhöhung" oder „Herabsetzung" nur dann gesprochen werden kann, wenn das bisherige und das neue Eigenkapital bei unveränderter Rechnungseinheit in erhöhten oder veränderten Ziffern ausgedrückt wird, ist die Goldmarkaufstellung als solche weder eine Kapitalerhöhung noch eine Herabsetzung; in den Fällen, in denen nur eine sogenannte Bewertungsbilanz aufgestellt und das reine Goldmarkvermögen dann als umgestelltes Eigenkapital festgesetzt und dies im Handelsregister eingetragen wird, liegt nur eine „sonstige Änderung" im Sinne der Nr. 3b vor KG. 27. 2. 25, JFGErg. 3, 250. Die Berichtigung von Schreibfehlern und offenbaren Unrichtigkeiten ist gebührenfrei, auch wenn sie auf Antrag erfolgt KG. 11. 5. 05, KGJ. 30, B 32.

Über die Wertberechnung bei Umstellungsbeschlüssen vgl. dritte Durchf.V. z. VO. über Goldbilanzen v. 27. 8. 24 (RGBl. 693) in der Festsetzung der VO. v. 23. 10. 24 (RGBl. 717).

4. Prokura. Eine Gesamtprokura ist nur eine Prokura, für ihre Eintragung ist die Gebühr also nicht mehrfach zu erheben ObLG. 1. 7. 07, Rsp. 16, 86. Bei der Prokura ist ein Unterschied zwischen der ersten und den späteren Eintragungen nicht zu machen. Auch bei Verlegung des Gesellschaftsitzes ist die Eintragung der Prokura besonders zu berechnen KG. v. 24. 3. 11., 1a X 251/11.

**Zweigniederlassung.**

**§ 70.** (1) Für die Eintragung in das Handelsregister einer Zweigniederlassung sind die im § 69 bestimmten Sätze mit folgender Maßgabe besonders zu erheben. Soweit eine besondere Einschätzung der Zweigniederlassung zur Gewerbesteuer nach Maßgabe des Gesetzes vom 24. Juni 1891 erfolgt, ist diese für die Wertberechnung maßgebend; im übrigen geschieht die Einreihung in die verschiedenen Steuerklassen unter Berücksichtigung des Anlage- und Betriebskapitals der Zweigniederlassung nach dem Ermessen der den Wert festsetzenden Dienststelle. Im Falle der Nr. 3a des § 69 ist für die Eintragung in das Register der Zweigniederlassung nur das Zweifache der Sätze zu 1a zu erheben, wenn es sich um eine Gesellschaft handelt, die im Deutschen Reiche, wenn auch außerhalb Preußens, ihren Sitz hat.

(2) Der im Falle der Eintragung oder Aufhebung einer Zweigniederlassung in das Register der Hauptniederlassung einzutragende Vermerk ist gebührenfrei.

1. Die Gebühr, welche für eine Eintragung in das Handelsregister der Hauptniederlassung erhoben wird, kommt regelmäßig nochmals zum Ansatze, wenn die Eintragung demnächst in das Handelsregister einer Zweigniederlassung erfolgt; jedoch greift eine ermäßigte Gebühr für die Eintragung von Aktiengesellschaften usw. im Register der Zweigniederlassung insofern Platz, als nicht die Gebühr des § 32 erhoben wird. Diese Gebührenermäßigung entfällt jedoch, wenn eine Aktiengesellschaft, deren Sitz sich außerhalb des Deutschen Reiches befindet, im Inland eine Zweigniederlassung errichtet.

Für den nachträglichen Vermerk der Zweigniederlassung auf dem Registerblatte der Hauptniederlassung keine Gebühr, wenn der Vermerk von Amts wegen nachgetragen wird, oder wenn das Registergericht der Zweigniederlassung die vorgängige Eintragung des Vermerkes auf dem Registerblatte der Hauptniederlassung verlangt hat.

Wertberechnung. Bei Erhöhung oder Herabsetzung des Gesellschaftskapitals einer der im § 69 Nr. 3 genannten Gesellschaften richtet sich die Gebühr für die Eintragung der Erhöhung oder Herabsetzung in das Handelsregister der Zweigniederlassung nach dem besonderen Anlage- und Betriebskapital der Zweigniederlassung und nicht nach dem entsprechend diesem Kapital auf sie entfallenden Anteil von der Erhöhung oder Herabsetzung KG. 21 5. 12 KGJ. 48, B 291.

### Mehrfache Eintragung.

**§ 71. Wenn auf Grund einer und derselben Anmeldung mehrere Eintragungen bezüglich einer Firma oder einer Gesellschaft in dieselbe Abteilung des Handelsregisters eines Gerichts erfolgen, so wird nur der höchste der für die einzelnen Eintragungen in § 69 bestimmten Sätze erhoben; die Gebühren für eine auf eine Prokura bezügliche Eintragung werden neben den Gebühren für die sonstigen Eintragungen besonders erhoben.**

1. Die Gebührenermäßigung für mehrfache Eintragungen setzt gleichzeitige Anmeldung voraus, gleichzeitige Eintragung wird nicht erfordert. Verzögerung einer Eintragung z. B. infolge einer Zwischenverfügung, schadet nicht KG. 12. 11. 01, KGJ. 21, B 11 Eine Anmeldung kann auch in mehreren, sich zu einer einheitlichen Anmeldung ergänzenden Eingaben enthalten sein KG. 26. 3. 09, KGJ. 37, B 41.

2. Unter den „in § 69 bestimmten Sätzen" sind die einzelnen in Ziffer 1a, b, c, Ziffer 2a und b, Ziffer 3a und

b sowie Ziffer 4 vorgeschriebenen Sätze zu verstehen; § 71 findet daher nur Anwendung, wenn mehrere dieser Sätze zusammentreffen. Werden Beschlüsse der Generalversammlung einer Aktiengesellschaft über die Herabsetzung und gleichzeitige Erhöhung des Gesellschaftskapitals in das Handelsregister eingetragen, so ist für beide Eintragungen der in § 69 Ziffer 3a bestimmte Gebührensatz zu erheben und § 71 nicht anwendbar KG. 18. 3. 27, JFGErg. 6, 166.

3. Eintragung bei der Prokura sind stets gebührenpflichtig, auch wenn gleichzeitig Eintragungen in betreff der Firma selbst erfolgen KG. 7. 4. 02, KGJ. 24, B 12, 19. 10. 05, 31, B 22.

Die Gebührenermäßigung des § 71 tritt indessen auch ein, wenn auf Grund derselben Anmeldung mehrere Eintragungen, die sich auf verschiedene Prokuren desselben kaufmännischen Unternehmens beziehen, sämtlich in Abteilung A oder sämtlich in Abteilung B des Handelsregisters erfolgen KG. 12. 11. 00, KGJ. 21, B 12.

**Registerauszüge.**

**§ 72.** (1) Für eine aus dem Handelsregister erteilte Bescheinigung sowie für beglaubigte Abschriften oder Auszüge aus demselben ist in allen Fällen ein Zehnteil der im § 69 unter 1a bestimmten Sätze zu erheben. Werden mehrere Bescheinigungen in einer Urkunde zusammengefaßt, so findet die Vorschrift des § 71 entsprechende Anwendung. Für einfache Abschriften kommen nur die Schreibgebühren zum Ansatze.

(2) Für Bescheinigungen, daß bezüglich des Gegenstandes einer Eintragung weitere Eintragungen nicht vorhanden sind oder daß eine bestimmte Eintragung nicht erfolgt ist, sowie für die wiederholte Erteilung einer Bescheinigung, einer Abschrift oder eines Auszugs wird eine Gebühr von 2 Reichsmark erhoben.

**(3) Auf die Erteilung beglaubigter Abschriften der zum Handelsregister eingereichten Schriftstücke finden die Vorschriften des § 50 Abs. 1 Nr. 2 und Abs. 2 Anwendung.**

1. „Bescheinigung" umfaßt auch beglaubigte Abschriften und Auszüge; auf die Bezeichnung kommt es nicht an KG. 9. 2. 12, KGJ. **42**, 319. Die Bescheinigung muß aber, um gebührenpflichtig zu sein, der vorgeschriebenen Form entsprechen, also, wenn sie als Ausfertigung einer richterlichen Verfügung erteilt wird, mit Siegel oder Stempel versehen sein KG. 29. 11. 12, JMBl. **13**, 148. Wird ein Auszug beantragt, so ist im Zweifel eine gebührenpflichtige beglaubigte Abschrift zu erteilen KG. 16. 3. 04, KGJ. **28**, B 5. Handelt es sich um eine bereits erloschene Firma, so ist für die Wertberechnung die Zeit des Erlöschens maßgebend KG. 16. 11. 05, KGJ. **31**, B 18. Die durch das Angestelltenvers.Ges. den Behörden auferlegte Verpflichtung, der Reichsversicherungsanstalt für Angestellte im Wege der Rechtshilfe Mitteilung zu machen, umfaßt nicht die Verpflichtung zur gebührenfreien Erteilung eines Auszugs aus dem Handelsregister KG. 20. 2. 20, KGJ. **52**, B 225.

Handelsregisterauszüge unterliegen keiner Stempelabgabe.

2. Wird gleichzeitig eine Bescheinigung über mehrere Einträge erteilt, so ist die Gebühr des § 71 nur einmal nach dem höchsten Satze zu erheben. Für die Bescheinigung der Prokura (oder mehrerer Prokuren zusammen) ist aber die Gebühr noch besonders zu erheben, vgl. § 71 Nr. 2. Die Doppelgebühr kann dabei nach verschiedenen Sätzen gehen, z. B. für die Prokura als „erste" Bescheinigung nach Abs. 1 und für die übrigen Eintragungen als „wiederholte" Bescheinigung nach Abs. 2 KG. 20. 1. 11, DJZ. **1911**, 1050.

3. Die Gebühr von 2 RM. für die wiederholte Erteilung eines Zeugnisses oder einer Abschrift tritt ein, wenn das Zeugnis oder die Abschrift mit der früher erteilten

Bescheinigung inhaltlich übereinstimmt, auch wenn der frühere Empfänger des Zeugnisses ein anderer war KG. 22. 12. 10, KGJ. **40**, 356; 1. 11. 18, KG. **51**, B 376. Der Umstand, daß das Zeugnis von dem Richter und die frühere Bescheinigung von dem Gerichtsschreiber erteilt ist, schließt die Anwendung der ermäßigten Gebühr nicht aus KG. 14. 10. 01, KGJ. **23**, B 3, 25. 11. 01, Rsp. **7**, 244. Die Eintragungsnachricht zählt aber dabei nicht als erste Bescheinigung, die den Ansatz der ermäßigten Gebühr für spätere Registerauszüge rechtfertigt KG. 9. 12. 12, KGJ. **42**, 319.

**4.** Für beglaubigte Abschriften der zum Handelsregister eingereichten Schriftstücke werden $^{2}/_{10}$ der vollen Gebühr des § 32, höchstens jedoch 20 RM. erhoben.

**Gebührenfreie Geschäfte.**

**§ 73.** Gebühren kommen nicht zum Ansatze:

1. für die Gestattung der Einsicht des Handelsregisters und der eingereichten Zeichnungen der Firmen und Unterschriften;
2. für die Eintragung der Konkurseröffnung, der Aufhebung des Eröffnungsbeschlusses sowie der Einstellung und Aufhebung des Konkurses;
3. für eine nach den §§ 142 bis 144 des Gesetzes über die Angelegenheiten der freiwilligen Gerichtsbarkeit von Amts wegen erfolgende Löschung; wird der Widerspruch eines Beteiligten zurückgewiesen, so hat er für die Zurückweisung die für die Löschung bestimmte Gebühr zu entrichten;
4. für das Löschungsverfahren nach § 141 des Gesetzes über die Angelegenheiten der freiwilligen Gerichtsbarkeit, falls die Löschung infolge erhobenen Widerspruchs unterbleibt.

1. Unter Nr. 3 fallen die Löschung einer Eintragung, die mangels einer wesentlichen Voraussetzung unzulässig war (FGG. § 142), die Löschung einer Aktiengesellschaft oder Kommanditgesellschaft auf Aktien aus den eine Nichtigkeitsklage rechtfertigenden Gründen und die Löschung eines gesetzwidrigen, das öffentliche Interesse verletzenden Generalversammlungsbeschlusses (FGG. § 143). Diese Löschungen sind gebührenfrei. Führt das Verfahren nicht zur Löschung, so hat der Beteiligte auch nicht die Auslagen zu tragen, selbst wenn sein Widerspruch zurückgewiesen worden war KG. 22. 1. 09, KGJ. 37, B 43. Ebenso, wenn das Ordnungsstrafverfahren nicht zu einer Strafe führt KG. 28. 11. 04, KGJ. 29, B 40.

2. Die Eintragung des Erlöschens einer Firma (HGB. § 31 Abs. 2) ist gebührenpflichtig, auch wenn sie von Amts wegen erfolgt; dagegen ist das auf die Herbeiführung der Löschung gerichtete Verfahren (FGG. § 141) gebührenfrei, wenn der beabsichtigten Löschung mit Erfolg widersprochen worden ist.

**Vereinsregister.**

**§ 74.** (1) Für die Eintragungen in das Vereinsregister werden erhoben:

a) für alle Eintragungen, mit Ausnahme der unter b und c bezeichneten Eintragungen, die volle Gebühr;
b) für die erste Eintragung des Vereins das Zweifache des Satzes zu a;
c) für Eintragungen, welche sich auf Mitglieder des Vorstandes oder Liquidatoren beziehen, sowie für die Löschung des Vereins die Hälfte des Satzes zu a.

(2) Die Vorschriften der §§ 71, 72, 73 finden mit der Maßgabe entsprechende Anwendung, daß an die Stelle des im § 72 erwähnten Satzes 1a des § 69 der Abs. 1 bestimmte Satz a tritt.

1. Bei dem Vereinsregister (BGB. § 21) sind die für die Führung des Handelsregisters geltenden Vorschriften zum großen Teil entsprechend anzuwenden (FGG. § 159). Deshalb sind auch die Gebührenvorschriften in ähnlicher Art geordnet. Die Eintragung des Vereins ist, da nur Idealvereine eintragungsfähig sind (BGB. § 21), eine nicht vermögensrechtliche Angelegenheit § 22. Wird die Eintragung nach BGB. § 60 abgelehnt, so ist die Gebühr des § 105 Abs. 2 zu erheben. Entsprechend anwendbar sind die Vorschriften über mehrere Eintragungen, die gleichzeitig in Ansehung desselben Vereins bewirkt werden, Auszüge aus dem Vereinsregister und gebührenfreie Einsicht.

Für die Berufung einer Mitgliederversammlung (BGB. § 37, FGG. § 160) und für die Bestellung von Vorstandsmitgliedern oder von Liquidatoren ist die Gebühr des § 102 zu erheben. Auch die Entziehung der Rechtsfähigkeit fällt unter § 102.

**Güterrechtsregister.**

**§ 75. (1) Für die Eintragungen in das Güterrechtsregister wird die volle Gebühr erhoben. Auf die Wertberechnung findet die im § 38 für Eheverträge gegebene Bestimmung Anwendung.**

**(2) Die Vorschriften der §§ 72, 73 finden mit der Maßgabe entsprechende Anwendung, daß an die Stelle des im § 72 erwähnten Satzes 1a des § 69 der im Abs. 1 bestimmte Satz tritt.**

1. Für die Eintragungen in das Güterrechtsregister ist vermöge des Hinweises auf § 38 der Wert des Vermögens für maßgebend erklärt. Auch wenn der Ausschluß der Schlüsselgewalt in das Güterrechtsregister eingetragen wird, ist der Wert des Vermögens beider Ehegatten als Gegenstandswert zugrunde zu legen KG. 22. 9. 22, JFGErg. 1, 83.

Die Eintragung in mehrere Güterrechtsregister (Wohnsitz und Handelsniederlassung) ist mehrfach gebührenpflichtig Für die Bescheinigung oder beglaubigte Abschrift ist, auch wenn sie zwecks Eintragung in ein anderes Güterrechtsregister erteilt wird, gemäß § 72 Abs 1 $^{1}/_{10}$ der Eintragungsgebühr zu erheben. Der Vermerk im Register, daß die Abschrift erteilt sei, ist gebührenfrei.

**Schiffsregister.**

**§ 76.** (1) Für die Eintragungen in das Schiffsregister, einschließlich der dabei vorkommenden Nebengeschäfte, werden erhoben:

1. für die Eintragung des Schiffes in das Schiffsregister, einschließlich der Verhandlungen zur Feststellung ihrer Voraussetzungen, sowie für die Eintragung von Veränderungen, einschließlich aller ihnen vorausgehenden Verhandlungen, ohne Unterschied, ob dabei das Schiff auf ein neues Blatt eingetragen wird oder nicht, fünf Zehnteile der vollen Gebühr;
2. für die Eintragung der Verpfändung eines Schiffes, einschließlich des Vermerkes auf den betreffenden Urkunden, für die Einschreibung der ein eingetragenes Pfandrecht betreffenden Veränderungen oder Löschungen fünf Zehnteile der für die entsprechenden Eintragungen im Grundbuche bestimmten Sätze.

(2) Für die Löschung eines Schiffes im Schiffsregister kommen Gebühren nicht zum Ansatze.

(3) Für die Erteilung des Schiffszertifikats oder des Schiffsbriefs ist der im § 64 Abs. 1 für die Erteilung eines Hypothekenbriefs bestimmte Satz und für

den Vermerk einer Veränderung auf dem Schiffszertifikat oder dem Schiffsbriefe die Hälfte dieses Betrags zu erheben.

(4) Die Einsicht des Schiffsregisters ist gebührenfrei.

1. Für die Führung des Schiffsregisters maßgebende Vorschriften: RG. über das Flaggenrecht der Kauffahrteischiffe v. 22. 6. 99 §§ 4ff. (mit Änderung v. 29. 5. 01), BinnenschiffG. in d. Fass. v. 20. 5. 98 §§ 119ff.; Schiffspfandrecht BGB. §§ 1260ff., FGG. §§ 100ff. Über Erlaß von Gerichtskosten für Eintragung von Ersatzschiffen ins Schiffsregister vgl. StMErl. v. 12. 6. 23, JMBl. 435.

Als Veränderung zu behandeln ist auch die Eintragung des Schiffes in das Schiffsregister der neuen Registerbehörde, welche bei Verlegung des Heimatorts notwendig wird KG. 30. 3. 03, KGJ. 26, B 7. Der Gegenstandswert ist bei Verlegung des Heimatorts nach § 22 zu bestimmen KG. 20. 12. 18, KGJ. 51, B 373.

2. Für die Verpfändung von im Bau begriffenen Schiffen gilt das G. über die Bestellung von Pfandrechten an im Bau begriffenen Schiffen v. 4. 7. 26 (RGBl. I 367). Die VO. über das Kostenwesen bei Führung des Registers für Pfandrechte an Schiffsbauwerken v. 2. 8. 26 (GS. 246) bestimmt:

§ 1.

„Für die Eintragung der Verpfändung eines im Bau befindlichen Schiffes (Schiffsbauwerkes), einschließlich der im § 2 des Gesetzes vom 4. Juli 1926 unter Ziffer 1 bis 5 genannten Eintragungen und des Vermerkes auf der Urkunde über die Pfandforderung (§ 120 Abs. 2 des Reichsgesetzes über die freiwillige Gerichtsbarkeit), für die Einschreibung der ein eingetragenes Pfandrecht betreffenden Veränderungen oder Löschungen werden fünf Zehnteile der für die entsprechenden Eintragungen im Grundbuche bestimmten Gerichtsgebühren erhoben.

§ 2.

(1) Gebühren kommen nicht zum Ansatze:

1. für die Gestattung der Einsicht des Registers;
2. für die Eintragung von Veränderungen der gemäß § 2 Ziffer 1 bis 5 des Gesetzes vom 4. Juli 1926 gemachten Eintragungen;
3. für die Löschung eines Schiffsbauwerkes;
4. für die Übertragung der eingetragenen Pfandrechte in das Schiffsregister (§ 4 des Gesetzes);
5. für die in den §§ 4, 5 des Gesetzes vorgeschriebene Erteilung von Bescheinigungen, Auszügen und Zeugnissen.

(2) Im Falle des Abs. 1 Nr. 5 sind Schreibgebühren zu erheben.

§ 3.

Die Vorschriften im Teil I Abschnitt 1, 9 und 10 sowie im § 63 des Preußischen Gerichtskostengesetzes vom 28. Oktober 1922 (Gesetzsamml. S. 363) in der Fassung des Gesetzes vom 12. April 1923 (Gesetzsamml. S. 107) finden entsprechende Anwendung.

§ 4.

Die Verordnung tritt mit Wirkung vom 15. Juli 1926 in Kraft."

3. Über Eintragung von Schiffspfandrechten in ausländischer Währung vgl. G. v. 26. 1. 23 (RGBl. I 90); über wertbeständige Schiffspfandrechte VO. v. 12. 2. 24 (RGBl. I 65).

4. Über Erteilung von Bescheinigungen und beglaubigten Abschriften vgl. § 106; über Auslagen für besondere Ausstattung der Urkunde § 110 Abs. 1.

**Standesregister.**

**§ 77. Die Vorschriften des § 16 des Reichsgesetzes vom 6. Februar 1875 über die Beurkundung des Per-**

sonenstandes und die Eheschließung (Reichsgesetzbl. S. 23) finden auf die nach Maßgabe landesgesetzlicher Vorschriften geführten und bei den Gerichten aufbewahrten Standesregister oder Kirchenbücher mit der Maßgabe Anwendung, daß an Gebühren zu erheben sind:

1. für Vorlegung der Register zur Einsicht, und zwar für jeden Jahrgang . . . . . 0,50 Reichsmark, für mehrere Jahrgänge zusammen jedoch höchstens 1,50 Reichsmark.

   Dabei gelten das Geburts-, Heirats- und Sterberegister eines Jahres im Sinne dieser Vorschrift zusammen als ein Jahrgang;

2. für jeden beglaubigten Auszug aus den Registern mit Einschluß der Schreibgebühren 0,50 Reichsmark, und wenn sich der Auszug auf mehrere Eintragungen bezieht und das Nachschlagen von mehr als einem Jahrgang der Register erfordert, für jeden weiter nachzuschlagenden Jahrgang noch 0,50 Reichsmark,

   jedoch zusammen höchstens . . 2,00 Reichsmark.

1. Die Führung der Standesregister und die darauf bezüglichen Verhandlungen sind kosten- und stempelfrei § 16 des angef. Gesetzes. Dies gilt nicht für die Beschwerdeinstanzen im Berichtigungsverfahren KG. 8. 10. 09, KGJ. 39, B 18. Der Landrat „als Vorsitzender des Kreisausschusses" genießt aber Gebührenfreiheit nach § 8 Nr. 1 KG. 15. 10. 09, KGJ. 39, B 17. Für die reichsrechtlichen Standesregister gilt der im Anhang III abgedruckte Gebührentarif.

Über gerichtlich verwahrte Nebenregister vgl. § 14 PersonenstG

Standesregister für Juden und Dissidenten VO. v. 30. 3. 47 (GS. 125); Kirchenbücher ALR. II, 11 §§ 503, 504.

## Fünfter Abschnitt.

## Nachlaßsachen und Auseinandersetzungen.

**Erbschein.**

**§ 78.** (1) Für die Erteilung eines Erbscheins, einschließlich des vorangegangenen Verfahrens, wird die volle Gebühr erhoben.

(2) Neben den im Abs. 1 bestimmten Gebühren werden für die in dem Verfahren vor Gericht abgegebenen eidesstattlichen Versicherungen die im § 47 Abs. 2 bestimmten Gebühren erhoben.

(3) Für die Einziehung oder Kraftloserklärung eines Erbscheins werden fünf Zehnteile der vollen Gebühr erhoben. Für die Veranstaltung von Ermittlungen über die Richtigkeit eines Erbscheins werden Gebühren nicht erhoben.

(4) Bei der Berechnung der Gebühren wird der Wert des Nachlasses und, wenn der Erbschein nur zur Verfügung über einzelne Gegenstände berechtigt, der Wert dieser Gegenstände nach Abzug der auf dem Nachlaß oder auf diesen Gegenständen haftenden Schulden zugrundegelegt. Wird über mehrere Erbfälle ein Erbschein erteilt, so werden die Beträge der mehreren Nachlässe zusammengerechnet. Wird der Erbschein nur über das Erbrecht eines Miterben erteilt, so ist für die Gebührenerhebung nur dessen Erbteil maßgebend.

(5) Wird dem Nachlaßgericht glaubhaft gemacht, daß der Erbschein nur zur Verfügung über Grundstücke oder im Grundbuch eingetragene Rechte gebraucht wird,

und wird beantragt, die Ausfertigung des Erbscheins dem Grundbuchamte zur Aufbewahrung bei seinen Akten zu übersenden, so werden die in Abs. 1 und 2 bestimmten Gebühren nur nach dem Werte der im Grundbuche des Grundbuchamts eingetragenen Grundstücke und Rechte berechnet, über die auf Grund des Erbscheins verfügt werden kann. Wird mehreren Grundbuchämtern eine Ausfertigung zur Aufbewahrung übersandt, so ist der Gesamtwert der in den Grundbüchern eingetragenen Grundstücke und Rechte maßgebend. Wird demnächst die Erteilung einer Ausfertigung oder einer Abschrift des Erbscheins beantragt, so hat der Antragsteller die nach dem Werte des reinen Nachlasses berechneten Gebühren der Abs. 1 und 2 nach Abzug des bereits bezahlten Betrags nachzuentrichten.

(6) Die Bestimmungen des vorhergehenden Absatzes finden entsprechende Anwendung, wenn der Erbschein nur zur Verfügung über andere als die in dem Abs. 5 angegebenen einzelnen Nachlaßgegenstände gebraucht und zu diesem Zwecke vom Nachlaßgericht einer öffentlichen Behörde übersandt werden soll. Wird der Erbschein nicht innerhalb der von dem Nachlaßgerichte bestimmten Frist mit einer Bescheinigung der Behörde, daß er nur zu dem bezeichneten Zwecke gebraucht und eine Abschrift nicht zurückbehalten worden ist, zurückgesandt, so ist die volle Erbscheinsgebühr zu erheben.

(7) Die Vorschriften der Abs. 1 bis 6 finden auf das Zeugnis über die Fortsetzung der Gütergemeinschaft oder die Ernennung eines Testamentsvollstreckers entsprechende Anwendung; bei der Berechnung der Gebühr für das Zeugnis über die Fortsetzung der

Gütergemeinschaft tritt an die Stelle des Wertes des Nachlasses der halbe Wert des Gesamtguts der fortgesetzten Gütergemeinschaft; in den übrigen Fällen findet auf die Berechnung des Wertes die Vorschrift des § 22 Abs. 1 entsprechende Anwendung. Die Gebühr für das Zeugnis über die Ernennung eines Testamentsvollstreckers wird neben der Gebühr des Abs. 1 nur zur Hälfte erhoben. Dieselbe Gebührenermäßigung tritt ein für ein weiteres Zeugnis über die Ernennung eines Testamentsvollstreckers, das infolge eines Wechsels in der Person des Testamentsvollstreckers erforderlich geworden ist.

**Übersicht zu § 78.**

1. Erbschein.
2. Eidesstattliche Versicherung.
3. Einziehung oder Kraftloserklärung eines Erbscheins.
4. Wertberechnung.
5. Ausnahmefälle der Abs. 5 und 6.
6. Fortsetzung der Gütergemeinschaft.
7. Testamentsvollstreckerzeugnis.

1. Erbschein: BGB. §§ 2353ff.; FGG. §§ 84, 85. § 3 gilt nicht, der Erbe haftet für die Gebühr persönlich und unbeschränkt. Von mehreren Miterben haftet nur der Antragsteller; keine Erhebung aus der Masse KG. 4. 7. 07, KGJ. 34, B 8. Die Gebühr wird fällig, sobald der Erbschein verfügt ist, kann also erfordert werden, auch wenn noch keine Ausfertigung erteilt wurde Nr. 2 d. AVf. v. 23. 3. 06; KG. 23. 11. 03, Rsp. 9, 228. Die Gebühr gilt auch für den einem Vorerben oder Nacherben erteilten Erbschein KG. 9. 3. 05, KGJ. 29, B 81. Nach § 23 des AG. z. Reichsheimstättengesetz v. 18. 1. 24 (GS. 49) wird für das Zeugnis des Nachlaßgerichts zum Nachweis der Heimstättenfolge einschließlich der vorkommenden Nebengeschäfte und des vorausgegangenen Verfahrens die für die Erteilung eines Erb-

scheins bestimmte Gebühr nach dem Werte der Heimstatte erhoben.

Über gebührenfreie Erteilung von Erbscheinen in Versorgungssachen vgl. AVfg. v. 16. 11. 23 (JMBl. 724).

2. Die Gebühr des § 78 Abs. 2 wird für jede eidesstattliche Versicherung besonders erhoben, selbst wenn die verschiedenen eidesstattlichen Versicherungen in derselben Verhandlung erklärt sind; § 39 ist nicht anwendbar, da er sich nur auf Rechtsgeschäfte bezieht. Der § 47 Nr. 2 setzt nicht ein bereits bei dem Nachlaßgericht anhängiges Erbscheinverfahren voraus; auch die selbständig vor einem Richter oder Notar erklärte eidesstattliche Versicherung genießt die hier bestimmte Ermäßigung, sofern sie nur zur Verwendung im Erbscheinverfahren bestimmt ist. Bezieht sich die Versicherung auf zwei Erbfälle, so ist die Gebühr für jeden Erbfall besonders zu berechnen KG. 15. 6. 96, KGJ. **16**, 257, 6. 7, 03, **26**, B 35.

Nach Nr. 2 d. AVf. v. 17. 8. 10 (JMBl. 325) wird in dem Verfahren wegen Erteilung eines Erbscheins die Gebühr für eine eidesstattliche Versicherung (§ 78 Abs. 2 oder, wenn es nicht zur Erteilung eines Erbscheins kommt, § 47 Nr. 2) auch dann bei dem Nachlaßgericht angesetzt, wenn die Versicherung vor einem andern preußischen Gericht abgegeben worden ist.

In der Kommission 1910 wurde die Frage angeregt, wie es zu halten sei, wenn mit einer Erbauseinandersetzung zugleich eine Erbeslegitimation verbunden werde und in diesem Verfahren vor dem Gericht eine eidesstattliche Versicherung erfolge. Es ergab sich Einverständnis darüber, daß in einem solchen Falle die Gebühr für die eidesstattliche Versicherung neben den Gebühren für die Erbauseinandersetzung besonders zu berechnen sei, weil es sich bei der Abnahme der eidesstattlichen Versicherung nicht um die Beurkundung einer rechtsgeschäftlichen Erklärung handele. Es wurde ferner festgestellt, daß auch für die mit einer Erbauseinandersetzung verbundene Siegelung, Entsiegelung und Vermögensaufnahme die Gebühr besonders zu berechnen sei (KB. 1910 S. 53). Das Erbscheinverfahren selbst gilt nicht als „anderes Verfahren" im Sinne des § 47 Nr. 2.

3. Über Einziehung oder Kraftloserklärung eines Erbscheins vgl. BGB. § 2361, FGG. § 84. Wird gleichzeitig ein neuer Erbschein erteilt, so ist nur die Gebühr für diesen zu erheben, die Einziehung oder Kraftloserklärung geschieht in diesem Falle gebührenfrei.

4. Wertberechnung. Ein auf bestimmte Gegenstände beschränkter Erbschein kommt nur in dem seltenen Falle des § 2369 BGB. vor. Der Inhalt der Bescheinigung entscheidet; auf den Zweck, zu dem sie gebraucht wird, kommt es nicht an. Wertgegenstand des Erbscheins ist auch dann der Wert des ganzen Nachlasses, wenn der Erbschein nur zur Verfügung über einen Teil der Erbschaft verlangt wird KG. 18. 4. 98, KGJ. 18, 119. So auch, wenn der Nachlaß bereits im wesentlichen verteilt ist oder der Erbschein nach Verfügung über einen bestimmten Gegenstand zurückgegeben wird KG. 10. 3. 02, Rsp. 7, 446. Als Wert ist nur der dem Erben anfallende reine Wert des Nachlasses anzusetzen, also nach Abzug der Nachlaßschulden, Vermächtnisse und Auflagen (nicht der Erbschaftssteuer) sowie der dinglichen Lasten KG. 1. 12. 02, KGJ. 25, B 42.

5. Besonderheiten gelten in den Ausnahmefällen der Abs. 5, 6. In diesen Fällen wird ebenfalls ein voller Erbschein erteilt; dessen Ausfertigung wird aber nicht dem Antragsteller ausgehändigt, sondern zu den Grundakten zwecks dauernder Aufbewahrung hinübergegeben. Die Ermäßigung tritt nur ein, wenn der Erbschein unmittelbar vom Nachlaßgericht an das Grundbuchamt gelangt und dort verbleibt KG. 18. 5. 05, Rsp. 11, 274, 11. 11. 10, Rsp. 22, 284. Dann wird die Gebühr — nicht nur für den Erbschein, sondern auch für die eidesstattlichen Versicherungen — nur nach dem Werte des Grundstücks, der Hypo-

thek usw. berechnet. Handelt es sich um mehrere Grundstücke im Bezirke desselben Grundbuchamts, so ist der Gegenstandswert gleich der Summe dieser Grundstückswerte, jedoch nicht höher als der Wert des gesamten Nachlasses KG. 19. 3. 09, KGJ. 37, B 48, 24. 3. 11, Bürobl. 11, 105. Von dem Grundstückswerte dürfen hier (anders als vom Nachlaßwerte) die Schulden nicht abgezogen werden. Ist jedoch der Wert des Grundstücks höher als der Wert des reinen Nachlasses, so darf höchstens dieser angesetzt werden KG. 18. 4. 04, KGJ. 28, B 9. Die Vergünstigung des Abs. 5 gilt nur, wenn ein preußisches Grundbuchamt den Erbschein benutzen und verwahren soll KG. 16. 1. 08, KGJ. 36, B 34. Sind mehrere preußische Grundbuchämter beteiligt, so erhält jedes eine besondere stempelfreie Ausfertigung. Die Gebühr ist für jede dieser Ausfertigungen besonders nach dem Werte der Gegenstände, über die verfügt werden soll, zu berechnen KG. 19. 3. 09, KGJ. 37, B 46.

Ein nur für das Verfahren der Auseinandersetzungsbehörde bestimmter Erbschein ist nach § 7 Satz 2 gebührenfrei KG. 17. 2. 09, Rsp. 4, 392. In den Fällen der §§ 37, 38 GBO. wird nicht ein Erbschein, sondern ein lediglich die Verfügungsberechtigung über eine Hypothek, Grundschuld oder Rentenschuld feststellendes Zeugnis erteilt; Gebühr für dieses § 20. Die Erweiterung der Begünstigung in Abs. 6 bezieht sich insbesondere auf Ansprüche des Erblassers an öffentliche Behörden, z. B. auf Rückstände an Gehalt oder Pension, Versicherungssummen, Sparguthaben. Öffentliche Behörden im Sinne des Abs. 6 sind nur solche, die in Preußen ihren Sitz haben (Begr. 1910, S. 39; KG. 27. 9. 18, KGJ. 51, B 381). Die Vorschrift bezieht sich auch auf das Handelsregister, wird aber hier durch § 9 Abs. 2 der AVf. v. 7. 11. 99 über die Registerführung durchkreuzt, nach der beglaubigte Abschrift des Erbscheins zurückbehalten werden muß, wenn nicht das Registergericht mit dem Nachlaßgericht zusammenfällt KG. 24. 11. 11, KGJ. 42, 146.

6. Fortsetzung der Gütergemeinschaft: BGB. § 1507. Bezieht sich das Zeugnis auf eine vor dem 1. 1. 00 eingetretene fortgesetzte Gütergemeinschaft, so ist noch § 138 Abs. 2 des PrGKG. ältester Fassung anzuwenden; die Ermäßigung aus Abs. 5, 6 greift auch dann Platz.

7. Testamentsvollstreckerzeugnis: BGB. § 2368. In gleicher Weise gebührenpflichtig ist auch ein Zeugnis des Inhalts, daß eine zum Testamentsvollstrecker ernannte Person das Amt angenommen oder eine Erklärung über die Annahme des Amtes eingereicht hat KG. 30. 9. 01, KGJ. 22, B 30; dieses Zeugnis steht einem Zeugnis über die „Ernennung" des Testamentsvollstreckers in seiner Wirkung gleich KG. 19. 4. 09, KGJ. 38, A 136. Anders jedoch, wenn nur bescheinigt wird, daß „eine die Annahme enthaltende Erklärung eingegangen" sei, vgl. § 47 A. 1.

Die Gebühr für das Testamentsvollstreckerzeugnis umfaßt auch die Erklärung der Annahme KG. 16. 5. 04, KGJ. 28, B 8. Ist dem Testamentsvollstrecker ein Zeugnis erteilt, so ist für die nach § 2200 BGB. erfolgte Ernennung des Testamentsvollstreckers keine Gebühr zu erheben, weil die Gebühr für das Zeugnis das vorausgegangene Verfahren mitumfaßt KG. 16. 1. 20, KGJ. 52, B 282. Die Gebühr ist neben der Erbscheingebühr nur zur Hälfte anzusetzen. Dieselbe Ermäßigung tritt ein, wenn infolge eines Wechsels in der Person des Testamentsvollstreckers ein weiteres Zeugnis erforderlich wird.

Der Wert ist in allen Fällen nach § 22 Abs. 1 frei zu schätzen, also nicht schematisch auf einen Bruchteil des Nachlasses, sondern unter Berücksichtigung aller Umstände des Falles festzusetzen KG. 16. 1. 20, KGJ. 52, B 282. Das gilt auch für die eidesstattliche Versicherung, die zur Erlangung eines Testamentsvollstreckerzeugnisses abgegeben wird KG. 5. 5. 11, KGJ. 41, 306.

**Verwahrung, Eröffnung, Rückgabe von Verfügungen von Todes wegen.**

**§ 79.** (1) Für die amtliche Verwahrung einer Verfügung von Todes wegen werden bei der Annahme zwei Zehnteile der vollen Gebühr erhoben.

(2) Fünf Zehnteile der vollen Gebühr werden erhoben:

1. für die Eröffnung einer Verfügung von Todes wegen. Die Erteilung beglaubigter Abschriften ist gebührenfrei, dagegen sind Schreibgebühren zu erheben;
2. für die Rückgabe einer Verfügung von Todes wegen. Diese Gebühr fällt fort, wenn zum Ersatz der zurückgegebenen Verfügung eine neue Verfügung von Todes wegen in amtliche Verwahrung gegeben worden ist oder gleichzeitig gegeben wird

(3) Die Vorschriften des § 42 Abs. 4 und 5 finden entsprechende Anwendung. Von dem für die Berechnung der Gebühren maßgebenden Werte des Gegenstandes werden die Schulden abgezogen.

1. Die Verwahrungsgebühr kommt bei den vor einem Richter oder Notar errichteten Testamenten zu der Errichtungsgebühr (vgl. § 42) noch hinzu. Dagegen ist beim eigenhändigen Testament (BGB § 2231 Nr 2) die Verwahrungsgebühr die einzige den Erblasser treffende Belastung. Das eigenhändige Testament mit amtlicher Verwahrung (AG BGB. Art. 81 § 2 Nr. 4) ist danach die für den Erblasser angenehmste Testamentsform. Von dem testamentum judici oblatum unterscheidet sie sich aber vornehmlich dadurch, daß solches Privattestament keine öffentliche Urkunde darstellt und der Erbe daher, wo er solcher bedarf (z. B im Grundbuchverkehr), auf Grund des Privattestaments sich erst einen Erb-

schein ausstellen lassen muß. Auch die Verwahrungsgebühr des § 79 ist nicht zu erheben, wenn das eigenhändige Testament nur gemäß BGB. § 2259 abgeliefert und von dem Gerichte dann bis zur Eröffnung nach § 54 Abs. 20 der GeschO. f. d. GSchr. in amtliche Verwahrung genommen worden ist KG. 24. 12. 00, KGJ. 21, B 7.

2. Die Eröffnungsgebühr wird nur einmal erhoben, auch wenn mehrere letztwillige Verfügungen desselben Erblassers gleichzeitig eröffnet werden. Werden mehrere Testamente von verschiedenen Gerichten in verschiedenen Terminen eröffnet, so ist die Eröffnungsgebühr für jede Eröffnungsverhandlung besonders anzusetzen KG. 7. 6. 12, KGJ. 43, 331. Der Berechnung der Gebühr für Eröffnung eines wechselseitigen Testaments ist nicht nur der Wert des Nachlasses des erstverstorbenen Ehegatten, sondern auch der Wert des Vermögens des überlebenden Ehegatten zur Zeit der Testamentseröffnung zugrunde zu legen KG. 2. 4. 02, KGJ. 24, B 6.

Auch für die von Amts wegen vorgenommene Eröffnung des Testaments (AG. BGB. Art. 82) ist die Gebühr zu erheben KG. 7. 6. 12, KGJ. 43, 331. Für die Eröffnungsgebühr haften die Erben auch dann, wenn sie kein Interesse an der Eröffnung der — vielleicht inzwischen widerrufenen — Verfügung von Todes wegen haben KG. 20. 5. 01, KGJ. 22, B 7; 7. 12. 05, 31, B 15.

3. Rückgabegebühr. Die Voraussetzung der Gebührenfreiheit, daß gleichzeitig ein Ersatz in amtliche Verwahrung gegeben wird, ist nicht eng auszulegen; es genügt, daß der Antrag auf Rückgabe und auf Errichtung des Testaments einem einheitlichen Entschluß entspringt (Errichtung erst am folgenden Sprechtag, Errichtung vor einem anderen Gerichte KG. 12. 10. 05, KGJ. 30, B 15).

Die Gebührenfreiheit greift auch Platz, wenn zwischen Rückgabe und neuer Hingabe des Testaments eine Verminderung des Vermögens eingetreten ist KG. 16. 2. 17, KGJ. 50, B 262.

Für die Rückgabe eines gemeinschaftlichen Testaments ist, wenn das Testament nur eines Ehegatten aus der Verwahrung gegeben wird, die Rückgabegebühr nach dem vollen Werte, über den im gemeinschaftlichen Testament verfügt ist, zu berechnen KG. 8. 10. 15, KGJ. 48, B 277.

4. Wertberechnung. Vgl. § 42 A 3.

**Andere Zeugnisse.**

**§ 80.** (1) Für die in den Gesetzen über das Reichsschuldbuch und das Staatsschuldbuch vorgesehenen Bescheinigungen, daß ein Rechtsnachfolger von Todes wegen, ein die Gütergemeinschaft fortsetzender überlebender Ehegatte oder ein Testamentsvollstrecker über eine Buchforderung zu verfügen berechtigt ist, werden zwei Zehnteile der vollen Gebühr bis zum Höchstbetrage von 10 Reichsmark erhoben. Das gleiche gilt für die in den §§ 37, 38 der Grundbuchordnung vorgesehenen Zeugnisse; jedoch werden für diese Zeugnisse Gebühren nicht erhoben, wenn die Teilungsurkunde vor Gericht aufgenommen oder bestätigt ist.

(2) In den Fällen des Abs. 1 Satz 2 werden für die im Verfahren vor Gericht abgegebenen eidesstattlichen Versicherungen die Gebühren des § 47 Nr. 2 erhoben.

1. Reichsschuldbuchgesetz auf Grund des abändernden RGes. v. 6. 5. 10 (RGBl. 665) in der Fassung der Bekm. v. 31. 5. 10 (RGBl. 840) Pr. Ges. über das Staatsschuldbuch auf Grund des abändernden G. v. 22. 5. 10 (GS. 47) in der Fassung der Bekm. v. 27. 5. 10 (GS. 55).

2. Bei den Zeugnissen gemäß §§ 37, 38 GBO. erfolgt die Wertberechnung nach dem Wert des Gegenstandes, auf den sich die Bescheinigung bezieht. Gebührenfreiheit greift

Platz, wenn ein gerichtliches Teilungsverfahren — mit oder ohne Verweisung an einen Notar — stattgefunden hat oder wenn der Auseinandersetzungsvertrag gerichtlich beurkundet ist; vgl. insbesondere auch FGG. §§ 86ff PrFGG. Art. 21ff, AG GBO. Art. 10

**Sicherung des Nachlasses.**

**§ 81.** (1) Findet die Sicherung eines Nachlasses durch Siegelung oder auf andere Weise statt, so wird für das ganze Verfahren, einschließlich der Anordnungen wegen Aufbewahrung des Nachlasses, Ermittelung der Erben und Ausantwortung des Nachlasses an sie, die volle Gebühr erhoben.

(2) Neben den im Abs. 1 bestimmten Gebühren werden, wenn die Siegelung, Entsiegelung oder Aufnahme des Vermögensverzeichnisses durch das Gericht erfolgt, die im § 48 bestimmten Gebühren erhoben.

1. Die Gebühr ist auch zu entrichten, wenn die Sicherung des Nachlasses auf Anordnung des Gerichts durch einen Notar, einen Gerichtsvollzieher oder das Dorfgericht erfolgt. Dagegen entfällt die Gebühr des § 81, wenn das Amtsgericht nach Einreichung des Protokolls über die durch die Ortsbehörde (Dorfgericht oder Ortsgericht) veranlaßte Sicherung eines Nachlasses von weiteren Maßnahmen absieht (Gutachten des KG. 27. 4. 17, JMBl. 344).

Der Wertberechnung ist der Betrag der sicher gestellten Nachlaßstücke zugrunde zu legen (§ 88 Abs. 3). Das gilt auch, wenn ein Gläubiger die Sicherstellung beantragt hatte, die Höhe seiner Forderung kommt nicht in Betracht KG. 9. 11. 03, Rsp. 9, 229

**Nachlaßpflegschaft.**

**§ 82.** (1) Für die Anordnung einer Nachlaßpflegschaft, bei der es sich nur um eine Fürsorgetätigkeit des Pflegers für einzelne Angelegenheiten handelt, sowie einer Abwesenheitspflegschaft nach § 88 des Gesetzes über die Angelegenheiten der freiwilligen Gerichtsbarkeit wird die volle Gebühr erhoben.

(2) Auf die Anordnung einer Nachlaßverwaltung oder einer sonstigen Nachlaßpflegschaft finden die Vorschriften des § 90 Abs. 1 und 2 Anwendung.

(3) Die Gebühren des Abs. 1 und 2 richten sich nach dem Werte des Nachlasses oder des Anteils des Abwesenden zur Zeit der Anordnung. Für die Berechnung der Gebühr des § 90 Abs. 2 im Falle des Abs. 2 ist der Nachlaßbestand maßgebend, der bei Beginn des Zeitraums, für den Rechnung zu legen ist, unverteilt vorhanden ist.

(4) Auf die Gebühren für die Nachlaßpflegschaft wird die im § 81 Abs. 1 bestimmte Gebühr angerechnet, wenn die Nachlaßpflegschaft zur Sicherung des Nachlasses eingeleitet wird.

(5) Die Vorschriften des § 89 Abs. 2, §§ 91 und 93 gelten entsprechend.

1. Für die Gebührenerhebung ist zu unterscheiden:

a) Nachlaßpflegschaft mit Fürsorge des Pflegers für einzelne Angelegenheit (Prozeß eines Nachlaßgläubigers BGB. § 1961) und Abwesenheitspflegschaft für das Auseinandersetzungsverfahren (§ 88 FGG). Erhoben wird die volle Gebühr nach dem Wert des Nachlasses ohne Abzug der Schulden oder des Anteils des Abwesenden zur Zeit der Anordnung. Vgl. jedoch § 89 Abs. 2, §§ 91, 93.

b) Sonstige Nachlaßpflegschaften. Gebühr: § 90 Abs. 1 und 2. Anrechnung der Gebühr des § 81 Abs. 1, wenn die Nachlaßpflegschaft zur Sicherung des Nachlasses eingeleitet wird. Vgl. 91, 93.

c) Nachlaßverwaltungen (zum Zwecke der Befriedigung der Nachlaßgläubiger angeordnete Nachlaßpflegschaft BGB. § 1975). Gebühr: § 90 Abs. 1, 2. Die Rechnungsgebühr (§ 90 Abs. 2) bestimmt sich nach den Nachlaßgegenständen, die jeweilig beim Beginn einer Rechnungsperiode unverteilt vorhanden waren, und zwar ohne Abzug der zu dieser Zeit noch ungetilgten Nachlaßschulden KG. 19. 4. 12, KGJ. **42**, 326.

Beim Zusammentreffen einer Nachlaßpflegschaft und Nachlaßverwaltung findet die Begrenzung des Gesamtbetrags der Gebühr nach § 91 keine Anwendung KG. 9. 4. 15, KGJ. **48**, B 299.

**Erbrecht des Fiskus.**

**§ 83.** Für das Verfahren zur Feststellung des Erbrechts des Fiskus oder der an seine Stelle tretenden Körperschaft, Stiftung oder Anstalt des öffentlichen Rechts wird die im § 78 für die Erteilung eines Erbscheins bestimmte Gebühr erhoben. Wird auf Grund dieser Feststellung ein Erbschein erteilt, so ist hierfür eine besondere Gebühr nicht zu erheben.

1. Das Verfahren zur Feststellung des Erbrechts des Fiskus usw. (BGB. §§ 1964 ff.; EG.BGB. Art. 138) ist kein Aufgebot, sondern eine Art des Erbscheinverfahrens. Ist der preußische Fiskus Erbe, so bleibt die Gebühr außer Ansatz § 8 Nr. 1.

**Erbteilung.**

**§ 84.** (1) Für das gesamte Erbteilungsverfahren wird das Dreifache und, soweit das eingeleitete Erbteilungsverfahren nicht durch die Bestätigung der Auseinandersetzung oder durch die Beurkundung einer vertragsmäßigen Auseinandersetzung abgeschlossen wird, das Zweifache der vollen Gebühr erhoben.

(2) Die Gebühren für Vermögensverzeichnisse, Schätzungen und Versteigerungen werden neben den im Abs. 1 bestimmten Gebühren besonders erhoben. Wird mit einem Dritten vor dem Teilungsgerichte zum Zwecke der Auseinandersetzung ein Vertrag geschlossen, so wird von dem Dritten die Hälfte der nach den Vorschriften des zweiten Abschnitts zu berechnenden Gebühr für die Beurkundung des Vertrags erhoben.

(3) Die Verhandlungen zur Ermittlung und Feststellung der Nachlaßmasse sind in der Gebühr des Abs. 1 mit inbegriffen. Beschränkt sich die Tätigkeit des Gerichts auf diese Verhandlungen, so wird das Zweifache der vollen Gebühr erhoben.

(4) Wird die Erbteilung nicht unter Leitung des Gerichts vorgenommen, sondern nur der Erbteilungsvertrag von den Beteiligten zu Protokoll gegeben, so findet die Vorschrift des § 34 Anwendung.

(5) Auf die in Abs. 1, 3 bestimmten Gebühren finden die Vorschriften des § 53 entsprechende Anwendung.

1. Unter „Erbteilungsverfahren" ist ein auf Beseitigung der Erbengemeinschaft gerichtetes Teilungsverfahren (FGG. §§ 86ff.) zu verstehen. Für Beurkundung eines im privaten Auseinandersetzungsverfahren (Abs. 4) zustande gekommenen Erbrezesses gilt § 34; hier ist auch der Rezeßstempel zu erheben (Tarifst. 6 LStG.), während im Teilungsverfahren der Stempel durch die Gerichtsgebühr mit abgegolten wird. Vollzieht sich die Auseinandersetzung in der Art, daß mit einem Dritten ein Vertrag geschlossen wird (z. B. Erbschaftskauf), so fällt die Vertragsgebühr (§ 34) zur Hälfte dem Dritten zur Last, während die andere Hälfte

der Gebühr als durch die Erbteilungsgebühr abgegolten unerhoben bleibt. Dritter ist auch der überlebende Ehegatte, wenn er der Erbschaft entsagt hat. Eine Vereinbarung zwischen Vorerben und Nacherben ist keine Auseinandersetzung im Sinne des Paragraphen KG. 24. 3. 16, KGJ. 49, B 303. Die Abnahme eines Offenbarungseides (BGB. § 2028) gehört nicht zum Teilungsverfahren, sondern fällt unter § 47 Nr. 2 KG. 22. 6. 03, Rsp. 9, 220. Über Erbteilung und Erbschein vgl. § 78 A 3.

Die Gebühr des § 84 (Erbteilung ohne Rezeß) ist verwirkt, sobald das Verfahren eingeleitet worden ist, auch wenn eine Verhandlung über den Antrag auf Vermittelung der Auseinandersetzung überhaupt nicht stattgefunden hat. Wird demnächst der Antrag zurückgenommen, so ist nicht die Zurücknahmegebühr, sondern der zweifache Gebührensatz B zu erheben KG. 8. 6. 96, KGJ. 16, 195. Als „eingeleitet" gilt das Verfahren spätestens, wenn die Beteiligten zu einem Termine geladen worden sind (Rsp. 5, 179). Aber auch andere sachliche Maßnahmen des Gerichts genügen zur Einleitung des Verfahrens KG. 25. 6. 09, 1a X 547/09, v. 6. 1. 11, 1a X 1197/10.

2. Über Vermögensverzeichnisse, Schätzungen, Versteigerungen vgl. §§ 47, 44, 45.

**Erbteilung vor einem Notar.**

**§ 85.** (1) Wird die Vermittlung der Auseinandersetzung einem Notar übertragen, so werden fünf Zehnteile der vollen Gebühr erhoben:

1. für die Entscheidung über den Antrag auf Einleitung des Verfahrens;
2. für die Entscheidung über die Bestätigung der Auseinandersetzung;
3. für die Anordnung einer Beweisaufnahme.

(2) Jede der vorbezeichneten Gebühren wird in jeder Instanz rücksichtlich eines jeden Teiles des Nachlasses nur einmal erhoben. Sind die Gebühren mehrfach von verschiedenen Teilen des Nachlasses anzusetzen, so darf ihr Gesamtbetrag die nach dem Werte des gesamten Nachlasses berechnete Gebühr nicht übersteigen.

(3) Das Gericht kann, wenn der im Artikel 21 Abs. 1 des Preußischen Gesetzes über die freiwillige Gerichtsbarkeit bezeichnete Antrag nach dem ersten Verhandlungstermine gestellt wird, von Amts wegen die Erhebung einer besonderen Gebühr beschließen; die Gebühr beträgt fünf Zehnteile der vollen Gebühr, kann aber vom Gerichte bis auf ein Zehnteil der vollen Gebühr herabgesetzt werden. Gegen den Beschluß findet Beschwerde nach Maßgabe der Artikel 4 bis 7 des Preußischen Gesetzes über die freiwillige Gerichtsbarkeit statt.

1. Über Erbteilung durch einen Notar vgl. PrFGG. Art. 21ff. Das Gericht leitet das Verfahren ein, überweist auf Antrag die Vermittlung der Auseinandersetzung einem Notar, auf den nunmehr die sonst dem Gericht obliegenden Verrichtungen übergehen. Die Gebühren für die einzelnen Entscheidungen bzw. Anordnungen werden jeweils mit der einzelnen richterlichen Handlung, nicht erst mit der Beendigung des ganzen Erbteilungsverfahrens fällig KG. 5. 5. 22, JFGErg. 1, 86. Bestätigung der Auseinandersetzung PrFGG. Art. 23 Abs. 2; Beweisaufnahme: ebenda Satz 2. Das Verfahren vor dem Notar ist stempelpflichtig, die gerichtliche Tätigkeit dagegen stempelfrei.

**Andere Auseinandersetzungen.**

**§ 86.** Die Vorschriften über Erbteilungen sind auf die Auseinandersetzung von Gütergemeinschaften oder sonstigen Gemeinschaften sowie auf die Auseinandersetzung geschiedener Ehegatten entsprechend anzuwenden.

1. Über Wertberechnung vgl. § 88. Wird die Auseinandersetzung über die Gütergemeinschaft mit einem Ehevertrage verbunden, so ist nur eine Gebühr, die des Ehevertrages zu erheben (KV. 1910, 26) vgl. § 34 A. 1.

**Erbrechtliche Erklärungen und Anordnungen.**

§ 87. (1) Für die Entgegennahme von Erklärungen, Anmeldungen und Anzeigen seitens des Nachlaßgerichts, einschließlich der Beurkundung oder Beglaubigung durch das Nachlaßgericht, für die Entgegennahme des Inventars, einschließlich der Anordnung wegen Aufnahme des Inventars durch eine zuständige Behörde oder einen zuständigen Beamten oder Notar, für die Bestimmung oder Verlängerung einer Frist durch das Nachlaßgericht, für die nach den Vorschriften des Bürgerlichen Gesetzbuchs über Testamentsvollstrecker vom Nachlaßgerichte zu treffenden Anordnungen sowie für die Abhaltung des Termins zur Leistung des im § 2006 des Bürgerlichen Gesetzbuchs vorgesehenen Offenbarungseids werden fünf Zehnteile der vollen Gebühr erhoben. Finden diese Handlungen in Verbindung mit einem in diesem Abschnitte bezeichneten Verfahren statt, so wird eine besondere Gebühr für dieselben nicht erhoben. Im Falle der Anmeldung von Nachlaßforderungen auf Aufforderung eines Miterben wird die Gebühr nur einmal vom Miterben erhoben.

(2) Bei der Berechnung der Gebühren wird, sofern eine vermögensrechtliche Angelegenheit vorliegt, der Wert der Vermögensmasse nach Abzug der Schulden zugrunde gelegt.

1. Unter § 87 fallen z. B. die Erklärungen über die Ausschlagung oder die Annahme einer Erbschaft oder des Amtes als Testamentsvollstrecker (Zeugnisse darüber: § 78 A. 6), die Anfechtung solcher Erklärungen, die Bestimmung der Person des Testamentsvollstreckers im Falle des § 2198 BGB., die Anfechtung einer letztwilligen Verfügung, die Anzeige von dem Eintritte der Nacherbfolge, die Anmeldung der Forderung eines Nachlaßgläubigers (BGB. § 2061), die Anfechtung einer Ehe oder der Ehelichkeit eines Kindes in den Fällen der §§ 1342, 1597 BGB., die Aufhebung der fortgesetzten Gütergemeinschaft durch den überlebenden Ehegatten, der Verzicht eines Abkömmlinges auf seinen Anteil an dem Gesamtgute der fortgesetzten Gütergemeinschaft (BGB. §§ 1492, 1491).

Kostenschuldner ist der Erklärende: indem er die Erklärung gegenüber dem Nachlaßgericht abgibt, beantragt er damit zugleich, seine Erklärung entgegenzunehmen, und er haftet deshalb als Antragsteller (§ 1) KG. 20. 1. 02, KGJ. 23, B 37. Wenn der zum Testamentsvollstrecker Ernannte das Amt ablehnt, ist die Gebühr aus dem Nachlaß zu entnehmen (§ 3). Die Gebühr für Anmeldung von Nachlaßforderungen auf Aufforderung eines Miterben (§ 2061 BGB.) wird im ganzen nur einmal von dem Miterben erhoben: Abs. 1 Satz 3.

Über Entgegennahme des Inventars vgl. BGB. §§ 1994, 2003. Zuständiger Beamter ist auch der Urkundsbeamte der Geschäftsstelle oder der Gerichtsvollzieher, zuständige Behörde auch das Dorfgericht. Die Gebühr des zuständigen Beamten oder der Behörde für die Aufnahme des Inventars ist noch besonders zu entrichten.

2. Die Gebühr des § 87 fällt weg, wenn Erklärungen der bezeichneten Art in einem Erbscheinverfahren, in einem Verfahren zur Erteilung des Testamentsvollstreckerzeugnisses, einem Erbteilungsverfahren usw. abgegeben werden, oder auch schon, wenn mehrere der im § 89 bezeichneten

Geschäfte nur miteinander zusammenhängen (Einheit des Verfahrens nicht erforderlich, KG. 24. 3. 11, DJZ. 1911, 1051), z. B. die Fristbestimmung zur Erklärung und die Entgegennahme der Erklärung oder die Entgegennahme eines Inventars von einem Miterben und demnächst der Erklärung eines anderen Miterben, daß das Inventar auch für ihn gelten solle; die Ausschlagung als eingesetzter Erbe und die Erteilung des Erbscheins kraft gesetzlicher Berufung (KG. v. 17. 6. 10, Bürobl. 1911, 19). Sie fällt auch weg, wenn zunächst der Testamentsvollstrecker die Annahme des Amtes erklärt und dann ihm ein Zeugnis nach § 78 erteilt wird, dies aber nicht infolge des § 87, sondern schon auf Grund des § 78; denn die Gebühr des § 78 umfaßt das ganze vorangegangene Verfahren KG. 16. 5. 04, KGJ. 28, B 8. Nimmt das Nachlaßgericht im Anschluß an die Eröffnung eines Testamentes die Erklärung des zufällig anwesenden Testamentsvollstreckers über die Annahme des Testamentsvollstreckeramts entgegen, so steht diese Handlung nicht in Verbindung mit dem Eröffnungsverfahren, rechtfertigt daher den Ansatz einer besonderen Gebühr KG. 12. 2. 26, JFGErg. 4, 254. Die Gebühr entsteht nicht, wenn die vom Nachlaßgericht aufgenommene Erklärung rechtliche Wirkungen auszulösen nicht im Stande ist; die Entgegennahme einer Erklärung, daß ein Testament wegen Geisteskrankheit des Erblassers angefochten werde, durch das Nachlaßgericht unterliegt nicht der Gebühr des § 87 KG. 28. 9. 21, KGJ. 53, B 311.

3. Wertberechnung. Zu den abzuziehenden Schulden gehören auch die Vermächtnisse KG. 25. 1. 04, Rsp. 9, 229. Bei Überschuldung des Nachlasses wird die Mindestgebühr erhoben KG. 18. 12. 14, KGJ. 46, B 229. Geben Miterben in ungeteilter Erbengemeinschaft die zur Verfügung über einen Erbschaftsgegenstand erforderliche Erklärung nicht gleichzeitig, sondern einzeln ab, so ist mit Rücksicht auf das Wesen der Gesamthandsvereinigung der Gebührenberechnung der nach § 22 Abs. 2 zu schätzende Gesamthandsanteil an den

Erbschaftsgegenständen zugrunde zu legen, der mangels anderweitiger Unterlagen dem Betrag gleichzusetzen ist, den der Anteilsberechtigte bei der Auseinandersetzung erhalten wird RG. 14. 10. 21, JMBl. **1922**, 153.

Nichtvermögensrechtliche Angelegenheiten (§ 22) sind die Anfechtung einer Ehe und die Anfechtung der Ehelichkeit eines Kindes, die nach dem Tode des anderen Ehegatten oder des Kindes durch Erklärung gegenüber dem Nachlaßgericht erfolgen. Eine nichtvermögensrechtliche Angelegenheit ist aber auch die Erklärung des Testamentsvollstreckers, daß er das Amt annehme RG. 6. 12. 06, KGJ. **33**, B 12; ebenso die Entlassung des Testamentsvollstreckers KG. v. 7. 6. und 25. 7. 12, 1a X 564, 728/12.

**Wertberechnung in Nachlaßsachen.**

**§ 88.** (1) Soweit nicht vorstehend ein anderes bestimmt ist, werden in den unter diesen Abschnitt fallenden Angelegenheiten die Gebühren von dem Betrage der den Gegenstand des Verfahrens bildenden Vermögensmasse ohne Abzug der Schulden berechnet.

(2) Betrifft ein Verfahren mehrere im Zusammenhange stehende Massen, so werden die Werte derselben zusammengerechnet. Die nach dem Gesamtwerte berechnete Gebühr wird auf die einzelnen Massen nach Verhältnis des Wertes derselben verteilt. Wird die Teilung des Nachlasses eines Ehegatten, welcher in einer Gütergemeinschaft gelebt hat, mit der Auseinandersetzung der Gütergemeinschaft verbunden, so wird bei der Anwendung der Vorschriften dieses Absatzes der Wert der gütergemeinschaftlichen Masse nur zur Hälfte und, sofern dem überlebenden Ehegatten von der gütergemeinschaftlichen Masse ein anderer Bruch-

**teil als die Hälfte zufällt, zu diesem Bruchteil in Ansatz gebracht.**

**(3) Werden nur einzelne Teile der Masse von den in diesem Abschnitte bezeichneten Gattungen von Geschäften berührt, so werden die Gebühren nur nach dem Werte dieser Teile berechnet.**

1. Als allgemeiner Grundsatz für die Wertberechnung in Nachlaßsachen und Auseinandersetzungen gilt, daß der Betrag der Vermögensmasse ohne Abzug der Schulden zugrunde zu legen ist. Lasten, die den Wert der Aktiva mindern, aber nicht Schulden sind, wie Nießbrauch, Grunddienstbarkeiten, Beschränkungen des Eigentums, sind stets abzuziehen KG. 1. 12. 02, KGJ. 25, B 42. Besteht Streit darüber, ob einzelne Vermögensstücke zur Masse gehören, so ist bei Durchführung des Verfahrens der Wert der festgestellten Vermögensmasse anzusetzen. Wird das Verfahren abgebrochen, so ist sein Gegenstand der Wert der unstreitigen Masse unter Hinzurechnung der streitigen Bestandteile KG. 2. 2. 04, KGJ. 27, B 23. Abweichend erfolgt Wertberechnung nach dem reinen Vermögen gemäß §§ 78, 87. Beim beschränkten Erbschein gilt aber als Gegenstand der Wert des Grundstücks oder sonstigen Rechts ohne Abzug der Schulden, vgl. § 78 A 5

2. Für die Anwendung des Abs. 2 genügt es, daß die wahren Massen gleichzeitig zur Teilung kommen und ein Teil der Beteiligten an den mehreren Massen zugleich interessiert ist.

## Sechster Abschnitt.

## Tätigkeit des Vormundschaftsgerichts.

### Fürsorge im Einzelfalle.

**§ 89.** (1) **Bei den zur Wahrnehmung einzelner Geschäfte eingeleiteten Pflegschaften oder Beistandschaften**

sowie im Falle einer sonstigen Fürsorge für ein unter elterlicher Gewalt stehendes Kind, insbesondere im Falle der Genehmigung eines Rechtsgeschäfts oder im Falle einer Verfügung nach den §§ 112, 1631, 1635, 1636, 1645, 1665, 1677, 2282 des Bürgerlichen Gesetzbuchs, ist nach dem Werte des Gegenstandes die volle Gebühr zu erheben.

(2) Diese Gebühr kommt jedoch nur insoweit zum Ansatz, als nicht rücksichtlich der Person, in deren Interesse ein Pfleger oder Beistand bestellt oder eine sonstige Fürsorgetätigkeit ausgeübt wird, eine Vormundschaft, Pflegschaft oder Beistandschaft eingeleitet oder einzuleiten ist, auf welche die Bestimmungen des § 90 Anwendung finden.

1. Gegensatz zur Einzelpflegschaft ist die Pflegschaft für einen bestimmten Kreis von Geschäften. Die im Prozeßverfahren vorkommende Bestellung eines Vertreters für eine nicht handlungsfähige Partei oder für ein herrenloses Grundstück (ZPO. §§ 57, 494, 668, 679, 686, 779) ist gebührenfrei. Unter §§ 89, 90 fallen nur Pflegschaften, die vom Vormundschaftsgericht eingeleitet werden. Andere Pflegschaften, z. B. die Abwesenheitspflegschaft im Teilungsverfahren, welche das Nachlaßgericht anordnet, fallen unter besondere Gebührenvorschriften, z. B. § 82 Abs. 1, soweit sie nicht als gebührenfreie Nebengeschäfte anzusehen sind. Die zur Fassung eines Familienschlusses (ALR. II 4 §§ 42—44) eingeleitete „Vormundschaft" ist als Einzelpflegschaft zu bewerten KG. 26. 10. 03, KGJ. 27, B 16 (vgl. AG. BGB. Art. 2 §§ 5, 6). Ein Streit über religiöse Erziehung von Kindern in elterlicher Gewalt fällt unter § 89 KG. v. 4. 5. 01, 1 Y 792/00. Für die Entgegennahme des Vermögensverzeichnisses (BGB. § 1640) wird keine Gebühr erhoben (AVfg. v 23. 3. 06, JMBl. 79 Nr. 3). Wert einer

Vertragsgenehmigung KG. 18. 4. 07, Rsp. 17, 260. Bei der Pflegschaft zur Auseinandersetzung des Witwers mit seinen minderjährigen Kindern ist der Gegenstandswert gleich dem Anteile der Kinder an dem mütterlichen Nachlaß ohne Abzug der Schulden KG. 12. 10. 03, Rsp. 10, 292 Anm.

2. Beistandschaften fallen unter § 89, wenn die Mutter die elterliche Gewalt ausübt und der Beistand nur für ein einzelnes Geschäft bestellt wird BGB. § 1688.

3. Weitere Gebühren für einzelne gerichtliche Anordnungen des Familienrechts sind im § 92 enthalten; diese kommen (anders als die Gebühren des § 89) auch neben den Vormundschaftsgebühren usw. zum Ansatz.

4. Die Gebühren des § 89 und des § 90 schließen einander derart aus, daß nur die eine oder die andere erhoben werden kann (Begr. 111).

Zahlungspflichtig ist das Kind, dessen Interesse wahrgenommen wird: § 1, so auch bei Verkehrsstreitigkeiten (BGB. § 1636), da der Verkehr mit dem nicht sorgeberechtigten Elternteil im Interesse des Kindes zu regeln ist KG. 5. 5. 11, DJZ. 1911, 1051. Lehnt das Gericht ein angeregtes Einschreiten ab, fallen die entstandenen baren Auslagen dem Kinde zur Last, ein anderer Schuldner ist nicht vorhanden § 92 A. 3. Die Kosten dürfen nicht etwa dem Dritten auferlegt werden, der das im öffentlichen Interesse liegende Einschreiten des Vormundschaftsgerichts angeregt hatte (§ 1 A. 1), vgl. KG. 19. 12. 04, KGJ. 29, B 7.

**Vormundschaft, Pflegschaft, Beistandschaft.**

**§ 90.** (1) Bei anderen Pflegschaften oder Beistandschaften und bei Vormundschaften sind von dem Vermögen des Mündels, Pflegebefohlenen oder unter elterlicher Gewalt stehenden Kindes, auf welches sich die Vormundschaft, Pflegschaft oder Beistandschaft erstreckt, von je 500 Reichsmark eine Reichsmark zu erheben. Die für Beträge von je 500 Reichsmark bestimmten Gebühren werden auch für die nur angefangenen Beträge voll in Ansatz gebracht.

(2) Außerdem ist, soweit über die Verwaltung des Vermögens dem Vormundschaftsgerichte Rechnung gelegt werden muß, jährlich ein Zehnteil der im Abs. 1 bestimmten Gebühr zu erheben. Dabei wird das angefangene Kalenderjahr sowohl am Anfang als auch am Ende der Verwaltung voll gerechnet. Die Gebühr darf nicht mehr als 10 vom Hundert der jährlichen Einkünfte des Vermögens betragen; diese Vorschrift findet auch entsprechende Anwendung im Falle des § 82 Abs. 2 und des § 92 Abs. 2.

(3) Bei der Berechnung des Betrags des Vermögens werden die Schulden in Abzug gebracht.

(4) Die Vorschriften der Abs. 1 bis 3 finden auch auf die vorläufige Vormundschaft Anwendung. Endigt die vorläufige Vormundschaft, weil auf Grund der erfolgten Entmündigung ein Vormund bestellt wird, so gelten die vorläufige und die endgültige Vormundschaft als ein Verfahren.

1. Die Gebühr des § 90 umfaßt die ganze Tätigkeit des Vormundschaftsgerichts, einschließlich der im § 89 bezeichneten Einzelhandlungen, so daß für diese nichts besonderes angesetzt werden kann KG. 15. 2. 06, Rsp. 13, 285. Auch für eine auf die Personensorge beschränkte Beistandschaft ist die volle Gebühr des § 90 anzusetzen KG. 29. 1. 01, KGJ. 37, B 52. Die Gebühr des Abs. 1 (allgemeine Vormundschaftsgebühr) wird nach der Regel des § 11 erst bei Beendigung der Vormundschaft fällig KG. 18. 5. 96, KGJ. 16, 213. Die Beendigung tritt für jedes einzelne Kind gesondert ein.

Wertberechnung. Maßgebend ist der Betrag des Vermögens bei Fälligkeit der Gebühr, bei Nachlaßpflegschaften jedoch zur Zeit der Anordnung (§ 82). Nach der Ausnahmevorschrift in § 20 Abs. 5 sind Renten, die der Mündel bezieht, zu dem Werte anzusetzen, den sie bei Beginn der Vormundschaft haben. Die Kapitalisierung erfolgt daher nach dem Vielfachen, welches dem Lebensalter des Rentenberechtigten bei der Einleitung der Vormundschaft entspricht KG. 18. 5. 96, KGJ. 16, 213. Zum Vermögen des unehelichen Kindes gehört auch die Abfindungssumme des Erzeugers KG. 2. 3. 17, KGJ. 50, B 265. Bei der Vormundschaft über einen pensionierten Beamten ist aber nicht der kapitalisierte Betrag des Ruhegehalts als „Vermögen" des Mündels anzusehen, weil auch das Ruhegehalt lediglich ein Entgelt für die früher geleisteten Dienste darstellt KG. 25. 10. 12, KGJ. 43, 353.

Ist der Mündel als Nacherbe eingesetzt, so ist für die Gebührenberechnung der Nachlaß schon als Vermögen des Mündels anzusehen, ohne daß wegen der aufschiebenden Befristung der Wert niedriger bemessen werden darf KG. 29. 1. 09, KGJ. 37, B 52, 3. 5. 18, KGJ. 51, B 384. Maßgebend ist aber der Wert des Nachlasses bei Fälligkeit der Gebühr, nicht beim Tode des Erblassers. KG. 3. 5. 18, KGJ. 51, B 384. Ebenso ist der gemeine Wert des Mündelvermögens auch dann zugrunde zu legen, wenn es sich um Lehnsvermögen oder sonstiges gebundenes Vermögen handelt KG. 3. 7. 25, JFGErg. 4, 255. Der Betrag des Mündelvermögens, von dem die Kosten zu berechnen sind, ist ohne Rücksicht auf einen darauf lastenden Nießbrauch zu bestimmen KG. 30. 11. 96, KGJ. 16, 208.

Wenn der Mündel bei Fälligkeit der Kosten kein Vermögen besitzt, so ist die Mindestgebühr zu erheben; ebenso bei der Nachlaßpflegschaft über einen überschuldeten Nachlaß.

Die öffentlich-rechtliche Beamtenpflegschaft ist gänzlich gebührenfrei, auch wenn sie vom Vormundschaftsgericht eingeleitet wird KG. v. 15. 12. 11, 1a X 1110/11.

2. Die Rechnungsgebühr wird auch bei Nachlaßverwaltungen erhoben (§ 82 Abs. 2). Ob die Rechnung wirklich gelegt ist, bleibt für die Kostenfrage unerheblich KG. 19. 3. 83, KGJ. **4**, 220, 3. 7. 25, JFGErg. **4**, 255. Zur Anwendung dieser Gebühr genügt bereits die gesetzlich dem Nachlaßverwalter gegenüber dem Nachlaßgerichte (§ 82) obliegende Pflicht zur Rechnungslegung Rsp. **13**, 275; nicht aber die ohne Verpflichtung tatsächlich bewirkte Rechnungslegung KG. 15. 6. 96, KGJ. **16**, 201. Diese fällt fort, wenn ein Dritter Nießbrauch und Verwaltung hat (Nießbrauch allein genügt nicht) KG. 30. 11. 96, KGJ. **16**, 208, 6. 11. 93, **13**, 211.

Der Höchstbetrag der Gebühr ist auf 10% der jährlichen Einkünfte des Vermögens bestimmt; dabei sind unter Einkünften die Reineinkünfte zu verstehen KG. 3. 7. 25, JFGErg. **4**, 255.

Fällig wird die Rechnungslegungsgebühr für jedes Kalenderjahr mit dessen Ablaufe. Mit diesem Zeitpunkte beginnt die Verjährung (§ 13) Rsp. **10**, 293 Anm., **17**, 262. Maßgebend ist der Kapitalbetrag des Vermögens zu Beginn der Rechnungslegungsperiode KGJ. 15. 1. 04, Rsp. **10**, 292 Anm.; 3. 7. 25, JFGErg. **4**, 255. Die Gebühren der Nr. 1 und 2 werden für jeden Mündel besonders, und zwar wenn er minderjährig ist, spätestens bei seiner Volljährigkeit berechnet (Ausnahme von § 2) KG. 29. 6. 05, KGJ. **30**, B 55.

3. Bei einem Vermögen von 1000 RM. und weniger kann überhaupt nichts erhoben werden, wenn es sich um Minderjährige, Geisteskranke, Geistesschwache oder Gebrechliche handelt (§ 93 Abs. 2). Entmündigte Verschwender und Trunksüchtige sowie Abwesende und andere Pfleglinge genießen diese Vergünstigung nicht.

4. Die vorläufige Vormundschaft wird eingeleitet, wenn gegen einen Volljährigen die Entmündigung be-

antragt ist und das Vormundschaftsgericht sie zur Abwendung einer erheblichen Gefährdung der Person oder des Vermögens für erforderlich erachtet (BGB. § 1906).

**Gebührenbeschränkung.**

**§ 91.** Bei keinem Mündel, Pflegebefohlenen oder unter elterlicher Gewalt stehenden Kinde darf der Gesamtbetrag der nach dem § 89 und dem § 90 Abs. 1 zu erhebenden Gebühren denjenigen Betrag übersteigen, der nach § 90 Abs. 1 im Falle der Vormundschaft zu erheben ist.

1. Auch wenn in Ansehung der gleichen Person wiederholt eine Vormundschaft, Pflegschaft oder Beistandschaft eingeleitet wird oder das Gericht wiederholt Rechtsgeschäfte genehmigt oder wiederholt eine fürsorgliche Tätigkeit eintreten läßt, darf im ganzen nicht mehr erhoben werden, als die Gebühr für eine fortdauernde Vormundschaft betragen würde. § 91 findet keine Anwendung, wenn in Ansehung eines Nachlasses sowohl ein Nachlaßpfleger nach § 1960 BGB. bestellt, als auch eine Nachlaßverwaltung nach § 1975 BGB. angeordnet wird KG. 9. 4. 15, KGJ. 48, B 299, weil in diesem Falle die Voraussetzung, daß die Fürsorgetätigkeit der gleichen Person zu teil wird, nicht gegeben ist.

**Andere familienrechtliche Angelegenheiten.**

**§ 92.** (1) Die volle Gebühr wird erhoben:
1. für Volljährigkeitserklärungen, wenn der Minderjährige nicht unter Vormundschaft steht;
2. für die Ersetzung der elterlichen Einwilligung zur Eingehung der Ehe oder der Einwilligung der Mutter zur Ehelichkeitserklärung;
3. für Entscheidungen, betreffend den Unterhalt der Kinder nach § 1612 des Bürgerlichen Gesetzbuchs;

4. für die Übertragung der Ausübung der elterlichen Gewalt an die Mutter (§ 1685 Abs. 2 des Bürgerlichen Gesetzbuchs);

5. für die Ersetzung der Zustimmung anteilsberechtigter Abkömmlinge zu Rechtsgeschäften des überlebenden Ehegatten im Falle der fortgesetzten Gütergemeinschaft;

6. für die Tätigkeit des Vormundschaftsgerichts im Falle der Verheiratung des Vaters oder der Mutter sowie für die nach den §§ 1639 Abs. 1, 1640 Abs. 2, 1653, 1666, 1667, 1668, 1670, 1760 Abs. 2 des Bürgerlichen Gesetzbuchs zu treffenden Anordnungen;

7. für Entscheidungen, welche die persönlichen Rechtsbeziehungen der Ehegatten zueinander oder das eheliche Güterrecht betreffen;

8. für sonstige Verfügungen des Vormundschaftsgerichts, die sich nicht auf Mündel, Pflegebefohlene oder unter elterlicher Gewalt stehende Kinder beziehen.

Zahlungspflichtig ist in den Fällen unter Nr. 4, 6 der Vater oder die Mutter.

(2) Hat eine Rechnungslegung stattzufinden, so werden neben der im Abs. 1 bestimmten Gebühr die Gebühren des § 90 Abs. 2 erhoben.

(3) Auf die Berechnung des Wertes findet § 22 Abs. 1 entsprechende Anwendung.

1. Allgemeines. In Nr. 1 bis 8 sind die weiteren Fälle zusammengefaßt, in denen das Vormundschaftsgericht tätig werden kann, namentlich die Entscheidungen über Rechts-

verhältnisse der Ehegatten oder der Eltern und Kinder zueinander (Unterhaltsansprüche, Zustimmung zur Eheschließung, Erziehungsstreit, Entziehung des Sorgerechts usw.). Die Gebühren des § 92 sind auch neben einer etwaigen Vormundschaftsgebühr zu erheben § 93 Abs. 2.

2. Die Tätigkeit des Vormundschaftsgerichts bei der Wiederverheiratung des Vaters oder der Mutter ist rein familienrechtlicher Art KG. 7. 1. 01, KGJ. 21, B 24. Das Zeugnis des Vormundschaftsgerichts ist stempelfrei (§ 28). Keine Gebühr wird erhoben für das Verfahren und die etwaigen vorbereitenden Anordnungen, wenn das Verfahren zu einer endgültigen Anordnung nicht geführt hat KG. 2. 5. 07, Rsp. 15, 203. Lehnt das Gericht es ab, Maßregeln aus § 1666 BGB. anzuordnen, so kann weder § 92 Abs. 1 Nr. 6 noch Abs. 2 daselbst zur Anwendung kommen. Kostenpflichtig ist auch nicht, wer solche Maßregeln beantragt hatte, denn er hat nur die Anregung zu einer dem Gerichte von Amts wegen obliegenden Ermittelung gegeben KG. 19. 12. 04, KGJ. 29, B 7. Die entstehenden Auslagen fallen dem Vermögen des Kindes zur Last.

Für Entgegennahme und Prüfung des im § 1640 BGB. genannten Vermögensverzeichnisses keine Gebühr; wohl aber hat der Vater die Gebühr des § 92 zu entrichten, wenn das Verzeichnis ungenügend befunden und Aufnahme durch einen Notar oder zuständigen Beamten angeordnet wird Nr. 3 d. AVfg. v. 23. 3. 06 (JMBl. 79); KG. 7. 1. 01, KGJ. 21, B 24.

3. Eine Rechnungslegung kann das Vormundschaftsgericht anordnen, wenn der Vater oder die Mutter die mit der Nutznießung des Kindesvermögens verbundenen Pflichten verletzt oder in Vermögensverfall gerät BGB. § 1667. Zahlungspflichtig ist auch in diesem Falle der schuldige Elternteil BGB. § 1667 Abs. 3.

4. Wertberechnung gemäß § 22 Abs. 1 gilt auch für Entscheidungen über den Unterhalt der Kinder, Anord-

nungen aus §§ 1639, 1640, 1653 und ähnliche (Begr. 1910 S. 41).

**Gebührenbefreiung in Vormundschaftssachen.**

**§ 93.** (1) Soweit nicht nach den §§ 89 bis 92 Gebühren zu erheben sind, ist die Tätigkeit des Vormundschaftsgerichts gebührenfrei. Das gleiche gilt von der Tätigkeit des Beschwerdegerichts, soweit die Beschwerde von dem Mündel oder in seinem Interesse eingelegt ist. Die Vorschrift des § 8 Abs. 1 des Gesetzes vom 2. Juli 1900 über die Fürsorgeerziehung Minderjähriger (Gesetzsamml. S. 264) bleibt unberührt.

(2) Die in den §§ 89 bis 91 bestimmten Gebühren einschließlich der Schreibgebühren und Rechnungsgebühren in den durch diese Vorschriften bezeichneten Angelegenheiten bleiben außer Ansatz, wenn es sich um eine minderjährige, geisteskranke, geistesschwache oder gebrechliche Person handelt, deren reines Vermögen 1000 Reichsmark nicht übersteigt. Im Falle einer wesentlichen Änderung der wirtschaftlichen Verhältnisse kann der Justizminister die Freigrenze anderweitig festsetzen.

(3) Wird eine Vormundschaft, Pflegschaft oder Beistandschaft an ein Gericht eines anderen Landes abgegeben, so gilt die Vormundschaft für die Gebührenberechnung als beendigt. Der Justizminister ist ermächtigt, eine teilweise Nichterhebung oder Rückzahlung der Kosten anzuordnen.

1. Gebührenfreie Tätigkeit des Vormundschafts- und Beschwerdegerichts. § 93 gewährt nur insoweit eine gebührenrechtliche Bevorzugung, als es sich

um die reine vormundschaftsgerichtliche Tätigkeit handelt: nicht gebührenfrei sind die in dem vormundschaftsgerichtlichen Verfahren errichteten Urkunden KG. 24. 11. 11, KGJ. **42**, 328. Gebührenfrei ist aber eine während der Vormundschaft erteilte vormundschaftsgerichtliche Genehmigung oder ein Beschluß, der eine solche ablehnt KG. 15. 2. 06, Rsp. **13**, 285.

Die Gebührenbefreiung gilt auch für die höheren Instanzen, bei Beschwerden, die der Mündel oder ein Dritter im Interesse des Mündels erhebt (vgl. § 57 FGG.). Dagegen nicht bei anderen Beschwerden in Vormundschaftssachen z. B. nicht für die Beschwerde des Vaters gegen eine sein Sorgerecht beeinträchtigende Verfügung KG. 19. 12. 04, KGJ. **29**, B 7. Würde die Gebühr nicht den Mündel selbst treffen, so besteht kein Grund, sie wegen der Vormundschaft außer Ansatz zu lassen KG. 30. 8. 04, Rsp. **10**, 293.

Der § 93 gilt auch für die vorläufige Vormundschaft KG. 5. 6. 05, Rsp. **11**, 164.

**2.** Die Gebührenbefreiung nach Abs. 2 findet auf Nachlaßpflegschaften und auf Vormundschaften über Verschwender oder Trunksüchtige sowie auf Pflegschaften über Abwesende keine Anwendung; jedoch ist auch hier Niederschlagung wegen Armut zulässig (§ 17).

Nach § 41 Nr. 5 HO. gilt diese Befreiung auch für die Verwahrungsgebühr in Hinterlegungssachen, falls gemäß BGB. § 1814 oder § 1818 (§ 1667 Abs. 2 Satz 4, § 1915) hinterlegt ist.

## Siebenter Abschnitt.

## Stiftungen und Vermögensverwaltungen.

**§ 94.** (1) Für die Beaufsichtigung von Stiftungen werden jährlich nach dem Betrage des Vermögens (§ 90 Abs. 3) zwei Zehnteile der vollen Gebühr er-

**hoben. Soweit beim Gericht eine Rechnungslegung über die Verwaltung des Vermögens stattfindet, wird die volle Gebühr erhoben. Dabei wird das angefangene Kalenderjahr sowohl am Anfang als auch am Ende der Beaufsichtigung voll gerechnet.**

**(2) Liegt dem Gerichte die Aufsicht über die Verwaltung eines Grundstücks ob, so wird hierfür noch besonders nach dem Betrage der Einkünfte, welche nach Berichtigung der Verwaltungskosten und der auf dem Grundstücke haftenden Lasten und Abgaben verbleiben, für jedes Rechnungsjahr das Zweifache der vollen Gebühr erhoben. Diese Bestimmung findet auf andere Fälle einer Vermögensverwaltung entsprechende Anwendung.**

1. Familienstiftungen unterstehen der gerichtlichen Oberaufsicht. Die für diese Aufsicht zu erhebende Gebühr ist von einer besonderen Tätigkeit des Gerichts in dem betreffenden Jahr unabhängig KG. 9. 1. 99, KGJ. 18, 131. Nur muß die gebührenpflichtige Aufsichtstätigkeit überhaupt schon begonnen haben KG. v. 5. 2. 09, KGJ. 37, B 55. Gemischte Stiftungen fallen nicht unter § 94, KG. 5. 2. 09, Rsp. 19, 270.

Keine besondere Gebühr wird erhoben für eine Bescheinigung über die Zusammensetzung des Vorstandes KG. v. 21. 11. 98. Ebenso wird keine Gebühr erhoben, wenn durch rechtsgültig erklärten Willen des Stifters die gerichtliche Beaufsichtigung ausgeschlossen ist (KB. 41). Bei Familienstiftungen ist diese Ausschließung nicht zulässig AG. BGB. Art. 2 § 3.

Neben der Aufsichtsgebühr und unabhängig von ihr ist die Verwahrungsgebühr nach § 40 HO. zu erheben. Diese wird aber für die in Lehens-, Fideikommiß- und Stiftungssachen hinterlegten Wertpapiere, Urkunden, Kostbarkeiten usw. gleichfalls am Schlusse eines jeden Rechnungsjahrs fällig (HO. § 41 Nr. 6).

2. Die Gebühr für die Rechnungslegung tritt nur insoweit ein, als nach dem Gesetz oder Statut eine Verpflichtung des Stiftungsverwalters zur gerichtlichen Rechnungslegung besteht. Die Tatsache, daß eine Reihe von Jahren hindurch ohne gesetzliche, statutarische oder richterliche Anordnung, die dem Vorsteher der Stiftung durch den Rendanten gelegte Rechnung dem Gericht eingereicht und von diesem geprüft worden ist, vermag den Ansatz der Rechnungslegungsgebühr nicht zu rechtfertigen KG. 15. 6. 96, KGJ. 16, 201.

3. Gerichtliche Aufsicht über die Verwaltung eines Grundstücks kommt provinzialrechtlich z. B. in Schleswig-Holstein vor. Die Gebühr steht der Zwangsverwaltungsgebühr gleich § 126.

Die gerichtliche Verwaltung eines Nießbrauchs oder einer Vorerbschaft in den Fällen der §§ 1052, 2118 BGB. ist ein Verfahren der Zwangsvollstreckung und fällt daher nicht unter § 94 Abs. 2, sondern unter das DGKG.

Führt das Gericht selbst die Verwaltung einer Stiftung (nicht nur die Aufsicht über sie), so ist die Gebühr des § 94 Abs. 2 Satz 2 anzusetzen, jedoch unter Ausschluß der Gebühren des Abs. 1. Denn dem Gericht ist in diesem Falle keine Rechnung zu legen RVf. v. 19. 12. 03 (Müller 6, A. 1575). Die Gebühr des Abs. 2 ist auch dann nicht anzusetzen, wenn das Gericht nur bei der Verwaltung einer von der Hinterlegungsstelle verwahrten Vermögensmasse mitzuwirken hat (RVfg. v. 27. 2. 00, Müller 1574).

**§ 95. Neben den im § 94 bestimmten Gebühren werden für die Beurkundung einzelner Handlungen der freiwilligen Gerichtsbarkeit die dafür bestimmten Gebühren und Stempel besonders in Ansatz gebracht.**

1. Neben den Gebühren des § 94 werden erhoben z. B. die Gebühr für die Errichtung der Stiftung oder für einen Familienschluß (§ 43) und die Gebühr für die Genehmigung der Familienstiftung (§ 98).

## Achter Abschnitt.

## Sonstige Angelegenheiten.

Vorbemerkung: Die Kosten der Hinterlegung sind geregelt in §§ 40, 41, HO. v. 21. 4. 13 (GS. 225):

**§ 40.** (1) Für die Verwahrung von Wertpapieren, sonstigen Urkunden, Kostbarkeiten und von nicht umgesetztem Gelde (§ 8 HO.) wird eine Verwahrungsgebühr erhoben, in anderen als Lehns-, Familienfideikommiß- und Stiftungssachen jedoch nur, soweit und sobald die Herausgabe erfolgt.

(2) Die Verwahrungsgebühr beträgt für jedes angefangene Rechnungsjahr:

1. bei einer Verwahrung von deutscher Reichsanleihe, preußischer Staatsanleihe, deutschen oder preußischen Schatzanweisungen fünfundzwanzig Reichspfennig für jede angefangenen eintausend Reichsmark des Gesamtwerts;
2. bei einer Verwahrung von anderen Wertpapieren, Kostbarkeiten und von nicht umgesetztem Gelde (§ 8 HO.)
   a) wenn sie auf Grund des § 1814 oder des § 1818 (§ 1667 Abs. 2 Satz 4, § 1915) des Bürgerlichen Gesetzbuchs hinterlegt sind, dreißig Reichspfennig,
   b) wenn sie aus einem anderen Grunde hinterlegt sind, fünfzig Reichspfennig, bei Verwahrung von ausländischen Papieren fünfundsiebzig Reichspfennig

   für jede angefangenen eintausend Reichsmark des Gesamtwerts;
3. bei einer Verwahrung von sonstigen Urkunden zwanzig Reichspfennig für jede angefangenen eintausend Reichsmark des Gesamtwerts.

(3) Werden Sachen der unter Ziffer 1, 2 und 3 bezeichneten Art gemeinsam hinterlegt, so wird nur eine Gebühr in Höhe der zusammenzurechnenden Gebührenbeträge erhoben.

(4) Der Mindestbetrag einer Verwahrungsgebühr beträgt 0,50 RM. In anderen als Lehns-, Fideikommiß- und Stiftungssachen werden jedoch die für die einzelnen Rechnungsjahre zusammenzurechnenden Gebühren nur dann auf den Mindestbetrag erhöht, wenn die Summe dieser Gebühren 0,50 RM. nicht erreicht.

**§ 41.** Auf die in Hinterlegungssachen zu erhebenden Kosten finden die Vorschriften der §§ 1 bis 5, des § 6 Abs. 2, der §§ 7 bis 20, 22, 23, des § 109 Abs. 1 Nr. 1 bis 4, 6 und Abs. 2 sowie der §§ 110 und 111 des Preußischen Gerichtskostengesetzes v. 28. 10. 22 (GS. 363) mit folgenden Maßgaben entsprechende Anwendung.

1. Zur Zahlung der Kosten ist auch der Empfangsberechtigte, an den oder für dessen Rechnung die Herausgabe verfügt ist, sowie derjenige verpflichtet, in dessen Interesse das die Hinterlegung veranlassende Ersuchen einer Behörde gestellt ist.

2. Die Kosten können der Masse entnommen werden, soweit diese in barem Gelde besteht.

3. Die Herausgabe der hinterlegten Sachen kann von der Erstattung der Kosten abhängig gemacht werden.

4. Kosten sind nicht zu erheben oder, sofern sie erhoben sind, zu erstatten, wenn auf Grund des § 117 der Strafprozeßordnung hinterlegt ist und der Untersuchungsgefangene demnächst rechtskräftig außer Verfolgung gesetzt oder freigesprochen oder das Verfahren gegen ihn eingestellt wird: ist der Verfall der Sicherheit rechtskräftig ausgesprochen, so werden bereits erhobene Kosten nicht erstattet.

5. Die im § 40 HO. bestimmte Gebühr, einschließlich der Schreibgebühren, bleibt außer Ansatz, wenn auf Grund des § 1814 oder des § 1818 (§ 1667 Abs. 2 Satz 4, § 1915) des Bürgerlichen Gesetzbuchs hinterlegt ist und es sich um eine minderjährige, geisteskranke, geistesschwache oder gebrechliche

Person handelt, deren reines Vermögen den im § 93 Abs. 2 PrGKG. in seiner jeweiligen Fassung angegebenen Betrag nicht übersteigt.

6. Die Gebühr für die Verwahrung der in Lehns-, Familienfideikommiß- oder Stiftungssachen hinterlegten Sachen wird am Schlusse eines jeden Rechnungsjahrs fällig.

7. Die Verjährung des Anspruchs auf Zahlung der Kosten hindert die Hinterlegungskasse nicht, sich auf dem unter Ziffer 2 und 3 bezeichneten Wege zu befriedigen.

8. Als Wert des Gegenstandes gilt für Wertpapiere mit Nennbetrag dieser, für Kostbarkeiten, der Goldmarkbetrag vom Tage der Fälligkeit der Gebühren.

9. Über Erinnerungen des Zahlungspflichtigen gegen den Ansatz von Kosten entscheidet die Hinterlegungsstelle.

10. An baren Auslagen werden außer den in § 109 Abs. 1 Nr. 1 bis 4 und 6, § 110 und § 111 des Preußischen Gerichtskostengesetzes bezeichneten Beträgen erhoben:

a) die Kosten der Umsetzung nicht kassenmäßigen Geldes (§ 8 HO.);

b) die Postgebühren, welche mit einer Auszahlung hinterlegter Gelder oder mit einer Herausgabe anderer Sachen verbunden sind, oder welche im Falle der Hinterlegung baren Geldes durch den Schriftwechsel mit den beteiligten Personen und Behörden der Hinterlegungsstelle entstehen;

c) Schreibgebühren für die gemäß § 11 Satz 2 dem Gläubiger zu machende Anzeige sowie für Abschriften, die anzufertigen sind, weil ein Antrag auf Annahme oder Herausgabe nicht in der erforderlichen Zahl von Stücken vorgelegt ist;

d) die an Banken oder sonstige Geschäfte für die Besorgung der im § 10 Abs. 2 und 4 bezeichneten Handlungen zu zahlenden besonderen Beträge;

e) die Einrückungsgebühren eines von der Hinterlegungsstelle beantragten Aufgebotsverfahrens, soweit erst durch dieses ein Empfangsberechtigter ermittelt wird.

**Dispense, Erklärungen über den Namen.**

**§ 96. Für die gerichtliche Bewilligung der Befreiung von Erfordernissen der Eheschließung, für die gerichtliche Bewilligung von sonstigen Befreiungen sowie für die Entgegennahme einer Erklärung über den Familiennamen, einschließlich der Beurkundung oder Beglaubigung, wird die volle Gebühr erhoben.**

1. Unter die Gebührenvorschrift fallen nur solche Dispense, die das Gericht erteilt: Befreiung von der Wartezeit (Art. II d. Kgl.V. v. 16. 11. 99); andere Dispense, z. B. Befreiung von dem Erfordernis der Ehemündigkeit bei Frauen, Befreiung von dem Ehehindernis des Ehebruchs sind Angelegenheiten der Justizverwaltung; für sie wird eine Verwaltungsgebühr erhoben (vgl. Verwaltungsgebührenordnung, abgedr. im Anhang VIII)). Ebenso handelt es sich um einen Akt der Justizverwaltung, wenn ein Amtsgericht auf Grund der AVfg. v. 24. 8. 15 Befreiung von dem zur Annahme an Kindes Statt erforderlichen Alter erteilt KG. 10. 12. 20, KGJ. 53, B 314. Für die den Gerichten in diesen Fällen obliegende Vorbereitung der Entscheidung durch Ermittlungen und Berichterstattung wird keine Gebühr erhoben. Die Beurkundung des Antrags auf Ehelichkeitserklärung einschließlich der Anerkennung sowie der Einwilligung der im § 1726 BGB. bezeichneten Personen ist nach § 33 gebührenpflichtig (RVfg. v. 2. 3. 01 und 16. 1. 04, Müller 1578).

2. Erklärungen über den Namen. AG.BGB. Art. 68: Erklärungen über den Namen einer geschiedenen Frau (BGB. § 1577 Abs. 2, 3), Erteilung des Namens an ein uneheliches Kind der Ehefrau des Erklärenden (BGB. § 1706 Abs. 2). Die Gebühr des § 95 deckt auch zugleich die Beglaubigung der Erklärung, wenn sie durch das Gericht erfolgt,. welches die Erklärung entgegennimmt.

3. Wertberechnung nach § 22, da es sich stets um nicht vermögensrechtliche Angelegenheiten handelt.

**Annahme an Kindes Statt.**

**§ 97.** Für die Bestätigung des Vertrags, durch welchen jemand an Kindes Statt angenommen oder das durch die Annahme an Kindes Statt begründete Rechtsverhältnis wieder aufgehoben wird, werden fünf Zehnteile der vollen Gebühr erhoben. Ist der Vertrag von dem zur Bestätigung zuständigen Gerichte beurkundet, so werden für die Bestätigung besondere Gebühren nicht erhoben.

1. BGB. §§ 1471, 1770, die einzigen Fälle, in denen das Reichsrecht — abgesehen vom Teilungsverfahren (FGG. §§ 91, 93) — noch die Bestätigung eines Vertrags kennt. Die Tätigkeit des Richters besteht hier nur in der formalen Prüfung der gesetzlichen Voraussetzungen.

**Genehmigung einer Familienstiftung.**

**§ 98.** Für die Genehmigung einer Familienstiftung wird die volle Gebühr erhoben. Diese Gebühr bleibt außer Ansatz, wenn die Stiftungsurkunde von dem genehmigenden Gericht aufgenommen ist.

1. Die Gebühr des § 43 setzt voraus, daß das Stiftungsgeschäft von dem Gerichte beurkundet ist; in diesem Falle geschieht die Genehmigung der Familienstiftung (AG. BGB. Art. 1 § 1) gebührenfrei. Die besondere Genehmigungsgebühr des § 98 tritt nur ein, wenn das Stiftungsgeschäft in einem privatschriftlichen oder notariellen Vertrage oder in einer Verfügung von Todes wegen errichtet oder wenn es von einem anderen als dem für die Genehmigung zuständigen Gerichte beurkundet ist.

Die Bestätigung des Familienschlusses ist gebührenfrei, weil der Familienschluß stets gerichtlich verlautbart werden muß. Die Gebühr des § 43 deckt auch die Bestätigung.

**Gerichtliche Anordnungen.**

**§ 99.** Für Anordnungen über den Verkauf oder die Hinterlegung von Pfändern und anderen Gegenständen sowie für die Bestellung eines Dispacheurs oder eines Verwahrers, einschließlich der Bestimmung seiner Vergütung, wird das Zweifache der vollen Gebühr erhoben. Dasselbe gilt von Anordnungen, welche die Feststellung des Zustandes oder Wertes von unbeweglichen oder beweglichen Sachen zum Gegenstande haben; findet eine Beweiserhebung seitens des Gerichts durch Einnahme des Augenscheins, Vernehmung von Zeugen oder Sachverständigen statt, so wird daneben die volle Gebühr erhoben.

1. Verkauf oder Hinterlegung von Pfändern. FGG. §§ 164—166. Für den Pfandverkauf bedarf es einer gerichtlichen Anordnung nur noch dann, wenn der Verkauf in anderen als den gesetzlichen Formen vorgenommen werden soll. Bestellung eines Verwahrers BGB. §§ 432, 1217, 1281, 2039.

2. Bei der Gebühr für Beweiserhebung ist eine Beweiserhebung der freiwilligen Gerichtsbarkeit nach FGG. § 164 gemeint. Nach ZPO. § 488 ist freilich in Fällen dieser Art auch Sicherung des Beweises in den Formen der streitigen Gerichtsbarkeit ohne besondere Voraussetzungen zulässig. Die Gebühr für Sicherung des Beweises in der streitigen Gerichtsbarkeit bestimmt DGKG. § 33 Nr. 1, wegen der Verklarungen vgl. § 47 Nr. 4 des PrGKG.

**Dispache.**

**§ 100.** Wird bei dem Gericht eine Verhandlung über die vom Dispacheur aufgemachte Dispache beantragt, so ist für das gesamte Verfahren das Zweifache der vollen Gebühr zu erheben. Als Wert des Gegenstandes ist anzusehen der Betrag des Havarieschadens, wenn jedoch der Wert des Geretteten an Schiff, Fracht und Ladung geringer ist, dieser geringere Betrag. Wird die Dispache bestätigt, so haften die am Verfahren Beteiligten für die Kosten als Gesamtschuldner.

1. FGG. §§ 153ff.; PrFGG. Art. 30.

2. Wird die Dispache nicht bestätigt, so haftet nur der Antragsteller gemäß § 1.

**Ordnungsstrafverfahren.**

**§ 101.** (1) In dem nach den §§ 132 bis 139 des Gesetzes über die Angelegenheiten der freiwilligen Gerichtsbarkeit eintretenden Verfahren wird in jeder Instanz das Dreifache der vollen Gebühr erhoben:

1. für die Festsetzung der Ordnungsstrafe;
2. für die Verhandlung in den nach § 134 anberaumten Terminen;
3. für die Anordnung einer Beweisaufnahme.

(2) Die Gebühr für die Anordnung einer Beweisaufnahme wird nur zur Hälfte erhoben, wenn die Beweisaufnahme weder ganz noch teilweise stattgefunden hat. Die vorstehend bestimmten Gebühren werden in jedem Verfahren nur einmal erhoben. Jede Wiederholung der Ordnungsstrafe gilt als ein besonderes Verfahren.

(3) Als Wert des Streitgegenstandes ist die Höhe der festgesetzten Ordnungsstrafe anzusehen.

(4) Für die Androhung von Strafen werden Gebühren nicht erhoben.

(5) Die Vorschriften der Abs. 1 bis 4 finden auf andere Fälle der Festsetzung von Ordnungsstrafen, ins-

**besondere nach § 151 des Gesetzes über die Angelegenheiten der freiwilligen Gerichtsbarkeit, entsprechende Anwendung.**

1. Das handelsrechtliche Ordnungsstrafverfahren. Für bloße Androhung der Ordnungsstrafe keine Gebühr (Abs. 4). Die Gebührenvorschriften sind auch anwendbar in dem Verfahren nach FGG. § 140 KG. 15. 10. 08, KGJ. 36, B 36 sowie in dem Verfahren gegen Vorstandsmitglieder einer Genossenschaft (§ 160 des Genossenschaftsgesetzes) und gegen die Eigentümer eines Binnenschiffs § 127 des BinnenschiffG. Vgl. auch FlaggenG. v. 22. 6. 99 § 15 (Seeschiffsregister) und BGB. § 78 (Vereinsregister). Für die Verhängung von Ordnungsstrafen in Vormundschaftssachen ist dagegen § 101 nicht anwendbar und gemäß § 93 eine Gebühr überhaupt nicht zu erheben (KB.) KG. v. 20. 5. 10, 1a X 464/10.

Kommt es nicht zur Festsetzung einer Ordnungsstrafe, so werden weder Gebühren noch Auslagen erhoben KG. 28. 11. 04, KGJ. 29, B 10, selbst wenn ein Dritter, z. B. eine Handelskammer oder eine kaufmännische Korporation (vgl. Verf. v. 16. 11. 99, JMBl. 347), das Verfahren angeregt hatte KG. 23. 2. und 26. 4. 80, KGJ. 1, 152, 15. 10. 08, 36, B 36.

2. Andere Fälle der Festsetzung von Ordnungsstrafen: Ordnungsstrafen behufs Aushändigung von Schriftstücken an den Dispacheur. Auch FGG. § 83 (Erzwingung der Ablieferung eines Testaments) gehört hierher.

**Handelsrechtliche Anordnungen.**

**§ 102.** **Soweit nicht in diesem Gesetz oder reichsgesetzlich ein anderes bestimmt ist, wird für die Erledigung der im Handelsgesetzbuch, in dem Genossenschaftsgesetz und dem Gesetze, betreffend die Gesellschaften mit beschränkter Haftung, den Gerichten zugewiesenen, von den deutschen Prozeßordnungen nicht be-**

**troffenen Angelegenheiten, welche eine Entscheidung des Gerichts erfordern, sowie von Angelegenheiten ähnlicher Art das Zweifache der vollen Gebühr erhoben.**

1. Über die vorbehaltenen anderen Gebührenvorschriften für Handelssachen vgl. §§ 70 ff., 99—101 und reichsrechtliche Vorschriften: Vorbemerkung vor § 68. Angelegenheiten, die keine Entscheidung, sondern nur eine Beurkundung erfordern, fallen nicht unter die Vorschrift des § 102. Unter die Generalklausel fallen: Ernennung und Abberufung von Liquidatoren, Bestellung der Revisoren oder Bevollmächtigten zur Prozeßführung, Ermächtigung zur Berufung von Generalversammlungen; ferner die nach dem RG. v. 4. 12. 99 über die gemeinsamen Rechte der Besitzer von Schuldverschreibungen dem Gericht obliegende Tätigkeit, die in § 2 Abs. 2 Satz 2 der VO. über Goldbilanzen v. 28. 12. 23 und im § 2 Abs. 4 der Zweiten DurchfVO. v. 28. 3. 24 vorgesehene gerichtliche Verlängerung der Fristen zur Aufstellung und Vorlegung der Goldmarkeröffnungsbilanzen (Gutachten des KG. v. 2. 10. 25, JMBl. 399; KG. 12. 1. 26, 1a X 71/26.

Nicht hierher gehört dagegen die Leitung der konstituierenden Generalversammlung im Falle des § 196 HGB. (Begr. 118). Unter § 102 fallen ferner die Berufung der Mitgliederversammlung und die Bestellung von Vorstandsmitgliedern bei e i n g e t r a g e n e n V e r e i n e n.

Auch bei den Genossenschaften sind Gebühren zu erheben für die Ernennung von Revisoren und ähnliche Maßnahmen des Registergerichts; die im § 159 GenG. bestimmte Gebührenfreiheit für Verhandlungen und Eintragungen steht dem nicht entgegen KG. 18. 12. 99, **KGJ. 19**, 121. Der Gegenstandswert ist hier nach freiem Ermessen zu schätzen KG. 18. 12. 99, KGJ. **19**, 121.

**Ersuchen um Rechtshilfe.**

**§ 103. (1) Für die Erledigung des Ersuchens eines nichtpreußischen Gerichts in Angelegenheiten, welche**

**durch das Deutsche Gerichtskostengesetz nicht betroffen werden, sind außer den baren Auslagen zu erheben:**

1. **wenn eine Handlung vorgenommen wird, für welche besondere Gebühren bestimmt sind, diese Gebühren;**
2. **wenn nur um die Zustellung oder Aushändigung eines Schriftstücks ersucht ist, fünf Zehnteile der vollen Gebühr, jedoch nicht über 20 Reichsmark;**
3. **in allen anderen Fällen die volle Gebühr, jedoch nicht über 50 Reichsmark.**

**(2) Die bestehenden Staatsverträge werden hierdurch nicht berührt. Gebühren und Auslagen werden nicht erhoben, soweit die Gegenseitigkeit verbürgt ist. Ob diese Voraussetzung gegeben ist, entscheidet der Justizminister.**

1. Über die Erstattung von Kosten der Rechtshilfe oder sonstiger Beistandsleistung in gerichtlichen Angelegenheiten sind zwischen den Ländern „Grundsätze" vereinbart; vgl AVfg. v. 7. 3. 07 — abgedr im Anhang VI und KassO. § 12 Abs. 10—12.

Soweit nicht diese „Grundsätze" ein anderes ergeben, hat die ersuchende Behörde die baren Auslagen zu erstatten. so das Seeamt, das Aufsichtsamt für Privatversicherung, die Versicherungsbehörden der RVO., die Ehrengerichte, Disziplinarbehörden, Kreis- und Stadtausschüsse KassO § 12 Abs. 11. Rechtshilfeersuchen, die unter das DGKG. fallen, sind gänzlich kostenfrei, da sie durch die von dem ersuchenden Gericht erhobenen Gebühren mitabgegolten werden. Andere gebührenfreie Ersuchen: § 7 Auch Ersuchen in Disziplinarsachen sind frei §§ 7, 119; vgl. auch §§ 86, 94 RAO., § 15 d. G v 29 5 79 (GS. 389) (Studierende); §§ 25, 26 BörsenG

**Generalklausel.**

**§ 104.** Ist für ein gerichtliches Geschäft eine Gebühr weder reichsgesetzlich noch in diesem Gesetze bestimmt, so werden fünf Zehnteile der vollen Gebühr erhoben.

1. Anwendungsfälle der Generalklausel sind: Zuziehung des Richters bei der von dem Beteiligten selbst bewirkten Aufnahme des Nachlaßinventars (BGB. § 2002); Anordnung des Amtsgerichts nach Einreichung des Protokolls, daß die Entsiegelung durch das Dorfgericht oder Ortsgericht vorzunehmen sei (Gutachten des KG. v. 27. 4. 17, JMBl. 344); Bewilligung der öffentlichen Zustellung einer Willenserklärung (BGB. § 132) oder der öffentlichen Kraftloserklärung einer Vollmacht (BGB. § 176); ferner nach KG. v. 30. 6. 02, 1 X 678/02: die auf Antrag eines Nacherben an den Vorerben gerichtete richterliche Aufforderung, ein Nachlaßverzeichnis vorzulegen.

Für richterliche Entwürfe privatschriftlicher Urkunden darf keine Gebühr erhoben werden KG. 7. 12. 05, Rsp. 14, 155; vgl. § 41 A. 1 a. E.

## Neunter Abschnitt.

## Gemeinschaftliche Bestimmungen für die Abschnitte 2 bis 8.

**Anträge, Beschwerden.**

**§ 105.** (1) Die Auf- und Annahme von Gesuchen, Anträgen oder Beschwerden erfolgt gebührenfrei. In Grundbuchsachen und in Schiffspfandsachen findet diese Vorschrift bezüglich derjenigen Anträge keine Anwendung, welche zur Herbeiführung einer Eintragung oder Löschung in beglaubigter Form gestellt werden müssen. Die Vorschrift in Satz 1 gilt ferner nicht für die Aufnahme von Anmeldungen zum Handels-, Vereins- und

Güterrechtsregister. Die Aufnahme von Anträgen und Erklärungen nach § 11 des Gesetzes über die Angelegenheiten der freiwilligen Gerichtsbarkeit ist auch in Angelegenheiten, für welche Gerichte eines anderen Landes zuständig sind, gebührenfrei, sofern die Gegenseitigkeit verbürgt ist. Ob diese Voraussetzung gegeben ist, entscheidet der Justizminister.

(2) Soweit nicht besondere Vorschriften getroffen sind, werden im Falle der Zurücknahme eines Antrags, bevor auf ihn eine Entscheidung ergangen ist oder die beantragte Verhandlung stattgefunden hat, zwei Zehnteile der vollen Gebühr, höchstens jedoch 20 Reichsmark, für die Zurückweisung eines unbegründeten oder unzulässigen Antrags fünf Zehnteile der vollen Gebühr, höchstens jedoch 50 Reichsmark, erhoben. In beiden Fällen darf die Gebühr, die für die beantragte Verhandlung oder Entscheidung zu erheben gewesen wäre, nicht überschritten werden. Im Falle einer teilweisen Zurücknahme oder Zurückweisung eines Antrags ist die Gebühr für die Zurücknahme oder Zurückweisung nur insoweit zu erheben, als die Gebühr für die Erledigung des ganzen Antrags die Gebühr für die teilweise Erledigung übersteigt.

(3) 1. Für die Entscheidung, einschließlich des vorangegangenen Verfahrens, in der Beschwerdeinstanz werden fünf Zehnteile der vollen Gebühr erhoben, soweit die Beschwerde als unzulässig verworfen oder zurückgewiesen wird oder die Kosten des Verfahrens einem Gegner zur Last fallen. Insoweit dies nicht der Fall ist, werden keine Gebühren erhoben. Diese Vorschrift gilt

entsprechend bei Anträgen auf Änderung einer Entscheidung des beauftragten oder ersuchten Richters oder des Gerichtsschreibers.

2. Wird die Beschwerde zurückgenommen, bevor eine gebührenpflichtige Entscheidung ergangen ist, so werden zwei Zehnteile der vollen Gebühr erhoben. Betrifft die Zurücknahme nur einen Teil des Beschwerdegegenstandes, während über einen anderen Teil entschieden wird, so ist die Gebühr für die Zurücknahme nur insoweit zu erheben, als die Beschwerdegebühr sich erhöht haben würde, wenn die Entscheidung auf den zurückgenommenen Teil erstreckt worden wäre.

3. Als Beschwerde im Sinne dieses Gesetzes ist auch die Anrufung einer Entscheidung des Landgerichts nach Artikel 51 Abs. 2 des Preußischen Gesetzes über die freiwillige Gerichtsbarkeit anzusehen.

4. Auf die Berechnung des Wertes ist die Vorschrift des § 22 Abs. 1 entsprechend anwendbar.

1. Infolge des Pauschcharakters der für die gerichtlichen Handlungen bestimmten Gebühren ist die Aufnahme von Anträgen und Beschwerden (außer in Grundbuch- und Schiffspfandsachen, sowie in Handels-, Vereins- und Güterrechtsregistersachen) gebührenfrei, wenn sie bei dem mit der Sache selbst befaßtem Gericht geschieht.

Die Aufnahme von Anträgen und Erklärungen in Sachen der freiwilligen Gerichtsbarkeit zum Protokoll der Geschäftsstelle ist auch in Angelegenheiten, für die nichtpreußische Gerichte zuständig sind, gebührenfrei, wenn die Gegenseitigkeit verbürgt ist. dies ist unter den Ländern des Deutschen Reichs der Fall (AVfg. v. 7. 3. 07, abgedr im Anhang VI)

2. Für Zurücknahme und Zurückweisung ist ein bestimmter Gebührensatz (2/10 und 5/10) und gleichzeitig ein doppelter Höchstbetrag vorgesehen. Die Gebühr darf nämlich im Falle der Zurücknahme 20, im Falle der Zurückweisung 50 RM. und in keinem Falle die Gebühr übersteigen, die für die beantragte Verhandlung oder Entscheidung zu erheben gewesen wäre. Greift für die beantragte Verhandlung oder Entscheidung Gebührenfreiheit Platz (z. B. für Eintragung des gesetzlichen Aufwertungsbetrags von Hypotheken usw., § 7 Nr. 7a), so ist auch im Falle der Zurücknahme oder Zurückweisung eines solchen Antrags keine Gebühr zu erheben.

Sonderbestimmungen bezüglich ergebnisloser Verhandlungen enthält § 52. Über Gebührenerhebung im Erbteilungsverfahren nach dessen Einleitung vgl. § 84 A. 1. Eine formlose Besprechung mit dem Richter ist noch kein Antrag. Für eine Zwischenverfügung des Grundbuchamts keine Gebühr; bleibt sie unbeachtet, so muß das Gericht entweder den Antrag zurückweisen oder erklären, daß es ihn als zurückgenommen ansehe KG. 19. 12. 04, KGJ. **29**, B 37.

3. In Beschwerdesachen ist die Gebühr auf 5/10 festgesetzt, um die Anrufung der Beschwerdeinstanz in zweifelhaften Rechtsfragen nicht übermäßig zu erschweren (KB. **1922**, Sp. 29). Begründete Beschwerden sind gebührenfrei; bare Auslagen können niedergeschlagen werden (§ 10). Daraus folgt, daß die Gebühren einer begründeten Beschwerde nicht dem „Gegner" zur Last gelegt werden dürfen, wenn ein solcher vorhanden ist. Wird die Beschwerde nur teilweise zurückgewiesen, so ist die Gebühr nach dem Werte des zurückgewiesenen Teiles des Antrags zu berechnen; unzulässig ist es, dem Beschwerdeführer einen Bruchteil der Beschwerdekosten aufzuerlegen KG. 9. 3. 96, KGJ. **16**, 253; 26. 9. 19, KGJ. **52**, B 285.

Die Beschwerde in Vereinsregistersachen fällt unter das PrGKG., obwohl sich das Verfahren nach der ZPO. richtet.

Entscheidet das Reichsgericht über die weitere Beschwerde, so werden die Kosten vom Urkundsbeamten der Geschäftsstelle des OLG. berechnet. Dieses entscheidet auch über die Erinnerung; aber die Kosten fließen zur Reichskasse Art. IV des RG. betr. Änderungen des GVG. u. der StPO. v. 17. 5. 98, AVfg. v. 3. 1. 00, JMBl. 9. Die unzulässige Beschwerde an das RG. gegen eine drittinstanzliche Entscheidung des OLG. fällt dagegen unter das DGKG. RG. 52, 248.

Die Zurücknahmegebühr tritt auch dann ein, wenn die Beschwerde erst nach vollständiger Absetzung der Entscheidung, aber vor ihrer Zustellung zurückgenommen wird KG. 25. 9. 11, Bürobl. **1912, 64**.

Der Beschwerdegegenstand steht dem Gegenstande des in erster Instanz beantragten Geschäfts gleich. Wird mit der Beschwerde die Einziehung eines Erbscheins und ferner die Erteilung eines neuen Erbscheins mit anderem Inhalt verfolgt und wird einer dieser Beschwerdeteile zurückgewiesen, so bemißt sich der Gegenstand des zurückgewiesenen Beschwerdeteils nach dem Nachlaßwerte KG. 26. 9. 14, KGJ. 52, B 285.

**4.** Der Beschwerdeentscheidung ist gleichgestellt die Entscheidung der Zivilkammer, wenn ein Notar sich weigert, eine Ausfertigung oder Abschrift zu erteilen oder die Einsicht einer Urschrift zu gestatten. In Wahrheit handelt es sich aber um eine erstinstanzliche Entscheidung des Landgerichts, so daß die Sachbeschwerde an das OLG. der Provinz, nicht an das Kammergericht geht KGJ. 33, A 6.

**Beglaubigte Abschriften.**

**§ 106. (1) Auf die Erteilung beglaubigter Abschriften aus den Gerichtsakten finden, soweit nicht ein anderes bestimmt ist, die Vorschriften des § 50 Abs. 1 Nr. 2 und Abs. 2 Anwendung.**

**(2) Soweit für die Erteilung von Bescheinigungen oder beglaubigten Abschriften aus gerichtlichen Registern eine Gebühr nicht bestimmt ist, wird neben den Schreibgebühren der tarifmäßige Stempel erhoben.**

1. Nach FGG. § 34 ist die Erteilung beglaubigter Abschriften aus den Gerichtsakten in weitem Umfange zulässig, sobald der Antragsteller ein berechtigtes Interesse glaubhaft macht. Die Vorschrift des Paragraphen ist auch dann anwendbar, wenn die beglaubigte Abschrift nicht von einer gerichtlichen Urkunde, sondern von einer Verfügung oder von einem Beschlusse des Gerichts erteilt wird. Er gilt aber nur für beglaubigte Abschriften, die aus den Akten herausgegeben, nicht für solche, die bei den Akten zurückbehalten werden Über diese vgl § 109 Abs 1 Nr 1b

**Vereitelte Termine.**

**§ 107. (1) Für einen durch Säumnis einer Partei oder eines Zeugen oder Sachverständigen vereitelten Termin wird eine vom Gerichte festzusetzende Gebühr, welche mindestens auf 2 Reichsmark und höchstens auf 50 Reichsmark zu bemessen ist, in Ansatz gebracht. Diese Gebühr nebst den entstandenen baren Auslagen fällt dem Säumigen zur Last.**

**(2) Die Bestimmungen des ersten Absatzes bleiben außer Anwendung, soweit gegen einen säumigen Zeugen oder Sachverständigen Zwangsmaßregeln nach Maßgabe der Vorschriften der Deutschen Zivilprozeßordnung oder der Deutschen Strafprozeßordnung zulässig sind.**

1. Die Gebühr wird nicht in jedem Falle des Nichterscheinens erhoben. es wird schuldhafte Versäumung des Termins vorausgesetzt Wer zu erscheinen nicht verpflichtet war, begeht keine Säumnis (Beispiel· der angebliche Schwängerer, der über die Vaterschaft vernommen werden soll, Rsp 7, 447)

Auch nachträgliche Entschuldigung schließt die Strafgebühr aus. War die Partei unter der Androhung geladen, daß ihr Antrag usw. als zurückgenommen gelte, so ist § 105 Abs. 2 anzuwenden (Begr. 122).

2. Über Zwangsmaßregeln gegen Zeugen und Sachverständige vgl. ZPO. §§ 390, 409; StPO. §§ 50, 77. Diese sind anwendbar auch im handelsrechtlichen Ordnungsstrafverfahren und bei Erledigung von Ersuchen der Schiedsgerichte der Arbeiterversicherung, der Verwaltungsgerichte, der außerpreußischen Behörden (KG. v. 9. 6. 95, oben § 103 A. 1), der Seeämter und des Patentamts.

**Vollstreckbare Ausfertigung.**

**§ 108. Auf die Entscheidung über die Erteilung einer vollstreckbaren Ausfertigung sind in allen Fällen die Vorschriften des Deutschen Gerichtskostengesetzes anzuwenden. Das gleiche gilt von der gerichtlichen Festsetzung der einem Beteiligten zu erstattenden Kosten, von Zeugnissen über die Rechtskraft sowie von gerichtlichen Vollstreckungshandlungen nach Artikel 17 des Preußischen Gesetzes über die freiwillige Gerichtsbarkeit.**

1. Für die Erteilung von vollstreckbaren Ausfertigungen, Kostenfestsetzung und Rechtskraftzeugnisse werden nach dem DGKG. keine Gebühren erhoben. Unter die Vorschrift des Paragraphen fällt auch die Erteilung von vollstreckbaren Ausfertigungen von Notariatsurkunden durch das Amtsgericht als verwahrende Behörde nach Art. 102 PrFGG. KG. 28. 6. 12. KGJ. 43, 356.

2. Gerichtliche Vollstreckungshandlungen nach Art. 17 PrFGG.: Anwendung von Gewalt auf Grund einer besonderen gerichtlichen Verfügung, um die Herausgabe einer Sache oder einer Person, die Vorlegung einer Sache oder die Durchführung einer gerichtlichen Anordnung zu erzwingen. Vgl. § 33 Nr. 4 DGKG.

## Zehnter Abschnitt.

### Auslagen.

**Bare Auslagen.**

**§ 109.** (1) An baren Auslagen werden erhoben:

1. die Schreibgebühren, und zwar
   a) soweit in den Fällen der persönlichen oder sachlichen Gebührenfreiheit Auslagen erhoben werden, für Ausfertigungen und Abschriften aller Art;
   b) für solche Ausfertigungen und Abschriften, die nur auf besonderen Antrag erteilt werden oder die anzufertigen sind, weil zu den Akten gegebene Urkunden, von denen eine Abschrift zurückbehalten werden muß, von den Beteiligten ohne Überreichung einer Abschrift zurückgefordert werden;
   c) in den im Gesetze besonders bestimmten Fällen;
2. die Telegraphengebühren und die im Fernverkehre zu entrichtenden Fernsprechgebühren;
3. die durch Einrückung einer Bekanntmachung in öffentliche Blätter entstehenden Kosten;
4. die an Zeugen und Sachverständige zu zahlenden Gebühren;
5. die bei Geschäften außerhalb der Gerichtsstelle den Gerichtsbeamten zustehenden Tagegelder, Fahrkosten und Kommissionsgebühren (§ 113);
6. die an andere Behörden oder Beamte oder an Rechtsanwälte für deren Tätigkeit zu zahlenden Beträge, insbesondere auch die an Dorf-, Feld- oder Ortsgerichte zu zahlenden Beträge;
7. die Rechnungsgebühren;

8. die Kosten eines Transports von Personen, Tieren und Sachen sowie der Verwahrung von Sachen und der Verwahrung und Fütterung von Tieren;

9. die Haftkosten.

(2) Müssen in den Fällen der Nr. 1b Urkunden in beglaubigter Abschrift bei den Akten zurückbehalten werden, so erfolgt die Beglaubigung gebühren- und stempelfrei.

Übersicht zu § 109:



1. Allgemeines. Die Aufzählung der zur Hebung kommenden baren Auslagen ist erschöpfend. Die Nr. 1 bis 4, 6 und Abs. 2 gelten auch für die Verwahrungsgebühr in Hinterlegungssachen (HO. v. 21. 4. 13 § 41 Abs. 1). Er treten aber außerdem noch die in § 41 Nr. 10 zu a bis e daselbst genannten besonderen Auslagen hinzu; vgl. Vorbemerkung von § 96.

2. a) Schreibgebühren in Fällen persönlicher oder sachlicher Gebührenfreiheit. Der Begriff der „sachlichen Gebührenfreiheit" ist nicht anwendbar auf solche Fälle, in denen infolge gesetzlicher Abgrenzung der gebührenpflichtigen Tätigkeit des Gerichts gerichtliche Nebengeschäfte gebührenfrei bleiben (vgl. z. B. § 73) oder in denen in Ermangelung einer anwendbaren Gebührenvorschrift Gebühren nicht erhoben werden können. Deshalb werden im Anmeldungsverfahren nach dem AufwG., für das eine Gebühr nicht vor-

gesehen ist, auch keine Schreibgebühren erhoben (AVfg. v. 15. 10. 26, JMBl. 372). Bei Beschwerden sind trotz sachlicher Gebührenfreiheit Schreibgebühren für die Ausfertigung und das Aktenexemplar des Beschlusses zu erheben KG. v. 6. 6. 13, KGJ. 44, 379.

Der Reichsfiskus, zu dessen Gunsten Trennstücke enteignet sind, haftet für die durch die erforderlichen Grundbuchbenachrichtigungen verursachten Schreibkosten KG. 5. 5. 22, JFGErg. 1, 65.

b) Antragsschreibgebühren sind auch für Abschriften und Ausfertigungen zu entrichten, die deshalb angefertigt werden, weil zu den Akten gegebene Urkunden, von denen eine Abschrift zurückgehalten werden muß, von den Beteiligten ohne Überreichung einer Abschrift zurückgefordert werden. Voraussetzung für den Ansatz ist, daß die Beteiligten verpflichtet sind, eine Abschrift einer Urkunde bei den Akten zu belassen.

c) Die Bestimmung, daß Schreibgebühren auch in den im Gesetz besonders bestimmten Fällen zu erheben sind, ist zur Beseitigung möglicher Zweifel aufgenommen worden. Es ist hierbei an die Fälle der §§ 50 Abs. 1 Nr. 2, Abs. 2, § 72 Abs. 1, § 79 Abs. 2 Nr. 1 gedacht, in denen keine Gebühr, aber kraft ausdrücklicher Vorschrift Schreibgebühren in Ansatz kommen.

3. Postgebühren. Über die Behandlung von Postsendungen vgl. AVfg. v. 17. 8. 10, JMBl. 326. Die Befugnis des Gerichts, das Porto für unfrankiert eingegangene Sendungen durch Vermittlung der Post von den Beteiligten einzuziehen, bleibt unberührt.

4. Zu den Einrückungsgebühren gehören auch die Kosten für den Drucksatz solcher Bekanntmachungen, die zur Veröffentlichung bestimmt waren, aber aus einem in der Person des Zahlungspflichtigen liegenden Grunde nicht zum Abdrucke gelangt sind (AVfg. v. 20. 5. 95, JMBl. 161).

5. Zeugen- und Sachverständigengebühren. Zu den Sachverständigengebühren gehören auch die Dolmetschergebühren (AVfg. v. 20. 12. 99, JMBl. 861). Über die Verpflichtung der Parteien zur Entrichtung von Dolmetschergebühren vgl. die AVf. v. 20. 12. 99, JMBl. 861. Keine Dolmetschergebühr in den durch den Etat bestimmten Bezirken, in denen Gehaltszulagen oder Remunerationen an die Dolmetscher gewährt werden, wenn der angestellte Dolmetscher oder der ihn vertretende Justizbeamte zugezogen wurde.

Die Zusatzgebühr des § 53 ist aber unabhängig davon, ob Dolmetschergebühren zu erheben sind.

6. Tagegelder, Fahrkosten, Kommissionsgebühren. Über Reisekosten vgl. Reisekostenges. v. 3. 1. 23 (GS. 3), AV. d. FM. v. 17. 1. 23 und AVfg. v. 24. 1. 23 (JMBl. 47ff.), AVfg. v. 23. 3. 23 (JMBl. 295). Zu den Fahrkosten gehören auch die den Beamten in größeren Ortschaften gewährten Fahrkosten bei Geschäften außerhalb des Gerichtsgebäudes, für die Tagegelder und Reisekosten nicht gewährt werden. Nach § 7 des Reisekostengesetzes werden bei Dienstgeschäften am dienstlichen Wohnsitz sowie außerhalb in geringerer Entfernung als 2 km von dessen Ortsgrenzen lediglich die wirklichen Auslagen erstattet, wenn sie durch außergewöhnliche Umstände gerechtfertigt sind. Nach Ziff. 56 der AV. d. FM. bleibt es dem pflichtmäßigen Ermessen der vorgesetzten Dienstbehörde überlassen, zu entscheiden, wann „besondere Umstände" im Sinne des § 7 vorliegen. Solche werden z. B. auch in der großen Ausdehnung einer Stadt zu erblicken sein. Die Erstattung von Zehrkosten in angemessenen Grenzen wird zu erfolgen haben, sofern dies unter Berücksichtigung der obwaltenden Umstände der Billigkeit entspricht.

7. Transportkosten kommen in Frage z. B. bei gerichtlichen Versteigerungen beweglicher Sachen (§ 45) oder bei Durchführung der im Art. 17 PrFGG. bezeichneten An-

ordnungen. Über Transport von Gefangenen vgl. AVfg. v. 14. 7. 97 (JMBl. 211).

8. Die Vorschrift des Abs. 2 über die Stempelfreiheit findet auch dann Anwendung, wenn bei der Zurückforderung von Urkunden durch die Beteiligten zur Zurückbehaltung bei den Akten bestimmte Abschriften überreicht werden, welche von einem Notar beglaubigt sind (AVfg v. 28. 11. 10, JMBl. 412).

**Schreibgebühren.**

**§ 110. (1) Die Schreibgebühr beträgt für die Seite, die mindestens 32 Zeilen von durchschnittlich 15 Silben enthält, 0,20 Reichsmark, auch wenn die Herstellung auf mechanischem Wege stattgefunden hat. Jede angefangene Seite wird als voll berechnet. Für Schriftstücke, die in fremder Sprache abgefaßt sind, für Schriftstücke in tabellarischer Form sowie für Verzeichnisse, Listen, Rechnungen, Handzeichnungen und dergleichen kann die Höhe der Schreibgebühr durch den Justizminister anderweit bestimmt werden. Die auf die besondere Ausstattung einer Urkunde verwendeten Auslagen, insbesondere diejenigen, welche durch Verwendung von Pergamentpapier entstehen, sind besonders zu erstatten. Der Justizminister wird ermächtigt, bei einer erheblichen Veränderung der wirtschaftlichen Verhältnisse die Schreibgebühr zu erhöhen oder zu ermäßigen.**

**(2) Neben den Schreibgebühren ist unbeschadet der Bestimmungen im § 54 für Ausfertigungen oder beglaubigte Abschriften stempelpflichtiger Urkunden der tarifmäßige Stempel zu erheben. Ist die Urkunde nach den Vorschriften der Stempelgesetze stempelpflichtig, so wird die Erhebung des Stempels für Ausfertigungen und beglaubigte Abschriften dadurch nicht ausge-**

**schlossen, daß nach den Vorschriften dieses Gesetzes der Stempel außer Ansatz geblieben ist.**

**(3) Bei Beurkundung von zweiseitigen Rechtsgeschäften sind zwei Ausfertigungen oder Abschriften, bei sonstigen Beurkundungen ist eine Ausfertigung oder Abschrift schreibgebührenfrei. Die Bestimmungen des Abs. 2 über Erhebung des tarifmäßigen Stempels finden Anwendung. Gegen die Entscheidung über Erinnerungen, welche die Frage betreffen, ob der Anspruch der Partei auf Erteilung einer schreibgebührenfreien Ausfertigung oder Abschrift gerechtfertigt ist, ist die Beschwerde nicht zulässig.**

**1.** Die Schreibgebühr ist durch Vfg. d. JM. v. 7. 3. 27 (GS. 20) auf Grund der Ermächtigung im § 110 Abs. 1 auf 0,30 RM. für die Seite festgesetzt. 480 Silben sind der Mindestbetrag; auch für mehr enthaltende Seiten sind nur 30 Pfg. zu berechnen RG. **21**, 419; KG. 4. 1. 05, KGJ. **29**, B 22. Bei Schriftstücken in fremden Sprachen oder in tabellarischer Form, Verzeichnissen, Listen, Rechnungen, Handzeichnungen und dgl. ist der für die Herstellung des Schreibwerks erforderliche Zeitaufwand zu schätzen; der schätzungsweise ermittelte Zeitaufwand wird in der Weise in Seiten umgewandelt, daß jede Stunde Arbeitszeit mit 5 Seiten, jede angefangene Fünftelstunde mit einer Seite berechnet wird (AVfg. v. 17. 8. 10, JMBl. 325 Nr. 3).

§ 113 gilt auch in Hinterlegungssachen (HO. § 41 Abs. 1). Bezüglich der Anwendung des Abs. 3 findet nur Erinnerung statt, aber keine Beschwerde und weitere Beschwerde, auch keine Aufsichtsbeschwerde und keine Änderung von Amts wegen.

**2.** Stempel. Der Vorbehalt für § 54 soll klarstellen, daß es bei der Stempelfreiheit für die erste Ausfertigung verbleibt. Satz 2 des Abs. 2 trifft insbesondere die zur Herstellung eines Teilbriefs erforderliche Abschrift des Hypotheken- oder Grundschuldbriefs (Begr. 123).

**Zustellung von Amts wegen.**

**§ 111.** Für die von Amts wegen bewirkten Zustellungen werden nur diejenigen baren Auslagen erhoben, welche durch die Zustellung im Ausland oder bei öffentlicher Zustellung durch Bekanntmachung in öffentlichen Blättern entstehen.

**Reisekosten.**

**§ 112.** (1) Ist ein und dieselbe Reise durch mehrere Geschäfte veranlaßt, so werden die Tagegelder und Fahrkosten der Gerichtspersonen gleichmäßig nach der Zahl der Geschäfte auf dieselben verteilt und nur die entsprechenden Teilbeträge von den Zahlungspflichtigen erfordert. In den Fällen des zweiten Abschnitts ist jedoch mindestens die im § 51 bestimmte Gebühr zu erheben. Die Zahlungspflichtigen haften in allen Fällen als zweite Schuldner für die einem andern zur Last fallenden Teilbeträge bis zur Höhe der Tagegelder und Fahrkosten, welche bei abgesonderter Ausführung des Geschäfts entstanden wären.

(2) Sind mehrere Geschäfte auf derselben Reise an verschiedenen Orten ausgerichtet, so werden die Fahrkosten auf die mehreren Geschäfte, durch welche die Reise veranlaßt ist, nach Verhältnis derjenigen Beträge verteilt, welche bei abgesonderter Erledigung jedes dieser Geschäfte an Fahrkosten entstanden wären.

(3) Insoweit die Reisen im Interesse der Gerichtsverwaltung, insbesondere wegen eintretender Behinderung eines Beamten, erfolgen müssen, wird von den Parteien nichts erhoben.

1. Allgemeines. § 112 gilt landesrechtlich auch für die streitige Gerichtsbarkeit (§ 115).

2. Über Reisekosten vgl. Reisekostengeſ. v. 3. 1. 23 (GS. 3), AV. d. FM. v. 17. 1. 23 und AVfg. v. 24. 1. 23 (JMBl. 47ff.), AVfg. v. 23. 3. 23 (JMBl. 295). Die Zusatzgebühr des § 51 von $^{5}/_{10}$ der vollen Gebühr, höchstens 50 RM., bildet auch für die Fälle gerichtlicher Beurkundung den Mindestsatz.

3. Über Verteilung der Tagegelder und Fahrkosten auf mehrere Geschäfte vgl. AVfg. v. 17. 1. 01 (JMBl. 14). Diese bestimmt über mehrere Geschäfte auf einer Reise oder mehrere auswärtige Geschäfte an einem Tage:

a) Ist der gemäß § 112 Abs. 1 ermittelte Anteil an den Reisekosten höher als der für eine Einzelreise zu berechnende Betrag, so ist nur dieser geringere Betrag bei dem Geschäft anzusetzen, der Rest der Gesamtkosten aber auf die anderen Geschäfte zu verteilen.

b) Bei mehreren Einzelreisen am selben Tage darf nicht mehr als der Tagegeldersatz für Staatsdienstreisen angesetzt werden. Dieser Tagegeldersatz ist auf die einzelnen Geschäfte zu verteilen. Kommissionsgebühren (§ 113) sind unverkürzt zu zahlen und anzusetzen.

c) Treffen eine Staatsdienstreise und eine Reise in Parteisachen zusammen, so sind den Parteien stets die Tagegelder und Reisekosten zu berechnen, die für eine Reise des an sich zuständigen Beamten vom Orte seines Amtssitzes (oder am Gerichtstage vom Gerichtstagsorte, § 134) entstanden wären, gleichviel ob der Beamte besondere Tagegelder und Reisekosten für eine Reise in Parteisachen erhält oder nicht.

Die Verteilung der Reisekosten auf die mehreren Geschäfte findet auch statt, wenn Geschäfte der freiwilligen und der streitigen Gerichtsbarkeit zusammen erledigt sind: § 118. Sie tritt auch dann ein, wenn die Kosten eines dieser Geschäfte der Staatskasse zur Last fallen oder ihr nachträglich auferlegt worden sind KG. 18. 12. 99, KGJ. 19, 117.

**Kommissionsgebühren.**

**§ 113.** (1) Für die von einer Partei beantragte Errichtung eines Testaments oder eines Erbvertrags außerhalb der Gerichtsstelle steht in den Fällen, in welchen die Gerichtspersonen Tagegelder und Reisekosten nicht beziehen, dem Richter eine Entschädigung von 6 Reichsmark und dem Urkundsbeamten der Geschäftsstelle eine solche von 4 Reichsmark zu (Kommissionsgebühren).

(2) Diese Entschädigungen sind, sofern die Gerichtspersonen den Weg nach dem in dem Antrage bezeichneten Orte angetreten haben, auch dann zu zahlen, wenn es zur Ausführung des beantragten Geschäfts aus einem in der Person des Antragstellers liegenden Grunde nicht gekommen ist.

1. Als Gerichtsstelle gelten auch die zur Abhaltung eines Gerichtstags bestimmten Räumlichkeiten (§ 134).

2. Kommissionsgebühren werden in der Regel nur gewährt, wenn die Verfügung von Todes wegen innerhalb 2 km vom Gerichtsort aufzunehmen ist und deshalb Reisekosten und Tagegelder nicht zu erheben sind. Der Ansatz von Fuhrkosten schließt die Kommissionsgebühr nicht aus. Wird eine Schenkung von Todes wegen (BGB. § 2301) außerhalb der Gerichtsstelle beurkundet, so ist nicht die Kommissionsgebühr, sondern die Zusatzgebühr des § 51 zu erheben. Für mehrere an demselben Orte aufgenommene Verfügungen von Todes wegen (drei Erbverträge zwischen der Stadt und drei Insassen eines Siechenhauses) sind auch mehrfache Kommissionsgebühren zu entrichten KG. 26. 3. 00, KGJ. 20, B 3.

3. Unter die in Abs. 2 behandelte Vereitelung des Geschäfts fällt es insbesondere, wenn der Testator nicht mehr lebend oder nicht verfügungsfähig angetroffen wird (Begr. 124).

**Rechnungsgebühren.**

**§ 114.** (1) Für Rechnungsarbeiten, welche durch einen zur Anfertigung derselben bestellten Beamten vorgenommen werden, ist eine Stundengebühr zu erheben, welche unter Berücksichtigung des Wertes des Gegenstandes auf 1 Reichsmark bis 2,50 Reichsmark für die Stunde zu bemessen ist. Dieselbe wird nach der Zahl der Stunden berechnet, welche für die Arbeit erforderlich waren. Wurde mit Unterbrechungen gearbeitet, so wird die notwendig gewordene Arbeitszeit zusammengerechnet. Mit dieser Maßgabe gilt eine angefangene Stunde als eine volle Stunde. Die Vorschrift des § 110 Abs. 1 Satz 5 gilt entsprechend.

(2) In Vormundschaftssachen werden Rechnungsgebühren für die Prüfung eingereichter Rechnungen oder Vermögensübersichten nur erhoben, wenn der in der Rechnung nachgewiesene Betrag der Einnahme die Summe von 300 Reichsmark übersteigt oder wenn die Vermögensübersicht einen Vermögensstand nach Abzug der Schulden von mehr als 15 000 Reichsmark ergibt. Die Vorschrift des § 93 Abs. 2 Satz 2 gilt entsprechend.

(3) Die Festsetzung der Rechnungsgebühren erfolgt durch das Gericht. Beschwerden werden im Aufsichtsweg erledigt.

1. Über Anfertigung von Rechnungsarbeiten bei den Justizbehörden und die Rechnungsgebühren vgl. AVfg. v. 18. 1. 21 (JMBl. 56)

in der Fassung der AVfg. v. 19 12. 23 (JMBl. 759) — abgedr im Anhang IVa; ferner AVfg. v. 22. 12. 99 (JMBl. 865) — abgedr im Anhang IVb und AVfg. v. 28. 6. 07 (JMBl. 417) — abgedr. im Anhang IVc.

2. Die Einschränkung der Erhebung von Rechnungsgebühren in Vormundschafts-, Pflegschafts- und Beistandschaftssachen gilt nur für die in Abs 2 bezeichneten Rechnungsarbeiten, dagegen ist die Erhebung der Gebühren für andere in Vormundschaftssachen etwa vorkommende Rechnungsarbeiten, z. B für die förmliche Rechnungsaufnahme von dem Vormund durch einen Rechnungsbeamten, nicht ausgeschlossen (Vfg. d. JM. v. 13. 3. 96, Müller 163).

3. Rechtsbehelfe. Gerichtliche Erinnerung und Kostenbeschwerde sind ausgeschlossen; mit diesen kann nur die Zahlungspflicht des Kostenschuldners angegriffen werden. Ob die Zuziehung des Rechnungsbeamten notwendig und zweckmäßig war, haben die gerichtlichen Beschwerdeinstanzen nicht zu prüfen KG. 31. 5. 06, KGJ **32**, B 20. Die Niederschlagungsbefugnis des Gerichts nach § 10 erstreckt sich auch auf die Rechnungsgebühren; der Rechnungsbeamte hat im Falle der Niederschlagung kein Beschwerderecht KG. 19. 10. 17, KGJ **50**, B 252.

# Zweiter Teil.

# Angelegenheiten der streitigen Gerichtsbarkeit.

## Erster Abschnitt.

## Allgemeine Bestimmungen.

### Anwendbarkeit des Preußischen GKG.

**§ 115.** (1) Die Vorschriften der §§ 7, 8, 12 Abs. 2 sowie der §§ 13, 15, 16, 17, 29, 30, 112 finden auch in den Angelegenheiten der streitigen Gerichtsbarkeit Anwendung. In dem Verfahren der Zwangsversteigerung oder der Zwangsverwaltung von Gegenständen des unbeweglichen Vermögens sowie der Zwangsliquidation einer Bahneinheit finden alle Vorschriften des ersten und zehnten Abschnitts des ersten Teiles Anwendung.

(2) In bürgerlichen Rechtsstreitigkeiten beginnt die Verjährung der Gerichtskosten mit dem Schlusse desjenigen Jahres, in welchem das Verfahren durch unbedingte Entscheidung über die Kosten, durch Vergleich oder Zurücknahme oder anderweite Erledigung beendigt ist. Im Sinne dieser Bestimmung gilt das Verfahren als erledigt, wenn seit der letzten Prozeßhandlung des Gerichts zwei Jahre verflossen sind, ohne daß ein Antrag auf Fortsetzung des Verfahrens gestellt wäre. Wird das Verfahren während des Laufes der Verjährungsfrist wieder aufgenommen, so wird hierdurch die Verjährung unterbrochen.

1. Die für anwendbar erklärten Vorschriften betreffen Gebührenfreiheit, Verjährung und Einziehung der Kosten, Stundung und Niederschlagung, Stempel, Reisekosten.

**Anwendbarkeit des DGKG.**

**§ 116.** (1) Das Deutsche Gerichtskostengesetz und die Vorschriften des § 115 finden, soweit nicht ein anderes bestimmt ist, Anwendung auf die vor die ordentlichen oder vor besondere Gerichte gehörigen Rechtssachen, für welche die Deutsche Zivilprozeßordnung oder die Deutsche Strafprozeßordnung kraft landesgesetzlicher Vorschrift maßgebend sind.

(2) Auf die Kosten für das Verfahren vor den staatlichen Gewerbegerichten in der Rheinprovinz finden die Bestimmungen der §§ 58 bis 60 des Reichsgesetzes vom 29. Juli 1890, betreffend die Gewerbegerichte

(Reichs-Gesetzbl. S. 141) in der Fassung der Bekanntmachung vom 29. September 1901 (Reichs-Gesetzbl. S. 353) Anwendung.

(3) Die Vorschriften des § 96 des Gesetzes vom 18. Februar 1880, betreffend das Verfahren in Auseinandersetzungsangelegenheiten (Gesetzsamml. S. 59), bleiben unberührt.

1. Als besondere Gerichte im Sinne des Abs 1 kommen in Betracht die Rheinschiffahrtsgerichte (G. v. 8. 3. 79, GS. 129) und Elbschiffahrtsgerichte (G. v. 4. 6 24 GS. 543)

2. Die Gewerbegerichte in der Rheinprovinz sind durch das Arbeitsgerichtsgesetz v. 23. 12 26 beseitigt

### Forstdiebstahlsachen.

**§ 117.** Die auf die Kosten in Strafsachen bezüglichen Vorschriften des Deutschen Gerichtskostengesetzes finden auf die nach dem Gesetze vom 15. April 1878, betreffend den Forstdiebstahl (Gesetzsamml. S. 222), in der Fassung des Gesetzes vom 14. Dezember 1920 (Gesetzsamml. 1921 S. 103), zu behandelnden Strafsachen mit folgenden Maßgaben Anwendung:

1. Ist nicht auf Grund der §§ 6, 8 des Gesetzes vom 15. April 1878 auf Strafe erkannt worden, so werden für jede Instanz, in welcher eine Hauptverhandlung stattgefunden hat, acht Zehnteile der Sätze des § 52 des Deutschen Gerichtskostengesetzes erhoben.
2. Ist in Fällen, in welchen der Erlaß des Strafbefehls zulässig ist, ohne Erlaß eines solchen zur Hauptverhandlung geschritten und die Verurteilung auf sofortiges Geständnis ohne Beweisaufnahme

erfolgt, so werden in erster Instanz fünf Zehnteile der Sätze des § 52 erhoben.

3. Ist nach § 17 des Gesetzes vom 15. April 1878 durch Strafbefehl oder Urteil auf die Einziehung von Holz erkannt, so ist der Wert des Holzes an Stelle der Strafe für die Höhe der Gebühr maßgebend, die Gebühr beträgt jedoch in jeder Instanz höchstens zehn Reichsmark.

1. Der Vorbehalt bezüglich der §§ 6, 8 des Forstdiebstahlgesetzes ist gemacht, weil in diesen Fällen das ordentliche Strafverfahren Platz greift: ForstdiebstG. § 30.

**Verteilungsverfahren bei Enteignung.**

**§ 118.** Auf ein Verteilungsverfahren im Falle einer Enteignung (Artikel 53, 54, 109 des Einführungsgesetzes zum Bürgerlichen Gesetzbuch) oder der Beschädigung eines Grundstücks durch Bergbau finden die Vorschriften über ein Verteilungsverfahren im Falle der Zwangsvollstreckung entsprechende Anwendung. Wird der Antrag auf Eröffnung des Verfahrens zurückgewiesen oder wird er zurückgenommen, ehe die Eröffnung des Verfahrens verfügt ist, so werden fünf Zehnteile der vollen Gebühr nach dem den Gegenstand des Verfahrens bildenden Gesamtbetrag und, wenn ein Berechtigter der Antragsteller ist und der von diesem Berechtigten beanspruchte Betrag geringer ist als der Gesamtbetrag, nach dem Betrage des Anspruchs erhoben.

1. Das hier bezeichnete Verteilungsverfahren unterliegt den für ein Verteilungsverfahren im Falle der Zwangsversteigerung geltenden Vorschriften: Vgl. PrAG. ZVG. Art. 35ff. Das Verfahren wird jedoch nur auf den Antrag des Eigentümers oder eines Berechtigten, z. B. eines Hypothekengläubigers, eingeleitet.

**Disziplinarverfahren.**

**§ 119. In den im Disziplinarverfahren verhandelten Sachen werden nur bare Auslagen nach Maßgabe des Deutschen Gerichtskostengesetzes und Postgebühren erhoben.**

1. Bare Auslagen: §§ 72, 73 DGKG. Über den Ansatz der baren Auslagen vgl. RVfg. v. 28. 2. 98, Müller 519. Gegen Entscheidungen der Oberlandesgerichte über Erinnerungen, welche den Kostenansatz in Disziplinarsachen betreffen, ist eine Beschwerde nicht zulässig, insbesondere ist eine Zuständigkeit des Staatsministeriums zur Entscheidung über derartige Beschwerden aus den bestehenden gesetzlichen Vorschriften nicht herzuleiten (Vfg. d. JM. v. 28. 2. 98, Müller 1576).

Auch Auslagen werden nicht erhoben, wenn Ordnungsstrafen oder Rügen im Aufsichtswege, also ohne förmliches Disziplinarverfahren, verhängt werden.

## Zweiter Abschnitt.

## Zwangsversteigerung und Zwangsverwaltung von Gegenständen des unbeweglichen Vermögens. Zwangsliquidation einer Bahneinheit.

**Einleitung des Verfahrens.**

**§ 120.** Die volle Gebühr wird erhoben für die Entscheidung, einschließlich des vorangegangenen Verfahrens, über Anträge auf Anordnung der Zwangsversteigerung, der Zwangsverwaltung oder der Zwangsliquidation. Ist ein Gläubiger der Antragsteller, so werden die Gebühren nach dem Betrage der einzuziehenden Forderungen nebst den miteinzuziehenden Zinsen berechnet; im übrigen werden die Gebühren nach der Hälfte des Wertes des Gegenstandes der

Zwangsversteigerung, der Zwangsverwaltung oder der Zwangsliquidation berechnet.

(2) Wird der Antrag zurückgenommen, ehe eine gebührenpflichtige Entscheidung ergangen ist, so wird ein Zehnteil der im Abs. 1 bestimmten Gebühr erhoben. Im Falle einer teilweisen Zurücknahme wird diese Gebühr nur insoweit erhoben, als die im Abs. 1 bestimmte Gebühr sich erhöht haben würde, wenn die Entscheidung auf den zurückgenommenen Teil erstreckt worden wäre.

1. Berechnung der Gebühren nach der Hälfte des Wertes des Gegenstandes der Zwangsversteigerung pp. greift Platz bei Zwangsversteigerungen „in besonderen Fällen", z. B. auf Antrag des Erben zum Zwecke der Befriedigung der Nachlaßgläubiger, auf Antrag des Konkursverwalters oder zum Zwecke der Aufhebung einer Gemeinschaft unter Miterben oder Miteigentümern (ZVG. §§ 172ff.). Die Gebühren für solche Versteigerung fallen nicht deshalb fort, weil nachträglich ein Gläubiger den Versteigerungsantrag stellt KG. 12. 10. 03, Rsp. 7, 141. Der Gegenstandswert ist vom Gericht frei zu schätzen.

**Versteigerungstermin und Verteilungsverfahren.**

**§ 121.** (1) In dem Verfahren der Zwangsversteigerung werden erhoben:

1. für den Erlaß der Bekanntmachung des Versteigerungstermins die volle Gebühr;
2. für die Abhaltung des ersten Versteigerungstermins die volle Gebühr;
3. für die Abhaltung eines jeden Versteigerungstermins nach Abhaltung des ersten fünf Zehnteile;
4. für das Verteilungsverfahren das Zweifache der vollen Gebühr.

(2) Die Gebühr für den Erlaß der Bekanntmachung des Versteigerungstermins wird nur einmal erhoben. Wird jedoch nach Abhaltung des bekannt gemachten Termins ein neuer Termin bekannt gemacht, so werden fünf Zehnteile der vollen Gebühr erhoben.

(3) Die Bekanntmachung des Versteigerungstermins gilt als erlassen, wenn sie zur Veröffentlichung oder an einen der Beteiligten abgesandt worden ist.

(4) Der Versteigerungstermin gilt als abgehalten, wenn in demselben nach Feststellung der Versteigerungsbedingungen zur Abgabe von Geboten aufgefordert worden ist.

(5) Findet nach § 144 des Gesetzes über die Zwangsversteigerung und die Zwangsverwaltung ein Verteilungsverfahren nicht statt, oder wird nach § 143 desselben Gesetzes ein Verteilungsverfahren nach der Zustellung der Bestimmung des Verteilungstermins, aber vor dem Beginne des Verteilungstermins eingestellt, so wird die volle Gebühr erhoben. Ist diese Gebühr und die Gebühr der Nr. 4 des Abs. 1 von verschiedenen Teilen des Erlöses zu berechnen, so darf der Gesamtbetrag die nach Abs. 1 Nr. 4 von dem Gesamterlöse zu berechnende Gebühr nicht überschreiten.

1. Die in den §§ 121, 122 bestimmten Gebühren umfassen die ganze Tätigkeit des Vollstreckungsgerichts, insbesondere die von ihm als solchem vorgenommenen Beurkundungen (Übernahme von Hypotheken oder Bürgschaften, Meistgebotsabtretung) KG. 6 6. 04, KGJ. **28**, B 19 Diese Beurkundung ist auch dann gebührenfrei, wenn das Protokoll zwischen dem Versteigerungs- und dem Verkündungstermin aufgenommen ist KG. 6. 10. 11, KGJ. **41**, 323 Beurkundungen, die über den Rahmen des Versteige-

rungsverfahrens hinausgehen, sind aber besonders zu berechnen.

2. Das Verteilungsverfahren findet nicht statt, wenn sich die Beteiligten geeinigt haben oder wenn der Ersteher die durch das Gebot gedeckten Berechtigten befriedigt hat oder von ihnen als alleiniger Schuldner angenommen ist (außergerichtliche Verteilung und außergerichtliche Befriedigung, ZVG. §§ 143, 144).

Die Gebühr für das Verteilungsverfahren bestimmt sich nach dem Meistgebot und nicht nach dem Betrage des bar zu verteilenden Erlöses (§ 123) KG. 14. 6. 12, Bürobl. 12, 163.

**Zuschlag.**

**§ 122.** (1) Für den Beschluß, durch welchen im Verfahren der Zwangsversteigerung der Zuschlag erteilt worden ist, wird das Zweifache der vollen Gebühr erhoben.

(2) Daneben wird der Betrag des nach den Bestimmungen der Stempelgesetze zu berechnenden Wertstempels erhoben.

(3) Im Falle der Zwangsversteigerung zum Zwecke der Aufhebung einer Gemeinschaft bleibt bei der Berechnung der Gebühren der Teil des Meistgebots außer Betracht, der auf den dem Ersteher bereits zustehenden Anteil an den versteigerten Gegenständen fällt. Im Falle der Gemeinschaft unter Miterben gilt im Sinne dieser Vorschrift jeder Miterbe als Miteigentümer nach Verhältnis seines ideellen Anteils am Nachlasse.

(4) Wird der Beschluß aufgehoben, so werden die angesetzten Beträge nicht erhoben oder, wenn sie bezahlt sind, erstattet.

1. Schuldner der Gebühr für den Zuschlagsbeschluß ist der Ersteher (§ 129), bei Abtretung der Rechte aus dem Meistgebote haftet für die durch den Zuschlagsbeschluß entstehenden Gebühren und Stempel nur der Ersteher; nicht auch der Meistbietende, welcher seine Rechte abgetreten hat. Der § 58 ZVG gilt nur im Verhältnisse unter den Beteiligten, nicht auch gegenüber der Staatskasse KG 6 6. 07, KGJ 34, B 5.

2. Ein Stempel wird für den Zuschlagsbeschluß nur noch insoweit erhoben, als sich dieser auf nicht unter das Grunderwerbsteuergesetz fallende Gegenstände erstreckt (§ 1 d LStG v 19 1 26 — abgedr im Anhang V). Über die Berechnung und Ermittlung des für den Stempelersatz maßgebenden Wertes in diesen Fällen vgl § 6 Ziff 4 LStG.

**Wertberechnung.**

**§ 123.** (1) Die nach den §§ 121, 122 zu erhebenden Gebühren werden nach dem Gebote berechnet, für welches der Zuschlag erteilt ist.

(2) Erreicht das Gebot nicht den Wert des Gegenstandes, so tritt bei Berechnung der nach § 121 Abs. 1 Nr. 1, 2, 3, § 122 zu erhebenden Gebühren dieser an die Stelle des Gebots; ein höherer Wert als der bei Berechnung des geringsten Gebots angenommene darf der Gebührenberechnung aus § 121 nur dann zu Grunde gelegt werden, wenn er spätestens im Versteigerungstermine bekannt gemacht worden ist. Wenn der Ersteher zur Zeit der Einleitung der Zwangsversteigerung Hypotheken- oder Grundschuldgläubiger ist, so tritt an die Stelle des Meistgebots, falls dieses hinter dem Gesamtbetrage der Hypotheken oder Grundschuldforderungen des Erstehers und der diesen vorangehenden Forderungen zurückbleibt, dieser Gesamtbetrag, sofern er nicht den Wert des Gegenstandes übersteigt.

**(3) Ist der Zuschlag nicht erteilt, so werden die nach § 121 zu erhebenden Gebühren nach dem Werte des Gegenstandes berechnet.**

**(4) Sind nach § 65 des Gesetzes über die Zwangsversteigerung und die Zwangsverwaltung Gegenstände besonders versteigert oder anderweit verwertet worden, so tritt für die Berechnung der Gebühren für das Verteilungsverfahren ihr Erlös dem Gebote hinzu.**

1. Allgemeines. § 123 gilt nicht für den Stempel (§ 122 Abs. 2), wohl aber nach § 128 Abs 2 für die Eintragung des Erstehers im Grundbuch

2. Gebot ist das Meistgebot, das Gebot, für welches der Zuschlag erteilt ist, umfaßt außer dem in Geld bestimmten Kaufpreise, dem Bargebot, auch die bei der Feststellung des geringsten Gebots berücksichtigten und deshalb bestehen bleibenden Rechte und ferner diejenigen Rechte, die der Ersteher zufolge besonderer Versteigerungsbedingungen zu übernehmen hat Ist in das geringste Gebot eine Gesamthypothek oder eine Höchstbetragshypothek aufgenommen, so ist für die Wertberechnung des Gebots ihr voller Betrag einzusetzen KG. 21 12 03, Rsp 11, 126; 4. 7 04, KGJ 29, B 49; 23 5 05, KGJ 31, B 31 Für die gebührenrechtliche Berechnung des Gebots ist der Inhalt des Zuschlagsbeschlusses maßgebend. jede danach bestehen bleibende oder vom Ersteher zu übernehmende Pfandpost ist dem Bargebot mit dem vollen im Zuschlagsbeschluß angegebenen Betrag auch dann hinzuzurechnen, wenn bei ihr eine Löschungsvormerkung eingetragen ist, sofern nicht das Löschungsrecht vor Erteilung des Zuschlags ausgeübt und dadurch die Post beseitigt ist KG 8. 11. 18, KGJ. 51, B 390. Altenteile und sonstige Rechte, die ohne Berücksichtigung im geringsten Gebot bestehen bleiben und überflüssiger Weise bei Feststellung des geringsten Gebots berücksichtigt sind, sind dem Bargebot nicht hinzuzurechnen KG 16 4 09, KGJ. 38, B 44 Wenn jedoch nach § 9 Abs 2

EG.ZVG. ein doppeltes Ausgebot stattgefunden hat und das Grundstück unter der ausdrücklichen Bedingung der Übernahme eines Altenteils zugeschlagen ist, so sind die Gebühren nach dem Bargebot unter Hinzurechnung des Werts des Altenteils zu berechnen Vfg. d. JM. v. 9. 2. 07, Müller 1577 Der Wert einer Rentengutsrente ist dem Bargebot stets hinzuzurechnen KG. 27. 11. 14, KGJ. 47, B 305.

3. Wert des Gegenstandes. Der Wert der mitversteigerten beweglichen Sachen ist dem Grundstückswert hinzuzurechnen KG 30. 10. 14, KGJ. 47, 311. Der gemeine Grundstückswert ist unter Außerachtlassung besonderer und ungewöhnlicher Ausbeutungsmöglichkeiten zu schätzen, und zwar sind die Gebühren des § 121 nicht nach dem Werte zu berechnen, den spätere Ermittlungen als den wahren Wert ergeben, sondern nach dem Werte, der bei Berechnung des geringsten Gebots angenommen ist oder der spätestens im Versteigerungstermin bekannt gemacht worden ist.

4. Voraussetzung der dem Ersteher, wenn er Grundstücksgläubiger ist, gewährten Vergünstigungen ist, daß die Grundpfandpost des Erstehers wenigstens zum Teil ausfällt KG. 10. 6. 10, KGJ. 40, 382. Sie kommt aber auch dem Hypothekengläubiger zugute, der nach den Umständen des Falles annehmen durfte, daß seine Forderung nicht vollgedeckt werden würde, aber gleichwohl voll zur Hebung kommt KG. 26. 10. 17, KGJ. 50, B 267. Der Gläubiger einer Grundpfandpost braucht als solcher nicht im Grundbuch eingetragen zu sein. Der Miterbe, der in ungeteilter Erbengemeinschaft an einer Nachlaßhypothek mitberechtigt ist, ist aber nicht Hypohekengläubiger im Sinne dieser Vorschrift KG. 17 9. 15, KGJ. 48, B 306.

Bei Anwendung der Vergünstigung sind die drei Faktoren: Meistgebot, gemeiner Wert und „Gesamtbetrag" zu ermitteln und miteinander zu vergleichen. In den „Gesamtbetrag" einzurechnen sind nicht nur die Kapitalien, sondern auch Zinsen und Kosten, für die das Grundstück haftet, und die sonstigen im § 10 ZVG. bezeichneten Rechte, soweit sie der Grundpfandpost des Erstehers vorgehen KG. 22. 4. 10, KGJ. **40**, 387. Unvalutierte Teile einer durch Rangabtretung vorgetretenen Baugeldpost sind dann nicht zu berücksichtigen, wenn die Rangabtretung sich auf die wirklich valutierten Teile des Baugeldes beschränkte KG. 29. 3. 12, KGJ. **42**, 339. Die Berechnung der Zinsen usw. ist für den Tag des Zuschlags aufzumachen, nicht für den Tag der Verteilung. Erwirbt der Ersteher während des Verfahrens noch eine weitere Hypothek dazu, die gleichfalls ausfällt, so ist auch diese mit Zinsen und Kosten in den Gesamtbetrag einzurechnen KG. 2. 5. 13, KGJ. **44**, 398.

**Versteigerung mehrerer Gegenstände.**

**§ 124.** Betrifft das Verfahren der Zwangsversteigerung mehrere Gegenstände, so werden die im § 121 bestimmten Gebühren nach der Summe der für die einzelnen Gegenstände maßgebenden Beträge berechnet. Werden mehrere Gegenstände verschiedenen Personen zugeschlagen, so werden die im § 122 bestimmten Gebühren, Stempel und Abgaben nach den Personen der Ersteher gesondert berechnet.

1. Die Gebühren für das Verfahren werden stets nach dem Gesamtwerte, dagegen die Gebühren für den Zuschlag nach den einzelnen Meistgeboten der verschiedenen Ersteher berechnet.

**Fälligkeit.**

**§ 125.** (1) Die im § 121 bestimmten Gebühren werden, wenn der Zuschlag erteilt ist und ein Verteilungstermin stattfindet, nicht vor diesem Termin erhoben.

(2) Ist der Zuschlag nicht erteilt, so werden die Gebühren fällig, sobald der den Zuschlag versagende

Beschluß erlassen oder das Verfahren ohne solchen Beschluß beendigt ist oder das Verfahren nach Abhaltung des Versteigerungstermins nur noch auf Antrag fortzusetzen ist.

(3) Ist das Verfahren eingestellt, so werden mit dem Ablauf eines Jahres seit dem Erlasse des Einleitungsbeschlusses die bis dahin entstandenen Gebühren fällig.

1. Die im § 120 bestimmten Gebühren werden fällig, sobald der Einleitungs- oder Beitrittsbeschluß erlassen ist. Die Gebühren für Bekanntmachung und Abhaltung des Versteigerungstermins werden, wenn der Zuschlag erteilt ist und ein Verteilungstermin stattfindet, fällig, sobald der Verteilungstermin abgehalten ist KG. 13. 5. 21, KGJ. 53, B 316.

### Zwangsverwaltung.

#### a) Gebührensatz und -berechnung.

**§ 126.** (1) In dem Verfahren der Zwangsverwaltung wird für jedes Jahr das Zweifache der vollen Gebühr erhoben. Der Tag der Beschlagnahme gilt als der erste Tag eines jeden Verwaltungsjahrs.

(2) Die Gebühr wird nach demjenigen Betrage der Einkünfte berechnet, welcher nach Berichtigung aller Ausgaben der Verwaltung und der laufenden Beträge der öffentlichen Lasten zur Verteilung gelangt, mindestens jedoch nach dem Betrage des Grundsteuerreinertrags und des Gebäudesteuernutzungswerts. In den Hohenzollernschen Landen tritt an Stelle des Grundsteuerreinertrags und Gebäudesteuernutzungswerts der Betrag von vier Prozent des Steueranschlags.

1. Zwangsverwaltung. Die Verwaltung nach § 94 ZVG. ist keine Zwangsverwaltung, vielmehr Bestandteil

der Zwangsversteigerung und durch deren Gebühr mit gedeckt; ebenso die Bewachung und Verwahrung des Schiffes nach ZVG § 165

b) **Fälligkeit.**

**§ 127.** (1) Die Gebühren im Verfahren der Zwangsverwaltung werden am Ende des Verfahrens und, wenn dasselbe länger als ein Jahr dauert, am Ende eines jeden Jahres erhoben.

(2) Ist der Gegenstand des Verfahrens vor Aufhebung desselben dem Verwalter nicht übergeben oder nicht von demselben in Besitz genommen, so werden Gebühren nicht erhoben.

**Berichtigung des Grundbuchs oder Schiffsregisters.**

**§ 128.** (1) Für die von dem Vollstreckungsgerichte veranlaßte Tätigkeit des Grundbuchamts und des das Schiffsregister führenden Richters werden Gebühren nicht erhoben, mit Ausnahme jedoch der Eintragung des Erstehers als Eigentümer und der Eintragung der Sicherungshypothek oder des Pfandrechts für die Forderung gegen den Ersteher.

(2) Für die Eintragung des Erstehers als Eigentümer ist der Wert nach dem § 123 Abs. 1 und 2 zu berechnen.

1. Über Tätigkeit des Grundbuchamts und des das Schiffsregister führenden Richters vgl. ZVG. § 128; an Stelle der Sicherungshypothek tritt bei versteigerten Schiffen ein Schiffspfandrecht Für die Eintragungsgebühr der Sicherungshypothek haftet auch der Gläubiger, für den sie eingetragen wird KG 16. 4 09, KGJ 38, B 40

2. Die Gebühr für die Eintragung des Erstehers als Eigentümers wird nach dem Gebot, evtl. dem gemeinen Wert zur Zeit des Zuschlags und ausnahmsweise nach dem im § 123 bezeichneten „Gesamtbetrag" berechnet.

Zahlungspflicht.

**§ 129.** (1) Zur Zahlung der im § 120 bestimmten Gebühren ist der Antragsteller, zur Zahlung der im § 122 bestimmten Gebühren, Stempel und Abgaben ist der Ersteher verpflichtet. Für die nach den §§ 121, 126 zu erhebenden Gebühren haftet der Antragsteller, sofern sie nicht aus einer bar vorhandenen Teilungsmasse entnommen werden können.

(2) Für die von dem Antragsteller zu erhebenden Kosten und Kostenvorschüsse haftet von mehreren Antragstellern, sofern diese nicht Mitberechtigte sind, jeder ohne Rücksicht auf die Mitverhaftung anderer.

1. Die Zahlungspflicht des Erstehers folgt nicht schon reichsgesetzlich aus ZVG. § 58. Denn dort wird nur die Zahlungspflicht unter den Beteiligten, nicht aber gegenüber der Staatskasse geregelt; daher keine Mithaft des Meistgebotszedenten KG. 6. 6. 07, KGJ. 34, B 5.

2. Die im § 121 bezeichneten Gebühren werden aus dem Bargebote vorweg entnommen, auch wenn der Ersteher Gebührenfreiheit genießt OLG. Karlsruhe 25. 1. 05, Rsp. 11, 325. Ebenso sind die Gebühren der Zwangsverwaltung (§ 126) aus den Einkünften vorweg zu nehmen. Unterbleibt die Entnahme aus der Masse (z. B. wegen irrigen Ansatzes), so haftet der Antragsteller für die ihm nach § 129 zur Last fallenden Gebühren, auch wenn inzwischen die Masse verteilt ist und er daher Ersatz nicht mehr erlangen kann KG. 4. 6. 09, KGJ. 38, B 37. Wird bei Nichtberichtigung des Bargebots die Forderung gegen den

Ersteher in Höhe der Kostenforderung auf die Gerichtskasse übertragen, so wird der Antragsteller von der Haftung für die Kosten aus § 121 frei, wenn nicht die Gerichtskasse vor Ablauf von 3 Monaten dem Gericht gegenüber den Verzicht auf die Rechte aus der Übertragung erklärt KG. 12. 3. 15, KGJ. 47, B 302.

**Zwangsliquidation einer Bahneinheit.**

**§ 130. Für die Zwangsliquidation einer Bahneinheit wird das Dreifache und, wenn die Zwangsliquidation eingestellt wird, nur das Zweifache der vollen Gebühr erhoben. Die Gebühr wird nach dem Gesamtwerte der Bestandteile der Bahneinheit berechnet.**

1. Über Zwangsliquidation einer Bahneinheit vgl. §§ 40 ff. des G. über die Bahneinheiten in der Fassung v. 8. 7. 02.

**Beschwerde.**

**§ 131. Bei Beschwerden in dem Verfahren der Zwangsversteigerung, der Zwangsverwaltung oder der Zwangsliquidation finden die Vorschriften des § 105 Abs. 3 entsprechende Anwendung. Wird von dem Beschwerdegericht im Verfahren der Zwangsversteigerung der in unterer Instanz versagte Zuschlag erteilt, so ist außer der nach den Vorschriften des § 105 Abs. 3 Nr. 1 zu erhebenden Gebühr die Gebühr für Erteilung des Zuschlags und der tarifmäßige Stempel zu erheben.**

1. Die Gebühr für die Beschwerdeentscheidung beträgt $^5/_{10}$ der vollen Gebühr, soweit die Beschwerde als unzulässig verworfen oder zurückgewiesen wird oder die Kosten des Verfahrens einem Gegner zur Last fallen; soweit dies nicht der Fall ist, wird für begründete Beschwerde keine Gebühr erhoben.

Wertberechnung. Bei Beschwerden gegen Erteilung des Zuschlags bestimmt sich der Wert nach dem Gegenstandswert des Zuschlags, auch wenn das Interesse des dem Zuschlage widersprechenden Beschwerdeführers geringer ist KG. 1. 2. 97, KGJ. **16**, 163; 6. 11. 03, Rsp. 7, 450; 6. 2. 08, KGJ. **36**, B 41. Dies gilt aber nur, wenn die Beschwerde auf Versagung des Zuschlags gerichtet ist. Bezweckt sie nur, eine im Protokoll festgestellte, aber zu Unrecht aus dem Beschlusse fortgelassene Bedingung in den Zuschlagsbeschluß einzufügen, so ist nur der Wert dieser Bedingung maßgebend KG. 22. 9. 11, Recht **12**, 67.

Geht die Beschwerde dahin, den versagten Zuschlag zu erteilen, so ist ihr Gegenstandswert ebenfalls gleich dem gemeinen Grundstückswerte KG. 28. 4. 11, KGJ. **41**, 420.

Im Falle der Zurücknahme der Beschwerde, bevor eine gebührenpflichtige Entscheidung ergangen ist, beträgt die Gebühr $^2/_{10}$ der vollen Gebühr.

2. Gebühr für Erteilung des Zuschlags: § 122.

## Dritter Teil.

## Schlußbestimmungen.

**Aufhebungsklausel.**

**§ 132.** (1) Alle in diesem Gesetze nicht aufrecht erhaltenen landesgesetzlichen Vorschriften über Ansatz und Erhebung von Kosten in den vor die ordentlichen Gerichte gehörigen Angelegenheiten der freiwilligen Gerichtsbarkeit werden aufgehoben.

(2) Unberührt bleiben die nach dem 25. Juni 1895 erlassenen Vorschriften über das Kostenwesen.

1. Die Aufhebungsklausel des Abs. 1 entnimmt ihre gesetzliche Wirksamkeit lediglich aus dem ursprünglichen

PrGKG. von 1895. Durch Abs. 2 wird die an sich selbstverständliche Folgerung klargestellt, daß sie gegenüber solchen gesetzlichen Vorschriften, die nach diesem ursprünglichen PrGKG. erlassen sind, keine derogatorische Kraft besitzt (lex prior non derogat legi posteriori).

**Gebühren der Ortsbehörden.**

**§ 133. Bezüglich der an Ortsbehörden (Ortsgerichte, Feldgerichte, Dorfgerichte, Bürgermeister, Schultheißen, Schöffen) für Handlungen der freiwilligen Gerichtsbarkeit oder für ihre Tätigkeit als gerichtliche Hilfsbeamte zu entrichtenden Gebühren behält es bei den bestehenden Vorschriften sein Bewenden. Der Justizminister ist ermächtigt, diese Gebühren anderweit zu bestimmen.**

1. PrFGG. Art. 104 ff. und § 16 d. KglVO. v. 20. 12. 99 (GS. 640); AVfg. v. 20. 12. 99 (JMBl. 806) über das Verfahren und die Gebühren der Dorfgerichte in der Fassung der AVfg. v. 24. 4. 24 (JMBl. 192) und AVfg. v. 28. 12. 99 (JMBl. 889) über das Verfahren und die Gebühren der Ortsgerichte in der Fassung der AVfg. v. 24. 4. 24 (JMBl. 192); Gebühren des Gemeindevorstehers oder der zur Aufnahme von Nottestamenten bestellten besonderen Urkundsperson § 22 der Anweisung des JM. v. 23. 6. 00 (Anl. z. Nr 32 d. JMBl.) in der Fassung der AVfg. v. 3. 5. 24 (JMBl. 210), § 23 der Anweisung des JM. v. 15. 3. 04 (JMBl.) in der Fassung der AVfg. v. 3. 5. 24 (JMBl. 210), AVfg. v. 1. 7. 02 (JMBl. 141), 27. 10. 05 (JMBl. 320), 7. 7. 23 (JMBl. 488), 4. 3. 25 (JMBl. 100).

2. Für die beeidigten Auktionatoren in Ostfriesland und Harlinger Land sowie im Regierungsbezirk Osnabrück gilt die GebO. v. 27. 7. 25 (JMBl. 268), abgedr. im Anhang VII.

**Gerichtstag als Gerichtsstelle.**

**§ 134. Die zur Abhaltung eines Gerichtstags bestimmten Räumlichkeiten gelten im Sinne dieses Gesetzes als Gerichtsstelle.**

1. Für Verhandlungen, die in diesen Räumlichkeiten aufgenommen werden, sind daher die Zusatzgebühren des § 51 und die Kommissionsgebühren des § 113 nicht zu erheben; für Reisekosten in Parteisachen, die vom Gerichtstagsort angetreten werden, gilt der Gerichtsort als Ausgangspunkt der Reise

**Transport- und Haftkosten.**

**§ 135. Bezüglich des Ansatzes von Transport- und Haftkosten bleiben die erlassenen Anordnungen unberührt.**

1. Über Haftkosten vgl. AVfg. v 18. 12. 23 (JMBl 759).

**Wiedereinziehung überhobener Beträge.**

**§ 136. Ist an Justizbeamte, Zeugen oder Sachverständige oder an die Empfänger von Transportkosten mehr als der endgültig festgestellte Betrag, welcher als bare Auslage nach § 109 dieses Gesetzes oder nach § 72 des Deutschen Gerichtskostengesetzes zu erheben ist, aus der Staatskasse gezahlt worden, so kann die Wiedereinziehung des zuviel gezahlten Betrags im Wege des Verwaltungszwangsverfahrens erfolgen. Diese Bestimmung findet entsprechende Anwendung hinsichtlich der einem Angeschuldigten in Gemäßheit der §§ 467 und 473 der Strafprozeßordnung aus der Staatskasse erstatteten Auslagen.**

1. Über die Beitreibung im Verwaltungszwangsverfahren vgl § 15 A 1 Überhobene Gebühren eines

Offizialverteidigers können nur durch Klage zurückgefordert werden KG. 9. 12. 93, JMBl. 94, 88.

**Stempel in Hohenzollern.**

**§ 137.** Die in diesem Gesetze für Stempel gegebenen Vorschriften finden auf die nach Artikel 2 des Gesetzes vom 22. Juni 1875, betreffend das Sportel-, Stempel- und Taxwesen in den Hohenzollernschen Landen (Gesetzsamml. S. 235), zu erhebenden Abgaben entsprechende Anwendung. Die Vorschriften der §§ 8, 12, 13, 15 Abs. 2 dieses Gesetzes gelten auch für die nach dem Gesetze vom 22. Juni 1875 zu erhebenden Abgaben.

**Inkrafttreten und Übergangsbestimmungen.**

**§ 138.** (1) Dieses Gesetz tritt am 1. Dezember 1922 in Kraft und findet Anwendung auf alle zu diesem Zeitpunkte noch nicht fällig gewordenen Gerichtskosten.

(2) Soweit nach Übergangsvorschriften noch Geschäfte vorkommen, für welche in diesem Gesetze keine Bestimmungen getroffen sind, bleiben die bisherigen Vorschriften maßgebend. Die Vorschriften des § 78 finden jedoch auf die nach dem bisherigen Rechte zu erteilenden Erbbescheinigungen und sonstigen Zeugnisse entsprechende Anwendung. Die Vorschriften über die Kosten der ersten Anlegung der Grundbücher bleiben bis zu dem Zeitpunkt in Kraft, zu welchem das Grundbuch als angelegt anzusehen ist.

(3) Die Vorschriften der §§ 13 und 16 treten auch für die früher fällig gewordenen Kosten in Kraft; die Vorschriften im Artikel 169 des Einführungsgesetzes zum Bürgerlichen Gesetzbuche finden entsprechende Anwendung.

1. Anwendung der Vorschriften des § 78. Wird ein vor dem Inkrafttreten des Gesetzes beschränkt erteilter Erbschein nach diesem Tage unbeschränkt ausgefertigt (s. § 78 Abs. 5), so ist die nachzufordernde Erbscheingebühr nach der älteren Gesetzesfassung zu berechnen KG. 3. 5. 12, KGJ. 42, 322.

2. Anlegung des Grundbuchs. Das Grundbuch ist in ganz Preußen als angelegt anzusehen.

3. Auch für früher fällig gewordene Kosten gelten die Vorschriften über Nachforderung, Verjährung, Kostenansatz, Zurückbehaltung von Schriftstücken, Beitreibung, Niederschlagung; Wertfestsetzung, Erinnerungen, Änderung von Amts wegen, Beschwerde, Zuständigkeit des Kammergerichts.

**Verweisungen.**

**§ 139. Soweit in anderen Gesetzen auf Bestimmungen der durch § 132 aufgehobenen Gesetze verwiesen ist, treten die entsprechenden Vorschriften dieses Gesetzes an die Stelle.**

**Justizverwaltungsgebühren.**

**§ 140. Die Erhebung von Gebühren in Angelegenheiten der Justizverwaltung erfolgt auf Grund des Gesetzes über staatliche Verwaltungsgebühren vom 29. September 1923 (Gesetzsamml. S. 455).**

1. Vgl. Anhang VIII.

**Ausführungsbehörde.**

**§ 141. Der Justizminister ist mit der Ausführung dieses Gesetzes beauftragt.**

---

# Anhang I.

## Kostenmarkenordnung

vom 15. Februar 1923 (abgeändert durch AVfg. vom 18. August und 31. Dezember 1923, 11. Februar 1924, 14. Februar und 12. Mai 1925, 19. Oktober 1926.

§ 1.

**Zulässigkeit der Verwendung von Kostenmarken.**

1. Gerichtskosten können durch Verwendung von Kostenmarken entrichtet werden. Von der Verwendung von Kostenmarken soll abgesehen werden, wenn die einzelne Kostenschuld 500 RM. übersteigt oder wenn die Kosten bereits zum Soll gestellt sind (zu vgl. auch § 13). Werden zur Entrichtung einer Kostenschuld von mehr als 500 RM. Anwalts- oder Notariatskostenmarken verwendet, so werden sie zum vollen Nennwerte nur bis zu einem Gesamtbetrage von 500 RM. auf die Kostenschuld verrechnet. Die über diesen Betrag hinaus beigebrachten Anwalts- oder Notariatskostenmarken sind zur Tilgung der Kostenschuld nur unter Abzug der dem Rechtsanwalt (Notar) gewährten Vergütung von 2 v. H. (§ 9 Abs. 6 Satz 2)[1]), mithin nur mit 98 v. H. des Nennwerts, geeignet. Ist die Gesamtkostenschuld nicht voll gedeckt, so ist der nichtgedeckte Betrag auf dem Schriftstück mit Buntstift zu vermerken, sofern er nicht etwa wegen seiner Höhe alsbald nachzufordern ist. Auf die Einforderung des fehlenden Betrags finden die allgemeinen Bestimmungen, insbesondere also auch die Bestimmungen im § 15 Abs. 2a Satz 11 und 12 der Kassen-

---

[1]) Eine Berichtigung der nach § 9 Abs. 6 Satz 3 den dort bezeichneten Vereinen zufließenden Vergütung findet nicht statt.

ordnung in der Fassung der AV. v. 31. 1. 1923 (JMBl. S. 73), Anwendung.

**Beispiel:** Die Kostenschuld beträgt 1000 RM. Verwendet sind Anwaltskostenmarken im Nennwerte von 500 RM. und Gerichtskostenmarken im gleichen Nennwerte. Die Kostenschuld ist damit voll getilgt. Sind dagegen nur Anwaltskostenmarken im Nennwerte von 1000 RM. beigebracht, so würden (5 × 2 =) 10 RM. nachzufordern sein.

Werden unter Überschreitung dieser Höchstgrenze Anwalts- oder Notariatskostenmarken verwendet, so gilt die Kostenschuld nur insoweit als getilgt, als der Betrag für die Kostenmarken der Staatskasse tatsächlich zugeflossen ist, mithin nur unter Abzug der dem Anwalt (Notar) gewährten Vergütung von 2 v. H. (§ 9 Abs. 6 Satz 2)[1]. Der fehlende Betrag ist auf dem Schriftstück mit Buntstift zu vermerken, sofern er nicht (etwa wegen seiner Höhe) alsbald nachzufordern ist. Auf die Einforderung des fehlenden Betrags finden die allgemeinen Bestimmungen, insbesondere also auch die Bestimmungen im § 15 Abs. 2a Satz 11 und 12 der Kassenordnung in der Fassung der AV. v. 31. 1. 1923 (JMBl. S. 73), Anwendung.

2. Die Entrichtung der Kosten durch Markenverwendung soll grundsätzlich sogleich bei Stellung des Antrags, durch den die gerichtliche Tätigkeit bedingt ist, oder in unmittelbarem Anschluß an die Vornahme des gerichtlichen Geschäfts erfolgen. Die Markenverwendung eignet sich daher in erster Linie für diejenigen Fälle, in denen die Kosten im voraus zu entrichten sind, namentlich für die Entrichtung der Gebühr für das Mahn- oder Güteverfahren (§§ 31,

---

[1]) Eine Berichtigung der nach § 9 Abs. 6 Satz 3 der Kostenmarkenordnung den dort bezeichneten Vereinen zufließenden Vergütung findet nicht statt.

31a, 74 Abs. 3, 74a DGKG.), der Prozeßgebühr (§ 20 Nr. 1, § 28, § 74 Abs. 2 a. a. O., § 519 Abs. 6 ZPO.), des Gebührenvorschusses in Privatklagesachen (§ 83 DGKG.) sowie sonstiger Vorschüsse, von deren Zahlung die Vornahme der gerichtlichen Handlung abhängig gemacht ist. Gleiches gilt für die Entrichtung der Kosten für das Verfahren über Anträge auf Anordnung eines Arrestes oder einer einstweiligen Verfügung, für das Verfahren zur Pfändung und Überweisung von Forderungen, für die Beurkundung von Verträgen, für Anträge auf Eintragungen oder Löschungen im Grundbuch oder einem öffentlichen Register, für Auflassungen, für Beglaubigungen von Unterschriften, für Errichtung, Rückgabe oder Eröffnung von Verfügungen von Todes wegen, für Erteilung von Bescheinigungen.

3. In allen geeigneten Fällen hat der Gerichtsschreiber darauf hinzuwirken, daß die Kosten sofort in Kostenmarken entrichtet werden (vgl. § 7).

4. Auch Geldstrafen können unter Beachtung der Bestimmungen im Abs. 1 in Kostenmarken bezahlt werden. In der Zahlungsaufforderung ist jedoch darauf nicht hinzuweisen; als zur Empfangnahme berechtigte Stelle darf auch nicht etwa statt der Gerichtskasse eine Kostenmarkenverkaufsstelle bezeichnet werden.

§ 2.

**Markensorten.**

1. Die Kostenmarken werden über Werte von 0,05, 0,10, 0,20, 0,50, 1,00, 3,00, 5,00, 10,00, 20,00, 50,00 und 100,00 RM. hergestellt.[1])

---

[1]) Durch AVfg. v. 13. 2. 28 (JMBl. 103) ist mit Rücksicht auf die Erhöhung des Ortsportos eine Kostenmarke zum Nennwert von 8 Rpf. neu eingeführt.

2. Die zum Gebrauche für Rechtsanwälte und die zum Gebrauche für Notare bestimmten Kostenmarken unterscheiden sich von den übrigen Marken („Gerichtskostenmarken") durch einen Aufdruck. Die „Anwaltskostenmarken" tragen den Aufdruck A, die „Notariatskostenmarken" den Aufdruck N. Den Rechtsanwälten und Notaren steht es frei, sich zur Entrichtung von Gerichtskosten auch der Gerichtskostenmarken (ohne Aufdruck) zu bedienen.

## § 3.

## Art der Verwendung.

1. Die Kostenmarken sollen am oberen Rande der Vorderseite des veranlassenden Schriftstücks oder des besonderen Begleitschriftstücks aufgeklebt werden; wird das Schriftstück in Urschrift und Abschrift eingereicht, so sind die Kostenmarken auf die für die Gerichtsakten bestimmte Schrift zu kleben. Werden Kostenmarken zur Entrichtung der Gebühr für das Mahnverfahren verwendet, so sollen sie möglichst auf den Antrag oder sonst auf ein dauernd bei den Gerichtsakten verbleibendes Schriftstück (zu vgl. hierzu auch Ziff. II, III der AV. v. 24. 7. 1924 — JMBl. S. 288 —) geklebt werden; ist ein Schriftstück, das dauernd bei den Gerichtsakten verbleibt, nicht vorhanden, so sollen die Kostenmarken auf ein besonderes Blatt geklebt werden, das alsbald mit dem Aktenzeichen zu versehen ist.

2. Gehen Schriftstücke mit Kostenmarken bei Gericht ein, so ist jede einzelne Marke mit dem Tagesstempel, in Ermangelung eines solchen mit dem Gerichtsstempel, unter Verwendung haltbarer[1]) Stempelfarbe derart zu über

[1]) Spätestens vom 1. April 1925 an ist ausschließlich schwarze Stempelfarbe zu verwenden. Stempelfarbe dieser Art, die für Gummistempel geeignet ist, kann von der Firma A. Hammer u. Co. in Berlin NW 6, Luisenstr. 40, bezogen werden.

stempeln, daß der Stempelabdruck teils auf der Marke, teils auf dem die Marke umgebenden Papiere sich befindet. Der Stempelabdruck soll den größeren Teil der Marke umfassen. Die Entwertung soll in der Dienststelle erfolgen, die durch Entgegennahme der Schrift zuerst mit ihrer geschäftlichen Behandlung befaßt wird, bei Behörden mit besonderer Briefannahmestelle also schon in der Briefannahme. Der die Kostenmarken entwertende Beamte hat auf jeder einzelnen Marke Tag und Jahr der Entwertung in abgekürzter Form mit Tinte niederzuschreiben, wenn das Datum nicht schon aus der Verwendung des Tagesstempels ersichtlich ist; bei Marken im Werte von 10 RM aufwärts hat er auch im Falle einer Entwertung durch den Tagesstempel das Datum der Entwertung, und zwar mit ausgeschriebener Monatsangabe, und außerdem seinen vollen Namenszug in das dafür vorgesehene Feld am Fuße der Marke einzuschreiben. Sind die Kostenmarken der zugehörigen Schrift nur lose beigefügt oder gesondert eingeliefert, so sind sie alsbald beim Eingang auf das veranlassende Schriftstück oder auf das Begleitschriftstück, andernfalls auf ein besonderes Blatt zu kleben und vorschriftsmäßig zu entwerten. Der Partei bleibt unbenommen, die Kostenmarken am oberen Rande vor Einreichung bei Gericht mit ihrem Namen oder ihrer Firma (voll oder abgekürzt) zu versehen, doch darf dadurch der Wertbetrag der Marken nicht unkenntlich werden.

3. Jeder in der Gerichtsschreiberei (dem Sekretariat) beschäftigte Beamte ist, sobald er mit der geschäftlichen Behandlung der Schriften oder mit der Kostenberechnung befaßt wird, zur Entwertung der Marken verpflichtet, falls eine ordnungsmäßige Entwertung unterblieben sein sollte.

4. Die mit der Sache befaßten Gerichtsschreiberei- (Sekretariats-) Beamten haben der Partei auf Verlangen eine kurze Bestätigung über den Gesamtbetrag der im Einzelfalle verwerdeten Kostenmarken zu erteilen. Im Bedarfsfalle sind durch Umdruck Vordrucke für die Bestätigung herzustellen.

4a. Zur Bequemlichkeit für die Rechtsuchenden kann der Landgerichtspräsident (für das Amtsgericht Berlin-Mitte der Amtsgerichtspräsident) bestimmen, daß auch die Kassenbeamten und die Beamten der besonderen Markenverkaufsstellen die in Abs. 2 bis 4 bezeichneten Aufgaben zu erfüllen haben, wenn ihnen bei dem Ankauf der Kostenmarken das veranlassende Schriftstück mitvorgelegt wird. An Stelle des Gerichtsstempels haben die Kassenbeamten den Stempel (oder Tagesstempel) der Gerichtskasse zu benutzen. Den Beamten der Kasse (besonderen Markenverkaufsstelle) liegt im Falle des Satzes 1 auch die Sorge für die Übermittelung des mit den Kostenmarken versehenen Schriftstücks an die für die weitere geschäftliche Behandlung zuständige Dienststelle (Gerichtsschreiberei, Sekretariat, Briefannahme) ob, wenn nicht die Partei die Weiterbeförderung selbst übernimmt. Bei Anträgen auf Eintragung im Grundbuch soll der Partei die Übernahme der Weiterbeförderung nahe gelegt werden (§ 5 Abs. 9 der Geschäftsordnung für die Gerichtsschreibereien der Amtsgerichte); entsprechendes gilt bei sonstigen Schriftstücken, wenn nach den Umständen anzunehmen ist, daß die Partei auf besondere Beschleunigung Wert legt.

5. Sind unter den durch Kostenmarken entrichteten Kosten durchlaufende Gelder enthalten, so hat der Gerichtsschreiber wegen ihrer Buchung und der Zahlung an die Empfangsberechtigten alsbald das Erforderliche nach dem

Muster I[1]) zu veranlassen. Die Kasse hat in diesem Falle im Kostenregister unter besonderer Nummer den durch Kostenmarken gedeckten Betrag an durchlaufenden Geldern in Sp. 7b abzusetzen und in Sp. 8 oder 9 zu buchen; Sp. 11 ist durch Striche auszufüllen. In Sp. 12 des Kostenregisters und in Sp. 5 des Verrechnungsregisters wird der Hinweis auf die Nummer des Einnahmebuchs durch den abzukürzenden Vermerk „in Kostenmarken entrichtet" ersetzt. Der Vermerk ist von dem Rendanten und dem Kontrolleur zu vollziehen.

6. Werden die zur Berichtigung einer nicht zum Soll stehenden Kostenforderung oder zur Berichtigung einer Geldstrafe bestimmten Kostenmarken der Gerichtskasse übergeben oder eingesandt, so hat sie die Marken mit den Vorgängen unverzüglich an die Gerichtsschreiberei (das Sekretariat) abzugeben.

7. Werden der Justizbehörde (Kasse) Kostenmarken zur Entrichtung von Kosten eingeliefert, die bereits zum Soll gestellt sind, so ist nach § 13 zu verfahren.

8. Zu wenig verwendete Kostenmarken können, insbesondere von Personen, die mit dem Gericht in ständiger Verbindung stehen, kurzerhand nachgefordert werden. Ist dies nicht angezeigt, so sind die Restkosten nach den Bestimmungen der Kassenordnung nachzufordern (vgl. aber auch § 18 Abs. 6 daselbst und die dazu erlassenen Ausführungsbestimmungen). Sind die Marken von einem Rechtsanwalt oder Notar verwendet, so ist nach § 9 Abs. 5 zu verfahren.

9. Sind von der Partei Kostenmarken zu Unrecht oder zu viel verwendet, so ist der überzahlte Kostenbetrag, falls er nicht von der Gerichtsschreiberei auf sonstige noch nicht

---

[1]) Die Muster sind nicht abgedruckt.

zum Soll stehende Kosten angerechnet werden kann, ohne weiteren Antrag nach Maßgabe der Kassenordnung zurückzuzahlen oder von der Kasse auf anderweite Forderungen an die Partei zu verrechnen.

10. Werden von den damit befaßten Beamten Marken wegen ihrer Beschaffenheit beanstandet, so sind sie unverzüglich dem Kassenkurator vorzulegen. Hält dieser die Marken für zweifellos unecht oder gewinnt er die Überzeugung, daß sie schon einmal verwendet waren, so hat er alsbald das Erforderliche wegen anderweiter Kosteneinziehung und Einleitung der Untersuchung zu veranlassen. Bleibt es ihm zweifelhaft, ob die Beanstandung gerechtfertigt ist, so hat er die Marken der Reichsdruckerei in Berlin SW 68, Oranienstr. 91, mit dem Ersuchen um Begutachtung vorzulegen. Von den Schriftstücken, auf denen sich die Marken befinden, sind erforderlichenfalls beglaubigte Abschriften für den weiteren Geschäftsbetrieb zurückzubehalten. Von jedem festgestellten Falle eines Mißbrauchs hat der Rendant an die Kalkulatur des Justizministeriums Mitteilung zu machen.

11. Für verdorbene Kostenmarken kann die Partei Ersatz beanspruchen. Der Anspruch ist unter Rückgabe der verdorbenen Marken bei der für den Wohnsitz des Berechtigten zuständigen Gerichtskasse[1]) oder, wenn der Berechtigte nicht in Preußen wohnt, bei der Gerichtskasse, aus der die Marken bezogen sind, oder bei einer dem Wohnsitze nahegelegenen Gerichtskasse geltend zu machen. Die Erstattung erfolgt auf Anordnung des Kassenkurators, und zwar im Wege des Umtausches derart, daß in Höhe des

[1]) Nicht auch bei besonderen Markenverkaufsstellen, Stempelverteilern usw.

Gesamtwerts neue Marken nach Wahl des Berechtigten ausgegeben, die zurückgegebenen verdorbenen Marken aber durch Zerschneiden vernichtet werden (§ 14). Vor dem Umtausche verdorbener Marken ist festzustellen, daß sie noch nicht amtlich entwertet waren.

12. (1) Haben Gerichtskostenmarken, die von den Beteiligten zur Verwendung in einer bestimmten Rechtsangelegenheit angekauft sind, ihrer Zweckbestimmung nicht gedient (z. B. wenn sich die Partei mit Kostenmarken zur Entrichtung der bei dem Übergang aus dem Güteverfahren in das Streitverfahren fälligen weiteren Gebühr versehen und die Angelegenheit ohne Streitverfahren sich erledigt hat), so kann auch in solchen Fällen ein Umtausch in sinngemäßer Anwendung der Bestimmungen im Abs. 11 erfolgen. (2) Es kann aber auch der Nennwert der in den Händen des Käufers gebliebenen Gerichtskostenmarken diesem auf Antrag bar erstattet werden. (3) Der Antrag ist unter Überreichung der Kostenmarken bei dem für die büromäßige Behandlung der Rechtsangelegenheit zuständigen Beamten anzubringen. (4) Dieser hat die Marken, nachdem er sich überzeugt hat, daß sie noch nicht verwendet waren, mit einem Antrage nach folgendem Muster[1]) der Gerichtskasse zu übersenden:

**Zurückz.-Verz. Nr.**

Amts-, Land-,
Oberlandesgericht.

Geschäfts-Nr. ....

................., den .......... 192..

---

[1]) Falls sich ein Bedürfnis ergeben sollte, sind Vordrucke durch Umdruck herzustellen.

D ..........................................
in ......................., ............ Straße ...
hat zur Entrichtung von Gerichtskosten in der ......
...................... Sache ......................

die $\frac{\text{auf der Anlage}}{\text{hierunter}}$ aufgeklebten und heute von mir entwerteten Gerichtskostenmarken im Nennwerte von ............ RM. .... Pf. bei der — Gerichtskasse — Kostenmarkenverkaufsstelle — des Amtsgerichts in .................. gekauft. Die Marken sind zu dem in Aussicht genommenen Zwecke nicht verwendet worden, weil ....................
Der Erwerber hat — mündlich — durch beiliegenden Antrag — um Barerstattung des Ankaufspreises gebeten.

..........................

(Name und Dienststellung)

An
die Gerichtskasse
in
.....................

............ RM. ... Pf.

(in Worten: ..................................)
Gerichtskosten sind an den oben bezeichneten Erwerber der Kostenmarken zurückzuzahlen.

.................., den .......... 192..

Der Kassenkurator.

..........................

(5) Vor der Abgabe des Antrags an die Kasse hat der Bürobeamte die Marken ordnungsmäßig zu entwerten. (6) Der Kassenkurator hat, nachdem auch er sich überzeugt hat, daß

eine anderweitige Verwendung der Kostenmarken noch nicht stattgefunden hatte, die Barerstattung des Nennwerts der Marken nach Anforderung des Vordrucks anzuordnen. (7) Der formularmäßige Antrag mit der Anordnung des Kassenkurators und den entwerteten Gerichtskostenmarken ist den Belegen zu dem Ausgabeverzeichnis über Zurückzahlungen beizufügen. (8) In Fällen, in denen eine Barerstattung des Ankaufswerts aus anderen als den im Satz 1 bezeichneten Gründen verlangt wird, soll sie in der Regel nicht erfolgen; nur wenn besondere Billigkeitsgründe vorliegen und dem Antragsteller mit einem Umtausch in andere Werte nicht gedient ist, kann der Landgerichtspräsident — für den Geschäftsbereich der Gerichtskasse Berlin-Mitte der Amtsgerichtspräsident — die Barerstattung zulassen. (9) Die Durchführung erfolgt auch in diesem Falle — unter Erwähnung der zugrunde liegenden Entscheidung — auf schriftliche Anweisung des Kassenkurators. (10) Satz 7 gilt entsprechend. (11) Bei Anwalts- und Notariatskostenmarken findet eine Rücknahme unter Barerstattung des Wertes nicht statt.

13. Die mit dem Verkauf von Kostenmarken betrauten Beamten sind ohne schriftliche Anordnung des Kassenkurators nicht befugt, Kostenmarken gegen Barerstattung des Wertes zurückzunehmen.

### § 4.

### Aktenvermerke.

Wird ein mit Kostenmarken versehenes Schriftstück an eine Partei herausgegeben, so ist der durch Kostenmarken entrichtete Betrag vom Gerichtsschreiber mit Namensunterschrift zu den Akten zu vermerken. Der Vermerk ist von einem zweiten Beamten mitzuvollziehen. Ist das herauszugebende Schriftstück ein Zahlungs- und Vollstreckungsbefehl, so hat ein zweiter, mit der Führung des Mahnregisters nicht befaßter Beamter die Eintragung in der Kostenspalte des Mahnregisters zu unterschreiben.

§ 5.

**Vertrieb der Kostenmarken durch die Gerichtskasse und durch Gerichtsschreibereibeamte.**

1. Die Gerichtskostenmarken werden durch die Gerichtskasse und durch die vom Vorstande der Gerichtsbehörde nach Anhörung des Kassenkurators bestimmten besonderen Markenverkaufsstellen (Abs. 2) verkauft. Anwaltskostenmarken und Notariatskostenmarken werden ausschließlich bei der Gerichtskasse verkauft; der Landgerichtspräsident (für das Amtsgericht Berlin-Mitte der Amtsgerichtspräsident) kann Abweichendes bestimmen. Die Abgabe von Anwaltskostenmarken und Notariatskostenmarken erfolgt nur an Rechtsanwälte und Notare oder deren Beauftragte, und zwar nur in runden durch 10 RM. teilbaren Mengen.

2. Um dem rechtsuchenden Publikum den Ankauf von Kostenmarken zu erleichtern, ist auf Einrichtung einer größeren Zahl von besonderen Verkaufsstellen für Gerichtskostenmarken Bedacht zu nehmen. In erster Linie sind solche Verkaufsstellen in der Anmeldestube und der Briefannahmestelle einzurichten. Ferner ist in möglichst weitem Umfange den Gerichtsschreibereibeamten, in geeigneten Fällen auch dem Justizoberwachtmeister (Botenmeister, Ersten Justizwachtmeister), der Verkauf von Kostenmarken zu übertragen. In Gebäuden mit ausgedehnten Räumlichkeiten soll sich in der Regel in jedem Stockwerke mindestens eine Verkaufsstelle befinden. Verkaufsstellen sollen auch in

den Geschäftsräumen der Landgerichte und der Oberlandesgerichte eingerichtet werden, sofern dies nach den örtlichen und räumlichen Verhältnissen zweckmäßig ist.

2a. Die mit der Verwaltung der besonderen Markenverkaufsstellen (Abs. 2) zu betrauenden Beamten sowie ihre Vertreter bestimmt der Vorstand der Behörde unter Verständigung des Kassenkurators. Bei der Auswahl hat er die auf Veranlassung des Justizministers ergangenen besonderen Weisungen zu beachten. Jede Bestellung und jeder, wenn auch nur vorübergehende Wechsel in der Person des Verwalters ist auch dem Rendanten der Gerichtskasse mitzuteilen (zu vgl. auch § 12 Abs. 3 Satz 3).

3. Die im Abs. 2 bezeichneten Markenverkaufsstellen sind an leicht zugänglichen Stellen des Gebäudes einzurichten und durch dauernden Aushang an der Gerichtstafel, durch Anschlag an den Eingangstüren der Verkaufsstellen sowie an anderen geeigneten Stellen bekanntzumachen. Auch sind auf den Fluren, in den Warteräumen, den Anwaltszimmern, den Sitzungszimmern und denjenigen Gerichtsschreibereiräumen, in denen ein Markenverkauf nicht stattfindet, an augenfälliger Stelle Schilder anzubringen, die darauf hinweisen, wo sich die nächstgelegene Markenverkaufsstelle befindet.

4. Jeder besonderen Markenverkaufsstelle hat der Kassenkurator einen ständigen — eisernen — Kostenmarkenbestand aus der Gerichtskasse zu überweisen (vgl. § 12 Abs. 3), auch jede Änderung der Höhe des eisernen Bestandes oder seine Einziehung bedarf der schriftlichen Genehmigung des Kassenkurators. Eine besondere Buchführung über die Verwaltung des Markenbestandes ist in der Markenverkaufsstelle nicht erforderlich. Die an der Verwaltung beteiligten Beamten bleiben dafür verantwort-

lich, daß der Gesamtwert jederzeit — sei es in Marken oder in Geld — vorhanden ist[1]). Nach Bedarf, grundsätzlich aber am Tage vor dem Monatsabschlusse der Kasse sowie mit Ablauf des letzten Werktags des Monats März, ist der Verkaufserlös an die Gerichtskasse gegen Eintausch neuer Kostenmarken abzuliefern. Auf ordnungsmäßige und sichere Aufbewahrung der Verkaufserlöse und Bestände — besonders in der Zeit außerhalb der gewöhnlichen Dienststunden — hat der Kassenkurator — nötigenfalls durch Verständigung mit dem Vorstande der Dienstbehörde — hinzuwirken. Der Kassenkurator[2]) kann unter Verständigung des Behördenvorstandes bestimmen, daß der Bestandsverwalter täglich oder jedenfalls in kürzeren Zwischenräumen den Markenbestand und den noch nicht abgelieferten Verkaufserlös in eine besondere Liste mit den Spalten:

1. Datum,
2. Im Bestande sind:
   a) in Kostenmarken RM. Pf.,
   b) in Geld RM. Pf.
3. Namensschrift:
   a) des Bestandsverwalters,
   b) des Prüfungsbeamten

einzutragen hat, und daß die Eintragungen durch einen zweiten Beamten, den der Behördenvorstand bestimmt, zu prüfen und zu bescheinigen sind (vgl. im übrigen § 15 Abs. 4).

— —

[1]) Für den Fall des Verkaufs auch von Anwaltskostenmarken und Notariatskostenmarken durch eine besondere Markenverkaufsstelle (§ 5 Abs. 1 Satz 2, zweiter Halbsatz) zu vergleichen aber auch § 9 Abs. 7, Schlußsatz.

[2]) Die Ermächtigung gilt auch für die nach § 3 Abs. 2 zu b der KassO. angestellten Kuratoren.

5. Zur Erleichterung und Vereinfachung der Buch- und Kassenführung in der Gerichtskasse kann der Kassenkurator auch dem Rendanten (Oberrentmeister) oder einem anderen Kassenbeamten einen ständigen — eisernen — Kostenmarkenbestand zum Verkauf in den Kassenräumen überweisen. Auf die Verwaltung dieses Bestandes findet der Abs. 4 Anwendung. Von der Ermächtigung nach Satz 1 soll möglichst weitgehender Gebrauch gemacht werden.

5a. Personen, die sich zur Bezahlung von Geldstrafen oder Kosten in der Gerichtskasse einfinden, dürfen nicht an eine besondere Markenverkaufsstelle (Abs. 2) verwiesen werden.

6. Der Verkauf der Kostenmarken findet während der ganzen Dauer der Dienststunden statt.

7. Um auf auswärtigen Gerichtstagen dem rechtsuchenden Publikum bei Anbringung von Anträgen usw. die sofortige Begleichung der Kosten durch Kostenmarken zu ermöglichen[1]), hat die Gerichtskasse dem an den Gerichtsverhandlungen teilnehmenden Gerichtsschreibereibeamten einen ausreichenden Bestand an Gerichtskostenmarken unmittelbar vor Antritt der Reise, nötigenfalls bereits am Schlusse der Dienststunden des vorhergehenden Tages, gegen Ausstellung einer Empfangsbescheinigung und eines Sortenzettels auszuhändigen. Der Beamte ist für die ordnungsmäßige und sichere Aufbewahrung der Marken sowie des Verkaufserlöses verantwortlich. Nach Rückkehr vom Gerichtstage hat er den Verkaufserlös und die nicht verkauften Marken unverzüglich gegen Rücknahme der Empfangsbescheinigung an die Gerichtskasse abzuliefern.

---

[1]) Bei Verwendung von Kostenmarken erübrigt sich die Führung des Kostenverzeichnisses (§ 30 der KassO.).

8. Anderen als den mit dem Markenverkauf beauftragten Beamten ist die Abgabe von Kostenmarken untersagt.

§ 6.

**Vertrieb von Gerichtskostenmarken durch Stempelverteiler und andere Personen.**

1. Der Kurator der Gerichtskasse hat den Vertrieb von Gerichtskostenmarken (nicht auch von Anwaltskostenmarken und Notariatskostenmarken) regelmäßig auch den amtlich bestellten Stempelverteilern mit deren Einverständnis widerruflich unter folgenden Bedingungen zu übertragen:

a) Der Stempelverteiler hat seinen Bedarf an Gerichtskostenmarken in runden durch 100 RM. teilbaren Mengen bei der Gerichtskasse, in deren Bezirk er wohnt, gegen alsbaldige Barzahlung zu entnehmen.

b) Für Gerichtskostenmarken, die durch sein Verschulden unsauber oder sonst unbrauchbar werden, wird Ersatz nicht geleistet.

c) Beim Verkaufe von Gerichtskostenmarken darf der Stempelverteiler verdorbene Kosten- oder Stempelmarken nicht in Zahlung nehmen.

d) Der Stempelverteiler ist verpflichtet, sich zu jeder Zeit einer Prüfung seiner Geschäftsführung durch einen vom Kassenkurator beauftragten Justizbeamten zu unterwerfen.

e) Bei Verletzung der ihm obliegenden Pflichten kann dem Stempelverteiler der Vertrieb ohne Einhaltung einer Kündigungsfrist entzogen werden.

f) Als Vergütung für alle Mühewaltungen, die mit dem Vertriebe der Gerichtskostenmarken verbunden sind, erhält der Stempelverteiler eine Entschädigung von 2 v. H. des für die entnommenen Gerichtskostenmarken gezahlten Betrags.

2. Die Entschädigung (Abs. 1f) ist von dem bei Entnahme von Gerichtskostenmarken zu zahlenden und in voller Höhe als Einnahme zu buchenden Wertbetrage sogleich zu berechnen und bei der Entnahme der Marken von dem Ankaufspreise zu kürzen; sie ist in eine nach dem Muster II[1]) zu führende Nachweisung einzustellen; in der Nachweisung hat der Empfangsberechtigte über den Empfang zu quittieren. Die Nachweisung wird zum Monatsschluß und zum 31. 3. eines jeden Jahres abgeschlossen, von dem Kassenkurator zum Gesamtbetrag auf die Haushaltsmittel für Geschäftsbedürfnisse (vermischte Ausgaben) angewiesen und alsdann von der Gerichtskasse im Ausgabebuche gebucht. Bis dahin gilt der aus der Nachweisung ersichtliche Ausgabebetrag als Kassenbarbestand.

3. Die Gerichtskasse hat dem Stempelverteiler auf Wunsch bei der Bemessung des Bedarfs behilflich zu sein; Abdrucke der Bekanntmachung (§ 7) sind ihm in der erforderlichen Zahl unentgeltlich zu überlassen.

4. Gemäß den vorstehenden Bestimmungen und gegen die gleiche Vergütung kann der Kassenkurator auch anderen zuverlässigen Personen (Kaufleuten und anderen Gewerbetreibenden, Prozeßagenten usw.) — sowohl am Sitze der Gerichtskasse als auch namentlich an Orten außerhalb des Sitzes der Gerichtskasse als auch namentlich an Orten außerhalb des Sitzes der Gerichtskasse oder eines Stempelverteilers — den Vertrieb von Kostenmarken widerruflich übertragen.

---

[1]) Die Muster sind nicht abgedruckt.

Diese Bestimmung findet keine Anwendung auf die Angestellten der Rechtsanwälte und Notare, da deren Beteiligung an dem Vertriebe der Kostenmarken mit der Einrichtung der Anwalts- und Notariatskostenmarken nicht vereinbar ist.

§ 7.

**Förderung des Markenwesens.**

1. Die aufsichtführenden Richter und die Kassenkuratoren haben ihren Einfluß für eine Förderung des Markenwesens ständig geltend zu machen, insbesondere gegenüber Personen und Anstalten, die mit dem Gericht in einem häufigen Geschäftsverkehre stehen. Soweit es nach den Umständen und den entstehenden Kosten zweckmäßig erscheint, sind die Gerichtseingesessenen in der örtlichen Presse auf die Vorteile des Markenwesens hinzuweisen. Neben den im § 5 Abs. 3 bezeichneten Hinweisen auf die Markenverkaufsstellen sind an geeigneten Stellen Bekanntmachungen nach dem Muster III[1]) auszuhängen. In diese sind auch die Namen der zum Markenverkaufe zugelassenen Stempelverteiler und anderer Personen sowie deren Geschäftslokale anzugeben. Gleiche Bekanntmachungen sind in den Gerichtstagsgemeinden sowie nach dem Ermessen der Behörde auch in anderen größeren Gemeinden des Gerichtsbezirkes auszuhängen. Auf Verlangen sind sie auch Rechtsanwälten, Notaren, Prozeßagenten, Gewerbetreibenden und anderen Personen, die häufig Gerichtskosten zu zahlen haben, unentgeltlich zur Verfügung zu stellen.

2. Von der tatkräftigen Mitwirkung der Gerichtsschreiber ist die weitere Einbürgerung der Markenverwendung in

[1]) Die Muster sind nicht abgedruckt.

erster Linie abhängig. Die Gerichtsschreiber sind verpflichtet, jede sich bietende Gelegenheit zur Förderung der Einrichtung zu benutzen.

3. Wenn die Parteien persönlich an Gerichtsstelle oder zu einem auswärtigen Gerichtstage erscheinen, sind sie in allen Fällen, in denen sich die Kosten für die beantragte Vornahme einer gerichtlichen Handlung alsbald berechnen lassen, also nicht nur dann, wenn ohnehin eine Vorwegleistungspflicht besteht, zur sofortigen Entrichtung der Kosten aufzufordern. Sie sind hierbei darauf hinzuweisen, daß ihnen die alsbaldige Entrichtung der Kosten insofern zum Vorteil gereiche, als sie Zeit und Geld für die Übermittlung der Kosten an die Gerichtskasse ersparen könnten und als der Anlaß entfalle, die Staatskasse durch Zurückhaltung von Urkunden usw. zu sichern. Erklärt sich die Partei zur alsbaldigen Zahlung bereit, so soll die Entrichtung der Kosten möglichst durch Verwendung von Kostenmarken erfolgen. Es sind Vorkehrungen zu treffen, daß, namentlich auch an den sogenanrten Sprechtagen in Angelegenheiten der freiwilligen Gerichtsbarkeit, die erforderlichen Beamtenkräfte zur alsbaldigen Berechnung der Kosten zur Verfügung stehen.

## § 8.

## Kostentafeln.

Soweit in einzelnen Abteilungen des Gerichts nur bestimmte Arten von Geschäften (bürgerliche Rechtsstreitigkeiten, Grundbuchsachen, Testamentssachen usw.) bearbeitet werden, sind für diese Geschäftsgattungen von dem Gerichtsschreiber besondere Kostentafeln auszuarbeiten, aus denen der für das einzelne Geschäft zu zahlende Kostenbetrag leicht und schnell ersehen werden kann. Reinschriften oder Abdrucke sind an geeigneten Stellen (im Richterzimmer, Gerichtsschreibereizimmer, Wartezimmer usw.) im Zusammenhange mit der Bekanntmachung nach Muster III[1]) auszuhängen. Solche Tafeln sind auf Wunsch auch dem Richter zu seinem Handgebrauch auszuhändigen, damit er daraus den persönlich an Gerichtsstelle erscheinenden Beteiligten über die Höhe der Kosten zwecks sofortiger Begleichung durch Verwendung von Kostenmarken Auskunft geben kann.

## § 9.

### Sonderbestimmungen für Rechtsanwälte und Notare.

1. Hat ein Rechtsanwalt oder Notar sich dem Gerichte gegenüber ein- für allemal für die von ihm vertretenen Angelegenheiten oder allgemein für die in einer Sache erwachsenden Kosten oder — durch den Vermerk „Kostenzettel" auf dem veranlassenden Schriftstück — für die Kosten eines einzelnen Antrags zur Vermittlung der Kosteneinziehung in dem nachstehend geregelten vereinfachten Verfahren bereit erklärt, so hat der Gerichtsschreiber dies auf dem Aktendeckel oder der Aktenhülle kurz zu vermerken. Diese Bereiterklärung gilt nicht als Übernahme der Kosten im Sinne der Kostenbestimmungen (§ 79 DGKG., § 4 PrGKG.).

2. Greift eine Bereiterklärung nach Abs. 1 Platz, so ist in den Fällen, in denen nach den Vorschriften des Deutschen Gerichtskostengesetzes (§ 74 Abs. 2, 3, § 74a, § 83 Abs. 3) die Anberaumung des Termins oder die Vornahme der gerichtlichen Handlung von der Zahlung von Gebühren

[1]) Die Muster sind nicht abgedruckt.

oder Vorschüssen abhängig ist und die Gebühren oder Vorschüsse nicht bereits bei der Einreichung des Antrags entrichtet sind, die in § 15 Abs. 2a, 2b, § 16 Abs. 8a der Kassenordnung vorgeschriebene Kostennachricht nicht der Partei, sondern dem Rechtsanwalt zuzusenden.

3. Ist von dem Rechtsanwalt (Notar), der eine Bereiterklärung nach Abs. 1 abgegeben hat, in anderen als den in Abs. 2 genannten Fällen die Entrichtung der Kosten durch Verwendung von Kostenmarken unterlassen, so hat der Gerichtsschreiber ihm vor Anfertigung einer Reinschrift der Kostenrechnung die nachträgliche Beibringung von Kostenmarken nahezulegen, und zwar durch portofreie Zusendung eines Kostenzettels nach dem Muster IV[1]), der nur den Gesamtbetrag der zu entrichtenden Kosten ergibt. Der Tag der Absendung des Kostenzettels ist in den Akten, nach Bedürfnis auch auf dem Aktendeckel oder der Aktenhülle, zu vermerken. Gehen die durch Kostenzettel eingeforderten Kostenmarken nicht innerhalb 7 Tagen ein, so ist die Einziehung der Kosten nach den allgemeinen Vorschriften zu veranlassen, und zwar zuzüglich der für die Zusendung des Kostenzettels etwa entstandenen Portokosten.

4. Unterläßt ein Rechtsanwalt oder Notar in dem Falle des Abs. 3 wiederholt nach Empfang eines Kostenzettels die Verwendung von Kostenmarken, so kann der Gerichtsschreiber für die Folge von der Ausfertigung von Kostenzetteln für diesen Rechtsanwalt oder Notar absehen, es sei denn, daß dieser das Unterlassen der Verwendung von Kostenmarken nachträglich rechtfertigt.

5. Sind durch im voraus verwendete Anwaltskostenmarken oder Notariatskostenmarken die Kosten nicht voll

---

[1]) Die Muster sind nicht abgedruckt.

gedeckt, so ist, falls eine Vorwegleistungspflicht gemäß § 74 Abs. 2, 3, § 74a, § 83 Abs. 3 DGKG. besteht und demgemäß dem Zahlungspflichtigen selbst gegenüber das Verfahren nach § 15 Abs. 2a, 2b, § 16 Abs. 8a Kass.Ord. Platz zu greifen hat, auch dann zunächst ein Kostenzettel für den Rechtsanwalt auszufertigen, wenn eine Bereiterklärung zur Verwendung von Kostenmarken nicht abgegeben war. Die Bestimmungen des Abs. 3 sind sinngemäß anzuwenden.

6. Von dem Werte aller gemäß § 5 Abs. 1 Satz 2 und 3 umgesetzten Anwaltskostenmarken und Notariatskostenmarken wird eine Vergütung von 3 v. H. aus der Staatskasse gewährt. Zwei Drittel dieser Vergütung (also 2 v. H.) erhält der Rechtsanwalt oder Notar. Ein Drittel (also 1 v. H.) wird gezahlt:

a) von dem Werte der umgesetzten Anwaltskostenmarken an die Hilfskasse für Deutsche Rechtsanwälte in Leipzig,

b) von dem Werte der umgesetzten Notariatskostenmarken, sofern die Marken an rheinische Notare abgegeben sind, an den Pensionsverein für Rheinische Notare in Köln,

im übrigen

an den Deutschen Notarverein in Berlin.

Die Vergütung wird nicht gewährt für Marken, die gemäß § 3 Abs. 11 erstattet werden, weil sie verdorben sind oder ihre Zweckbestimmung nicht erreichen können.

Wegen des etwaigen nachträglichen Wegfalls der dem Rechtsanwalt (Notar) zugestandenen Vergütung von 2 v. H. (Abs. 1 Satz 2) vgl. § 1 Abs. 1 und § 13 Abs. 1.

7. Die dem Rechtsanwalte (Notare) zustehende Vergütung wird sogleich beim Ankaufe der Marken von der

Gerichtskasse von dem Ankaufspreise gekürzt; der Rechtsanwalt (Notar) hat mithin nur den um 2 v. H. verminderten Wert der angekauften Marken zu zahlen. Beim Tagesschlusse werden die verkauften Marken im Markenausgabebuche (vgl. § 12) in Spalte 4 sowie im Kasseneinnahmebuch und im Kostenregister mit ihrem vollen Werte gebucht, und 2 v. H. dieses Wertes werden in eine Nachweisung nach dem Muster Nr. V[1]) eingestellt. Zum Monatsabschluß und zum 31. 3. eines jeden Jahres wird die Nachweisung abgeschlossen und der Gesamtbetrag der Spalte 4 unter gleichzeitiger Notierung in den Generalakten der Kasse vom Kassenkurator auf die Haushaltsmittel für Geschäftsbedürfnisse (vermischte Ausgaben) angewiesen. Bis dahin gelten die in die Nachweisung eingestellten Beträge als Kassenbarbestand. Erfolgt der Verkauf von Anwaltskostenmarken und Notariatskostenmarken nicht durch die Gerichtskasse, sondern gemäß § 5 Abs. 1 Satz 2, zweiter Halbsatz durch eine besondere Markenverkaufsstelle, so findet eine Buchung des dem Rechtsanwalt (Notar) gewährten Nachlasses von 2 v. H. erst bei der nächsten Ablieferung des Verkaufserlöses an die Gerichtskasse statt. Der Verwalter der Markenverkaufsstelle hat demgemäß für die verkauften Anwaltskostenmarken und Notariatskostenmarken jeweils nicht den vollen, sondern nur den um 2 v. H. geminderten Wert als Erlös auszuweisen.

7a. Die Bestimmungen im Abs. 7 gelten nicht, wenn eine örtliche Anwalt- (Notar-) Vereinigung durch die Hand des Landgerichtspräsidenten (des Präsidenten des Amtsgerichts Berlin-Mitte) der Kassenverwaltung die bis auf Widerruf gültige Mitteilung macht, daß ihre Mitglieder

[1]) Die Muster sind nicht abgedruckt.

die Vergütung von 2 v. H. nicht selbst erheben, sondern sie der Anwalt- (Notar-) Vereinigung überlassen wollen[1]). In diesem Falle werden nur diejenigen Vergütungen von 2 v. H., die ein durch den Beschluß der Vereinigung nicht gebundener Rechtsanwalt (Notar) für die eigene Person ausdrücklich beansprucht, einzeln, und zwar gegen eine in Sp. 5 der Nachweisung, Muster V[2]), auszustellende Quittung, dem Rechtsanwalt (Notar) sofort gutgebracht. Alle anderen Käufer von Anwalts- (Notariats-) Kostenmarken haben den Ankaufspreis voll nach dem Nennwerte der Marken zu entrichten. In Höhe der durch Quittung ausgewiesenen Beträge (Satz 2) gilt die Nachweisung bis zum Monatsabschluß als Kassenbarbestand. Zum Monatsabschluß und zum 31. 3. eines jeden Jahres wird der im Kassenmonat aus dem Verkauf von Anwalts- (Notariats-) Kostenmarken insgesamt erzielte Erlös an der Hand des Kostenmarkenausgabebuchs (Sp. 5 in Verbindung mit Sp. 4) festgestellt und von diesem Gesamterlös wieder ein Bruchteil von 2 v. H. ermittelt. Der so gefundenen Summe der den Anwälten (Notaren) insgesamt zustehenden Vergütungen von 2 v. H. wird die Summe der gemäß Satz 2 einzeln ausgezahlten Beträge in der Nachweisung ersichtlich entgegengerechnet. Der Rest gebührt der örtlichen Anwalt- (Notar-) Vereinigung. In der über den Gesamtbetrag (Satz 5) lautenden Anweisungsformel ist dies durch einen Zusatz (davon sind auszuzahlen .... RM. .. Pf. an

[1]) Mangels einer ausdrücklichen Einschränkung gilt diese Mitteilung zugleich als Antrag auf Überweisung der Vergütung von 2 v. H. aus dem Kostenabrechnungsverkehr an die örtliche Anwalt- (Notar-) Vereinigung (zu vgl. § 29a Abs. 12 Unterabs. 3 der KassO. in der Fassung des Abschnitts C der heutigen AV.).

[2]) Die Muster sind nicht abgedruckt.

.........) zum Ausdruck zu bringen. Der angewiesene Gesamtbetrag ist in den Generalakten der Kasse zu vermerken.

8. Die Zahlung der Vergütungen an die im Abs. 6 unter a und b bezeichneten Kassen und Vereine erfolgt für jeden Oberlandesgerichtsbezirk in einer Summe nach Schluß des Vierteljahres (1. 4. bis 24. 6.; 25. 6. bis 24. 9.; 25. 9. bis 24. 12.; 25. 12. bis 31. 3.) zusammen mit der Zahlung der Vergütungen aus dem Kostenabrechnungsverfahren. Die Vergütungen der Kassen (Vereine) aus dem Abrechnungsverfahren sind zu gewähren in Höhe der Hälfte der aus diesem Verfahren für die Rechtsanwälte (Notare) selbst ermittelten Vergütungen (zu vgl. § 29a Abs. 12 Kass.Ord.). Die Höhe der den Kassen (Vereinen) aus dem Markenverkauf zu gewährenden Vergütung ist an der Hand der aus den Nachweisungen (Muster V[1]) zurückbehaltenen Vermerke zu ermitteln; sie ist zu gewähren in Höhe der Hälfte der Abschlußsummen der Sp. 2a und 3a. Die aus dem Abrechnungsverfahren und gesondert davon die aus dem Markenverkauf zu zahlenden Vergütungen sind von der Gerichtskasse bis zum 5. des auf den Vierteljahrsschluß folgenden Monats der Justizhauptkasse nach dem Muster VI[1]) mitzuteilen; Fehlanzeigen sind nicht erforderlich, indessen ist die Beobachtung der Bestimmungen durch den Kassenkurator unter Anordnung immerwährender Fristen zu überwachen. Auf Grund der Mitteilungen der Gerichtskassen hat die Justizhauptkasse für den OLG.-Bezirk den Gesamtbetrag der den einzelnen Kassen und Vereinen zustehenden Vergütungen festzustellen; der Rechnungsdirektor hat die Gesamtbeträge auf die Haushalts-

[1]) Die Muster sind nicht abgedruckt.

mittel für Geschäftsbedürfnisse (vermischte Ausgaben) der Land- und Amtsgerichte anzuweisen. Die Zahlung hat im Giro- oder Postscheckverkehr zu erfolgen [1]).

## § 10.

### Bedarfsanmeldung.

1. Die Kostenmarken werden durch die Reichsdruckerei hergestellt. Die Herstellung wird vom Justizministerium veranlaßt.

2. Die Gerichtskassen haben den Bedarf für das nächste Rechnungsjahr in den einzelnen Markensorten und -werten bis zum 20. Dez. eines jeden Jahres dem Rechnungsamte des Oberlandesgerichts anzumelden; die Bestimmung im § 11 Abs. 4 ist dabei zu beachten. Das Rechnungsamt stellt auf Grund der Anmeldungen den Gesamtbedarf für den Oberlandesgerichtsbezirk fest und teilt diesen bis zum 15. Januar der Kalkulatur des Justizministeriums mit. Bei den Anmeldungen sind die einzelnen Sorten für sich auf volle Bogen — der Bogen zu 50 Stück gerechnet — abzurunden.

3. Nachbestellungen im Laufe des Jahres sollen grundsätzlich vermieden werden. Von den Gerichtskassen ist deshalb bei der Veranschlagung des Jahresbedarfs umsichtig zu verfahren. Die Rechnungsämter haben die Anmeldungen eingehend nachzuprüfen und den Bedarf erforderlichenfalls anderweit zu bemessen. Bei Feststellung des Gesamtbedarfs für den Oberlandesgerichtsbezirk ist ferner darauf Bedacht zu nehmen, daß nach Deckung

[1]) Die Zahlungen an die Hilfskasse für deutsche Rechtsanwälte in Leipzig sind ausschließlich auf deren Postscheckkonto (Leipzig Nr. 11 775) zu bewirken.

des Bedarfs der Gerichtskassen noch ein reichlicher Vorrat an Marken in allen Sorten bei der Justizhauptkasse verbleiben soll. Von der Justizhauptkasse des Kammergerichts ist dabei auch auf etwaige Nachforderungen aus anderen Oberlandesgerichtsbezirken Rücksicht zu nehmen (vgl. § 11 Abs. 3 Satz 3).

4. Die dem Bezirke des Oberlandesgerichts zugeteilte Gesamtmenge an Kostenmarken wird der Justizhauptkasse von der Reichsdruckerei unmittelbar übersandt.

## § 11.

### Bestandsverwaltung bei der Justizhauptkasse.

1. Die Verwaltung der Kostenmarkenbestände liegt der Justizhauptkasse ob. Die Bestände sind von dem Justizlandrentmeister gemeinsam mit dem Kassierer oder einem Buchhalter zu verwahren. Über die Verwaltung ist ein Kostenmarkeneinnahmebuch und ein Kostenmarkenausgabebuch nach den Mustern VII und VIII[1]) zu führen. Dabei sind die Gerichtskostenmarken, die Anwaltskostenmarken und die Notariatskostenmarken in besonderen Abschnitten zu buchen. Soweit es erforderlich erscheint, können über die drei verschiedenen Markengattungen besondere Bücher geführt werden.

2. Die Bücher sind zum Jahresschluß abzuschließen; der verbliebene Bestand ist für das neue Rechnungsjahr vorzutragen. Die Bücher können für mehrere Rechnungsjahre benutzt werden.

3. Den einzelnen Gerichtskassen ist der für sie festgestellte Jahresbedarf an Kostenmarken (§ 10) von der

---

[1]) Die Muster sind nicht abgedruckt.

Justizhauptkasse unter Beifügung eines zweifachen Sortenzettels (vgl. auch § 12 Abs. 2) rechtzeitig zu übersenden. Stellt sich im Laufe des Rechnungsjahres ein weiterer Bedarf an Kostenmarken heraus, so hat die Gerichtskasse die Justizhauptkasse um Übersendung zu ersuchen; das Ersuchen ist vom Kassenkurator mit dem Sichtvermerke zu versehen. Ist bei der Justizhauptkasse ein ausreichender Bestand nicht vorhanden und kann der Bedarf auch nicht ohne umfangreiche Ermittlungen durch Überweisung aus einer Gerichtskasse des Bezirkes gedeckt werden, so hat der Oberlandesgerichtspräsident den Kammergerichtspräsidenten um Überweisung eines weiteren Bestandes aus den Vorräten der Justizhauptkasse des Kammergerichts zu ersuchen. Die Abgabe von Kostenmarken aus den Beständen einer Gerichtskasse an eine andere Kasse ohne schriftliche Anweisung der Justizhauptkasse oder des Oberlandesgerichtspräsidenten ist unzulässig.

4. Ist es nach den örtlichen Verhältnissen nicht angezeigt, daß von der Gerichtskasse auf einmal der gesamte Jahresbedarf in Verwahrung genommen wird, so hat sich zwar die Anmeldung (§ 10 Abs. 2 Satz 1) auf einen vollen Jahresbedarf zu erstrecken, zugleich ist aber anzugeben, auf welche Mengen bei den einzelnen Sorten die erste Sendung zu beschränken ist. Bei weiterem Bedarf ist nach Abs. 3 zu verfahren.

5. Für die Zusendung der Kostenmarken (Abs. 3, 4) ist die Form der Wertsendung (Wertbrief oder versiegeltes Wertpaket) zu wählen.

6. Jede Übersendung von Kostenmarken an eine Unterkasse ist ohne Rücksicht darauf, ob die Markenzuweisung unmittelbar aus den Beständen der Justizhauptkasse oder unter Rückgriff auf Überschußbestände einer Gerichtskasse

erfolgt, regelmäßig von der absendenden Stelle dem Bezirksrevisor, der für die empfangende Kasse zuständig ist, mitzuteilen; daß dies geschehen ist, hat die abgebende Gerichtskasse bei der Buchung der Ausgabe im Kostenmarkeneinnahmebuche (zu vgl. § 12 Abs. 3 letzter Satz) zu vermerken.

§ 12.

**Bestandsverwaltung bei den Gerichtskassen.**

1. Die Gerichtskassen haben über die Verwaltung der Kostenmarkenbestände ein Einnahmebuch und ein Ausgabebuch nach den Mustern VII und IX[1]) zu führen. Die Bestimmungen in § 11 Abs. 1 Satz 4 und 5 gelten entsprechend. Die durch das Einnahmebuch nachgewiesenen Markenbestände werden getrennt von den sonstigen Kassenbeständen gehalten. Auf ihre Verwahrung sind die Bestimmungen der Kassenordnung über die Verwahrung der Geldbestände entsprechend anzuwenden. Bei den Kassen ohne hauptamtlichen Kontrolleur ist für die Notwendigkeit des gemeinsamen Verschlusses die Höhe des Kassenbarbestandes einerseits und der Wert des Kostenmarkenbestandes anderseits je für sich entscheidend, eine Zusammenrechnung der beiderseitigen Bestände also ausgeschlossen.

2. Die von der Justizhauptkasse oder von einer Gerichtskasse des OLG.-Bezirkes (§ 11 Abs. 3) überwiesenen Markenbestände sind beim Eingang in das Kostenmarkeneinnahmebuch einzutragen. Von den mitübersandten Sortenzetteln (§ 11 Abs. 3) ist einer zu den Akten über die Markenverwaltung zu nehmen. Den anderen Sortenzettel hat die Gerichtskasse mit einer von dem Rendanten

---

[1]) Die Muster sind nicht abgedruckt.

und dem Kontrolleur zu vollziehenden Empfangsbescheinigung unverzüglich der überweisenden Kasse zu übermitteln. Ist ein Kontrolleur nicht vorhanden, so ist die Empfangsbescheinigung mit dem Sichtvermerke des Kassenkurators zu versehen, der damit die Mitverantwortung für die ordnungsmäßige Buchung übernimmt. Waren die Marken nicht von der Justizhauptkasse, sondern von einer anderen Gerichtskasse des Bezirkes überwiesen, so ist der mit Empfangsbescheinigung versehene Sortenzettel nicht unmittelbar der abgebenden Gerichtskasse, sondern der Justizhauptkasse zu übersenden, die ihn nach Zurückbehaltung der erforderlichen Vermerke mit dem Sichtvermerk zu versehen und an die überweisende Kasse weiterzugeben hat.

3. Die den einzelnen Markenverkaufsstellen (§ 5 Abs. 2 bis 4), dem Rendanten oder einem anderen Kassenbeamten (§ 5 Abs. 5) überwiesenen eisernen Markenbestände sind bei ihrer Herausgabe aus den Beständen der Kasse einzeln — unter entsprechender Anwendung des § 14 Abs. 2 — in das Markenausgabebuch und zugleich in Abschnitt I des nach Muster X zu haltenden Bestandsbuchs über eiserne Kostenmarkenbestände einzutragen. In Abschnitt II dieses Bestandsbuchs sind nur die endgültig zurückgegebenen eisernen Bestände einzustellen; dabei ist der endgültig zurückgegebene gesamte eiserne Bestand im Markenausgabebuche (Spalte 4) rot abzusetzen und zugleich der davon nicht in Kostenmarken, sondern in Geld abgelieferte Betrag in den Spalten 4 bis 6 des Markenausgabebuchs nachzuweisen; die durch die Rückgabe des eisernen Bestandes erledigte Eintragung in Abschnitt I des Bestandsbuchs ist rot zu unterstreichen. Änderungen in der Person des Bestandsverwalters (Abschn. I Spalte 4 des Bestandsbuchs) sind bei den über die Verwaltung des Bestandes zu halten-

den Akten zu überwachen, zu denen auch die Übernahmevermerke der neuen Verwalter zu bringen sind; ein Nachtragen dieser Änderungen im Bestandsbuch ist nicht erforderlich, doch muß sich auch die Gerichtskasse durch Aktennotizen oder sonst in geeigneter Weise über die Person des Markenverwalters auf dem laufenden halten (vgl. auch § 5 Abs. 2a). Ändert sich die Dienststelle (Abschnitt I Spalte 3) oder ändert der Kassenkurator die Höhe des eisernen Bestandes (Spalte 5), so ist der bisherige Bestand gemäß Satz 2 auszubuchen und der auf die andere Dienststelle übergehende oder der anderweit bemessene Bestand neu einzutragen. Der Eintausch neuer Marken gegen Ablieferung des Verkaufserlöses (§ 5 Abs. 4) ist in das Markenausgabebuch gesondert einzutragen. Das gleiche gilt für die Markenausgabe an sonstige Markenvertriebsstellen (§ 6). Sind einem Beamten zur Verwendung auf auswärtigen Gerichtstagen Markenbestände ausgehändigt worden (§ 5 Abs. 7), so ist von deren Eintragung in das Ausgabebuch abzusehen; bis zur Ablieferung des Verkaufserlöses und Rückgabe der nicht verwendeten Marken gilt die von dem Beamten ausgestellte Empfangsbescheinigung in Verbindung mit dem Sortenzettel als Markenbestand. Bei der Ablieferung des Verkaufserlöses — gegen Rückgabe der Empfangsbescheinigung — ist der Gesamtwert der verkauften Marken in das Markenausgabebuch gesondert einzutragen. In allen anderen Fällen wird der Erlös aus dem Markenverkaufe zum Tagesschlusse festgestellt. Die Tagessumme ist im Kasseneinnahmebuch und zugleich im Kostenregister zu buchen. Werden Kostenmarken von einer Gerichtskasse an eine andere abgegeben (vgl. § 11 Abs. 3 Satz 3), so hat die abgebende Kasse den Wert von der Einnahme an Marken abzusetzen.

4. Am Jahresschlusse sind das Markeneinnahmebuch und das Markenausgabebuch in den einzelnen Wert- und Geldspalten abzuschließen. Da im Markenausgabebuche der Wert der verkauften Marken nach den einzelnen Wertgattungen nicht festgestellt wird, so ist der Bestandsabschluß im Markeneinnahmebuch in der Weise zu bewirken, daß zunächst die Summen der Spalten 3 bis 15 des Einnahmebuchs festgestellt werden, hierauf der Summe der Spalte 15 die Gesamtausgabe aus Spalte 4 des Ausgabebuchs entgegengestellt, dann der tatsächliche Bestand in den einzelnen Spalten des Einnahmebuchs angegeben und schließlich durch Gegenrechnung der Einnahme und des Bestandes die Ausgabe für die einzelnen Kostenmarkensorten in den Spalten 3 bis 14 ausgeworfen wird. Sind eiserne Markenbestände gewährt, so ist deren Gesamtwert nach Maßgabe der Mustereintragung dem für die Gerichtskasse selbst ermittelten Bestand ersichtlich zuzusetzen.

## § 13.

## Verfahren bei Verwendung von Kostenmarken für zum Soll gestellte Kosten.

1. Zur Entrichtung von Kosten, die bereits im Kostenregister oder in der Ergänzungsliste zum Soll stehen, sollen Kostenmarken nicht verwendet werden. Erfolgt indessen zur Tilgung auch solcher Kosten die Einsendung von Kostenmarken, so sind sie nicht zurückzuweisen, sondern in der gewöhnlichen Weise zu entwerten. Die Bestimmungen im § 1 Abs. 1 gelten auch hier entsprechend.

2. Die in solcher Weise berichtigte, in den Sollregistern aber offenstehende Kostenforderung ist auf Verfügung des Kassenkurators niederzuschlagen oder im Falle der Buchung in der Ergänzungsliste dort zu löschen. Gehen

die Gerichtskostenmarken bei dem Gerichte (der Staatsanwaltschaft) ein, so hat der Gerichtsschreiber (Sekretär) die Niederschlagung oder Löschung anzuregen. Als Grund der Niederschlagung oder Löschung ist in die Niederschlagungsliste (Ergänzungsliste) der Vermerk „Nach Insollstellung durch Kostenmarken entrichtet" aufzunehmen. Vor Vollziehung der Niederschlagungs- oder Löschungsverfügung hat der Kassenkurator nötigenfalls durch Akteneinsicht die Tilgung der Kostenpost und die ordnungsmäßige Entwertung der — demnächst mit der Niederschlagungsverfügung wieder zu den Gerichtsakten abzugebenden — Kostenmarken festzustellen.

3. Stellt sich heraus, daß ein zum Soll gestellter Kostenbetrag bereits durch Kostenmarken entrichtet war, so hat der Gerichtsschreiber (Sekretär) die Niederschlagung des irrtümlich zum Soll gestellten Betrags bei dem Kassenkurator zu beantragen. Dieser hat durch Einsicht in die Sachakten oder auf andere geeignete Weise nachzuprüfen, ob die Voraussetzungen für die Niederschlagung gegeben sind, und zutreffendenfalls die Niederschlagung zu veranlassen. Als Grund der Niederschlagung (Löschung) ist anzugeben „Irrtümliche Insollstellung trotz Tilgung durch Kostenmarken".

4. Befinden sich in den Fällen der Absätze 1—3 unter den niederzuschlagenden oder zu löschenden Beträgen durchlaufende Gelder, so ist nach § 3 Abs. 5 zu verfahren.

### § 14.

### Buchung der Erstattungen.

1. Im Wege des Umtausches erfolgende Erstattungen für verdorbene oder für solche Kostenmarken, die ihrer Zweckbestimmung nicht dienen können (§ 3 Abs. 11, Abs. 12

Satz 1), sind einzeln unter besonderer Nummer im Markenausgabebuch (Spalten 1 bis 4) zu buchen. Die Abgabe der neuen Marken an die Partei ist in Spalte 7 unter wörtlicher Angabe des Betrags und unter Zufügung des Tages von dem Rendanten und dem Kontrolleur durch Namensunterschrift zu bescheinigen. Die Bescheinigung schließt zugleich die Bestätigung der Vernichtung der zurückgelieferten Kostenmarken oder der sonstigen Unbrauchbarmachung der nicht zurückgelieferten Marken in sich.

2. Da für die vorbezeichneten Buchungen die Spalten 5 und 6 außer Betracht bleiben, so sind sie mit besonderer Tagessumme auszuwerfen; sie sind zu diesem Zwecke tunlichst von den anderen Tageseintragungen zu trennen.

## § 15.

### Bestandsprüfung.

1. Der Kassenkurator hat an der Hand der Bücher die Bestände an Kostenmarken bei der Gerichtskasse bei jeder ordentlichen Kassenprüfung und zum Jahresschlusse, bei der Justizhauptkasse einmal vierteljährlich und zum Jahresschlusse zu prüfen. Das Ergebnis der Prüfung hat er aktenkundig zu machen. Zur Erleichterung der Bestandsprüfung kann der Teil der Kostenmarken, dessen Verkauf vorläufig nicht zu erwarten ist, von der Kasse unter Beteiligung des Kassenkurators sicher verpackt werden. Das Paket ist mit dem Amtssiegel der Kasse und dem Privatsiegel des Kassenkurators gehörig zu verschließen; führt der Kurator kein Privatsiegel, so sind mit haltbarem Klebstoff über die Verschlußstellen Papiersiegel aus weißem Papier zu kleben. Entlang der Ränder der (zweckmäßig viereckigen) Papiersiegel hat der Kurator mehrmals seinen

vollen Namenszug zu setzen derart, daß ein Teil der Schriftzüge auf das Siegel, der andere Teil auf die Umhüllung zu stehen kommt. Auf der Umhüllung ist in jedem Falle der Inhalt — gesondert nach den einzelnen Markensorten und -werten — und der Tag der Verpackung zu vermerken. Der Vermerk ist von den beteiligten Beamten zu vollziehen. Solange die Verpackung und die Aufschrift unverändert und die Siegel unverletzt sind, kann bei allen Bestandsprüfungen der angegebene Inhalt als richtig angenommen werden. Zur Benutzung bei der Prüfung (Satz 1, 2) hat der Rendant einen von dem Kontrolleur sachlich und rechnerisch zu prüfenden Abschluß vorzulegen. In dem Abschluß ist unter Gegenüberstellung der Einnahme und der Ausgabe nach den Büchern der Gesamtwert des Sollbestandes an Kostenmarken anzugeben; außerdem ist darin, unbeschadet einer etwa nach Satz 8 unbedenklichen Zusammenfassung, der Istbestand in den einzelnen Markensorten und ihr Geldwert anzugeben.

2. Bei jeder außerordentlichen Kassenprüfung, insbesondere auch bei den vom Bezirksrevisor vorgenommenen Prüfungen, ist auch die Kostenmarkenverwaltung unter Feststellung des Soll- und Istbestandes zu prüfen.

3. Bei allen ordentlichen und außerordentlichen Prüfungen hat der Revisor festzustellen, daß die Verausgabung der Marken bei der Justizhauptkasse durch die Empfangsbescheinigungen der Gerichtskassen, bei den letzteren durch die Vereinnahmung der Beträge im Kasseneinnahmebuche nachgewiesen ist; bei Gerichtskassen ohne hauptamtlichen Kontrolleur hat er auch die entsprechenden Anschreibungen im Kostenregister zu prüfen. Buchungen gemäß § 14 sind einzeln nachzuprüfen. Bei der Feststellung, ob alle

der Kasse zugeteilten Kostenmarken ordnungsmäßig in Einnahme gebucht sind, hat der Bezirksrevisor auch die ihm gemäß § 11 Abs. 6 zugegangenen Mitteilungen zu verwerten. Bei allen außerordentlichen Prüfungen ist außerdem durch Auswahl einer ausreichenden Anzahl älterer — besonders weggelegter Akten — festzustellen, ob die seinerzeit verwendeten Kostenmarken noch in den Akten vorhanden sind oder ihr Verbleib nachgewiesen wird. Das Ergebnis dieser Prüfung ist in der Niederschrift zu vermerken. Unbeschadet der Prüfungen durch den Bezirksrevisor sollen auch die Behördenvorstände von Zeit zu Zeit durch einen am Geldverkehr und Kostenmarkenverkauf nicht beteiligten Beamten unvermutet durch Einsicht einer größeren Zahl von Akten feststellen lassen, ob überall ordnungsmäßig verfahren ist. Der prüfende Beamte hat das Ergebnis mit Zeitangabe, voller Namensunterschrift und Angabe seiner Dienststellung zu den Generalakten anzuzeigen.

4. Die eisernen Kostenmarkenbestände der besonderen Verkaufsstellen (§ 5 Abs. 2 bis 4) sind unvermutet mehrmals im Rechnungsjahre von dem Kassenkurator oder in seinem Auftrage von einem anderen erfahrenen Kassenbeamten zu prüfen. Außerdem hat der Kassenkurator bei jeder ordentlichen Kassenprüfung darauf zu achten, ob die Verkaufserlöse rechtzeitig an die Gerichtskasse abgeliefert werden (vgl. § 5 Abs. 4 Satz 4, 5). Ist gemäß § 5 Abs. 5 dem Rendanten oder einem anderen Kassenbeamten ein eiserner Kostenmarkenbestand überwiesen, so hat die Prüfung durch den Kassenkurator, und zwar bei jeder ordentlichen und außerordentlichen Kassenprüfung, zu erfolgen. Der Bezirksrevisor hat gelegentlich der örtlichen Prüfung des Kostenansatzes und der Kassenverwaltung auch die eisernen Kostenmarkenbestände zu prüfen.

5. Anstände von Belang im Kostenmarkenwesen sind unabhängig von den sonst zu ergreifenden Maßnahmen regelmäßig alsbald der Kalkulatur des Justizministeriums mitzuteilen.

§ 16.

**Inkrafttreten; Geltungsbereich.**

Diese Kostenmarkenordnung tritt am 1. März 1923 in Kraft. Sie gilt nicht für die waldeckischen Gerichte.

# Anhang II.

## Handelsregistergebühren.

**AVfg. v. 7. 8. 1926, betr. Auskunftserteilung der Finanzämter und der Gewerbesteuerausschüsse an die Registergerichte sowie Änderung der Kassenordnung und der Geschäftsordnung für die Gerichtsschreibereien der Amtsgerichte** (I a 262). **JMBl. S. 286.**

§ 15 Abs. 7 KassO.; § 126 FGG.; AV. v. 7. 11. 1899 (JMBl. S. 313). § 50 GeschOfGrschrdAG.

I.

Das nachstehend wiedergegebene, an die Präsidenten der Landesfinanzämter gerichtete Schreiben des Reichsministers der Finanzen v. 6. 2. 1926 (III, R. 20624) wird hiermit den Justizbehörden zur Kenntnis gebracht:

„1. Der Preußische Finanzminister hat im Benehmen mit dem Preußischen Justizminister beantragt, den mit der Führung der Handelsregister in Preußen beauftragten Behörden für Zwecke der Gebührenberechnung Auskunft über den Gewerbeertrag bzw. das Gewerbekapital der in Frage kommenden Firmen zu erteilen. Ich ersuche, entsprechenden Anträgen dieser Behörden stattzugeben. Der Preußische Justizminister wird, um die unbefugte

Verwertung derartiger Auskünfte auszuschließen, Anordnung dahin treffen, daß die Auskünfte von jeder Registerabteilung zu einem Sammelheft genommen werden, und daß dieses Heft weder anderen behördlichen Stellen noch dem die Akten einsehenden Publikum zugänglich gemacht wird.

2. Außer für die Zwecke der Gebührenberechnung ist den Registergerichten in Preußen Auskunft über die steuerlichen Verhältnisse von Kaufleuten oder Unternehmungen, insbesondere auf dem Gebiete der Gewerbe- und Umsatzsteuer zu erteilen, soweit sie diese Auskunft zur Verhütung unrichtiger Eintragungen in das Handelsregister sowie zur Berichtigung und Vervollständigung der Handelsregister benötigen. In Einzelfällen kann auch den Industrie- und Handelskammern diese Auskunft gegeben werden, soweit diese nachweislich von den Registergerichten um gutachtliche Äußerung ersucht worden sind (zu vgl. § 126 FGG. und § 3 der AV. des Preußischen Justizministers über die Führung des Handelsregisters v. 7. 11. 1899 — JMBl. S. 313 —)."

II.

Eine dem vorstehend unter I abgedruckten Schreiben entsprechende Anordnung hat der PrFM., zugleich i. N. d. MdJ. MfHuG. durch RdErl. v. 8. 3. 1926 (II. A. 1943, FMBl. S. 90) für die in Preußen gebildeten Gewerbesteuerausschüsse getroffen.

III.

Für den Bereich der preußischen Justizverwaltung bestimme ich im Anschluß hieran folgendes:

„1. In der Kassenordnung für die Justizbehörden erhält in § 15 der Abs. 7 folgende Fassung:

7. Sofern in der Anmeldung einer Eintragung zum Handelsregister oder in dem Antrag auf Erteilung von Bescheinigungen, beglaubigten Abschriften oder Auszügen aus dem Handelsregister die nach den §§ 69, 72 des Preußischen Gerichtskostengesetzes zur Berechnung der Gebühren erforderlichen Angaben nicht enthalten sind, hat der Gerichtsschreiber die Beteiligten zur nachträglichen Einreichung dieser Angaben, geeignetenfalls unter Hinweis auf die Vorschriften des § 23 Abs. 2 des Preußischen Gerichtskostengesetzes, aufzufordern. Wird der Aufforderung nicht genügt oder ergeben sich Bedenken gegen die Richtigkeit der in den Anmeldungen und Anträgen enthaltenen oder nachträglich beigebrachten Angaben, so hat der Gerichtsschreiber den Vorsitzenden des Gewerbesteuerausschusses oder erforderlichenfalls das Finanzamt um Auskunft über den Gewerbeertrag oder das Gewerbekapital der in Frage kommenden Firma zu ersuchen. Ist bei Fälligkeit der Gebühr eine Veranlagung noch nicht erfolgt, so hat der Gerichtsschreiber — unter dem Vorbehalt der späteren Berichtigung des Kostenansatzes — zunächst nach seinem Ermessen die mutmaßlich in Anwendung zu bringende Gebühr zu berechnen und die etwa notwendige Änderung des Kostenansatzes nach Maßgabe der endgültigen Veranlagung zu überwachen. Über die geschäftliche Behandlung der Auskünfte der Gewerbesteuerausschüsse und der Finanzämter trifft § 50 Abs. 16 der Geschäftsordnung für die Gerichtsschreibereien der Amtsgerichte in der Fassung der AV. v. 7. 8. 1926 (JMBl. S. 286) Bestimmung.

2. In der Geschäftsordnung für die Gerichtsschreibereien der Amtsgerichte wird in § 50 als Abs. 16 folgende Bestimmung angefügt:

16. Auskünfte der Finanzämter und der Gewerbesteuerausschüsse, die für Zwecke der Gebührenberechnung gemäß § 15 Abs. 7 der Kassenordnung oder von den Registergerichten zur Verhütung unrichtiger Eintragungen in das Handelsregister (§ 126 des Gesetzes über die Angelegenheiten der freiwilligen Gerichtsbarkeit v. 20. 5. 1898 — RGBl. S. 771 — und § 3 der AV. v. 7. 11. 1899 — JMBl. S. 313 —) erfordert sind, sind nicht zu den Registerakten zu nehmen, sondern für jede Registerabteilung zu einem Sammelheft zu vereinigen. Das Heft ist ständig unter Verschluß zu halten. Seine Einsicht ist nur den mit der Registerführung und mit der Kostenberechnung befaßten Beamten zu gestatten; anderen behördlichen Stellen und dem die Akten einsehenden Publikum darf das Heft nicht zugänglich gemacht werden."

# Anhang III.

# Standesregistergebühren.

## A. § 16 des Gesetzes über die Beurkundung des Personenstandes und die Eheschließung

vom 6. Februar 1875 (RGBl. 23) in der Fassung des Gesetzes vom 11. Juni 1920 (RGBl. 1209), 8. März 1923 (RGBl. I 167) und der Verordnung vom 14. Februar 1924 (RGBl. I 116).

Die Führung der Standesregister und die darauf bezüglichen Verhandlungen erfolgen kosten- und stempelfrei. Für Verhandlungen, die sich auf die Eingehung einer Ehe beziehen, werden die nach dem angehängten Tarife zulässigen Gebühren und Auslagen erhoben.

Gegen Zahlung der tarifmäßigen Gebühren und Auslagen müssen die Standesregister jedermann zur Einsicht vorgelegt, sowie beglaubigte Auszüge (§ 15) und Scheine (§ 15a) aus demselben erteilt werden. Ein Antrag auf Erteilung einer standesamtlichen Urkunde gilt als auf die Erteilung eines Geburts-, Heirats- oder Todesscheins gerichtet, wenn nicht ein vollständiger Auszug ausdrücklich verlangt wird oder ein solches Verlangen sich aus dem mitgeteilten Verwendungszweck ergibt. Wird nachträglich die Erteilung eines vollständigen Auszugs beantragt, weil der Schein für den mitgeteilten Verwendungszweck nicht ausreicht, so kann die gezahlte Gebühr auf die Gebühr für den vollständigen Auszug angerechnet werden. Im wesentlichen Interesse ist die Einsicht der Register und die Erteilung der Auszüge und Scheine gebührenfrei zu gewähren.

Bei Unvermögen der Beteiligten werden Gebühren und Auslagen nicht erhoben. Der Standesbeamte kann die Kosten aus Billigkeitsgründen ermäßigen oder stunden.

Jeder Auszug einer Eintragung muß auch die zu derselben gehörigen Ergänzungen und Berichtigungen enthalten.

## B. **Gebührentarif**

in der Fassung der Verordnung vom 30. November 1923 (RGBl. I 1157) und 14. Februar 1924 (RGBl. I 116).

I. Gebührenfrei sind die nach § 54 oder zum Zwecke der Taufe oder der Beerdigung erteilten Bescheinigungen.

II. An Gebühren kommen zum Ansatz:

1. für Vorlegung der Register zur Einsicht, und zwar:

für jeden Jahrgang . . . . . . . . . 0,10 RM.
für mehrere Jahrgänge zusammen jedoch höchstens . . . . . . . . . . . 0,30 „

2. für jeden Geburts-, Heirats- oder Todesschein mit Einschluß der Schreibgebühren 0,20 „

Bezieht sich der Schein auf mehrere Eintragungen und erfordert derselbe das Nachschlagen von mehr als einem Jahrgange der Register, für jeden weiter nachzuschlagenden Jahrgang noch . . . . . 0,20 „
jedoch zusammen höchstens . . . . . . 0,60 „

Das gleiche gilt für jede Eintragung in ein Familienstammbuch (§ 15a).

2a. für jeden beglaubigten vollständigen Auszug aus den Registern mit Einschluß der Schreibgebühren das Dreifache der Gebühr nach Nr. 2;

3. für die nachträgliche Beischreibung eines Randvermerkes auf einem Auszug . . . 0,10 „

Wird die Beischreibung mehrerer Vermerke auf demselben Auszug gleichzeitig beantragt, so wird die Gebühr nur einmal erhoben.

4. Für ein zweites und jedes weitere Stück eines Auszugs oder für eine zweite und jede weitere Beischreibung desselben Randvermerkes, wenn sie gleichzeitig beantragt werden, die Hälfte der Gebühr nach Nr. 2, 3.

5. Für die Entgegennahme des Antrags auf Anordnung des Aufgebots . . . . . . 2,00 RM.

Ist eine Bekanntmachung des Aufgebots im Ausland erforderlich, oder kommt ausländisches Recht zur Anwendung, so kann die Gebühr bis auf . . . . . . . . . . 12,00 RM. erhöht werden.

Hat eine Aufgebotsverhandlung nicht stattgefunden, so wird die Gebühr (Abs. 1, 2) für die Eheschließung erhoben.

6. Für die Abnahme einer eidesstattlichen Versicherung nach § 45 Abs. 4 . . . . . 0,60 „
7. für die Bescheinigung nach § 49 . . . . 0,20 „
8. Für die schriftliche Ermächtigung nach § 1321 des Bürgerlichen Gesetzbuchs, wenn sie nicht gleichzeitig mit der Bescheinigung nach § 49 beantragt wird . . 0,10 „
9. Für die Eheschließung vor einem anderen Standesbeamten als demjenigen, welcher das Aufgebot angeordnet hat . . . . . 1,00 „
10. Für die Eheschließung, die außerhalb des Amtsraumes oder der Dienststunden erfolgt, außer wenn ein Verlobter wegen Krankheit nicht erscheinen kann, zusätzlich 10,00 „

Als bare Auslagen (§ 16 Abs. 1, 2) werden nur erhoben Post-, Fernsprech- und Fernschreibgebühren, die Vergütung für einen bei der Aufgebotsverhandlung oder bei der Eheschließung zugezogenen Dolmetscher sowie bei einer Eheschließung außerhalb des Amtsraumes oder der Dienststunden Tagegelder und Fahrkosten des Standesbeamten. Wird ein Schreiben nicht durch die Post, sondern durch einen Boten bestellt, so kann für die Bestellung ein Betrag bis zur Höhe der Postgebühren erhoben werden.

# Anhang IV.

## Rechnungsgebühren.

### a) Allgemeine Verfügung vom 18. Januar 1921 über die Anfertigung der Rechnungsarbeiten bei den Justizbehörden und die Rechnungsgebühren.

In der Fassung der Allgemeinen Verfügung vom 19. Dezember 1923 (JMBl. 759).

Die Bestimmungen der Allgemeinen Verfügung vom 16. 9. 1895 und der Änderungsverfügungen v. 17. 8. 10 — zu Ziff. 4 — sowie v. 27. 12. 10 und 18. 10. 20 werden, wie folgt geändert und neu gefaßt:

1. Bei Amtsgerichten, bei denen die Rechnungsarbeiten in Angelegenheiten, auf welche das Preußische Gerichtskostengesetz (Erster Teil und § 118 Abs. 1 Satz 2) Anwendung findet, mindestens eine volle Arbeitskrcft erfordern, sollen diese Geschäfte regelmäßig einem oder nach Bedarf mehreren planmäßig angestellten Kalkulatoren übertragen werden. Solange trotz der gegebenen Voraussetzungen eine planmäßige Kalkulatorstelle bei dem Amtsgericht nicht hat errichtet werden können, soll in der Regel ein geeigneter nichtplanmäßiger Beamter, der die Befähigung für das Amt eines Justizobersekretärs besitzt, vom Oberlandesgerichtspräsidenten mit der einstweiligen hauptamtlichen Wahrnehmung der Rechnungsgeschäfte beauftragt und zum Hilfskalkulator bestellt werden. Von dieser Maßnahme ist dem Justizminister Anzeige zu erstatten.

Die hauptamtlichen Kalkulatoren und Hilfskalkulatoren erhalten gemäß der Besoldungsordnung neben ihren regelmäßigen Dienstbezügen (Grundgehalt oder Grundvergütung, Ortszuschlag, Kinderbeihilfe und Teuerungszuschlägen) einen Anteil an den von ihnen aufgebrachten

Rechnungsgebühren, soweit sie eingehen, nach Maßgabe des für die Kalkulatoren im Haushaltsplane bestimmten Hundertteils, für das Rechnungsjahr 1920 — 15 v. H.

2. Bei den übrigen Amtsgerichten sind die bezeichneten Rechnungsarbeiten von hierzu geeigneten Gerichtsbeamten, welche die Befähigung für das Amt eines Justizobersekretärs besitzen, neben dem ihnen zugewiesenen vollen Arbeitspensum zu erledigen. Zu diesem Zwecke hat der Landgerichtspräsident diese Beamten nebenamtlich zu Rechnungsbeamten zu bestellen. Bei der Bestellung ist davon auszugehen, daß die Arbeiten in weitgehender Weise unter alle dazu geeigneten Beamten verteilt werden, ohne Rücksicht darauf, in welchem Geschäftszweige der Beamte tätig ist. Die nebenamtlich tätigen Rechnungsbeamten erhalten die von ihnen aufgebrachten Rechnungsgebühren, soweit sie eingehen, zum vollen Betrage.

3. Für die Rechnungsarbeiten der Kalkulatoren, Hilfskalkulatoren und Rechnungsbeamten in den vorbezeichneten Angelegenheiten sind die nach § 114 PrGKG. zulässigen und vom Gerichte festzusetzenden Gebühren

| | |
|---|---|
| bei einem Werte des Gegenstandes bis zu 500 RM. einschl. auf . . . . . . . . . . | 1,00 RM. |
| von mehr als 500 RM. bis zu 2000 RM. einschl. auf . . . . . . . . . . . . . . | 1,50 „ |
| von mehr als 2000 RM. bis zu 10000 RM. einschl. auf . . . . . . . . . . . . . . | 2,00 „ |
| von mehr als 10000 RM. auf . . . . . . | 2,50 „ |

für die Stunde abzustufen. Die den Beamten voll (Ziff. 2) oder nur anteilig (Ziff. 1) überlassenen Rechnungsgebühren schließen zugleich die notwendigen Dienstaufwendungen, insbesondere für die Beschaffung des Papiers und für das Schreibwerk, mit ein.

4. Kleine und einfache Rechnungsarbeiten können auch in den in Ziff. 1 bezeichneten Angelegenheiten den Beamten der Gerichtsschreiberei als solchen nach Maßgabe der Geschäftsordnung für die Gerichtsschreibereien vom Richter übertragen werden. In solchen Fällen ist eine Rechnungsgebühr nicht zulässig. Ist der Gerichtsschreibereibeamte, dem eine Rechnungsarbeit übertragen wird, zugleich als Rechnungsbeamter bestellt, so hat der Richter bei der Übertragung ersichtlich zu machen, ob die Arbeit unter Ziff. 3 oder unter Ziff. 4 dieser Verfügung fällt.

5. In anderen als den Angelegenheiten, auf welche das Preuß. Gerichtskostengesetz (Erster Teil und § 118 Abs. 1 Satz 2) Anwendung findet, können Rechnungsgebühren nicht gewährt werden. Die Anfertigung der Rechnungsarbeiten in solchen Fällen regelt sich nach den hierüber insbesondere in den Geschäftsordnungen für die Gerichtsschreibereien sowie für die Sekretariate und für die Rechnungsämter sowie in der Justizrechnungsordnung getroffenen Bestimmungen. Zur unentgeltlichen Wahrnehmung dieser Rechnungsarbeiten, insbesondere auch in Angelegenheiten der Justizverwaltung, sind auch die Kalkulatoren und Hilfskalkulatoren verpflichtet.

### b) Allgemeine Verfügung vom 22. Dezember 1899, — (JMBl. 865) — betreffend den Ansatz von Rechnungsgebühren.

Zur Herbeiführung eines einheitlichen Verfahrens bei der Festsetzung von Rechnungsgebühren bestimme ich, was folgt:

1. Im Verfahren der Zwangsversteigerung von Gegenständen des unbeweglichen Vermögens ist als der für die

Berechnung der Rechnungsgebühren maßgebende Wert anzusehen:

a) im Falle der Zuziehung des Rechnungsbeamten behufs Feststellung des geringsten Gebots der Wert des Gegenstandes der Zwangsversteigerung; dieser Wert bestimmt sich nach dem Gebote, für welches der Zuschlag erteilt ist, unter entsprechender Anwendung der Vorschriften des § 127 Abs. 2, 3 PrGKG;

b) im Falle der Zuziehung behufs Aufstellung des Teilungsplans das Bargebot unter Hinzurechnung des Wertes der bestehenbleibenden Rechte und des Erlöses besonders verwerteter Gegenstände (§ 127 Abs. 4 des PrGKG.).

2. Wird der Rechnungsbeamte im Falle der Auseinandersetzung einer Gemeinschaft (§§ 86, 88 des PrGKG.) behufs Feststellung der Masse oder Aufstellung des Teilungsplans zugezogen, so ist für die Berechnung der Rechnungsgebühren der Wert der Masse ohne Abzug der Schulden maßgebend.

3. Bei der Feststellung der Zeit, welche für die Anfertigung der Rechnungsarbeit erforderlich war, ist die zur Reinschrift der Rechnungsarbeit aufzuwendende Zeit mit in Betracht zu ziehen. Etwaige Auslagen für das Schreibwerk dürfen, wie bereits in Nr. 4 der AVf. vom 16. 9. 1895, betreffend die Anfertigung der Rechnungsarbeiten bei den Justizbehörden und die Rechnungsgebühren, bestimmt ist, neben den Rechnungsgebühren nicht berechnet werden.

Wird der Rechnungsbeamte mit der Berechnung des geringsten Gebots beauftragt, so ist nicht nur die Zeit seiner Tätigkeit im Versteigerungstermine, sondern auch die Zeit seiner Vorbereitung zum Termine bei der Festsetzung der Rechnungsgebühren zu berücksichtigen.

4. Nach § 117 Abs. 2 des PrGKG. werden in Vormundschaftssachen Rechnungsgebühren für die Prüfung eingereichter Rechnungen nur erhoben, wenn der in der Rechnung nachgewiesene Betrag der Einnahme die Summe von 300 RM. übersteigt. Im Sinne dieser Vorschrift sind nur solche Rechnungsposten als Einnahme anzusehen, welche sich als Einkünfte darstellen, nicht aber der aus dem Vorjahre übernommene und in der Rechnung vorgetragene Kassenbestand oder der Erlös für verkaufte Vermögensstücke.

c) **Allgemeine Verfügung vom 28. Juni 1907** — (JMBl. 417) — **über die Zuziehung von Rechnungsbeamten und den Ansatz von Rechnungsgebühren in Angelegenheiten, betreffend die Zwangsversteigerung von Gegenständen des unbeweglichen Vermögens.**

Zur Herbeiführung eines einheitlichen Verfahrens bei der Zuziehung von Rechnungsbeamten und bei der Festsetzung von Rechnungsgebühren in dem Verfahren der Zwangsversteigerung von Gegenständen des unbeweglichen Vermögens bestimme ich unter Zusammenfassung und in Ergänzung der bisher ergangenen Vorschriften was folgt:

1. In den §§ 66, 113 ZVG. ist vorgesehen, daß der Richter sich nötigenfalls der Hilfe eines Rechnungsverständigen zur Berechnung des geringsten Gebots und zur Aufstellung des Teilungsplans bedienen kann. Erachtet der Richter die Mitwirkung eines Rechnungsverständigen nach den Umständen des Falles für geboten, so hat er die Zuziehung eines Rechnungsbeamten durch schriftliche Verfügung anzuordnen. Ist anzunehmen, daß in dem Versteigerungs- oder Verteilungstermine Rechnungsarbeiten vorkommen werden, welche die Zuziehung eines

Rechnungsverständigen erfordern und wird deshalb die Teilnahme des Rechnungsbeamten am Termine für geboten erachtet, so ist dies in der zu erlassenden Verfügung besonders zum Ausdrucke zu bringen. Dem zum Termine zugezogenen Rechnungsbeamten kann die gleichzeitige Wahrnehmung der dem Gerichtsschreiber obliegenden Verrichtungen übertragen werden. Behufs Erlasses der hiernach erforderlichen Anordnungen sind die Akten dem Richter vor dem Versteigerungstermin und vor dem Verteilungstermine rechtzeitig vorzulegen.

2. Der zur Festsetzung der Rechnungsgebühren berufene Richter hat die Verpflichtung, auch die Angemessenheit der von dem Rechnungsbeamten angegebenen Arbeitszeit zu prüfen. Bezüglich der Abänderung seiner Festsetzung im Aufsichtswege verbleibt es bei den Anordnungen der Rundverfügung vom 28. 7. 1899 (Müller 200).

3. Als der für die Berechnung der Rechnungsgebühren maßgebende Wert ist anzusehen:

a) im Falle der Zuziehung des Rechnungsbeamten behufs Feststellung des geringsten Gebots der Wert des Gegenstandes der Zwangsversteigerung; dieser Wert bestimmt sich nach dem Gebote, für welches der Zuschlag erteilt ist, unter entsprechender Anwendung der Vorschriften des § 127 Abs. 2, 3 PrGKG.;

b) im Falle der Zuziehung behufs Aufstellung des Teilungsplans das Bargebot unter Hinzurechnung des Wertes der bestehenbleibenden Rechte und des Erlöses besonders verwerteter Gegenstände (§ 127 Abs. 4 PrGKG.).

4. War gemäß Nr. 1 angeordnet, daß der Rechnungsbeamte, welcher mit der Berechnung des geringsten Gebots oder mit der Aufstellung des Teilungsplans beauftragt ist,

an dem Versteigerungs- oder dem Verteilungstermine teilzunehmen habe, so ist bei der Festsetzung der Rechnungsgebühren neben der vor dem Termine zur Vorbereitung der Berechnung des geringsten Gebots und der Aufstellung des Teilungsplans aufgewendeten Zeit auch die Terminszeit zu berücksichtigen. Die zur Vorbereitung des Terminsprotokolls verwendete Zeit darf bei der Berechnung der Rechnungsgebühren ebensowenig in Ansatz gebracht werden, wie die Zeitdauer der nach dem Termine dem Gerichtsschreiber obliegenden Geschäfte. Wird jedoch an Stelle einer Reinschrift der Rechnungsarbeit deren Ergebnis in das von dem Rechnungsbeamten vorbereitete Protokoll aufgenommen, so ist der für die Herstellung dieses Teiles erforderliche Zeitaufwand bei der Feststellung der für die Rechnungsarbeit erforderlichen Zeit in Betracht zu ziehen.

5. Zu der dem Rechnungsbeamten obliegenden Rechnungsarbeit gehört die Aufstellung der für das geringste Gebot erforderlichen Kostenberechnung und die Feststellung der als Teil des geringsten Gebots bestehenbleibenden Rechte, dagegen ist die Aufstellung der endgültigen Kostenrechnung als Aufgabe des Gerichtsschreibers anzusehen und, wenn dieser zugleich als Rechnungsbeamter tätig war, nicht mit zu vergüten.

# Anhang V.

## Gerichtliche Landesstempelsachen.

**GV. d. JM. u. d. FM. vom 19. Januar 1926 über gerichtliche Landesstempelsachen (LStV.[1]) (JM. I a. 68/FM. II C. 780).**

AV. v. 28. 7. 1910 (JMBl. S. 299) in der Fassung der AV. v. 2. 4. 1912 (S. 140), 29. 11. 1912 (S. 388), 21. 2. 1920 (S. 78), 27. 3. 1923 (S. 299), 31. 3. 1923 (S. 314) u. d. 7. 7. 1923 (S. 488); AV. v. 29. 12. 1899 (JMBl. 1900 S. 3), 7. 5. 1901 (S. 115), 3. 10. 1904 (S. 265), 6. 1. 1905 (S. 8), 25. 9. 1914 (S. 724) und 5. 3. 1920 (S. 94).

A.

An die Stelle der AV. v. 28. 7. 1910 in der gegenwärtigen, aus den obenbezeichneten Verfügungen sich ergebenden Fassung treten mit Wirkung vom 1. 2. 1926 folgende Bestimmungen:

### I. Einziehung der Stempel als Gerichtskosten.

§ 1.

Gerichtliche Urkunden.

1. Soweit nach den Vorschriften des § 2 DGKG. und des § 28 PrGKG. für gerichtliche Urkunden Stempel zu erheben sind, sind sie nicht durch Stempelzeichen zu verwenden, sondern nach den für Gerichtsgebühren geltenden Vorschriften einzuziehen (§§ 29, 115 PrGKG.).

---

[1]) Sonderabdrucke dieser Verfügung und der Ausführungsbestimmungen des Finanzministers zum Stempelsteuergesetz vom 19. Januar 1926 werden den Justizbehörden in der erforderlichen Anzahl zugehen.

2. Berechnet und eingezogen wird der Stempel in der Regel von dem Gericht, das das stempelpflichtige Rechtsgeschäft beurkundet hat. Dies gilt auch dann, wenn die Beurkundung auf Ersuchen eines anderen Gerichts erfolgt ist. Bedarf das Rechtsgeschäft jedoch zu seiner Wirksamkeit der Genehmigung oder Bestätigung durch ein anderes als das beurkundende Gericht (z. B. das Vormundschaftsgericht), so ist der Stempel bei dem für die Genehmigung oder Bestätigung zuständigen Gericht zu berechnen. Wenn das Rechtsgeschäft von mehreren Gerichten zu genehmigen ist, ist der Stempel bei demjenigen Gericht anzusetzen, das zuletzt seine Genehmigung ausspricht. Hat die letzte Genehmigung durch ein außerpreußisches Gericht zu erfolgen, so findet eine Berechnung des Stempels zu den Gerichtskosten nicht statt, es bleibt dann vielmehr den Beteiligten überlassen, den Stempel in Stempelzeichen zu verwenden; für den Beginn der Verwendungsfrist ist in diesem Falle die Vorschrift des § 16 Abs. 3 LStG. maßgebend.

Die Einziehung des zu den Gerichtskosten zu erhebenden Stempels für gerichtlich genehmigte oder bestätigte Urkunden hat erst nach der Genehmigung oder Bestätigung zu erfolgen. Sie ist jedoch nicht von der Mitteilung der Genehmigung usw. an die Beteiligten abhängig, sondern kann alsbald nach Erteilung der Genehmigung — also schon vor dem Beginne der in § 16 Abs. 3 LStG. bestimmten Frist — erfolgen. Gelangt das Rechtsgeschäft nicht zur Wirksamkeit, etwa weil die Mitteilung der Genehmigung an die Beteiligten unterbleibt, oder weil die Genehmigung vor dieser Mitteilung zurückgenommen wird, so ist der Stempel gemäß § 25 Abs. 1a LStG. niederzuschlagen oder zu erstatten; die Entscheidung hierüber steht dem Landgerichtspräsidenten zu (vgl. § 9 Nr. 2).

Der Stempel für Eintragungsanträge (§ 1 Nr. 3b) wird unter Beachtung der Vorschriften des Abschnitts III dieser Verfügung stets von dem das Grundbuch führenden Gericht vereinnahmt, auch wenn der Eintragungsantrag nicht von diesem Gericht beurkundet ist.

3. Stempel sind zu erheben:

a) für die im zweiten Abschnitte des ersten Teiles des PrGKG. bezeichneten gerichtlichen Urkunden (§ 54 PrGKG.); der auf dem Geschäfte ruhende Stempel wird für die Urschrift erhoben; die erste Ausfertigung ist stempelfrei, für weitere Ausfertigungen wird der Stempel nach der Tarifstelle 4 (Duplikate) LStG. erhoben (vgl. nachstehend d und e);

b) für Anträge auf Eintragung (§ 67 PrGKG.):
   1. einer Hypothek, Grundschuld (Rentenschuld), wieder kehrenden Geldleistung oder eines Schiffspfandrechts sowie der Verpfändung eines dieser Rechte (Tarifstelle 14 III Abs. 1),
   2. der Abtretung einer Hypothek, Grundschuld oder eines Schiffspfandrechts (Tarifstelle 1 Abs. 4, 9),
   3. eines Nießbrauchrechts an unbeweglichen Sachen oder ihnen gleichgeachteten Rechten (Tarifstelle 9);

c) für den Beschluß, durch den im Verfahren der Zwangsversteigerung der Zuschlag erteilt wird (§ 122 PrGKG.), soweit sich dieser auf nicht unter das Grunderwerbsteuergesetz fallende Gegenstände erstreckt;

d) für die zweite und weitere Ausfertigung stempelpflichtiger Urkunden in Angelegenheiten der freiwilligen Gerichtsbarkeit, sofern für die Herstellung der Ausfertigung nach den Vorschriften des PrGKG. Schreibgebühren erhoben werden (§ 110 Abs. 2 PrGKG.); handelt es sich jedoch um eine Urkunde über ein zweiseitiges Geschäft, so ist, obgleich in diesem Falle auch die zweite Ausfertigung schreibgebührenfrei ist, für diese der tarifmäßige Stempel zu erheben (§ 110 Abs. 3 PrGKG.);

e) für beglaubigte Abschriften stempelpflichtiger Urkunden, sofern für diese nach den Vorschriften des PrGKG. keine Gebühr, wohl aber Schreibgebühren zum Ansatz kommen (vgl. z. B. § 79 Abs. 2 Nr. 1 Satz 2 PrGKG.), wobei für beglaubigte Abschriften von Urkunden über zweiseitige Rechtsgeschäfte das unter d Gesagte entsprechend gilt. Stempelfrei sind jedoch solche beglaubigten Abschriften, die bei den Akten zurückbehalten werden müssen, weil eingereichte Urkunden von den Beteiligten ohne Überreichung einer Abschrift zurückgefordert werden (§ 109 Abs. 2 PrGKG.).

4. Ausfertigungen und beglaubigte Abschriften solcher Urkunden, die nicht dem tarifmäßigen Stempel unterliegen, sind ebenfalls stempelfrei. Das trifft z. B. zu auf alle beglaubigten Abschriften aus gerichtlichen Registern (Genossenschaftsregister, Schiffsregister usw.), weil es in diesen Fällen an einer stempelpflichtigen Urschrift fehlt.

5. Bei Verfügungen von Todes wegen, die in der Weise errichtet werden, daß der Erblasser dem Richter eine Schrift übergibt (§ 2238 Abs. 1 BGB.), werden die Stempel in demselben Umfange zu den Gerichtsgebühren eingezogen wie bei gerichtlich aufgenommenen Testamenten. Dies gilt auch dann, wenn die Schrift verschlossen übergeben wird. Der für den Stempelansatz erforderlichen Wertberechnung sind die Angaben des Steuerpflichtigen

zugrunde zu legen[1]). Die Vorschriften des § 7 LStG. finden in Ansehung des Testamentsstempels vor Eröffnung der Verfügung keine Anwendung (Tarifstelle 16 Abs. 3 LStG.). Die Verjährungsfristen des § 27 Abs. 1 und 3 LStG. beginnen für den nach Tarifstelle 16 zu entrichtenden Stempel erst nach Ablauf des Kalenderjahres, in dem die Eröffnung der Verfügung erfolgt (§ 27 Abs. 4 LStG.).

6. Wegen der Versteuerung gerichtlicher Urkunden in den Fällen, in denen auf Grund stempelgesetzlicher Vorschriften eine Stundung eintritt, wird auf den Abschnitt II (§§ 11 und 12) dieser Verfügung verwiesen.

7. Für die in Angelegenheiten der Justizverwaltung errichteten Urkunden (z. B. Lieferungsverträge) ist der Stempel nicht durch Stempelzeichen zu verwenden, sondern bei den Gerichtskosten zu vereinnahmen. Dies gilt insbesondere auch für die gemäß Tarifstelle 10 II zu versteuernden, von den Justizbehörden als Verpächter oder Vermieter abgeschlossenen Pacht- und Mietverträge.

§ 2.

Außergerichtliche Urkunden.

1. Die im § 29 PrGKG. für die Versteuerung gerichtlicher Urkunden gegebenen Vorschriften finden gemäß § 30 a. a. O. und § 14 Abs. 1e LStG. auf eine Reihe außergerichtlicher Urkunden Anwendung, wenn diese Urkunden unversteuert oder nicht genügend versteuert bei Gericht eingereicht werden. Danach wird die Stempelsteuer, wie bei gerichtlichen Urkunden, in folgenden Fällen als Gerichtsgebühr vereinnahmt:

---

[1]) Wegen der etwa erforderlichen späteren Berichtigung des Stempelansatzes gilt § 15 Abs. 12 KassO. entsprechend.

a) wenn Urkunden über das einer Auflassung zugrunde liegende oder mit diesem im Zusammenhange stehende Rechtsgeschäft ohne den vorgeschriebenen Stempel bei Gericht vorgelegt werden, sofern darin dem Landesstempel unterliegende Vereinbarungen (z. B. Veräußerung des Grundstücksinventars usw.) mitenthalten sind (vgl. hierzu § 6 Nr. 4);

b) wenn behufs Ausschließung des für die Eintragung, Abtretung oder Verpfändung einer Hypothek, Grundschuld (Rentenschuld) oder eines Schiffspfandrechts sowie für die Eintragung oder Verpfändung einer wiederkehrenden Geldleistung zu entrichtenden Wertstempels die Urkunde über das der Eintragung zugrunde liegende Rechtsgeschäft ohne den vorgeschriebenen Stempel vorgelegt wird (vgl. §§ 13ff.).

In den Fällen zu a und b ist die Vereinnahmung eines zur Urschrift einer notariellen Urkunde zu wenig verwendeten Stempels zu den Gerichtskosten auch dann zulässig, wenn dem Gericht nur eine Ausfertigung oder eine beglaubigte Abschrift der Urkunde vorgelegt wird und sich aus dem darauf befindlichen Stempelvermerk nicht oder nicht zweifelsfrei ergibt, daß die Urschrift ausreichend versteuert worden ist. Die Zuständigkeit der Gerichtsbehörden zur Nachforderung der Stempel zu solchen Urkunden ist indessen keine ausschließliche. Auch den Finanzämtern steht die Befugnis zu, zu wenig verwendete Stempel einzuziehen und in Natur zu entwerten, selbst wenn zu vermuten ist oder feststeht, daß die Urkunden dem Gericht vorgelegen haben und der Fehlstempel zu den Gerichtskosten zu vereinnahmen gewesen wäre. Tritt hierdurch eine Doppelbesteuerung der Urkunde ein, so muß es den Beteiligten, sobald sie hiervon Kenntnis erhalten (vgl. Abs. 5), überlassen bleiben, die Erstattung oder Niederschlagung des zuviel erforderten Stempelbetrags zu beantragen (vgl. § 9 dieser Verfügung);

c) wenn zum Gebrauche bei Gericht bestimmte Vollmachten (Tarifstelle 19) ohne den vorgeschriebenen Stempel bei Gericht eingereicht werden;

d) wenn Anträge auf Eintragung eines Nießbrauchs an unbeweglichen Sachen ohne den vorgeschriebenen Stempel vorgelegt werden;

e) wenn Verfügungen von Todes wegen zur amtlichen Verwahrung oder Eröffnung überreicht werden;

f) wenn Urkunden zur gerichtlichen Vollziehung, Anerkennung des Inhalts oder Sicherstellung der Zeit der Ausstellung bei Gericht eingereicht werden;

g) wenn Urkunden zur Anerkennung oder Beglaubigung einer Unterschrift oder eines Handzeichens vorgelegt werden und die Beteiligten damit einverstanden sind, daß das Gericht von dem Inhalte der Urkunde Kenntnis nimmt;

h) wenn privatschriftliche oder notarielle Urkunden, die ihre Gültigkeit erst durch die gerichtliche Genehmigung oder Bestätigung erlangen (z. B. Verträge über die Annahme an Kindes Statt), zur Erteilung dieser Genehmigung oder Bestätigung bei Gericht eingereicht werden. Bei Notariatsurkunden ist der für diese erforderliche Stempel der Tarifstelle 12 II von 3 RM. (Nr. 24 Abs. 5 der AusfBest. des FM. v. 19. 1. 1926) auf den zu den Gerichtskosten zu vereinnahmenden Stempel anzurechnen.

Werden Urkunden dieser Art, die bereits von dem Gericht genehmigt sind, bei denen aber die Einziehung des Stempels bei den Gerichtskosten versehentlich unterlassen ist, einer Steuerbehörde zur Versteuerung vorgelegt oder erhält diese auf andere Weise Kenntnis von solchen Urkunden, so wird dem zuständigen Gericht Anzeige erstattet werden, das alsdann die nachträgliche Erhebung des Stempels als Gerichtskosten zu veranlassen hat. War bei Einreichung der Urkunde der volle Stempel bereits in Stempelzeichen verwendet, so behält es hierbei sein Bewenden. Die Bezirksrevisoren usw. haben jedoch, wenn Fälle dieser Art bei der Prüfung des Kosten- und Stempelansatzes zu ihrer Kenntnis kommen, diese in den von ihnen zu erstattenden Berichten zu bezeichnen; es wird dann Sache des Oberlandesgerichtspräsidenten oder des Landgerichtspräsidenten sein, dem Notar und, wenn der Stempel von einer Finanzbehörde verwendet worden ist, dem Landesfinanzamt von der unrichtigen Art der Stempelverwendung Mitteilung zu machen.

Im übrigen finden auf die Einziehung des Stempels zu diesen Urkunden die Vorschriften des § 1 Nr. 2 Abs. 1, 2 entsprechende Anwendung.

2. Die Bestimmung in § 109 Abs. 2 PrGKG. (vgl. auch § 1 Abs. 3e Satz 2) findet auch dann Anwendung, wenn von den Beteiligten zur Zurückbehaltung bei den Akten bestimmte Abschriften überreicht werden, die von einem Notar beglaubigt sind.

3. Für die Versteuerung von Eintragungsanträgen (Tarifstelle 1 Abs. 4ff.; Tarifstelle 14 III) gelten die Bestimmungen in Abschnitt III.

4. Ist in den Fällen der Nr. 1a bis d die Einreichung der stempelpflichtigen Schriftstücke nicht innerhalb der gesetzlichen Stempellösungsfristen (§ 16 LStG.) erfolgt, so hat der Gerichtsschreiber eine Abschrift der Urkunde oder

ihres für die Stempelpflichtigkeit in Betracht kommenden Teiles oder eine den wesentlichen Inhalt der Urkunde enthaltende Mitteilung unter Angabe des als Gerichtskosten in Rechnung gestellten oder vereinnahmten Stempelbetrags dem zuständigen Finanzamte zugehen zu lassen.

5. Werden fehlende Stempel zu notariellen Urkunden nach den für die Gerichtskosten geltenden Vorschriften eingezogen, so hat der Gerichtsschreiber den Notar, der die Urkunde aufgenommen hat, hiervon zu benachrichtigen. Die Mitteilung erfolgt bei Aufstellung der Kostenrechnung postgebührenfrei durch Postkarte. Der Notar hat einen entsprechenden Vermerk auf die Urkunde zu setzen.

### § 3.

### Verfahren bei der Einziehung des Stempels im allgemeinen

Die Berechnung und Einziehung der als Gerichtskosten zu behandelnden Stempelbeträge erfolgt wie die Berechnung und Einziehung der Gerichtskosten nach den Vorschriften der Kassenordnung.

### § 4.

### Zahlungspflicht.

Die Vorschriften der §§ 1 und 2 PrGKG. finden nach § 29 daselbst auf die Stempelabgaben keine Anwendung. An die Stelle dieser Vorschriften treten die §§ 12, 13 LStG. Daneben gelten aber die Bestimmungen des Preußischen Gerichtskostengesetzes in § 3 (Entnahme aus der Masse), § 4 (freiwillige Übernahme) und § 5 (Haftung Dritter) auch für die Stempelabgaben.

## § 5.

### Befreiungen.

1. Für die sachlichen und persönlichen Befreiungen von der Stempelsteuer kommen nicht § 7 und § 8 PrGKG., sondern die §§ 4 und 5 LStG. zur Anwendung. Dagegen erstreckt sich die den Gerichten und den Aufsichtsbehörden in § 10 PrGKG. beigelegte Befugnis zur Niederschlagung von Gerichtskosten und Gewährung von Gebühren- und Auslagenfreiheit auch auf die Stempelabgaben.

2. Sind Stempelbeträge für Rechtsvorgänger beim Erwerbe von Grundstücken zur Schaffung oder Erweiterung öffentlicher Erholungs-, Wald- oder sonstiger Grünanlagen sowie für Zwecke öffentlicher Straßen und Plätze auf Grund des § 4 Abs. 1f LStG. außer Ansatz gelassen, so hat der Gerichtsschreiber während des daselbst vorgesehenen Zeitraums von 15 Jahren alle drei Jahre einmal festzustellen, ob das veräußerte Grundstück inzwischen für andere als die angegebenen Zwecke verwendet worden ist. Ist dies der Fall, so hat er hiervon dem Finanzamt zwecks Nacherhebung der Stempelsteuer Mitteilung zu machen. Die Fristen sind im Geschäftskalender zu vermerken[1]).

3. Darüber, ob bei den in § 4 Abs. 1g LStG. bezeichneten Rechtsvorgängen ein ausschließlich öffentliches Interesse vorliegt, hat in jedem einzelnen Falle der Finanzminister zu entscheiden. Die Justizbehörden haben gegebenenfalls zur Herbeiführung dieser Entscheidung im Dienstwege an den Justizminister zu berichten.

4. Die Befreiungsvorschrift des § 4 Abs. 1i LStG. bezieht sich auf Beihilfen, die auf Grund des Gesetzes, betreffend die Bereitstellung von Mitteln zur Abbürdung

---

[1]) Vgl. auch § 15 Abs. 13a KassO.

der Baukostenüberteuerung v. 14. 1. 1921 (GS. S. 307) und der dazu ergangenen Ausführungsbestimmungen gewährt worden sind, sowie auf Beihilfen aus öffentlichen Mitteln zur Errichtung von Bergmannswohnungen.

5. Die in § 5 Abs. 1 unter c und d LStG. vorgesehene Anerkennung milder Stiftungen und ausschließlich gemeinnütziger Forschungsanstalten erfolgt durch den Finanzminister in Gemeinschaft mit dem Fachminister, für milde Stiftungen zugleich im Einvernehmen mit dem Justizminister.

Über die in § 5 Abs. 1 unter f LStG. vorgesehenen Stempelbefreiungen zugunsten des Wohnungsbaues für Minderbemittelte ist von dem Finanzminister und dem Justizminister nur dann zu entscheiden, wenn es sich um die daselbst erwähnten Vereinigungen (Genossenschaften, Gesellschaften usw.) handelt. Körperschaften des öffentlichen Rechts sind dagegen in den bezeichneten Angelegenheiten von der Stempelsteuer befreit, ohne daß es einer besonderen Befreiung oder Anerkennung durch die genannten Minister bedarf. Darüber, ob in diesen Fällen die Voraussetzungen für die Befreiungen vorliegen, hat in jedem Einzelfalle der mit der Stempelberechnung befaßte Beamte (gegebenenfalls die Beschwerdeinstanz) zu entscheiden.

6. Bei jedem Oberlandesgericht sind Verzeichnisse zu führen:

a) derjenigen Stiftungen, die gemäß § 5 Abs. 1c LStG. als milde Stiftungen anerkannt sind,

b) derjenigen Wohnungsbauvereinigungen und Stiftungen, denen gemäß § 5 Abs. 1f LStG. Stempelfreiheit bewilligt ist.

Zu diesem Zwecke wird die Kalkulatur des Justizministeriums von jeder Anerkennung einer milden Stiftung und jeder Bewilligung der Stempelfreiheit an eine Wohnungsbauvereinigung oder Stiftung dem Rechnungsamt des Oberlandesgerichts, in dessen Bezirk die Stiftung oder die Bauvereinigung ihren Sitz hat, Nachricht geben.

Sofern dem mit der Stempelberechnung befaßten Beamten nicht bekannt ist, ob die zahlungspflichtige Stiftung oder Bauvereinigung Stempelfreiheit genießt, hat er das Rechnungsamt um Auskunft zu ersuchen, ob sie in das Verzeichnis eingetragen ist. Ist dies der Fall, so hat er ohne weiteres den Stempel außer Ansatz zu lassen.

7. Falls eine der auf Grund § 5 Abs. 1 f LStG. von der Stempelsteuer befreiten Vereinigungen oder Stiftungen ihre Satzung und damit zugleich ihren Zweck in der Weise ändert, daß die Änderungen zu einem Widerruf der ihr bewilligten Freiheit Anlaß geben können, hat das zuständige Registergericht hierüber im Dienstwege an den Justizminister zu berichten. Da indes nach der Vorschrift des zweiten Absatzes des § 5 Abs. 1 f LStG. auch schon auf Grund nur tatsächlicher Änderung des Zweckes der Vereinigung oder Stiftung ohne förmliche Satzungsänderung die mangels einer Befreiung fällig gewordenen Stempelbeträge nachgefordert werden können, ist, wenn derartige Vorgänge, die auf Verfolgung anderer als der durch die Befreiungsvorschrift begünstigten Zwecke schließen lassen, zur Kenntnis der Gerichte kommen, Anzeige zu erstatten. Der Widerruf der Befreiung erfolgt gleichfalls durch gemeinschaftliche Entscheidung des Finanzministers und des Justizministers. Der Zeitpunkt, von dem an die einjährige Frist für die Nachforderung von Stempelbeträgen läuft, wird in der den Widerruf aussprechenden Entscheidung bestimmt.

8. Die als ausschließlich gemeinnützig anerkannten und demgemäß von der Entrichtung der Stempelsteuer befreiten Forschungsanstalten (§ 5 Abs. 1d LStG.) werden vom Finanzminister dem Landesfinanzamt, in dessen Bezirk sie ihren Sitz haben, mitgeteilt und von diesem in ein besonderes Verzeichnis eingetragen. Die Bestimmung in Nr. 6 Abs. 3 findet sinngemäß Anwendung.

9. Unternehmungen zur Förderung des Kleingartenwesens sind auf Grund des § 5 Abs. 1g LStG. von der Stempelsteuer nur dann befreit, wenn sie den Nachweis erbringen, daß sie von der oberen Verwaltungsbehörde als gemeinnützig anerkannt worden sind (V. d. MfV. v. 15. 11. 1922 — VMBl. S. 575 —).

10. Über die in § 5 Abs. 2 und 3 LStG. erwähnten Stempelsteuerbefreiungen entscheidet der Justizminister im Einvernehmen mit dem Finanzminister.

## § 6.

### Berechnung und Ermittlung des für den Stempelansatz maßgebenden Wertes.

1. Die materiellen Grundsätze für die Wertberechnung enthalten das Stempelsteuergesetz, insbesondere § 6 des Gesetzes und der Stempeltarif.

Die Umrechnung der in anderer als Reichswährung angegebenen Summen (§ 6 Abs. 4 LStG.) erfolgt unter entsprechender Anwendung der durch Verordnung des Reichsministers der Finanzen v. 30. 9. 1923 (JMBl. S. 660) für die Berechnung der Wechselsteuer getroffenen Bestimmungen (vgl. Nr. 6 Abs. 2 der Ausf.-Bestimmungen des Finanzministers v. 19. 1. 1926).

2. Ist für die Stempelberechnung das Lebensalter einer Person maßgebend, so ist das Alter in der Verhandlung anzugeben.

3. Der Stempel zu Verträgen über Annahmen an Kindes Statt (Tarifstelle 2) richtet sich nach der Höhe des Vermögens des Annehmenden oder Angenommenen, und zwar des jeweils höheren der beiden Vermögen, ausschließlich des Hausrats und anderer nicht der Vermögensteuer unterliegender beweglicher Gegenstände. Über den hiernach maßgebenden Wert haben in erster Linie die Steuerpflichtigen Auskunft zu geben (§ 7 LStG.). Bestehen Bedenken gegen die Richtigkeit ihrer Angaben, so sind sie, wenn ein der Vermögensteuer unterliegendes Vermögen als vorhanden anzunehmen ist, zur Vorlegung des Vermögensteuer-Veranlagungsbescheides aufzufordern. Kommen sie dieser Aufforderung nicht nach, so ist das Finanzamt um Auskunft über die Höhe des Vermögens zu ersuchen. In Fällen, in denen über den Anzunehmenden eine Vormundschaft, Pflegschaft oder Beistandschaft geführt wird, sind auch die Akten des Vormundschaftsgerichts zur Feststellung des Vermögenswertes heranzuziehen.

4. Wenn bei Beurkundung von Verträgen über die Veräußerung eines Grundstücks nebst Gegenständen, die nicht unter das Grunderwerbsteuergesetz fallen, das Entgelt von den Beteiligten in einer Summe vereinbart wird, hat der beurkundende Richter sie darüber zu vernehmen, welcher Teil des Entgelts auf die nicht unter das Grunderwerbsteuergesetz fallenden Gegenstände entfällt. Können die Beteiligten zur Zeit der Beurkundung eine Erklärung hierüber nicht abgeben, sind sie aufzufordern, solche dem Gericht binnen 2 Wochen schriftlich einzusenden. Das gleiche gilt, wenn bei Auflassungen die der Grundstücks-

übereignung zugrunde liegende Urkunde vorgelegt wird, in dieser aber der Wert der nicht unter das Grunderwerbsteuergesetz fallenden Gegenstände nicht angegeben ist.

Bestehen Bedenken gegen die Richtigkeit der von den Beteiligten angegebenen Werte oder kommen sie der erwähnten Aufforderung nicht nach, ist wegen amtlicher Ermittlung des Wertes der dem Landesstempel unterliegenden Gegenstände gemäß § 7 LStG., § 23 PrGKG. das Erforderliche zu veranlassen. Der Richter hat die Beteiligten hierauf hinzuweisen und darüber, daß dies geschehen, einen entsprechenden Vermerk in das Protokoll aufzunehmen.

Erstreckt sich im Verfahren der Zwangsversteigerung die Veräußerung gleichzeitig auch auf solche Gegenstände, die dem Grunderwerbsteuergesetz nicht unterliegen, so hat der Richter bei der Verkündung des Schlusses der Versteigerung (§ 73 Abs. 2 ZVG.) den Ersteher aufzufordern, den Wert dieser Gegenstände binnen 2 Wochen nach Verkündung des Zuschlagsbeschlusses oder, falls der Zuschlag durch Beschluß des Beschwerdegerichts erteilt wird, nach der Zustellung des Beschlusses an den Ersteher dem Gericht schriftlich anzuzeigen. Im übrigen finden die Bestimmungen in Abs. 1 und 2 entsprechende Anwendung.

5. Die Beanstandung der Angaben der Steuerpflichtigen über den Wert des Gegenstandes eines Geschäfts ist binnen einer dreijährigen Frist nach der Beurkundung zulässig (§ 27 Abs. 3 LStG.[1]). Wegen des Beginns der Frist für die nach Tarifstelle 16 zu entrichtenden Stempel wird auf § 1 Nr. 5 dieser Verfügung verwiesen.

6. Der § 12 PrGKG. über die Zulässigkeit der Nachforderung von Gerichtskosten findet auf die als Gerichtsgebühr zu vereinnahmenden Stempel keine Anwendung.

---

[1]) Vgl. hierzu auch § 53 Abs. 8 KassO.

## § 7.

### Rechtsweg.

1. Über die Verpflichtung zur Entrichtung einer Stempelabgabe ist unbeschadet des Rechts des Zahlungspflichtigen, den Stempelansatz im Wege der Einwendung und Beschwerde anzufechten (§ 9 Abs. 1), gemäß § 26 LStG. der Rechtsweg zulässig. Die Klage ist gegen die zur Vertretung des Fiskus in Angelegenheiten der Justizverwaltung bestimmte Behörde zu richten (§ 26 Satz 3 daselbst), d. h. nach dem Gesetze v. 14. 3. 1885 (GS. S. 65) und Nr. 1 und 2 der AV. v. 23. 3. 1885 (JMBl. S. 119) gegen den Generalstaatsanwalt desjenigen Oberlandesgerichts, in dessen Bezirke der Stempel angesetzt ist.

2. Zur Aufrechterhaltung der Einheitlichkeit in der Anwendung der gesetzlichen Vorschriften haben sich die Generalstaatsanwälte, bevor sie sich auf einen Prozeß wegen Stempelabgaben einlassen, mit dem Landesfinanzamt bezüglich der Streitfrage und der weiteren Behandlung des Prozesses in Verbindung zu setzen, ihnen auch Abschrift der rechtskräftig gewordenen gerichtlichen Urteile mitzuteilen. An den Justizminister haben die Generalstaatsanwälte über Rechtsstreitigkeiten vor oder nach deren Anhängigwerden nur dann zu berichten, wenn dies nach ihrem Ermessen wegen der besonderen Bedeutung der Angelegenheit erforderlich erscheint.

## § 8.

### Stundungen, Teilzahlungen und Niederschlagungen.

1. Die Vorschriften über das Armenrecht (§ 14 FGG., Art. 1 PrFGG., § 19 der Kassenordnung für die Justizbehörden) finden auch auf die nach den Vorschriften über

Gerichtsgebühren einzuziehenden Stempel Anwendung. Ebenso sind die Vorschriften des § 15 Abs. 3, § 17 PrGKG. und der §§ 20, 31 der Kassenordnung über die Stundung[1]) und Niederschlagung der Kosten, insbesondere im Falle der Armut des Zahlungspflichtigen, auch für Stempel maßgebend. Wegen der Fälle, in denen nach den Vorschriften des Stempelsteuergesetzes eine Stundung des Stempels eintritt, vergleiche die Bestimmungen in den §§ 11, 12 dieser Verfügung.

2. Auf die Niederschlagung von Stempeln wegen unrichtiger Behandlung der Sache oder wegen Unkenntnis der Beteiligten findet der § 10 PrGKG. Anwendung. Sollen in Fällen, in denen das Gesetz die Erstattung bereits gezahlter Stempel zuläßt, noch rückständige Stempel niedergeschlagen werden, so sind die Vorschriften im § 9 dieser Verfügung entsprechend anzuwenden.

## § 9.

### Beschwerdeverfahren, Erstattung, Ermäßigung und Anrechnung von Stempeln.

1. Für Einwendungen und Beschwerden gelten in Stempelsachen folgende Vorschriften:

a) Für die Festsetzung des für den Stempelansatz maßgebenden Wertes des Gegenstandes gilt § 23 PrGKG. Hiernach wird der Wert des Gegenstandes regelmäßig von dem Gerichtsschreiber festgesetzt. Nur dann setzt das Gericht durch gebührenfreien Beschluß den Wert

---

[1]) Vgl. hierzu auch Ziff. 113 der AV. vom 3. November 1925 (JMBl. S. 389 über Erhebung von Verzugszinsen bei ausnahmsweiser Bewilligung einer Stundung aus Billigkeitsgründen.

fest, wenn der Stempelschuldner dies beantragt oder das Gericht es für angemessen erachtet. Einwendungen des Steuerpflichtigen gegen den Wertansatz des Gerichtsschreibers gelten als Anträge auf gerichtliche Wertfestsetzung im Sinne des § 23 PrGKG.

Über Beschwerden gegen eine gerichtliche Wertfestsetzung auf Grund des § 23 PrGKG. wird im Aufsichtsweg entschieden (§ 29 PrGKG.). Zuständig zur Entscheidung ist der Präsident des Landgerichts, in dessen Bezirk der Wertfestsetzungsbeschluß erlassen worden ist; für den Bezirk des Amtsgerichts Berlin-Mitte entscheidet der Amtsgerichtspräsident. Gegen die Entscheidung des Landgerichtspräsidenten (Amtsgerichtspräsidenten) findet Beschwerde im Aufsichtswege statt.

b) Einwendungen des Steuerpflichtigen gegen den Ansatz von Stempelbeträgen, die nicht die Festsetzung des Wertes des Gegenstandes betreffen, erledigt das Gericht, in dessen Geschäftsbereich der Stempel angesetzt worden ist.

Auf das Beschwerdeverfahren finden die unter a gegebenen Vorschriften entsprechende Anwendung.

c) Die in § 10 Abs. 2 Satz 1 PrGKG. den Gerichten gewährte Befugnis zur Niederschlagung von Kosten wegen unrichtiger Behandlung der Sache oder nicht ausreichender Belehrung der Beteiligten gilt auch in Stempelsachen. Beschwerden gegen gerichtliche Entscheidungen, die die Niederschlagung anordnen oder ablehnen, sind jedoch unter entsprechender Anwendung der Vorschriften unter a im Aufsichtswege zu erledigen.

In allen Fällen (a, b und c) ist die Dienststelle, gegen deren Stempelberechnung oder sonstige Entscheidung sich eine Einwendung oder Beschwerde richtet, befugt, selbst Abhilfe zu schaffen, wenn sie die Einwendung oder Beschwerde für begründet hält.

2. Für die Rückerstattung und Ermäßigung von Stempelabgaben und die Abstandnahme von der Einziehung gelten § 6 Abs. 2, § 25, § 36 Abs. 2 und Tarifstellen Nr. 1 Abs. 6, Nr. 7 Abs. 4, 6 bis 8, Nr. 14 III Abs. 2, Nr. 18 Ziff. 1 Abs. 3 des LStG.

Für das Verfahren gelten folgende Vorschriften:

a) Anträge auf Erstattung von Stempelbeträgen in den Fällen der Tarifstelle 1 Abs. 6, der Tarifstelle 14 III Abs. 2 oder wegen unrichtigen Ansatzes sowie auf Abstandnahme von der Einziehung von Stempeln im Falle der Tarifstelle 7 Abs. 8 Satz 2 sind ebenso zu behandeln wie Einwendungen und Beschwerden gegen den Stempelansatz (vgl. vorstehend Nr. 1b).

b) Über Anträge

1. auf Erstattung des Stempels zu Urkunden über nichtige oder infolge einer Anfechtung als von Anfang an nichtig anzusehende oder durch rechtskräftiges Urteil für nichtig erklärte Geschäfte (§ 25 Abs. 1c LStG.),
2. auf Erstattung des Wertstempels in den Fällen des § 6 Abs. 2 und der Tarifstelle 7 Abs. 4 und Abs. 8 Satz 1,
3. auf Erstattung oder Ermäßigung von Stempeln aus Billigkeitsrücksichten (§ 25 Abs. 2 LStG., Tarifstelle 7 Abs. 8 Satz 3 und Tarifstelle 18 Ziff. 1 Abs. 3 a. a. O.)

entscheidet der Präsident desjenigen Landgerichts, in dessen Bezirk der Stempel erhoben ist, für den Bezirk des Amtsgerichts Berlin-Mitte der Amtsgerichtspräsident. Im Falle der Rückerstattung des Stempels auf

Grund des § 25 Abs. 1c und Abs. 2 LStG. hat der Landgerichtspräsident (Amtsgerichtspräsident) gleichzeitig zu bestimmen, ob der Stempel von demjenigen Vertragschließenden wieder einzuziehen ist, der bei der Beurkundung von den die Nichtigkeit oder Ungültigkeit des Geschäfts bedingenden Umständen Kenntnis gehabt oder die unterbliebene Ausführung oder die Wandlung verschuldet hat (§ 25 Abs. 3 a. a. O.)[1]).

Gegen die Entscheidung des Landgerichtspräsidenten (Amtsgerichtspräsidenten) findet Beschwerde im Aufsichtswege statt.

Für Stempelerstattungen nach § 6 Abs. 2 LStG. läuft die Frist des § 25 Abs. 1a a. a. O. von dem Tage, an dem die wirkliche Leistung feststeht.

c) Über Anträge auf Ermäßigung oder Erlaß des Stempels auf Grund des § 36 Abs. 2 LStG. entscheidet, soweit es sich um Stempelbeträge handelt, die als Gerichtskosten zu erheben sind, der Justizminister.

3. Vereinbarungen mit anderen deutschen Ländern über die gegenseitige Anrechnung der Stempelabgaben gemäß § 2 Abs. 3 LStG. werden von dem Finanzminister getroffen[2]). In Fällen, in denen derartige Vereinbarungen bestehen, erfolgt die Anrechnung nur auf Antrag, über den der mit der Stempelberechnung befaßte Gerichtsschreiber

---

[1]) Vgl. hierzu auch § 53 Abs. 4 KassO.

[2]) Abkommen über die gegenseitige Anrechnung der Stempelabgaben sind bisher nur mit Sachsen und Bayern getroffen. Der Inhalt des Abkommens mit Sachsen ist mitgeteilt durch die AV. vom 29. Dezember 1910, 2. Januar 1923 und 22. Mai 1923 (JMBl. 1911 S. 5 1923 S. 3 und 389) und des Abkommens mit Bayern durch die AV. v. 1. August 1922 (JMBl. 311).

zu befinden hat. Er hat gegebenenfalls die Anrechnung auf der Urkunde mit Angabe des Datums unter Beifügung des Amtsstempels und seiner Unterschrift zu vermerken. Gegen eine die Anrechnung ganz oder zum Teil ablehnende Entscheidung des Gerichtsschreibers können Einwendungen und Beschwerde gemäß Nr. 1b erhoben werden.

Über Anträge auf Erstattung von Stempeln, die infolge unterlassener Anrechnung zuviel entrichtet sind, entscheidet gemäß Nr. 2b der Landgerichtspräsident (Amtsgerichtspräsident).

## § 10.

### Vermerk des Stempels auf den Urkunden.

1. Auf den von den Gerichtsbehörden zu erteilenden Ausfertigungen, einfachen und beglaubigten Abschriften ist der für die Urschrift und die Ausfertigung oder beglaubigte Abschrift etwa zum Ansatze gekommene und als Gerichtsgebühr berechnete Betrag des Stempels anzugeben, oder kurz zu vermerken, aus welchem Grunde die Urschrift oder Ausfertigung (beglaubigte Abschrift) stempelfrei sind. Mit dem gleichen Vermerke sind die zu den Akten eingereichten außergerichtlichen Schriftstücke zu versehen, bei denen die Berechnung des Stempels als Gerichtsgebühr stattgefunden hat.

Die Vermerke haben hiernach z. B. zu lauten:

a) auf der ersten Ausfertigung einer gerichtlichen Urkunde, auf die der zweite Abschnitt des ersten Teils des Preußischen Gerichtskostengesetzes Anwendung findet (vgl. § 54 PrGKG.):

„Als erste Ausfertigung stempelfrei. Für die Urschrift 500 RM. (in Worten) Stempel berechnet";

b) auf der zweiten oder einer weiteren Ausfertigung:

„3 RM. Stempel zur Nebenausfertigung,
30 „ Stempel zur Urschrift,

zusammen...33 RM. (in Worten) als Gerichtsgebühr berechnet";

c) auf Ausfertigungen einer stempelfreien Urkunde:

„Ausfertigung stempelfrei, weil die Urschrift gemäß...(z. B. § 4 Abs. 1a LStG.) stempelfrei ist";

d) auf einer zu den Akten eingereichten außergerichtlichen Urkunde, für die der Stempel als Gerichtskosten zu berechnen ist:

„50 RM. (in Worten) Stempel als Gerichtsbebühr berechnet"

oder

„Stempelfrei gemäß...(z. B. § 4 Abs. 1b LStG.)".

2. Der auf die Urschrift der Urkunde zu setzende Stempelvermerk hat in allen Fällen durch den mit der Stempelberechnung befaßten Gerichtsschreiber zu erfolgen. Bei Erteilung von Ausfertigungen oder beglaubigten Abschriften liegt die Verpflichtung zur Ausstellung der Vermerke dem Beamten ob, der den Ausfertigungs- oder Beglaubigungsvermerk unterschreibt oder im Falle der Erteilung einer einfachen Abschrift die Abschrift anfertigt. Der Vermerk ist mit Datum und Unterschrift des Beamten zu versehen. Bei Erteilung einfacher Abschriften sowie in Fällen, in denen die Vollziehung der Ausfertigung oder beglaubigten Abschrift durch einen Justizbüroassistenten oder gemäß Abschnitt III der AV. v. 5. 2. 1924 (JMBl. S. 54) durch einen Kanzleibeamten oder Kanzleiangestellten erfolgt, hat der Gerichtsschreiber bei Abgabe der Urkunde an die Kanzlei dieser die erforderlichen Angaben für den auf die Ausfertigung oder Abschrift zu setzenden Stempelvermerk zu machen.

Außergerichtliche Schriftstücke, für die ein Stempel zu den Gerichtskosten zu berechnen ist, dürfen zur Herstellung einer Ausfertigung oder Abschrift erst dann zur Kanzlei gegeben werden, wenn die Berechnung des Stempels erfolgt und der berechnete Betrag auf der Urschrift vermerkt ist. Erscheint es in einzelnen Fällen aus besonderen Gründen zweckmäßig, die Ausfertigung oder Abschrift schon vor erfolgter Stempelberechnung anfertigen zu lassen, so ist auf die Urschrift vor der Abgabe an die Kanzlei ein in die Ausfertigung oder Abschrift nicht zu übernehmender Vermerk zu setzen, daß die Berechnung des Stempels vorbehalten sei. In diesem Falle darf die Aushändigung der Ausfertigung oder Abschrift erst erfolgen, nachdem die Stempelberechnung nachgeholt und die Ausfertigung oder Abschrift mit der vorgeschriebenen Bescheinigung versehen ist.

3. Die Vorschriften zu Nr. 1 und 2 gelten nicht für Abschriften, die auf Grund reichsgesetzlicher Bestimmungen (z. B. auf Grund des Kapitalverkehrsteuergesetzes, des Erbschaftsteuergesetzes und des Grunderwerbsteuergesetzes) den Finanzbehörden wegen Erhebung von Reichssteuern zu übersenden sind (vgl. § 9 Abs. 3 letzter Satz LStG.).

4. Die für Gemeinden oder Gemeindeverbände, für Giroverbände, Körperschaften ländlicher oder städtischer Grundbesitzer, für Grundkredit- oder Hypothekenbanken, für Schiffspfandbrief- oder Schiffsbeleihungsbanken ausgestellten Schuldverschreibungen, die auf Grund der demnächstigen Ausreichung reichssteuerpflichtiger oder von der Reichssteuer befreiter Renten- und Schuldverschreibungen nach der Tarifstelle 14 I Abs. 3d von der Entrichtung des landesgesetzlichen Schuldverschreibungsstempels frei sind, müssen mit einem den Grund der Stempelfreiheit ergebenden Vermerke versehen sein, z. B.:

„Stempelfrei, da auf Grund dieser Verschreibung reichssteuerpflichtige (reichssteuerfreie) Pfandbriefe neu ausgegeben werden."

Der Vermerk ist von dem Verbande, der Körperschaft oder der Bank, zu deren Gunsten die Schuldverschreibung lautet, unterschriftlich zu vollziehen. Statt des Vermerks kann der Schuldurkunde auch eine besondere, vorschriftsmäßig vollzogene Bescheinigung beigelegt werden.

Die gleichen Bestimmungen finden auf die in der Befreiungsvorschrift der Tarifstelle 1 Abs. 10 erwähnten Abtretungsurkunden Anwendung.

## II. Stundung von Stempeln nach stempelgesetzlichen Vorschriften.

### § 11.

### Fälle gesetzlicher Stundung des Stempels; Verfahren bei Erhebung gesetzlich gestundeter Stempelbeträge.

Bei Geschäften, bei denen der Wert des Gegenstandes dergestalt unbestimmt ist, daß er von vornherein auch nicht annähernd festgestellt oder geschätzt werden kann (§ 8 LStG.), ist die Versteuerung der Urkunde auszusetzen.

In Fällen dieser Art haben, soweit nicht der § 12 dieser Verfügung Platz greift, die Finanzbehörden das Erforderliche wegen der Überwachung, Sicherstellung und nachträglichen Zahlung der Stempelsteuer zu veranlassen (vgl. Nr. 8 Abs. 1—8 der AusfBest. des FM. v. 19. 1. 1926). Der Gerichtsschreiber hat zu diesem Zwecke die Ausfertigung der vom Gericht aufgenommenen Urkunde, oder wenn es sich um eine Urkunde handelt, die dem Gericht zum Zwecke der Anerkennung des Inhalts eingereicht worden ist, diese Urkunde demjenigen Finanzamt, in dessen Geschäftsbezirk die Gerichtsbehörde ihren Sitz hat, zu übersenden und die Übersendung auf der Urschrift oder auf der Verhandlung über die Anerkennung des Inhalts zu vermerken. Die an Schreibwerk und Postgebühren entstehenden Auslagen fallen der Staatskasse zur Last.

Zur Vermeidung unnötigen späteren Schreibwerks haben die Gerichte tunlichst bei Aufnahme der Urkunden die Parteien über solche Umstände zu hören, die für die Berechnung und Überwachung der zu stundenden Stempel wesentlich sind; die Angaben sind dem Finanzamt mitzuteilen.

§ 12.

Erhebung gesetzlich gestundeter Stempelbeträge für die von Justizbehörden abgeschlossenen Verträge.

Die in den Fällen des § 11 dieser Verfügung zu stundenden Stempel für die von den Justizbehörden in Angelegenheiten des eigenen dienstlichen Bedarfs abgeschlossenen Verträge (Lieferungsverträge, Dienstverträge usw.) sind, sobald sie fällig werden, zu den Gerichtskosten zu vereinnahmen. Der Eintritt der Fälligkeit des Stempels ist durch den für die Stempelberechnung zuständigen Beamten[1]) zu überwachen.

## III. **Stempel für Eintragungsanträge.**

§ 13.

Vorlegung einer Urkunde über das Rechtsgeschäft bei Stellung des Eintragungsantrags.

1. Der Stempel für Anträge auf Eintragung einer Hypothek, Grundschuld, wiederkehrenden Geldleistung oder

[1]) Hinsichtlich der besonderen Gefangenenanstalten mit eigener Kassenverwaltung vgl. § 10 der Geschäftsanweisung für die Kassen der besonderen Gefangenenanstalten.

eines Schiffspfandrechts bleibt unerhoben, wenn bei Beurkundung oder Einreichung des Eintragungsantrags die Urkunde über das dem Antrage zugrunde liegende Rechtsgeschäft (z. B. Schuldurkunde) versteuert oder unversteuert in Urschrift, Ausfertigung oder beglaubigter Abschrift vorgelegt wird. Das gleiche gilt für Anträge auf Eintragung der Verpfändung einer Hypothek, Grundschuld, wiederkehrenden Geldleistung oder eines Schiffspfandrechts sowie auf Eintragung der Abtretung einer Hypothek, Grundschuld oder eines Schiffspfandrechts; Voraussetzung für die Stempelfreiheit ist jedoch, daß die Urkunde über das Rechtsgeschäft in an sich stempelpflichtiger Form abgefaßt ist und das Rechtsgeschäft so enthält, wie es unter den Beteiligten hinsichtlich des Wertes der Gegenleistung verabredet ist.

2. Der Gerichtsschreiber hat in diesen Fällen die Versteuerung der dem Gericht vorgelegten Urkunde sorgfältig zu prüfen und gegebenenfalls den zu der Urkunde über das Rechtsgeschäft zu wenig verwendeten Stempel in Gemäßheit des § 30 PrGKG. nach den für Gerichtskosten geltenden Vorschriften einzuziehen.

Wird die nicht ausreichend versteuerte Urkunde über das Rechtsgeschäft erst nach Ablauf der in § 16 LStG. vorgesehenen Frist dem Gericht eingereicht, so ist zugleich unter Mitteilung des Eingangstages und einer Abschrift der Urkunde dem zuständigen Finanzamt Anzeige zu machen, das wegen einer etwa erforderlichen Einleitung des Strafverfahrens das weitere zu veranlassen hat.

3. Wenn die vorgelegte Urkunde das Rechtsgeschäft nicht so enthält, wie es unter den Beteiligten hinsichtlich des Wertes der Gegenleistung verabredet ist, und einem geringeren Stempel unterliegt, als die Beurkundung

des wirklich verabredeten Rechtsgeschäfts erfordern würde, so ist ungeachtet der Verstempelung jener Urkunde der volle Stempel für den Eintragungsantrag in Ansatz zu bringen. Gleichzeitig ist die Urkunde oder eine beglaubigte Abschrift von ihr dem zuständigen Finanzamt wegen der vorgekommenen Steuerhinterziehung zur weiteren Veranlassung gemäß § 17 Abs. 2 LStG. zu übersenden.

4. Behufs Überwachung, ob die von den Parteien zur Ausschließung des Stempels für den Eintragungsantrag bei den Gerichten eingereichten Urkunden in vorschriftsmäßiger Weise versteuert worden sind, haben die Amtsgerichte eine stempel- und kostenfrei beglaubigte Abschrift der Urkunde zu den Grund- bzw. Schiffsregisterakten fertigen zu lassen. In Grundbuchangelegenheiten sind diese Abschriften, sofern sie nicht mit Rücksicht auf § 9 GBO. den Grundakten einzuverleiben sind, zu den diesen beigefügten Sonderheften oder zu Sammelakten zu nehmen. Ob Sammelakten anzulegen sind, bestimmt der aufsichtführende Richter. In den Grundakten ist auf der zugehörigen Verhandlung zu vermerken, wo sich die Abschrift befindet, und auf der Abschrift sind Band und Blattzahl der Grundakten anzugeben.

## § 14.

### Erklärung des Rechtsgeschäfts zu Protokoll.

Ist eine Urkunde nicht eingereicht, von den Beteiligten aber das dem Eintragungsantrage zugrunde liegende Rechtsgeschäft vor dem Gericht zugleich in dem Eintragungsantrage zu Protokoll erklärt, so finden die Bestimmungen des § 13 entsprechende Anwendung. Der erforderliche Stempel wird zu dem in dem Eintragungsantrage enthaltenen Rechtsgeschäft erhoben.

## § 15.

### Nachträgliche Beurkundung des Rechtsgeschäfts; Anrechnung des Stempels für den Eintragungsantrag.

1. Wird nach Zahlung des Stempels für den Eintragungsantrag die Urkunde über das der Eintragung zugrunde liegende Geschäft vor Gericht errichtet, so ist auf den zu dieser Urkunde erforderlichen Wertstempel der für den Eintragungsantrag gezahlte Stempel anzurechnen (Tarifstelle 1 Abs. 8, Tarifstelle 14 III Abs. 2). Die Beteiligten haben zu diesem Zweck eine Bescheinigung über die erfolgte Zahlung des Stempels vorzulegen. Der Gerichtsschreiber hat zu prüfen, ob das beurkundete Rechtsgeschäft mit dem dem Eintragungsantrage zugrunde liegenden übereinstimmt. Ergeben sich keine Bedenken, so ist auf der Urkunde die Entrichtung des für den Eintragungsantrag erforderten Stempels zu bescheinigen und nur der etwa überschießende Betrag als Gerichtsgebühr einzuziehen. Der feste Stempel, der zu dem Eintragungsantrag erforderlich gewesen sein würde, wenn der Antrag nicht des Wertstempels bedurft hätte, (z. B. der Protokollstempel der Tarifstelle 12 II im Betrage von 3 RM. zu einem notariellen Eintragungsantrage) darf jedoch nicht auf den Stempel zu der nachträglich errichteten Urkunde angerechnet werden. Es sind mithin bei einem in der Form einer Notariatsurkunde errichteten, mit einem Wertstempel von 30 RM. versehenen Eintragungsantrage nur 27 RM. auf den Stempel zu der späteren Urkunde über das Rechtsgeschäft anzurechnen.

2. Auf der Ausfertigung der Urkunde ist der Betrag des angerechneten Stempels und des außerdem zu den Gerichtskosten berechneten Stempels in getrennten Beträgen gemäß § 10 dieser Verfügung zu vermerken. Die Be-

scheinigung über die Bezahlung des Stempels ist zu den Akten zu nehmen.

§ 16.

Verfahren bei Nichtvorlegung oder nachträglicher Vorlegung einer Urkunde.

1. Wird bei Beurkundung des Eintragungsantrags eine das Rechtsgeschäft enthaltende Urkunde nicht vorgelegt und das Rechtsgeschäft auch nicht in den Eintragungsantrag aufgenommen, so hat der beurkundende Beamte die Beteiligten darüber zu vernehmen, ob sie eine Urkunde überhaupt nicht vorlegen wollen und sie über die Folgen der Nichtvorlegung, insbesondere auch darüber zu belehren, daß ungeachtet der Entrichtung des Stempels für den Eintragungsantrag auch der zu einer etwaigen Urkunde gesetzlich erforderliche Stempel beizubringen ist. Die Belehrung des Beamten und die Erklärung der Beteiligten über die Vorlegung oder Nichtvorlegung der das Rechtsgeschäft enthaltenden Urkunde sind in das Protokoll aufzunehmen.

2. Wird die Urkunde über das Rechtsgeschäft nachträglich vorgelegt, so ist nach § 13 dieser Verfügung zu verfahren. Der Gerichtsschreiber hat gegebenenfalls die Aussetzung der Zwangsbeitreibung und unter Umständen die Niederschlagung des Stempels herbeizuführen. Ist die Zahlung des Stempels für den Eintragungsantrag bereits erfolgt, so ist für das Verfahren § 9 Nr. 2a dieser Verfügung maßgebend.

§ 17.

Anträge auf Eintragung einer Hypothek für Ansprüche aus Anleiheteilschuldverschreibungen.

Bei einem Antrag auf Eintragung einer Hypothek für Ansprüche aus Anleiheteilschuldverschreibungen bleibt der Stempel der Tarifstelle 14 III Abs. 1 unerhoben, wenn dem Grundbuchamt innerhalb einer Frist von fünf Monaten vom Eingange des Eintragungsantrages an die nach dem Kapitalverkehrsteuergesetz erfolgte Versteuerung der sämtlichen die Hypothek erschöpfenden Teilschuldverschreibungen oder ihre Befreiung von der Kapitalverkehrsteuer nachgewiesen wird. Der Nachweis ist durch Vorlegung der mit der Quittung der Finanzkasse oder der Bescheinigung der Steuerfreiheit versehenen Anmeldung der Wertpapiere zur Abstempelung (§§ 89, 110, 111 der Ausführungsbestimmungen zum Kapitalverkehrsteuergesetz) zu erbringen.

Die Beibringung des Nachweises ist durch den Geschäftskalender zu überwachen. Ist die Frist von fünf Monaten verstrichen, ohne daß die Entrichtung der Kapitalverkehrsteuer oder die Steuerfreiheit der Teilschuldverschreibungen nachgewiesen ist, so ist der Stempel einzuziehen.

## IV. Prüfung des Stempelansatzes.

### § 18.

### Prüfungspflicht der Gerichte.

1. Die Gerichte haben die besondere Verpflichtung, auf Befolgung der Stempelgesetze zu halten und amtlich zu ihrer Kenntnis gekommene Zuwiderhandlungen zur Anzeige zu bringen (§ 30 Abs. 3 LStG.). Müssen in den Terminen vorgelegte Urkunden sofort zurückgegeben werden, so kann die Prüfung dem Gerichtsschreiber übertragen werden. Nicht oder nicht ausreichend versteuerte Urkunden dürfen den Beteiligten erst zurückgegeben werden, wenn die Nachprüfung erfolgt und ihr Ergebnis vermerkt worden ist.

2. Der Gerichtsschreiber hat auch die zu den Akten gelangten oder auf der Gerichtsschreiberei niedergelegten oder sonst amtlich zur Kenntnis gelangten Urkunden auf ihre Stempelpflichtigkeit zu prüfen. Über etwaige Erinnerungen ist ein kurzer Vermerk aufzunehmen, der bei den Amtsgerichten dem aufsichtführenden Richter, bei dem Amtsgericht Berlin-Mitte dem Amtsgerichtspräsidenten und bei den übrigen Gerichten den Präsidenten zur Kenntnis und Übersendung an die Steuerbehörde vorzulegen ist.

3. Um den Steuerbehörden die Nachversteuerung hypothekarischer Schuldverschreibungen über kurzfristige Darlehen (Tarifstelle 14 I Abs. 2b) zu erleichtern, hat der Gerichtsschreiber des Amtsgerichts, sobald auf Grund derartiger Schuldverschreibungen eine Eintragung im Grundbuche erfolgt, den Ablauf der Rückzahlungsfrist durch einen entsprechenden Fristvermerk im Geschäftskalender zu überwachen. Ist nach Ablauf der Frist nicht zweifelsfrei ersichtlich, daß das Schuldverhältnis erloschen oder die Verlängerung der Rückzahlungsfrist vorschriftsmäßig versteuert worden ist, so hat er dem Finanzamt unter Beifügung einer auszugsweisen Abschrift der Urkunde entsprechende Mitteilung zu machen, sofern der Stempel für die Verlängerung der Rückzahlungsfrist nicht nach Maßgabe der §§ 1, 2 dieser Verfügung zu den Gerichtskosten einzuziehen ist. Der für die Verlängerung maßgebende Zeitraum ist immer vom Tage der ursprünglichen Begründung des Schuldverhältnisses, niemals vom Ablauf der vorhergehenden Rückzahlungsfrist zu berechnen.

## § 19.

## Stempelprüfung.

1. Die Aufsicht über das gerichtliche Stempelwesen durch die Vorstände der Justizbehörden und die Prüfung

des Stempelansatzes durch die Bezirksrevisoren usw. erfolgt gemäß der AV. des Justizministers v. 28. 2. 1885 in der Fassung der AV. v. 12. 9. 1918 (JMBl. 1885 S. 90; JMBl. 1918 S. 382). Die nach den §§ 11 bis 13 der Verfügung von den Präsidenten der Oberlandesgerichte den Landesfinanzämtern mitzuteilenden Berichte der Revisoren über die Prüfung des Stempelansatzes überweisen die Landesfinanzämter zunächst den für die Stempelprüfung bei den betreffenden Gerichten zuständigen Finanzämtern, die sie mit Rücksicht auf die Übereinstimmung der von beiden Verwaltungszweigen zu beobachtenden Grundsätze zu prüfen haben, und senden sie sodann mit ihren gutachtlichen Bemerkungen den Präsidenten der Oberlandesgerichte zurück. Diese haben die von ihnen erteilten Weisungen den Landesfinanzämtern mitzuteilen. Entstehen über Fragen von grundsätzlicher Bedeutung Meinungsverschiedenheiten, so haben die Präsidenten der Oberlandesgerichte an den Justizminister zu berichten. Nach Vereinbarung kann der Bericht auch von den Landesfinanzämtern an den Finanzminister erstattet werden.

2. Im übrigen liegt die nähere Aufsicht über die gehörige Beobachtung des Stempelsteuergesetzes den Finanzämtern ob.

3. Über das Verfahren bei Stempelprüfungen durch die Finanzämter trifft die Nr. 35 der Ausführungsbestimmungen des Finanzministers zum Stempelsteuergesetze v. 19. 1. 1926 nähere Vorschriften.

4. Die bei den Gerichten abzuhaltenden Stempelprüfungen haben die daselbst vorgefundenen außergerichtlichen Urkunden, insoweit zu ihnen der Stempel nicht bei den Gerichtskosten zu verrechnen war, zum Gegenstande. Die Abwicklung der gezogenen Erinnerungen erfolgt ohne

Mitwirkung der Gerichte. Nur wenn die Herausgabe der den Gegenstand der Erinnerungen bildenden Urkunden aus Anlaß von Beschwerden oder aus anderen Gründen im Laufe des Prüfungsverfahrens erforderlich wird, haben die Gerichte diese Urkunden an das Finanzamt abzugeben. Nach Einziehung und Verwendung der nachgeforderten Stempel teilen sie der Gerichtsbehörde die zu den einzelnen Urkunden eingezogenen Stempelbeträge mit, wobei die gerichtlichen Akten und die Blätter, welche die Urkunden in ihnen einnehmen, zu bezeichnen sind.

Die Gerichtsschreiber haben zu jeder einzelnen Urkunde den nachträglich eingezogenen Betrag unter Hinweis auf die Nummer des Schreibens des Finanzamts zu vermerken.

5. Die Finanzämter sind verpflichtet, Unrichtigkeiten, die sie gelegentlich der Prüfungen bei dem Ansatze der als Gerichtskosten zu erhebenden Stempelbeträge bemerken, dem Präsidenten des Landgerichts (bei dem Amtsgerichte Berlin-Mitte dem Amtsgerichtspräsidenten) und, wenn die Stempel von dem Gerichtsschreiber des Oberlandesgerichts in Ansatz gebracht sind, dem Präsidenten des Oberlandesgerichts zur weiteren Veranlassung mitzuteilen. Den Finanzämtern ist von dem, was auf ihre Bemerkungen veranlaßt worden ist, Kenntnis zu geben.

6. Wird von den Finanzämtern den Bemerkungen eine besondere Wichtigkeit beigelegt, so ist den Präsidenten keine Mitteilung zu machen, sondern nur dem Landesfinanzamt Anzeige zu erstatten. Diesem bleibt es überlassen, die Bemerkungen dem Präsidenten des Oberlandesgerichts zur Kenntnisnahme und weiteren Veranlassung zu übersenden oder, wenn es sich um Fragen von grundsätzlicher Bedeutung handelt, mit der Übersendung das Ersuchen um Benachrichtigung von der getroffenen Ent-

schließung zu verbinden. Die Präsidenten haben bei der Mitteilung ihrer Entschließung im Falle einer abweichenden Auffassung auch deren Gründe anzugeben. Über die Punkte, bei denen ein Einverständnis nicht erreicht wird, ist von dem Landesfinanzamt an den Finanzminister zu berichten.

§ 20.

Strafverfahren.

1. Auf Grund des § 19 LStG. finden die Vorschriften des Verwaltungsstrafgesetzes v. 26. 7. 1897 (GS. S. 237) auch auf die Festsetzung der Stempelstrafen gegen Gerichtsbeamte und Notare durch die Aufsichtsbehörden mit der Maßgabe Anwendung, daß, soweit nicht eine dem Landgerichtspräsidenten vorgesetzte Behörde als Aufsichtsbehörde zuständig ist, die Untersuchung und die Festsetzung der Strafe durch den Präsidenten des Landgerichts und die Entscheidung über Beschwerden durch den Justizminister erfolgt (§ 60 des Verwaltungsstrafgesetzes v. 26. 7. 1897).

2. Der Strafbescheid ist nach anliegendem Muster zu erlassen. In dem Strafbescheide sind dem Beschuldigten die Kosten des Verfahrens aufzuerlegen (§§ 45 bis 47 des Gesetzes v. 26. 7. 1897). Als Kosten des Verfahrens werden nach § 45 nur bare Auslagen erhoben. Ihre Berechnung richtet sich nach den Vorschriften des Preußischen Gerichtskostengesetzes mit der Maßgabe, daß sämtliche in dem Verfahren erwachsenen Schreibgebühren und auch die Postgebühren zum Ansatze kommen.

3. Der Strafbescheid ist durch Zustellung oder durch Verkündung (Eröffnung zum Protokolle) bekanntzumachen.

4. Für die Ausführung von Zustellungen gelten die Bestimmungen der Zivilprozeßordnung über Zustellungen von Amts wegen.

5. Die festgesetzten Ordnungsstrafen nebst den Kosten des Verfahrens und der dem Beschwerdeführer im Beschwerdebescheide zur Last gelegten Kosten werden von der Gerichtskasse vereinnahmt.

6. Die Landgerichtspräsidenten werden ermächtigt, von der Festsetzung einer Ordnungsstrafe abzusehen, wenn nach den Umständen des Falles, insbesondere bei Zweifeln über die Verpflichtung zur Entrichtung eines Stempels, die Zuwiderhandlung gegen die Vorschriften des Stempelsteuergesetzes nach ihrem pflichtmäßigen Ermessen als entschuldbar erscheint. Hat der Vorstand des Finanzamts bei einer zu seiner Kenntnis gelangten Zuwiderhandlung von Stellung eines Strafantrags Abstand genommen, so hat die Festsetzung einer Ordnungsstrafe zu unterbleiben.

§ 21.

Strafvollstreckung.

Die Landesfinanzämter sind befugt, nach ihrem pflichtmäßigen Ermessen im Wege der Nachsicht die verwaltungsseitige und die gerichtliche Strafvollstreckung bei Zuwiderhandlungen gegen die Stempelgesetze auszusetzen oder die Entrichtung der Strafe in Teilzahlungen zu gestatten. Diese Befugnis erstreckt sich auch auf die Kosten des Verfahrens. Die beteiligten Justizbehörden haben ihren dahingehenden Anträgen Folge zu leisten (vgl. Nr. 27 Abs. 2 der AusfBest. d. FM. v. 19. 1. 1926).

B.

Durch die vorstehenden Bestimmungen sind folgende Verfügungen gegenstandslos geworden:

AV. v. 29. 12. 1899 (JMBl. 1900 S. 3),

AV. v. 7. 5. 1901 (JMBl. S. 115),

AV. v. 3. 10. 1904 (JMBl. S. 265),
AV. v. 25. 9. 1914 (JMBl. S. 724),
AV. v. 5. 3. 1920 (JMBl. S. 94).

Muster zu § 19 LStG. und § 20 LStB

Der Landgerichtspräsident.

........................................ ........., den............

(Aktenzeichen)

Strafbescheid.

In der Stempelstrafsache ......... gegen ..........
wird gegen den Beschuldigten auf Grund des § 19 des Stempelsteuergesetzes in der Fassung der Bekanntmachung vom 27. 10. 1924 (GS. S. 627) eine Ordnungsstrafe von .......... RM., in Buchstaben: „.......... RM.," festgesetzt.

Der Beschuldigte hat die Kosten des Verfahrens zu tragen.

Gründe[1]).

..................................................

Gegen diesen Strafbescheid steht dem Beschuldigten frei, nach seiner Wahl

entweder

den Antrag auf gerichtliche Entscheidung

oder

die Beschwerde an den Herrn Justizminister

binnen einer Woche nach der Bekanntmachung dieses Strafbescheids bei mir oder bei der Behörde anzubringen, die den Strafbescheid bekanntgemacht hat. Die Einlegung des einen Rechtsmittels hat den Ausschluß des andern zur Folge.

[1]) In den Gründen sind auch die Beweismittel anzugeben.

Wird keines dieser Rechtsmittel rechtzeitig an zuständiger Stelle eingelegt, so wird der Strafbescheid vollstreckbar. Die Strafe nebst den nachstehend berechneten Kosten des Verfahrens ist binnen einer Woche nach Eintritt der Vollstreckbarkeit, bei Vermeidung der Zwangsvollstreckung, an die Gerichtskasse in .......... zu zahlen.

Berechnung:

Es sind zu zahlen:

1. Strafe . . . . . . . . . . . . . ................ RM.
2. Kosten:
   a) Postgebühren . . ................ RM
   b) Schreibgebühren ................ „
   c) Sonstige Auslagen ................ „
   Zusammen . . . ................ „
   Summe ..... ................ RM.

# Anhang VI.

## Rechtshilfekosten.

**Allgemeine Verfügung vom 7. März 1907** (JMBl. 55), betreffend die Erstattung von Kosten der Rechtshilfe oder sonstigen Beistandsleistung in gerichtlichen Angelegenheiten.

Nach einer zwischen den Regierungen sämtlicher deutschen Bundesstaaten getroffenen Vereinbarung sind hinsichtlich der Erstattung von Kosten der Rechtshilfe oder sonstigen Beistandsleistung in gerichtlichen Angelegenheiten vom 1. April d. J. ab die aus der Anlage ersichtlichen Grundsätze zu beobachten.

Zu V A 2 der Grundsätze bemerke ich, daß das Ersuchen um Beauftragung eines Beamten mit der Wahrnehmung eines Termins stets an die Behörde zu richten ist, welcher nach dem im Zentralblatte für das Deutsche Reich veröffentlichten Verzeichnisse die Einziehung der Gerichtskosten obliegt.

Die Bestimmung in V A 4 der Grundsätze hat nur die Fälle im Auge, in denen dem ersuchenden Staate tatsächlich die Ausgabe eines Bestellgeldes erwächst und die ersuchende Behörde auf dessen Einziehung ausdrücklich anträgt.

## Grundsätze, betreffend die Erstattung von Kosten der Rechtshilfe oder sonstigen Beistandsleistung in gerichtlichen Angelegenheiten.

Im Verkehr unter den Behörden verschiedener Bundesstaaten gelten hinsichtlich der Erstattung von Kosten der Rechtshilfe oder sonstigen Beistandsleistung in gerichtlichen Angelegenheiten folgende Grundsätze:

### I. Rechtshilfe in den Angelegenheiten der streitigen und der freiwilligen Gerichtsbarkeit einschließlich der Grundbuchsachen.

A. 1. Für die Erledigung der Ersuchen um Rechtshilfe werden Gebühren nicht erhoben.

2. Die baren Auslagen, welche durch eine Ablieferung oder Strafvollstreckung entstehen, werden der ersuchten Behörde von der ersuchenden erstattet. Als Ablieferung im Sinne dieser Grundsätze ist die zwangsweise Zuführung einer Person auch dann anzusehen, wenn sie nur zu einem einzelnen Termin oder zu einem bestimmten vorübergehenden Zwecke erfolgt.

Als Beginn des Ablieferungs- oder Strafvollstreckungsverfahrens gilt die Ergreifung des Abzuliefernden oder Verurteilten.

Die nach dem Zeitpunkte der Ergreifung entstehenden, zur Ausführung der Ablieferung oder Strafvollstreckung aufgewendeten Kosten, insbesondere auch die Kosten der

Verpflegung, sind zu den zu erstattenden baren Auslagen zu rechnen, ohne Rücksicht darauf, ob die Ablieferung oder Strafvollstreckung völlig durchgeführt oder ob etwa durch die Flucht des Verhafteten oder durch andere Umstände ein Hindernis entgegengetreten ist. An Stelle barer Erstattung des Wertes eines mitgegebenen Kleidungsstücks kann das Kleidungsstück zurückgegeben werden; für die Abnutzung von Kleidungsstücken ist Ersatz nicht zu leisten.

Zu den zu erstattenden baren Auslagen gehören nur die mit dem Ablieferungs- oder Strafvollstreckungsverfahren selbst verbundenen Kosten, nicht die nebenbei durch Zustellungen oder Korrespondenzen entstehenden Auslagen (Zustellungsgebühren, Postgebühren u. dgl.)[1]).

Im übrigen werden die durch die Erledigung der Ersuchen um Rechtshilfe erwachsenden Auslagen nicht erstattet. Der Betrag dieser Auslagen wird der ersuchenden Behörde mitgeteilt. Das Recht der ersuchenden Behörde, die Auslagen von der zahlungspflichtigen Partei einzuziehen, bleibt unberührt.

3. Soweit die Tätigkeit der ersuchten Behörde über den Gegenstand des bei der ersuchenden Behörde anhängigen Verfahrens hinausgeht, bleibt das Recht der ersuchten Behörde, Kosten und Abgaben von der zahlungspflichtigen Partei zu erheben, unberührt.

4. Die Fälle, in welchen ein Gerichtsvollzieher unmittelbar oder durch Vermittelung des Gerichtsschreibers mit der Beitreibung einer Geldstrafe oder einer Geldstrafe und der durch das Strafverfahren entstandenen Kosten von der Justizbehörde eines anderen Bundesstaates beauftragt wird

---

[1]) Über Porto usw., das bei Gefangenensammeltransporten im Falle der Rechtshilfe entsteht, s. AVf. vom 7. April 1908 (JMBl. 193).

(§§ 161, 162 des Gerichtsverfassungsgesetzes), werden durch die vorstehenden Grundsätze nicht berührt. Die Gebühren und Auslagen sind vielmehr in solchen Fällen von der auftraggebenden Behörde zu zahlen.

B. Die vorstehenden Grundsätze gelten für die den bürgerlichen Gerichten durch Reichsgesetz oder Landesgesetz übertragenen Angelegenheiten der streitigen oder freiwilligen Gerichtsbarkeit einschließlich der Grundbuchsachen. Für die durch Reichsgesetz den Gerichten übertragenen Angelegenheiten der freiwilligen Gerichtsbarkeit und die Grundbuchsachen gelten sie auch dann, wenn dafür nach den in Betracht kommenden Landesgesetzen andere als gerichtliche Behörden zuständig sind. Im übrigen finden sie auf diejenigen Sachen, für welche die Zuständigkeit landesrechtlich geregelt ist, nur Anwendung, wenn die Sache gemäß den Gesetzen des Staates, von dem das Ersuchen ausgeht, vor die Gerichte gehört. Voraussetzung ihrer Anwendung in allen Fällen der freiwilligen Gerichtsbarkeit ist, daß die Erledigung des Ersuchens durch eine gerichtliche Behörde erfolgt.

C. Auf Anträge und Erklärungen, die gemäß § 11 FGG. zum Protokoll eines Gerichtsschreibers in Angelegenheiten erfolgen, für welche die Behörden eines anderen Bundesstaats zuständig sind, finden die vorstehenden Grundsätze entsprechende Anwendung.

II. A. Vollstreckung einer auf Grund von § 79 des Strafgesetzbuchs oder § 492 der Strafprozeßordnung erkannten Gesamtstrafe, falls die Einzelstrafen von Gerichten verschiedener Bundesstaaten festgesetzt sind.

1. Sind bei der gemäß dem Beschlusse des Bundesrats vom 11. Juni 1885 (RZBl. 270) erfolgenden Vollstreckung

einer Gesamtstrafe mehrere Bundesstaaten mit einem gleichen Höchstbetrag an der Gesamtstrafe beteiligt, so werden die Kosten der Strafvollstreckung, als welche indes nur bare Auslagen in Rechnung gestellt werden sollen, von den mehreren höchstbeteiligten Staaten zu gleichen Teilen getragen. Im übrigen findet eine Erstattung von Kosten nicht statt (Nr. 4 des angeführten Beschlusses).

2. Im Falle einer die Dauer von sechs Wochen nicht übersteigenden Gesamtstrafe erhält der sie auf Grund des § 163 des Gerichtsverfassungsgesetzes vollstreckende Staat die nach § 165 des Gerichtsverfassungsgesetzes zu erstattenden Auslagen von demjenigen Staate ersetzt, der die Vollstreckung gemäß dem Beschlusse vom 11. Juni 1885 zu übernehmen hätte (Nr. 5 des angeführten Beschlusses).

3. Wird die in einem Bundesstaat in Vollzug gesetzte Freiheitsstrafe demnächst in eine Gesamtstrafe einbezogen, deren Vollstreckung von einem anderen Bundesstaate zu übernehmen ist, so findet eine Erstattung von Kosten für die Vollstreckung der in die Gesamtstrafe einbezogenen Einzelstrafen nicht statt.

4. In Ausnahmefällen, insbesondere wenn die Übernahme der Strafvollstreckung in einer dem ordnungsmäßigen Gange der Geschäfte nicht entsprechenden Weise verzögert worden sein sollte, bleibt eine Verständigung der beteiligten Bundesstaaten darüber vorbehalten, inwieweit eine Erstattung der Kosten der Strafvollstreckung stattzufinden hat.

### B. Vollstreckung militärgerichtlich erkannter Gesamtstrafen, an welchen verschiedene Bundesstaaten beteiligt sind, durch bürgerliche Behörden.

Sind bei der Vollstreckung einer gegen eine Militärperson erkannten Gesamtstrafe mehrere Bundesstaaten mit einem gleichen Höchstbetrag an der Gesamtstrafe beteiligt, so werden die Kosten der Strafvollstreckung von den mehreren höchstbeteiligten Staaten zu gleichen Teilen getragen; als Kosten werden jedoch nur bare Auslagen in Rechnung gestellt. Im übrigen findet eine Erstattung von Kosten nicht statt.

III. Vollstreckung der Untersuchungshaft.

1. Wird ein in Untersuchungshaft genommener Beschuldigter zum Zwecke der Strafverfolgung an einen anderen Bundesstaat abgeliefert, so hat dieser die durch die Untersuchungshaft und die Ablieferung entstandenen Kosten dem abliefernden Staate zu ersetzen. Auf den Umfang der zu erstattenden Kosten finden die unter IA Nr. 2 aufgestellten Grundsätze entsprechende Anwendung.

2. Auch wenn es nicht zur Ablieferung kommt, findet eine Erstattung der Kosten gemäß Ziffer 1 statt, sofern die Untersuchungshaft oder ihre Fortdauer auf Antrag der Staatsanwaltschaft des anderen Bundesstaats angeordnet worden oder die Anordnung durch das Gericht des anderen Bundesstaats erfolgt ist.

IV. Untersuchungshandlungen gemäß § 160 der Strafprozeßordnung.

Gehört in den Fällen des § 160 der Strafprozeßordnung das Gericht, welches die Untersuchungshandlung vornimmt, einem anderen Bundesstaat als die das vorbereitende Verfahren leitende Behörde an, so findet eine Erstattung der Kosten, welche durch die Vornahme der beantragten Untersuchungshandlung entstanden sind, nicht statt.

Der Betrag der Kosten wird der antragstellenden Behörde mitgeteilt. Das Recht dieser Behörde, die Kosten von der zahlungspflichtigen Partei einzuziehen, bleibt unberührt. Zahlungsübermittelung an den ersuchenden Staat einzuziehen.

## V. Einziehung von Kosten auf Ersuchen der Behörde eines anderen Bundesstaates.

A. 1. Wird zum Zwecke der Einziehung von Kosten, welche in den Angelegenheiten der streitigen Gerichtsbarkeit entstanden sind, Beistand zwischen den Behörden verschiedener Bundesstaaten gewährt, so findet eine Erstattung der durch die Beistandsleistung entstandenen Kosten nicht statt (vgl. § 4 Abs. 2 der Anweisung des Bundesrats vom 23. April 1880, RZBl. 278).

2. Als durch die Beistandsleistung entstanden sind auch die Kosten für einen von dem ersuchten Bundesstaat im Verwaltungszwangsverfahren herbeigeführten Offenbarungseid sowie für die Eintragung einer Sicherungshypothek wegen der Kosten und für deren demnächstige Löschung anzusehen. Dagegen erstreckt sich die Beistandsleistung nicht auf die Vertretung in Rechtsstreitigkeiten, die Dritten gegenüber durch das Zwangsvollstreckungsverfahren veranlaßt werden, oder auf die Vertretung in Konkursen; ist jedoch ein Termin in einem anderen Bundesstaate wahrzunehmen, so ist auf Ersuchen ein Beamter dieses Bundesstaats mit der Wahrnehmung des Termins auf Grund einer Vollmacht der ersuchenden Behörde zu beauftragen; in diesem Falle sind die durch die Wahrnehmung des Termins entstehenden baren Auslagen zu erstatten.

3. Das von der ersuchten Behörde mit den Kosten eingezogene Porto für das Ersuchungsschreiben ist der ersuchenden Behörde nicht zu erstatten (Nr. 3 der Bekanntmachung des Bundeskanzlers vom 29. August 1870, betreffend die portopflichtige Korrespondenz zwischen den Behörden verschiedener Bundesstaaten, BGBl. S. 514).

4. Bei Einziehung der Kosten hat die ersuchte Behörde neben dem Übersendungsporto auch das Bestellgeld für die

B. Wegen der Einziehung von Kosten, welche dem anderen Bundesstaat in Angelegenheiten der freiwilligen Gerichtsbarkeit oder in Grundbuchsachen entstanden sind, gelten dieselben Vorschriften wie bezüglich der Kosten in Angelegenheiten der streitigen Gerichtsbarkeit. Die Grundsätze zu I B Satz 2 und 3 finden entsprechende Anwendung.

VI. Schlußbestimmungen.

1. Soweit nach den vorstehenden Grundsätzen Kosten erstattet werden, sind für ihre Berechnung die in dem erstattungsberechtigten Staate geltenden Vorschriften maßgebend.

2. Als Bundesstaat im Sinne der vorstehenden Grundsätze gilt auch das Reichsland Elsaß-Lothringen.

3. Die Vorschriften über die Zuziehung von Sachverständigen, die in einem anderen Bundesstaate wohnen, bleiben unberührt.

4. Die vorstehenden Grundsätze sind auf alle Sachen zur Anwendung zu bringen, in denen die Rechtshilfe oder sonstige Beistandsleistung am 1. April 1907 noch nicht oder nicht vollständig geleistet war.

## Anhang VII.

## Gebühren der beeidigten Auktionatoren.

**GV. d. JM. u. d. MfHuG. vom 27. Juli 1925, betr. die Gebührenordnung für die beeidigten Auktionatoren in Ostfriesland und Harlinger Land sowie im Regierungsbezirk Osnabrück (JM. I. 1473, MfHuG. III. 6658).**

Auf Grund des Artikels 126 Abs. 2 des Gesetzes über die freiwillige Gerichtsbarkeit v. 21. 9. 1899 (Gesetzsamml. S. 249) bestimmen wir folgendes:

Die gemäß Ziff. 30 der Vorschriften für die beeidigten Auktionatoren in Ostfriesland und Harlinger Land sowie im Regierungsbezirk Osnabrück v. 19. 7. 1902 — JMBl. S. 197, HMBl. S. 303 — geltenden Bestimmungen werden mit Wirkung v. 15. 8. 1925 aufgehoben; an ihre Stelle tritt zu demselben Zeitpunkt folgende

## Gebührenordnung
für die beeidigten Auktionatoren in Ostfriesland und Harlinger Land sowie im Regierungsbezirk Osnabrück.

§ 1.

Die Vergütung für die Berufstätigkeit der beeidigten Auktionatoren in den durch die Vorschriften vom 19. 7. 1902 — JMBl. S. 197, HMBl. S. 303 — Abschn. II bis VI geregelten Angelegenheiten bestimmt sich ausschließlich nach den folgenden Vorschriften.

§ 2.

Der Auktionar erhält:

I. wenn er die Gelder zu erheben und für ihren Eingang zu haften hat

a) bei Verkäufen beweglicher Sachen 6 v. H. des Erlöses,

b) bei Verkäufen unbeweglicher Sachen 1,6 v. H. des Erlöses,

c) bei Verpachtungen 3 v. H. der Pachtgelder;

II. wenn er die Gelder zu erheben, jedoch für ihren Eingang nicht zu haften hat,

a) bei Verkäufen beweglicher Sachen 2 v. H. des Erlöses,

b) bei Verkäufen unbeweglicher Sachen 0,5 v. H. des Erlöses,

c) bei Verpachtungen 2 v. H. der Pachtgelder;

III. wenn er keine Gelder zu erheben hat, für jede angefangene Stunde der Geschäftstätigkeit

a) bei Verkäufen beweglicher Sachen .... 2 RM.

b) bei Verkäufen unbeweglicher Sachen ... 3 „

c) bei Verpachtungen .................. 3 „

IV. für Abfassung der Verpachtungsbedingungen besonders ............................ 4 RM.

Für den Fall, daß nach Beginn eines Termins ein Verkauf oder eine Verpachtung nicht zustande kommt, gelten die Sätze zu III. Wird der Auftrag vor Beginn des Termins zurückgenommen, so erhält der Auktionator 4 RM.

§ 3.

Die Mindestgebühr des Auktionators beträgt 4 RM.

§ 4.

Schreibgebühren stehen dem Auktionator nur insoweit zu, als die Ausfertigungen, Abschriften usw. auf besonderen Antrag hergestellt werden oder für Behörden bestimmt sind; bei Beurkundungen zweiseitiger Verträge sind zwei Ausfertigungen oder Abschriften schreibgebührenfrei.

Soweit hiernach Schreibgebühren entstanden sind, bemißt sich ihre Höhe nach den für die gerichtlichen Schreibgebühren geltenden Bestimmungen.

§ 5.

Der Auktionator hat Anspruch auf Erstattung der Stempelabgaben und Steuern, welche durch die Erledigung des

Auftrages fällig werden, sowie seiner baren Auslagen; zu den letzteren gehört die Vergütung des Ausrufers, nicht aber die des Protokollführers. Von den Postgebühren kann er nur Telegraphen- und Fernsprechgebühren sowie die im Verkehr mit Dritten entstandenen Gebühren erstattet verlangen.

§ 6.

Dem Auktionator werden Reisekosten nach Maßgabe des Reisekostengesetzes für die preußischen Staatsbeamten, und zwar hinsichtlich der Tage- und Übernachtungsgelder in Höhe der für die Stufe II bestimmten Sätze gewährt.

Ist ein und dieselbe Reise durch mehrere Geschäfte veranlaßt, so werden die Reisekosten gleichmäßig nach der Zahl der Geschäfte auf diese verteilt.

§ 7.

Eine Überschreitung der Sätze dieser Gebührenordnung ist unzulässig.

# Anhang VIII.

## Verwaltungsgebühren.

**Verwaltungsgebührenordnung (VGO)[1]). Vom 30. Dezember 1926 (GS. S. 327).**

Auf Grund des § 4 Abs. 1 des Gesetzes über staatliche Verwaltungsgebühren vom 29. September 1923 (Gesetzsamml. S. 455) wird folgendes verordnet:

---

[1]) Nach dem Runderlaß des Finanzministers vom 8. Januar 1927, der im Preußischen Besoldungsblatt veröffentlicht wird, bleiben die bisher erlassenen Ausführungsbestimmungen und Richtlinien, sowie sonstige Ausführungsanweisungen bis auf weiteres in Geltung.

§ 1.

(1) Für einzelne Amtshandlungen, die auf Veranlassung der Beteiligten von staatlichen Organen oder kraft staatlichen Auftrags von nichtstaatlichen Organen vorgenommen werden, werden Verwaltungsgebühren nach Maßgabe dieser Verordnung und des anliegenden Tarifs erhoben. Die Erhebung von anderweitigen Gebühren oder Stempeln für derartige Amtshandlungen wird ausgeschlossen.

(2) Die Gebühren fließen in die Staatskasse, die für Auftragshandlungen erhobenen Gebühren in die Kasse derjenigen Stelle, deren Organ die Amtshandlung vorgenommen hat.

§ 2.

Gebührenfrei sind:

1. Amtshandlungen, die überwiegend im öffentlichen Interesse erfolgen;
2. Amtshandlungen, die auf Veranlassung eines im unmittelbaren oder mittelbaren Staatsdienste stehenden Beamten, Angestellten, Arbeiters, eines Ruhegehaltsempfängers oder eines Hinterbliebenen dieser Personen vorgenommen werden und das bestehende oder frühere Dienstverhältnis betreffen;
3. Amtshandlungen, die eine Behörde in Ausübung einer öffentlichen Gewalt veranlaßt, es sei denn, daß die Gebühr einem Dritten als mittelbarem Veranlasser zur Last zu legen ist;
4. der mündliche Verkehr;
5. Angelegenheiten in Gnadensachen;
6. Angelegenheiten der Wohnungszwangsbewirtschaftung;

7. Amtshandlungen auf Grund des Gesetzes über beschränkte Auskunft aus dem Strafregister und die Tilgung von Strafvermerken vom
9. April 1920 (Reichsgesetzbl. S. 507).
6. Februar 1924 (Reichsgesetzbl. I S. 44).

§ 3.

Diejenigen Personen, Anstalten usw., die nach § 5 Abs. 1 bis 4 des Stempelsteuergesetzes von der Entrichtung der Stempelsteuer befreit sind, sind unter den dort genannten Voraussetzungen auch von der Entrichtung von Verwaltungsgebühren befreit.

§ 4.

Die für die Gebührenfestsetzung zuständige Behörde ist befugt, die Gebühr im Falle nachgewiesener Bedürftigkeit des Zahlungspflichtigen auf Antrag bis auf 0,50 Reichsmark herabzusetzen oder zu erlassen.

§ 5.

(1) Die nach dem Werte des Gegenstandes zu berechnende Gebühr beträgt mindestens 0,50 Reichsmark und steigt in Abstufungen von je 0,10 Reichsmark, wobei überschießende Gebührenbeträge auf 0,10 Reichsmark nach oben abgerundet werden, und bei Gebührenbeträgen in Höhe von mehr als 10 Reichsmark in Abstufungen von je 0,50 Reichsmark, wobei überschießende Gebührenbeträge auf 0,50 Reichsmark nach oben abgerundet werden.

(2) Maßgebend ist der Wert des Gegenstandes zur Zeit der Vollendung der Amtshandlung.

§ 6.

Fällig ist der zur Zeit der Vollendung der Amtshandlung geltende Gebührensatz.

§ 7.

(1) Die Gebühr soll grundsätzlich spätestens bei der Aushändigung der Entscheidung, des Zeugnisses usw. entrichtet und erforderlichenfalls durch Postnachnahme erhoben werden; sie kann schon vor der Vornahme der Amtshandlung erfordert werden.

(2) Die Beitreibung erfolgt im Verwaltungszwangsverfahren.

§ 8.

(1) Wird in einer gebührenpflichtigen Angelegenheit eine übergeordnete Behörde im Instanzenzuge angegangen, so ist auch deren Entscheidung gebührenpflichtig; die Gebühr erhöht sich für jede Instanz je um die Hälfte, mindestens jedoch je um 0,50 Reichsmark.

(2) Die Gebühr für die Entscheidung der übergeordneten Behörde ist nur zu erheben, wenn und soweit im endgültigen Ergebnis die erstinstanzliche Entscheidung aufrechterhalten wird, andernfalls ist nur die Gebühr für die an sich von der ersten Instanz endgültig vorzunehmende Amtshandlung zu erheben, auch wenn sie von der höheren Instanz selbst vorgenommen wird.

§ 9.

(1) Bei Ablehnung des Antrags auf Vornahme einer Amtshandlung wird $^1/_{10}$ bis $\frac{1}{2}$ der Gebühr, bei Zurücknahme des Antrags auf Vornahme einer Amtshandlung, die noch nicht vollendet, mit deren Ausführung oder sachlicher Vorbereitung jedoch bereits begonnen worden ist, $^1/_{10}$ bis $^1/_4$ der Gebühr, mindestens jedoch 0,50 Reichsmark erhoben; es kann Gebührenfreiheit gewährt werden, wenn der

Antrag auf nicht anzurechnender Unkenntnis der Verhältnisse oder auf Unwissenheit beruht.

(2) Für einen lediglich wegen Unzuständigkeit ablehnenden Bescheid ist eine Gebühr nicht zu erheben.

§ 10.

Sofern für den Ansatz einer Gebühr ein Spielraum gewährt wird, ist die Höhe der Gebühr unter Berücksichtigung des Umfanges und der Schwierigkeit der Sache, ihrer Bedeutung für das bürgerliche Leben und der Leistungsfähigkeit des Zahlungspflichtigen festzusetzen. Bei Gegenständen von untergeordneter Bedeutung, bei denen die Sachbehandlung nur von geringem Umfang ist und keine Schwierigkeiten bietet, sind die Mindestgebühren in Ansatz zu bringen.

§ 11.

Gegen die Erhebung einer Gebühr findet die Beschwerde im Aufsichtswege statt, soweit nicht durch besondere Bestimmung eine andere Regelung getroffen ist. Die Beschwerde hat keine aufschiebende Wirkung; jedoch ist in der Regel die Einziehung der Gebühr bis zur Entscheidung über die Beschwerde auszusetzen. Die Entscheidung erfolgt gebührenfrei.

§ 12.

Werden bei der Vornahme einer Amtshandlung besondere bare Auslagen notwendig, so sind sie zu erstatten, auch wenn die Amtshandlung gebührenfrei bleibt. Für die Erhebung der Auslagen gelten die Vorschriften über die Gebührenerhebung entsprechend.

§ 13.

Zur Zahlung der Gebühr ist derjenige verpflichtet, der die Amtshandlung veranlaßt hat, bei Genehmigungen und dergleichen auch derjenige, zu dessen Gunsten die Amtshandlung vorgenommen, insbesondere die Genehmigung erteilt wird.

§ 14.

(1) Im Verwaltungsbeschlußverfahren gilt als Veranlasser der Unternehmer. Die durch unbegründete Einwendungen eines Widersprechenden erwachsenen Auslagen (§ 12) können dem Widersprechenden auferlegt werden. Es können Gebühren- und Auslagenvorschüsse erhoben werden.

(2) Die Gebühr des § 8 Abs. 1 wird nicht erhoben, wenn die Entscheidung der übergeordneten Behörde durch den Widerspruch eines anderen veranlaßt wird. Die Bestimmung des § 8 Abs. 2 findet jedoch entsprechende Anwendung. Im Falle unbegründeter Einwendungen kann dem Widersprechenden neben den Auslagen eine Gebühr von 3 bis 150 Reichsmark auferlegt werden.

(3) Ergeht nach der Entscheidung, die auf Grund der Verfahrensvorschriften von dem Vorsitzenden der Beschlußbehörde namens dieser getroffen wird, noch eine Entscheidung der Beschlußbehörde selbst, dann ist nur diese gebührenpflichtig.

(4) Schließt sich an das Beschlußverfahren ein Verwaltungsstreitverfahren an, so ist die Gebühr auf die des Verwaltungsstreitverfahrens anzurechnen, wenn in beiden Verfahren dieselbe Person Schuldner der Gebühr ist.

§ 15.

Diese Gebührenordnung tritt am 1. Januar 1927 in Kraft. Die bisherigen auf Grund des Gesetzes über staatliche Verwaltungsgebühren erlassenen Gebührenordnungen mit Ausnahme der Verwaltungsgebührenordnung vom 15. November 1924 (Volkswohlf. S. 460) für die Tätigkeit der Verwaltungsbehörden bei Ausführung des Grundstücksverkehrsgesetzes vom 10. Februar 1923 (Gesetzsamml. S. 25) werden aufgehoben.

Berlin, den 30. Dezember 1926.

Das Preußische Staatsministerium.

## Gebührentarif — Auszug —

| Lfde. Nr. | Gegenstand | Gebühr RM. |
|---|---|---|
| 1 | **Abschriften, Auszüge, Ausfertigungen.** | |
| | a) Abschriften für jede angefangene Seite . . | 0,30 |
| | mindestens jedoch . . . . . . . . . . . | 0,50 |
| | b) Auszüge aus den Akten, öffentlichen Verhandlungen, amtlich geführten Büchern, Registern und Rechnungen, für jede angefangene Seite . . . . . . . . . . . . . . . . . | 0,50 |
| | Ist die Anfertigung des Auszuges mit besonderer Mühewaltung verbunden, kann die Gebühr für jede angefangene Seite erhöht werden bis auf. . . . . . . . . . . . | 5,00 |
| | c) Ausfertigungen von Schriftstücken, soweit nicht auf Grund dieser Gebührenordnung oder ihres Tarifs eine besondere Gebühr zu entrichten oder Gebührenfreiheit angeordnet ist, und für zweite, dritte und weitere Ausfertigungen (Nebenausfertigungen) die Gebühr wie für Abschriften (T. Nr. 1a) und die Beglaubigungsgebühr (T. Nr. 14). | |
| | Bestallungen sind gebührenfrei auszufertigen. | |
| | d) Die Gebühren für die auf besonderen Antrag erteilten Abschriften, Auszüge und Ausfertigungen werden in den Fällen der Gebührenfreiheit als Auslagen (§ 12 dieser Gebührenordnung) erhoben, ausgenommen im Falle des § 2 Ziff. 3. | |
| 14 | **Beglaubigungen und andere Zeugnisse, Bescheinigungen, Ausweise u. ä.** (bei Beglaubigungen auch neben der nach T. Nr. 1 fälligen Gebühr) | 2 |

| Lfde. Nr. | Gegenstand | Gebühr RM. |
|---|---|---|
| | Die Gebühr kann bei Beglaubigungen, die mit geringer Mühewaltung verbunden sind, ermäßigt werden auf . . . . . . . . . . . . . . | 1 |
| | und bei solchen, die mit größerer Mühewaltung verbunden sind, erhöht werden bis auf . . . . | 5 |
| | Für einfache Zeugnisse und Bescheinigungen in Angelegenheiten von untergeordneter Bedeutung ermäßigt sich die Gebühr auf . . . . | 1 |
| | Gebührenfrei sind: | |
| | a) Zeugnisse über geleistete Arbeiten, den Besuch von Bildungsanstalten, Schulzeugnisse u. dgl. | |
| | b) Zeugnisse, welche zum Nachweise der Berechtigung zum Genusse von Wohltaten, Stiftungen und anderen Bezügen für hilfsbedürftige Personen dienen sollen oder welche wegen Zahlung von Wartegeldern, Pensionen, Unterstützungsgeldern, Krankengeldern, Beerdigungskosten, Witwen- und Waisengeldern und ähnlichen Kosten und Geldern als Rechnungsbelege bei öffentlichen oder privaten Kassen und Anstalten eingereicht werden müssen. | |
| | c) Totenscheine, Beerdigungsscheine. | |
| 18 | **Beurkundung von Grundstücksveräußerungen** (einschl. Versteigerungen) gemäß Artikel 12 § 2 AG. BGB. sowie Urkunden über die Abtretung von Aneignungsrechten aus § 928 Abs. 2 BGB., sofern sie nicht zur Erlangung der Rechtswirksamkeit der Genehmigung oder des Beitritts einer Behörde bedürfen und diese Genehmigung | |

| Lfde. Nr. | Gegenstand | Gebühr RM. |
|---|---|---|
| | nicht erteilt wird . . . . . . . . . . . . . . | 1/10 v.H. des Kaufpreises (einschl. d. Wertes der ausbedungenen Leistungen u. vorbehaltenen Nutzungen) oder des Grundstückswerts, falls ein Kaufpreis nicht in Frage kommt oder dieser geringer ist als der Grundstückswert |
| | mindestens . . . . . . . . . . . . . . . . . . | 2 |
| | Das Entsprechende gilt für das Erbbaurecht; besteht die Gegenleistung in einem Erbbauzins, so finden die Vorschriften des § 6 Abs. 9 bis 12 des Stempelsteuergesetzes entsprechende Anwendung. | |
| 30 | **Genehmigungen, Erlaubniserteilungen, Konzessionen usw.** | |
| | I. pp. | |
| | II. Sonstige Genehmigungen, Erlaubniserteilungen, Ausnahmebewilligungen (auch gewerblicher Art) und andere zum unmittelbaren Nutzen der Beteiligten vorgenommene Amtshandlungen, soweit keine andere Gebühr vorgeschrieben ist, | |
| | bei den unteren Behörden (Ortsbehörden) | 1 bis 50 |
| | „ „ Mittelbehörden . . . . . . . . | 2 bis 100 |
| | „ „ obersten Behörden (Zentralbeh.) . | 3 bis 150 |
| | Zu II. Aus Billigkeitsgründen kann von der Gebührenerhebung abgesehen werden. | |
| | Die Erteilung der Sprecherlaubnis für Polizeigefängnisse und Strafanstalten ist gebührenfrei. | |

| Lfde. Nr. | Gegenstand | Gebühr RM. |
|---|---|---|
| 48 | **Justizangelegenheiten. Sondergebühren.** | |
| | a) 1. Zulassung zur Rechtsanwaltschaft (§§ 4 ff. Rechtsanwaltsordnung) . . . . . . . . . | 20 |
| | Die Gebühr wird sowohl für die erstmalige wie für jede weitere Zulassung besonders erhoben. Erfolgt jedoch die weitere Zulassung innerhalb zweier Jahre nach der früheren Zulassung, so ermäßigt sich die Gebühr auf . . . . . . . . . . . . . . | 10 |
| | Für die gleichzeitige Zulassung bei mehreren Gerichten kommt die Gebühr nur einmal zum Ansatz, wenn die Zulassung durch dieselbe Entscheidung erfolgt. | |
| | 2. Bestellung eines Vertreters für einen Rechtsanwalt (§ 25 Ab. 2 a. a. O.) . . . | 5 |
| | b) Erlaubnis zum mündlichen Verhandeln vor Gericht (§ 157 Abs. 4 ZPO.; AV. v. 25. September 1899, JMBl. S. 272). . . . . . . | 10 bis 50 |
| | c) Allgemeine Beeidigung von gerichtlichen Sachverständigen (§ 86 AG. z. GVG.) mit Ausnahme der Beeidigung von Personen, die mit dem Forstschutze betraut sind (§§ 23, 24 Forstdiebstahlsges.; § 7 Abs. 1 Ziff. 3 PrGKG) . . . . . . . . . . . . . . | 5 bis 50 |
| | d) Allgemeine Beeidigung von Dolmetschern (§ 191 Abs. 2 GVG.), sofern sie nicht auf Grund der Dolmetscherordnung vom 18. Dezember 1899 (JMBl. S. 856) ernannt sind . | 5 |
| | e) Bescheide, Auskünfte, Auszüge und Abschriften, die auf Gesuche, Anfragen und Anträge aus den Akten, Büchern und Registern des vormaligen Heroldsamts im privaten Interesse erteilt werden . . . . . . . . . | 3 bis 1000 |

| Lfde. Nr. | Gegenstand | Gebühr RM. |
|---|---|---|
| | Neben dieser Gebühr werden Gebühren nach T. Nr. 1 und 14 nicht erhoben. | |
| | f) Prüfung von Ersuchen nach dem Ausland in Zivilsachen und in Angelegenheiten der freiwilligen Gerichtsbarkeit gemäß § 4 Abs. 1 der AV. v. 16. Juni 1910 (JMBl. S. 189) | |
| | 1. bei Zustellungsersuchen . . . . . . . . | 2 |
| | 2. bei Beweisbeschlüssen | |
| | erster Instanz . . . . . . . . . . . | 5 |
| | zweiter Instanz . . . . . . . . . . | 10 |
| | 3. bei sonstigen Ersuchen . . . . . . . . . | 3 bis 10 |
| | Die Erhebung der Gebühr ist durch den Landgerichtspräsidenten (Amtsgerichtspräsidenten) zu veranlassen. | |
| | Die Prüfung von Gesuchen aus dem Ausland ist gebührenfrei. | |
| | g) Bewilligung der Befreiung von dem Ehehindernis | |
| | 1. des Ehebruchs (§ 1312 BGB.) . . . . . | 10 bis 1000 |
| | 2. der mangelnden Ehemündigkeit (§ 1303 BGB.) . . . . . . . . . . . . . . . | 5 bis 50 |
| | h) Bewilligung der Befreiung von der Beibringung der für Ausländer vorgeschriebenen Zeugnisse bei der Eheschließung (Art. 43 §§ 1 und 4 des AG zum BGB.) . . . . . . | 10 bis 2000 |
| | i) Genehmigung zur Änderung | |
| | 1. des Familiennamens (V. vom 3. November 1919, GS. S. 177, u. 30. Januar 1923, GS. S. 21) . . . . . . . . . . . . . | 10 bis 2000 |
| | 2. eines Vornamens (V. vom 29. Oktober 1920, GS. S. 515) . . . . . . . . . . | 5 bis 500 |
| | k) Ausstellung von Zeugnissen über das in Preußen geltende Recht (§ 86 AG. GVG.) . | 3 bis 100 |

| Lfde. Nr. | Gegenstand | Gebühr RM. |
|---|---|---|
| | l) Annahme und Verbuchung kassenmäßigen Geldes von weniger als 10 RM. zum Zwecke der Hinterlegung . . . . . . . . . . . | 1 |
| | m) Abweisende Bescheide in Hinterlegungssachen | 1 bis 20 |
| | n) Abschriften und Auszüge aus dem Schuldnerverzeichnisse (§ 915 ZPO.); AV. v. 9. Mai 1914, JMBl. S. 512) für jede angefangene Seite . . . . . . . . . . . . . . . . . | 0,50 |
| | o) Von der Erhebung der Gebühren kann aus Billigkeitsgründen abgesehen werden. | |
| | p) Gebührenfrei sind Amtshandlungen aus Anlaß von<br>1. Anzeigen, Anträgen und Beschwerden in Angelegenheiten der Strafverfolgung, der Strafvollstreckung und des Strafvollzugs,<br>2. Anträgen, betr. Entschädigung der im Wiederaufnahmeverfahren freigesprochenen Personen und für unschuldig erlittene Straf- und Untersuchungshaft, sowie betr. sonstige Beschuldigten zu gewährende Vergütungen für die ihnen ohne ihr Verschulden aus dem Strafverfahren erwachsenen Nachteile und betr. Festsetzung der einem Rechtsanwalt gemäß § 150 StPO. zu zahlenden Gebühren,<br>3. Anträgen auf Bestimmung des zuständigen Gerichts,<br>4. Entscheidungen über Anträge auf Erteilung der Ehelichkeitserklärung (§ 1723 BGB.) und auf Bewilligung der Befreiung vom Alterserfordernisse bei Annahme an Kindes Statt (§§ 1744, 1745 BGB.). | |

# Anhang IX.

## Gebühren für Auflösung von Familiengütern

**Verordnung über das Kostenwesen bei der Auflösung der Familiengüter und Hausvermögen (Gebührenordnung für Auflösung von Familiengütern) vom 11. Januar 1924 (GS. 29) in der Fassung der Verordnung vom 31. Mai 1924 (GS. 545).**

Auf Grund der §§ 3, 25 des Adelsgesetzes vom 23. Juni 1920 (Gesetzsamml. S. 367) in Verbindung mit § 41 Abs. 2 der Zwangsauflösungsverordnung vom 19. November 1920 (Gesetzsamml. S. 463) verordnet das Staatsministerium, was folgt:

### 1. Abschnitt.

### Allgemeine Bestimmungen.

### § 1.

Die Berechnung der Gebühren und Auslagen in dem Verfahren vor den Auflösungsbehörden (§§ 27, 42 Z.A.V. und Ziffer 6 der Verordnung, betreffend die Überleitungsvorschriften zum Adelsgesetze, vom 3. März 1921 — Gesetzsamml. S. 339 —) sowie die Vergütung für die Rechtsanwälte, Gerichtsvollzieher, Zeugen und Sachverständigen in diesem Verfahren bestimmt sich ausschließlich nach den Vorschriften dieser Verordnung.

### § 2.

(1) Die Gebühren, Auslagen und Vorschüsse werden in Gold berechnet.

(2) In Reichswährung geleistete Zahlungen sind nach dem Tage der Zahlung in Gold umzurechnen. Als Tag der Zahlung gilt bei Zahlung durch Postanweisung oder Zahl-

karte der aus dem Tagesstempel der Aufgabepostanstalt ersichtliche Tag der Einzahlung, bei Zahlung durch Postscheck oder Postüberweisung der Tag, der sich aus dem Tagesstempel des Postscheckamts auf dem der Kasse ausgehändigten Abschnitt ergibt, bei Erhebung der Kosten durch Nachnahme der Tag der Aufgabe zur Post. Im übrigen gilt als Tag der Zahlung der Tag des Zahlungseinganges.

(3) Bis auf weiteres gilt für die Umrechnung der vom Reichsminister der Finanzen bekanntgegebene Goldumrechnungssatz (§ 2 der Durchführungsbestimmungen zur Aufwertungsverordnung vom 13. Oktober/12. November 1923 — Reichsgesetzbl. I S. 951, 1089 —). Der Justizminister ist ermächtigt, einen anderen Umrechnungssatz zu bestimmen.

§ 3.

(1) Zur Zahlung der Kosten des Verfahrens ist, soweit nicht ein anderes bestimmt ist, der Besitzer unter Beschränkung auf den Stamm des gebundenen Vermögens verpflichtet. Für die Aufsichtsgebühren (§§ 14 und 18 Abs. 1 Ziffer 6) haftet er auch persönlich.

(2) Hat die Aufsichtsbehörde einem anderen als dem Besitzer Verfahrenskosten auferlegt, so haftet der andere unbeschadet einer bestehenden Vorschußpflicht an Stelle des Besitzers.

(3) Im übrigen finden die Vorschriften der §§ 2, 4, 5 des Preußischen Gerichtskostengesetzes und daneben bei streitigen Vermögensansprüchen die Vorschriften der §§ 77, 80 bis 82 und 88 des Deutschen Gerichtskostengesetzes sinngemäße Anwendung.

§ 4.

(1) Die Gebühren werden, soweit nicht etwas anderes bestimmt ist, nach dem Werte des Gegenstandes, auf den sich

das Geschäft bezieht, berechnet. Betrifft das Geschäft das Recht an einer Sache, so ist der Wert dieses Rechtes maßgebend. Auf die Bemessung des Wertes finden die Vorschriften der §§ 18 Abs. 2, 19, 20, 22 des Preußischen Gerichtskostengesetzes und bei streitigen Vermögensansprüchen die Vorschriften der §§ 9 bis 17 des Deutschen Gerichtskostengesetzes entsprechende Anwendung. Bei Ansprüchen wegen Unterhalts ist der Wert des Rechtes auf die wiederkehrenden Leistungen, falls nicht der Gesamtbetrag der geforderten Leistungen geringer ist, auf den Betrag des einjährigen Bezuges zu berechnen.

(2) Der für die Berechnung der Verfahrensgebühren festgesetzte Wert ist auch für die Berechnung der Gebühren der Rechtsanwälte maßgebend

§ 5.

(1) Der Wert des Gegenstandes, bei streitigen Vermögensansprüchen der Wert des Streit- oder Beschwerdegegenstandes, ist in Gold zu bestimmen.

(2) Ist der Wert des Gegenstandes, auf den sich das Geschäft bezieht, in Reichswährung bestimmt, so ist er nach dem Umrechnungssatze (§ 2 Abs. 3) im Zeitpunkte der Fälligkeit der Gebühren in Gold umzurechnen.

(3) Bei streitigen Ansprüchen, die eine in Reichswährung bestimmte Geldsumme betreffen, bestimmt sich der Wert des Streit- oder Beschwerdegegenstandes nach dem Umrechnungssatze (§ 2 Abs. 3) im Zeitpunkte der Einreichung des Antrags oder der Einlegung der Beschwerde. Bei Ansprüchen dieser Art erhöht sich der Wert des Streit- oder Beschwerdegegenstandes nicht dadurch, daß der Antragsteller wegen einer nach dem genannten Zeitpunkt eingetretenen Geldentwertung den Anspruch erweitert.

§ 6.

(1) Die Festsetzung des Wertes erfolgt gebührenfrei durch den Schriftführer. Ihm liegt auch die Berechnung der Kosten ob. Die Wertfestsetzung und der Kostenansatz des Schriftführers können von dem Vorsitzenden der Auflösungsbehörde im Aufsichtswege geändert werden, soweit nicht bereits darüber eine Entscheidung der Auflösungsbehörde ergangen ist.

(2) Über Erinnerungen des Zahlungspflichtigen gegen die Wertfestsetzung oder den Kostenansatz entscheidet, sofern nicht der Schriftführer die Erinnerung für begründet erachtet und selbst Abhilfe schafft, die Auflösungsbehörde gebührenfrei.

(3) Gegen den Beschluß des Auflösungsamts für Familiengüter steht dem Zahlungspflichtigen und der Staatskasse die Beschwerde an das Landesamt für Familiengüter zu, wenn der Wert des Beschwerdegegenstandes den Betrag von 2000 Goldmark übersteigt. Die Beschwerde ist bei dem Auflösungsamt einzureichen. Die Entscheidung des Landesamts ist endgültig. Der § 25 des Preußischen Gerichtskostengesetzes gilt sinngemäß.

(4) Die Vertretung der Staatskasse in dem im Abs. 3 bezeichneten Beschwerdeverfahren steht dem Rechnungsdirektor des Oberlandesgerichts am Sitze des beteiligten Auflösungsamts zu. Die mittels Beschwerde anfechtbaren Beschlüsse des Auflösungsamts, durch welche der Kostenansatz ermäßigt wird, sind ihm zur Prüfung vorzulegen.

(5) Für die Festsetzung der in einem streitigen Verfahren dem Beteiligten zu erstattenden Kosten gelten die Bestimmungen der §§ 103 bis 107 der Zivilprozeßordnung (§ 28, Abs. 3 Satz 3 der Zwangsauflösungsverordnung) entsprechend. Der § 29 Abs. 3 Satz 1 der Zwangsauf-

lösungsverordnung findet Anwendung. Die Kosten sind in dem Kostenfestsetzungsbeschluß in Gold festzusetzen. In Reichswährung entstandene Kosten sind zum Zwecke der Festsetzung in Gold umzurechnen. Maßgebend ist der Umrechnungssatz (§ 2 Abs. 3) im Zeitpunkte der Verauslagung. Die Kostenberechnung (§ 103 Abs. 2 der Zivilprozeßordnung) hat die Umrechnung zu enthalten.

§ 7.

In Reichswährung entstandene bare Auslagen sind unter Aufrundung auf volle 10 Goldpfennige in Gold umzurechnen. Maßgebend ist für die Umrechnung der Goldumrechnungssatz (§ 2 Abs. 3) im Zeitpunkte der Verauslagung.

§ 8.

(1) Eine Erhebung von Stempeln und anderen Abgaben neben den Gebühren findet nicht statt. Der § 2 Abs. 2 und 3 des Deutschen Gerichtskostengesetzes gilt entsprechend.

(2) Die zur Erhebung kommenden Stempel werden nach den für Gerichtskostenstempel geltenden Vorschriften behandelt. Die §§ 29, 30 des Preußischen Gerichtskostengesetzes finden mit der Maßgabe entsprechende Anwendung, daß über Einwendungen und Beschwerden, welche die Festsetzung des für die Stempelberechnung maßgebenden Wertes oder den Ansatz von Stempelbeträgen betreffen, gemäß § 6 dieser Verordnung entschieden wird.

(3) Die in Reichswährung berechneten Stempelabgaben sind für im Verfahren errichtete Urkunden nach dem am Tage ihrer Beurkundung, für sonstige Urkunden nach dem am Tage ihres Eingangs bei der Auflösungsbehörde geltenden Umrechnungssatze (§ 2 Abs. 3) in Gold umzurechnen.

§ 9.

(1) Bei streitigen Vermögensansprüchen ist von dem Antragsteller für jede Instanz ein Gebührenvorschuß zu zahlen. Der Vorschuß beträgt soviel wie die höchste Gebühr, welche für die Instanz zum Ansatze kommen kann. Bei Erweiterung der Anträge ist der Vorschuß nach Maßgabe der Erweiterung zu erhöhen. Ausländer, die als Antragsteller auftreten, haben einen Vorschuß in Höhe des Dreifachen der vollen Gebühr zu zahlen. Die Vorschriften des § 85, Abs. 2, 3 und 5 und § 86 des Deutschen Gerichtskostengesetzes gelten im übrigen sinngemäß.

(2) Auf die Einforderung von Auslagenvorschriften findet der § 6 Abs. 1 und 3 des Preußischen Gerichtskostengesetzes entsprechende Anwendung.

§ 10.

(1) Der Mindestbetrag einer Gebühr ist 2 Goldmark, soweit nicht in dieser Gebührenordnung ein geringerer Gebührenbetrag bestimmt ist.

(2) Pfennigbeträge, welche ohne Bruch nicht durch zehn teilbar sind, sind auf volle 10 Goldpfennige aufzurunden.

§ 11.

Volle Gebühr im Sinne dieser Gebührenordnung ist:

1. die im § 8 des Deutschen Gerichtskostengesetzes bestimmte Gebühr, soweit es sich um streitige Ansprüche handelt;
2. die im § 32 des Preußischen Gerichtskostengesetzes bestimmte Gebühr für alle anderen Angelegenheiten.

§ 12.

Für die Berechnung und Einziehung der nach dieser Verordnung zu berechnenden Gebühren, Auslagen und

Stempel gelten die für die Berechnung und Einziehung der Gerichtskosten maßgebenden Vorschriften.

## II. Abschnitt.

## Die einzelnen Verfahrensgebühren.

### § 13.

Als Verfahrensgebühren werden erhoben:

1. die Aufsichtsgebühr;
2. die Zwangsauflösungsgebühr;
3. die Anspruchsgebühr;
4. die Beschwerdegebühr.

### § 14.

(1) Als Aufsichtsgebühr werden jährlich nach dem Betrage des Vermögens drei Zehnteile der vollen Gebühr des § 11 Nr. 2 erhoben. Dabei wird das angefangene Kalenderjahr sowohl am Anfang als auch am Ende der Beaufsichtigung voll gerechnet. Die Gebühr umfaßt die gesamte Tätigkeit der Auflösungsbehörde vom Beginne der Zwangsauflösung bis zum Freiwerden des Vermögens (§§ 1, 3, § 10 Abs. 4 Satz 2, § 11 Abs. 1 Satz 8 der Zwangsauflösungsverordnung), soweit nicht für einzelne Geschäfte besondere Gebühren vorgesehen sind (§ 18).

(2) Die gleiche Gebühr wie im Abs. 1 wird auch erhoben, sofern eine Zwangsauflösung nicht erfolgt, sowie für die Zeit bis zum Beginne der Zwangsauflösung (§ 3, § 37 Abs. 2, § 38 Abs. 3 der Zwangsauflösungsverordnung).

(3) Liegt dem Auflösungsamte die Aufsicht über die Verwaltung eines Grundstücks ob, so wird hierfür noch besonders nach dem Betrage der Einkünfte, welche nach Berichtigung der Verwaltungskosten und der auf dem

Grundstücke haftenden Lasten und Abgaben verbleiben, neben den Gebühren des Abs. 1 oder 2 für jedes Rechnungsjahr das Zweifache der vollen Gebühr des § 11 Nr. 2 erhoben. Das gleiche gilt in den Fällen des § 10 Abs. 2, § 11 der Verordnung über Familiengüter in der Fassung vom 30. Dezember 1920 (Gesetzsamml. 1921 S. 77). Die Gebühren dürfen indessen zehn vom Hundert der jährlichen Einkünfte nicht übersteigen.

(4) Für die Zeit vom Freiwerden des Vermögens bis zur Löschung der Fideikommißeigenschaft (Sperrfrist) sind für die Beaufsichtigung neben der Zwangsauflösungsgebühr (§ 15) die Gebühren des Abs. 1 und des Abs. 3 nur zur Hälfte zu erheben.

(5) Der Berechnung der Gebühren ist, soweit nicht die Vorschrift im Abs. 3 Anwendung findet, der Betrag des Vermögens nach Abzug der Schulden zugrunde zu legen. Der Wert von Gegenständen, die einen besonderen künstlerischen, wissenschaftlichen oder geschichtlichen Wert haben (§ 18 der Zwangsauflösungsverordnung), ist, solange sie nicht gegen Entgelt veräußert werden, bei der Wertberechnung unberücksichtigt zu lassen; das gleiche gilt hinsichtlich der gemeinnützigen Anstalten (§ 17 der Zwangsauflösungsverordnung).

(6) In den Fällen des Abs. 1 und 2 darf die Gebühr, wenn es sich um ein reines Geldfideikommiß handelt, 10 v. H. der Einkünfte, welche nach Berichtigung der Verwaltungskosten bleiben, nicht übersteigen.

## § 15.

(1) Als Zwangsauflösungsgebühr wird das Vierfache der vollen Gebühr des § 11 Nr. 2 nach dem Betrage des Vermögens erhoben. Sie umfaßt die gesamte Tätigkeit der

Auflösungsbehörde während der Sperrfrist und die vor der Sperrfrist erfolgende Bildung von Wald-, Deich-, Wein- und Landgütern (§§ 12 bis 16 der Zwangsauflösungsverordnung) und von Stiftungen (§ 32 Abs. 2 a. a. O.), die Maßnahmen, betreffend die gemeinnützigen Anstalten und Leistungen (§ 17 a. a. O.), die Sicherstellung von Gläubigern (§§ 22 bis 24, 4, 7, 11, 20 und 21 a. a. O.) und die Sicherung von Gegenständen von künstlerischem, wissenschaftlichem oder geschichtlichem Werte (§ 18 a. a. O.), soweit nicht für einzelne Geschäfte besondere Gebühren vorgesehen sind.

(2) Die Gebühr wird bei Samtfideikommissen (§ 10 der Zwangsauflösungsverordnung) vom ganzen Vermögen, bei Geldfideikommissen (§ 11 a. a. O.) von dem jeweilig freiwerdenden Teile des Vermögens erhoben; im Falle des Widerrufs (§ 8 Abs. 3 a. a. O.) und bei Zwergfideikommissen (§ 9 a. a. O.) kommt sie nur zur Hälfte zur Erhebung.

(3) Bei Beginn der Sperrfrist ist ein zur Deckung der Hälfte der Zwangsauflösungsgebühr voraussichtlich ausreichender Betrag als Gebührenvorschuß zu erheben. Schon vorher kann in Anrechnung auf die Zwangsauflösungsgebühr ein entsprechender Vorschuß erhoben werden, wenn Anträge auf Bildung eines Wald-, Deich-, Wein- oder Landguts (§§ 14 bis 16 der Zwangsauflösungsverordnung) vor Beginn der Sperrfrist gestellt werden.

(4) Bei der Wertberechnung findet ein Schuldenabzug nicht statt. Der § 14 Abs. 5 Satz 2 gilt sinngemäß.

## § 16.

(1) Als Anspruchsgebühr wird erhoben die volle Gebühr des § 11 Nr. 1 für das Verfahren über streitige, bei dem Auflösungsamt anhängig gemachte Ansprüche. In den Fällen des § 39 der Zwangsauflösungsverordnung ist sie nur

zu erheben, wenn das Vermögen auf Antrag für frei erklärt oder das Verlangen des Antragstellers, das Vermögen für gebunden zu erklären, abgelehnt wird.

(2) Die Anspruchsgebühr wird nur zu zwei Zehnteilen erhoben, wenn der streitige Anspruch durch Vergleich, Anerkenntnis oder Verzicht erledigt wird oder wenn der Antrag, bevor über ihn eine Entscheidung getroffen worden ist, zurückgenommen wird.

(3) Für die Zurückweisung des Einspruchs im Falle des § 27 Abs. 5 der Zwangsauflösungsverordnung wird ein Zehnteil der Anspruchsgebühr erhoben. Das Auflösungsamt kann indessen aus Billigkeitsgründen anordnen, daß von der Erhebung dieser Gebühr abzusehen ist.

§ 17.

Als Beschwerdegebühr wird erhoben die volle Gebühr des § 11 Nr. 1 für das Verfahren in der Beschwerdeinstanz, wenn die Beschwerde als unzulässig verworfen oder zurückgewiesen wird. § 16 Abs. 2 gilt entsprechend. Das Landesamt kann die Gebühr aus Billigkeitsgründen ermäßigen oder anordnen, daß von der Erhebung einer Gebühr abzusehen ist.

§ 18.

(1) Außer den im § 13 bezeichneten Gebühren werden erhoben:

1. für die Aufnahme von Familienschlüssen oder Beschlüssen gemäß § 10 Abs. 6 der Zwangsauflösungsverordnung die volle Gebühr des § 11 Nr. 2; betrifft der Familienschluß jedoch die freiwillige Auflösung des Familienguts (§ 38 Abs. 1 der Zwangsauflösungsverordnung, § 2 der Verordnung über Familiengüter), das Dreifache der vollen Gebühr des § 11 Nr. 2;

2. für die Errichtung von Stiftungen in den Fällen des § 10 Abs. 8 und 9, §§ 14 bis 16 und 21 der Zwangsauflösungsverordnung und für die Änderung von Satzungen in diesen Fällen die volle Gebühr des § 11 Nr. 2; für die Beaufsichtigung der Stiftung in diesen Fällen und in den Fällen der §§ 17 und 18 der Zwangsauflösungsverordnung jährlich zwei Zehnteile der vollen Gebühr des § 11 Nr. 2. Soweit die Errichtung einer Stiftung auf Grund eines Familienschlusses erfolgt, wird eine besondere Gebühr für die Errichtung der Stiftung neben der Gebühr für die Aufnahme des Familienschlusses nicht erhoben;

3. für die Einleitung einer Pflegschaft einschließlich der Bestellung des Pflegers (§ 19 Abs. 9, § 28 Abs. 10 der Zwangsauflösungsverordnung, § 3 Abs. 4 der Verordnung über Familiengüter) die volle Gebühr des § 11 Nr. 2. Die gleiche Gebühr wird auch erhoben für die Bestellung eines Pflegers aus Anlaß der Einleitung einer Schuldenpflegschaft, sofern der Pfleger nur zu vorbereitenden Maßnahmen bestellt wird (§ 26 Abs. 5 der Zwangsauflösungsverordnung);

4. für das Schuldentilgungsverfahren (§ 26 der Zwangsauflösungsverordnung) sowie für das Schuldenpflegschaftsverfahren (§ 26 Abs. 5 a. a. O.) die halbe Gebühr des § 11 Nr. 1. Die Vorschriften des § 43 Abs. 1 des Deutschen Gerichtskostengesetzes sind entsprechend anzuwenden. Auf die Gebühr für das Schuldenpflegschaftsverfahren ist die Gebühr zu Nr. 3 Satz 2 anzurechnen. Für das Schuldentilgungsverfahren im Falle des § 12 Abs. 4 der Zwangsauflösungsverordnung wird eine Gebühr nicht erhoben;

5. im Verfahren einer Sequestration (§ 28 Abs. 12 er Zwangsauflösungsverordnung) für jedes Jahr das Zweifache der vollen Gebühr des § 11 Nr. 2. Die Bestimmungen der §§ 126, 127 des Preußischen Gerichtskostengesetzes gelten sinngemäß;
6. für die Führung der gesamten Aufsicht über ein Waldgut einschließlich der gemäß § 12 und § 13 der Zwangsauflösungsverordnung vorkommenden Geschäfte jährlich nach dem Betrage des Vermögens zwei Zehnteile der vollen Gebühr des § 11 Nr. 2. Die Gebühr entfällt, soweit die Aufsichtsgebühr aus § 14 dieser Verordnung zu erheben ist. Die Vorschrift über die Wertberechnung im § 14 Abs. 5 gilt sinngemäß.

(2) Es kommen ferner zur entsprechenden Anwendung:

1. Die Vorschriften der §§ 84 bis 86 des Preußischen Gerichtskostengesetzes für das Auseinandersetzungsverfahren über die Anteile eines Samtfideikommisses gemäß § 10 Abs. 5 der Zwangsauflösungsverordnung;
2. die Vorschriften der §§ 40 bis 46, 48, 74 und 78 des Deutschen Gerichtskostengesetzes in Fideikommißkonkursverfahren (§ 26 Abs. 6 der Zwangsauflösungsverordnung);
3. die Vorschriften des § 101 des Preußischen Gerichtskostengesetzes im Verfahren zur Verhängung von Ordnungsstrafen (§ 25 Abs. 1, § 28 Abs. 12 der Zwangsauflösungsverordnung);
4. die Vorschriften des § 33 Ziffer 6 des Deutschen Gerichtskostengesetzes im Aufgebotsverfahren gemäß § 25 Abs. 6 der Zwangsauflösungsverordnung; in den Fällen des § 10 Abs. 7 und des § 25 Abs. 2 der Zwangsauflösungsverordnung ist nur die Hälfte der Sätze des

§ 33 Ziffer 6 des Deutschen Gerichtskostengesetzes zu erheben;

5. die Vorschrift des § 48 des Preußischen Gerichtskostengesetzes auf die Aufnahme von Vermögensverzeichnissen, wenn das Geschäft von der Auflösungsbehörde selbst vorgenommen wird:
6. die Vorschriften des Deutschen Gerichtskostengesetzes im Vollstreckungsverfahren (§ 28 Ziffer 12 der Zwangsauflösungsverordnung), soweit keine besondere Gebühr angeordnet ist (Abs. 1 Ziffer 5; Abs. 2 Ziffer 3).

Für die Entscheidung über die Erteilung einer vollstreckbaren Ausfertigung von Zeugnissen über die Rechtskraft und über Festsetzung der einem Beteiligten zu erstattenden Kosten wird eine Gebühr nicht erhoben.

### § 19.

Bei der den Auflösungsämtern oder ihren Mitgliedern durch die Allgemeine Verfügung des Justizministers vom 20. September 1921 (Justiz-Ministerial-Bl. S. 498) zugewiesenen beurkundenden Tätigkeit finden die Bestimmungen des Preußischen Gerichtskostengesetzes entsprechende Anwendung.

### § 20.

Auf die Erhebung von Auslagen sind die Vorschriften der §§ 109 bis 112, § 114 des Preußischen Gerichtskostengesetzes entsprechend anzuwenden mit der Maßgabe, daß für die an die Partei erlassenen Erinnerungsschreiben Schreib- und Postgebühren besonders zu erheben sind. Im Falle des § 112 des Preußischen Gerichtskostengesetzes gelten für die Tagegelder und Fahrkosten die Bestimmungen über die Reisekosten in Staatsdienstangelegenheiten. Die Mitglieder der Auflösungsämter beziehen die Sätze der Besoldungsgruppe XII und die des Landesamts die Sätze der Besoldungsgruppe XIII, soweit sie nicht einer höheren Besoldungsgruppe angehören oder angehört haben.

§ 21.

Im übrigen gelten in Ansehung der anzusetzenden Kosten sinngemäß die Bestimmungen

der § 6 Abs. 2 und 4, §§ 7 bis 17, § 23 Abs. 2, § 26 Abs 2, §§ 38, 39, § 50 Abs. 1 Ziffer 2, § 88, § 105 Abs. 1 Satz 1, Abs. 2 und Abs. 3 Nr. 4, § 106 Abs. 1, §§ 107, 115, 119, 136 und 140 Abs. 1 und 5 des Preußischen Gerichtskostengesetzes

und daneben bei streitigen Ansprüchen die Bestimmungen

der §§ 3, 25, 39, 75 Abs. 1, §§ 76, 90, 91 des Deutschen Gerichtskostengesetzes.

## III. Abschnitt.

## Gebühren und Auslagen der Rechtsanwälte, der Gerichtsvollzieher und der Zeugen und Sachverständigen.

§ 22.

(1) Der Rechtsanwalt erhält für die Vertretung des Besitzers in dem Verfahren vor den Auflösungsbehörden während der Sperrfrist (§ 22 Abs. 1 Satz 1 der Zwangsauflösungsverordnung), wenn sich die Vertretung auf das gesamte Verfahren erstreckt, die volle Gebühr des § 11 Nr. 2. Erstreckt seine Tätigkeit sich dabei auf die Vertretung des Besitzers im Konkurse, Schuldentilgungs-, Sicherungs- oder Pflegschaftsverfahren (§§ 23 bis 26 der Zwangsauflösungsverordnung) oder im Verfahren der Bildung eines Wald-, Wein-, Deich- oder Landguts, einer Stiftung oder

der Übertragung des Vermögens einer gemeinnützigen Anstalt (§§ 12 bis 18 a. a. O.), so kann die Gebühr bei besonderer Mühewaltung des Rechtsanwalts angemessen erhöht werden, sie darf aber insgesamt das Zweifache der vollen Gebühr des § 11 Nr. 2 nicht übersteigen.

(2) Beschränkt sich die Tätigkeit des Rechtsanwalts während der Sperrfrist auf die Vertretung des Besitzers in einer der im Abs. 1 Satz 2 genannten Verfahrensarten, so erhält er drei Zehnteile der vollen Gebühr des § 11 Nr. 2; in schwierigen Fällen kann diese Vergütung auf den Betrag der vollen Gebühr erhöht werden. Diese Bestimmungen gelten auch für die entsprechende Tätigkeit des Rechtsanwalts vor Beginn der Sperrfrist.

(3) Für die Vertretung des Besitzers oder eines anderen Beteiligten im Verfahren der freiwilligen Auflösung (§ 38 der Zwangsauflösungsverordnung) erhält der Rechtsanwalt, wenn sich seine Tätigkeit auf das ganze Verfahren erstreckt, die volle Gebühr des § 11 Nr. 2. In besonders schwierigen Fällen kann diese Gebühr auf das Zweifache erhöht werden.

(4) Im übrigen erhält der Rechtsanwalt, soweit es sich nicht um die Vertretung im Verfahren über einen streitigen Anspruch handelt (§ 23), eine Vergütung für seine Tätigkeit nach Maßgabe der Vorschriften in Art. 4 bis 6, 8 bis 17 der Landesgebührenordnung für Rechtsanwälte und Gerichtsvollzieher. Neben den allgemeinen Gebühren in Abs. 1 bis 3 erhält er indessen nur die Sondergebühren der Art. 10 und 13 a. a. O. mit der Maßgabe, daß ihm für die Anfertigung des Entwurfs eines Rechtsgeschäfts eine besondere Gebühr nicht zusteht.

(5) Über die Befugnis zur Erhöhung der Gebühren in Abs. 1 bis 3 entscheiden die Auflösungsbehörden. Gegen die

Entscheidung des Auflösungsamts steht dem Rechtsanwalt und seinem Auftraggeber ohne Rücksicht auf die Höhe der Beschwerdesumme die Beschwerde an das Landesamt zu.

§ 23.

Dem als Bevollmächtigten einer Partei in einem vor dem Auflösungsamt anhängigen Streit über einen Anspruch bestellten Rechtsanwalt steht für den Geschäftsbetrieb einschließlich der Information die Hälfte der Sätze des § 9 der Gebührenordnung für Rechtsanwälte zu (Prozeßgebühr). Die gleiche Gebühr erhält er für die mündliche Verhandlung (Verhandlungsgebühr), für die Mitwirkung bei einem zur Beilegung des Rechtsstreits abgeschlossenenen Vergleich (Vergleichsgebühr) und für die Vertretung im Beweisaufnahmeverfahren (Beweisgebühr).

§ 24

(1) Die Gebührensätze des § 23 gelten auch im Beschwerdeverfahren vor dem Landesamte, wenn ein streitiger Anspruch Gegenstand der Beschwerde ist.

(2) In allen anderen Fällen erhält der Rechtsanwalt für die Vertretung im Beschwerdeverfahren drei Zehnteile der vollen Gebühr des § 11 Nr. 2.

(3) Für die Vertretung im Verfahren über den Einspruch (§ 27 Abs. 5 der Zwangsauflösungsverordnung) erhält der Rechtsanwalt, der die Partei bereits in dem vorausgegangenen Verfahren vertreten hatte, bei streitigen Ansprüchen noch drei Zehnteile der in dem § 23 bestimmten Gebühren, in allen anderen Fällen noch zwei Zehnteile der vollen Gebühr des § 11 Nr. 2.

§ 25.

(1) Im übrigen finden unbeschadet der Bestimmungen im § 10 Abs. 1 und nachstehend im Abs. 2 für die Vertretung im

Verfahren über streitige Ansprüche und für die Vertretung eines Gläubigers im Fideikommißkonkursverfahren die Bestimmungen der Abschnitte 1 bis 3, 5 bis 7 der Gebührenordnung für Rechtsanwälte entsprechende Anwendung mit der Maßgabe, daß an Stelle der vollen Sätze des § 9 der Gebührenordnung für Rechtsanwälte fünf Zehnteile dieser Sätze als volle Gebühr gelten.

(2) In den Fällen der §§ 88, 89 und 93 Abs. 2 der Gebührenordnung für Rechtsanwälte entscheiden die Auflösungsbehörden endgültig.

§ 26.

Für die Gebühren und Auslagen der Gerichtsvollzieher gelten die Bestimmungen der Art. 19 bis 25 der Landesgebührenordnung für Rechtsanwälte und Gerichtsvollzieher und für die Gebühren und Auslagen der Zeugen und Sachverständigen die Bestimmungen der Gebührenordnung für Zeugen und Sachverständige nach Maßgabe dieser Verordnung sinngemäß.

## IV. Abschnitt.

## Schlußbestimmungen.

§ 27.

Die Vorschriften dieser Verordnung sind auch dann anwendbar, wenn in den durch die Verordnung getroffenen Angelegenheiten an Stelle der Auflösungsbehörden ein Gericht tätig wird.

§ 28.

In allen Fällen, in denen in dieser Verordnung auf das Preußische Gerichtskostengesetz, das Deutsche Gerichtskostengesetz, die Landesgebührenordnung für Rechtsanwälte und Gerichtsvollzieher, die Gebührenordnung der Rechtsanwälte und die Gebührenordnung für Zeugen und Sachverständige Bezug genommen ist, gelten die Bestimmungen des Preußischen Gerichtskostengesetzes vom 28. Oktober 1922 (Gesetzsamml. S. 363) in der Fassung des Gesetzes vom 12. April 1923 (Gesetzsamml. S. 107), des Deutschen Gerichtskostengesetzes vom 31. Dezember 1922 (Reichsgesetzbl. 1923 I S. 12), der Landesgebührenordnung für Rechtsanwälte und Gerichtsvollzieher vom 28. Oktober 1922 (Gesetzsamml. S. 410) in der Fassung des Gesetzes vom 12. April 1923 (Gesetzsamml. S. 107), der Gebührenordnung für Rechtsanwälte vom 20. Mai 1898 (Reichsgesetzblatt 1898 S. 692, 1909 S. 475, 1910 S. 767, 1916 S. 1263, 1919 S. 2115, 1921 S. 910, 1923 I S. 1 u. 813) und der Gebührenordnung für Zeugen und Sachverständige in der Fassung der Bekanntmachung vom 13. März 1922 (Reichsgesetzbl. I S. 242) und des Gesetzes vom 24. Oktober 1922 (Reichsgesetzbl. I S. 806) mit allen Abänderungen, die diese Gesetze bisher erfahren haben oder noch erfahren werden.

§ 29.

Diese Verordnung tritt mit Wirkung vom 1. Januar 1924 in Kraft. Mit dem gleichen Zeitpunkte tritt die Verordnung über das Kostenwesen bei der Auflösung der Familiengüter und Hausvermögen (Gebührenordnung für Auflösung von Familiengütern) vom 18 Juni 1921 (Gesetzsamml. S. 429) außer Kraft.

§ 30.

Für das Jahr 1923 betragen die Aufsichtsgebühren des § 14 Abs. 1 und 2 vier Zehnteile, die des § 18 Abs. 1 Nr. 6 zwei Zehnteile der vollen Gebühr des § 11 Nr. 2. Zu den

Aufsichtsgebühren für das Jahr 1923 ist ein Zuschlag von 100 vom Hundert zu erheben. Die für das Jahr 1922 gezahlten Aufsichtsgebühren sind in Gold umgerechnet auf die für das Jahr 1923 zu erhebenden Gebühren in Anrechnung zu bringen. Etwa überschießende Beträge sind nicht zurückzuzahlen, sondern auf später entstehende Kosten zu verrechnen. Für die Umrechnung ist, sofern die Zahlung nach dem 31. August 1923 erfolgt ist, der am Tage der Zahlung geltende Goldumrechnungssatz (§ 2 Abs. 3), sofern die Zahlung in einem früheren Zeitpunkt erfolgt ist, das am Tage der Zahlung geltende Goldzollaufgeld maßgebend. Soweit die Aufsichtsgebühren für das Jahr 1922 noch nicht gezahlt sind, ist von ihrer Einziehung abzusehen.

§ 31

(1) Diese Verordnung findet Anwendung auf alle zu dem Zeitpunkt ihres Inkrafttretens noch nicht fällig gewordenen Kosten und noch nicht beendeten Geschäfte, in letzter Hinsicht auch insoweit, als Arbeiten bereits geleistet sind. Ist zur Deckung der Gebühren und Auslagen vor dem Inkrafttreten der Verordnung ein Vorschuß erfordert, so wird dieser in Gold umgerechnet und auf die entstandenen Kosten in Anrechnung gebracht. Für die Umrechnung ist bei bereits bezahlten Vorschüssen, sofern die Zahlung nach dem 31. August 1923 erfolgt ist, der am Tage der Zahlung geltende Umrechnungssatz (§ 2 Abs. 3), sofern die Zahlung zu einem früheren Zeitpunkt erfolgt ist, das am Tage der Zahlung geltende Goldzollaufgeld maßgebend. Noch nicht bezahlte Vorschüsse werden nach dem am Tage des Inkrafttretens dieser Verordnung geltenden Goldumrechnungssatze (§ 2 Abs. 3) umgerechnet

(2) Gebühren, die vor dem Inkrafttreten dieser Verordnung fällig geworden, und Auslagen, die vor diesem Zeitpunkt entstanden sind, werden, soweit sie noch nicht erfordert und soweit sie nicht durch Vorschüsse gedeckt sind, unbeschadet der Vorschrift in § 30, in Gold umgerechnet. Für die Umrechnung ist der Umrechnungssatz (§ 2 Abs. 3) am Tage des Inkrafttretens dieser Verordnung maßgebend. Die sich hiernach ergebenden Gesamtbeträge sind auf volle 50 Goldpfennige nach unten abzurunden. Beträge von weniger als 50 Goldpfennigen werden weder erhoben noch erstattet.

(3) Bei anhängigen streitigen Ansprüchen, die eine in Reichswährung ausgedrückte Geldsumme betreffen, bestimmt sich der Wert des Streit- oder Beschwerdegegenstandes hinsichtlich der nach dem Inkrafttreten dieser Verordnung fällig werdenden Gebühren nach dem Umrechnungssatze (§ 2 Abs. 3) im Zeitpunkte des Inkrafttretens dieser Verordnung.

(4) Bezüglich der Gebühren, Auslagen und Vorschüsse, die auf Grund der Gebührenordnung für Rechtsanwälte berechnet worden sind oder berechnet werden, gelten die Vorschriften des Artikels VII der Verordnung über die Gebühren der Rechtsanwälte vom 13. Dezember 1923 (Reichsgesetzbl. I S. 1188) sinngemäß.

§ 32.

Der Justizminister kann nähere Vorschriften, insbesondere zur Ausführung dieser Verordnung, erlassen.

Berlin, den 11. Januar 1924.

Das Preußische Staatsministerium.

Braun. am Zehnhoff. v. Richter.

# Anhang X.

## Kosten in Angelegenheiten der Kapitalkreditbeschaffung für landwirtschaftliche Pächter.

**Verordnung über die Kosten in Angelegenheiten des Gesetzes, betreffend die Ermöglichung der Kapitalkreditbeschaffung für landwirtschaftliche Pächter, vom 9. Juli 1926 (Reichsgesetzbl. I S. 399). Vom 18. Juli 1926.**

Auf Grund des § 23 Abs. 4 des Gesetzes, betreffend die Ermöglichung der Kapitalkreditbeschaffung für landwirtschaftliche Pächter, vom 9. Juli 1926 (Reichsgesetzbl I S 399) wird folgendes verordnet

§ 1.

Für die den Gerichten nach dem Gesetze, betreffend die Ermöglichung der Kapitalkreditbeschaffung für landwirtschaftliche Pächter, vom 9. Juli 1926 (Reichsgesetzbl. I S. 399) obliegenden Verrichtungen werden Gebühren und Auslagen nach Maßgabe der folgenden Vorschriften erhoben.

§ 2.

Für die Verpflichtung zur Zahlung der Kosten, ihre Fälligkeit, Berechnung und Einziehung sowie das Erinnerungs- und Beschwerdeverfahren über den Kostenansatz gelten, soweit nicht nachstehend etwas anderes bestimmt ist, die Vorschriften, welche für die nach dem Preußischen Gerichtskostengesetze vom 28. Oktober 1922 (Gesetzsamml. 1922 S. 363, 1923 S. 107) zu erhebenden Gerichtskosten maßgebend sind. Der § 8 des Preußischen Gerichtskostengesetzes ist entsprechend anwendbar

§ 3.

(1) Die Höhe der Gebühr richtet sich nach dem Betrage der durch das Pfandrecht gesicherten Forderung; hat jedoch das verpfändete Inventar einen geringeren Wert, so ist dieser maßgebend.

(2) Im Falle der Erteilung einer Bescheinigung, daß ein Verpfändungsvertrag bei dem Amtsgerichte nicht niedergelegt ist (§ 5 Abs. 2 d), ist der Wert des Gegenstandes unter entsprechender Anwendung des § 22 des Preußischen Gerichtskostengesetzes festzusetzen.

§ 4.

Volle Gebühr im Sinne dieser Verordnung ist die im § 32 des Preußischen Gerichtskostengesetzes bestimmte Gebühr. Der Mindestbetrag einer Gebühr ist zwei Reichsmark.

§ 5.

(1) Für die Niederlegung eines Verpfändungsvertrags bei dem Amtsgericht einschließlich der Erteilung einer Bescheinigung über die erfolgte Niederlegung werden fünf Zehnteile der vollen Gebühr erhoben.

(2) Zwei Zehnteile der vollen Gebühr werden erhoben:

a) für die Entgegennahme der Anzeige über die Abtretung einer durch das Pfandrecht gesicherten Forderung;

b) für die Beglaubigung einer Abschrift eines niedergelegten Verpfändungsvertrags, jedoch höchstens 20 Reichsmark; daneben sind für die Herstellung der Abschrift Schreibgebühren zu erheben;

c) für die Herausgabe eines Verpfändungsvertrags;

d) für die Erteilung einer Bescheinigung an den Pächter, daß ein Verpfändungsvertrag bei dem Amtsgerichte nicht niedergelegt worden ist.

§ 6.

Gebühren kommen nicht zum Ansatz:

a) für die Niederlegung einer Vereinbarung des Pächters und des Pfandgläubigers, durch die die Erstreckung des Pfandrechts auf die nach seiner Entstehung vom Pächter erworbenen Inventarstücke ausgeschlossen wird;

b) für die Gestattung der Einsicht in die bei dem Amtsgerichte niedergelegten Verpfändungsverträge;

c) für die Entgegennahme der Anmeldung einer vor dem Inkrafttreten des im § 1 genannten Gesetzes erfolgten Sicherungsübereignung.

§ 7.

Für die Entscheidung, einschließlich des voraufgegangenen Verfahrens, in der Beschwerdeinstanz gelten die Vorschriften im § 105 Abs. 3 des Preußischen Gerichtskostengesetzes.

§ 8.

Für die Erhebung von Auslagen finden die Vorschriften im zehnten Abschnitte des ersten Teils des Preußischen Gerichtskostengesetzes Anwendung. Zur Deckung der baren Auslagen kann von dem Antragsteller ein angemessener Vorschuß erhoben werden.

§ 9.

Eine Erhebung von Stempeln neben den Gebühren findet nicht statt. Urkunden, von denen im Verfahren Gebrauch gemacht wird, sind nur insoweit einem Stempel unterworfen, als sie es ohne diesen Gebrauch sein würden. Für die Behandlung dieser Stempel gilt der § 29 des Preußischen Gerichtskostengesetzes sinngemäß.

§ 10.

Diese Verordnung tritt mit Wirkung vom 13. Juli 1926 in Kraft.

Berlin, den 18. Juli 1926.

Das Preußische Staatsministerium.

# Anhang XI.

## Kosten der Aufwertungsstellen.

### Verordnung über das Kostenwesen bei den Aufwertungsstellen. Vom 28. Juli 1925.

Auf Grund des § 7 Abs. 2 der Verordnung über die Einrichtung und das Verfahren der Aufwertungsstellen vom 21. Juli 1925 (Reichsgesetzbl. I S. 154) wird folgendes verordnet:

§ 1.

Für das Verfahren vor der Aufwertungsstelle werden Gebühren und Auslagen nach Maßgabe der folgenden Vorschriften berechnet.

§ 2.

Für die Gebührenberechnung ist der Wert des Streitgegenstandes maßgebend. Dieser Wert ist von der Aufwertungsstelle, im Beschwerdeverfahren von dem Beschwerdegericht, unter Berücksichtigung der gestellten Anträge nach freiem Ermessen festzusetzen.

§ 3.

Schuldner der Gebühren und Auslagen ist derjenige, dem durch eine Entscheidung der Aufwertungsstelle oder des Beschwerdegerichts die Kosten des Verfahrens auferlegt worden sind (§ 76 Abs. 1 des Aufwertungsgesetzes vom

16. Juli 1925 — Reichsgesetzbl. I S. 117). In Ermangelung einer solchen Entscheidung kommen die Vorschriften der §§ 1, 2, 4 und 5 des Preußischen Gerichtskostengesetzes vom 28. Oktober 1922 (Gesetzsamml. 1922 S. 363, 1923 S. 107) entsprechend zur Anwendung.

§ 4.

Soweit nicht in dieser Verordnung besondere Bestimmungen über die Fälligkeit getroffen sind, werden die Gebühren bei Beendigung des Verfahrens, die Auslagen bei ihrer Entstehung fällig. Im übrigen richtet sich die Berechnung und Einziehung der Kosten sowie das Erinnerungs- und Beschwerdeverfahren über den Kostenansatz nach den Vorschriften, welche für die nach dem Preußischen Gerichtskostengesetze zu erhebenden Gerichtskosten maßgebend sind. Der § 8 des Preußischen Gerichtskostengesetzes vom 28. Oktober 1922 (Gesetzsamml. 1922 S. 363, 1923 S. 107) ist entsprechend anwendbar.

§ 5.

Volle Gebühr im Sinne dieser Verordnung ist die im § 32 des Preußischen Gerichtskostengesetzes vom 28. Oktober 1922 (Gesetzsamml. 1922 S. 363, 1923 S. 107) bestimmte Gebühr[1]). Der Mindestbetrag einer Gebühr ist zwei Reichsmark.

§ 6.

Für die Entgegennahme des Antrags auf Einleitung des Verfahrens gemäß §§ 69, 70 des Aufwertungsgesetzes werden von dem Antragsteller zwei Zehnteile der vollen

[1]) Vgl. die Verordnung vom 18. Dezember 1923 (GS. S. 556).

Gebühr erhoben. Die Gebühr ist bei Eingang des Antrags fällig; sie wird auf die für das Verfahren zu erhebende Gebühr (§ 7 Abs. 1) angerechnet.

§ 7.

(1) Für das Verfahren vor der Aufwertungsstelle einschließlich der Anordnung und Vornahme von Beweisverhandlungen und der Beurkundung eines Vergleichs werden fünf Zehnteile der vollen Gebühr erhoben.

(2) Wird eine das Verfahren abschließende Entscheidung der Aufwertungsstelle getroffen, so werden weitere fünf Zehnteile der vollen Gebühr erhoben.

(3) Bei Einleitung des Verfahrens kann ein Vorschuß in Höhe von drei Zehnteilen der vollen Gebühr erhoben werden.

§ 8.

(1) Für die Entscheidung einschließlich des vorangegangenen Verfahrens in der Beschwerdeinstanz (§ 74 des Aufwertungsgesetzes) werden fünf Zehnteile der vollen Gebühr erhoben.

(2) Wird die Beschwerde zurückgenommen, bevor eine Entscheidung ergangen ist, so werden zwei Zehnteile der vollen Gebühr erhoben.

§ 9.

(1) Wird vom Beschwerdegericht eine Sache zur anderweiten Verhandlung an die Vorinstanz zurückverwiesen, so gilt die Fortsetzung des Verfahrens in dieser Instanz hinsichtlich der Gebührenerhebung nicht als ein neues Verfahren.

(2) Werden gemäß § 3 der Verordnung über die Einrichtung und das Verfahren der Aufwertungsstellen vom 21. Juli 1925 (Reichsgesetzbl. I S. 154) mehrere gegen

denselben Schuldner anhängige Aufwertungsverfahren zum Zwecke der gleichzeitigen Verhandlung und Entscheidung verbunden, so sind die Gebühren während der Dauer der Verbindung von dem Gesamtwerte zu berechnen.

§ 10.

(1) Für die Erhebung der Auslagen gelten die Vorschriften der §§ 109 bis 112 und 114 des Preußischen Gerichtskostengesetzes vom 28. Oktober 1922 (Gesetzsamml. 1922 S. 363, 1923 S. 107). Zur Deckung der baren Auslagen kann von dem Antragsteller ein angemessener Vorschuß erhoben werden.

(2) Eine Erhebung von Stempeln findet nicht statt. Urkunden, von denen im Verfahren Gebrauch gemacht wird, sind nur insoweit einem Stempel unterworfen, als sie es ohne diesen Gebrauch sein würden. Für die Behandlung dieser Stempel gilt der § 29 des Preußischen Gerichtskostengesetzes sinngemäß.

§ 11.

Diese Verordnung tritt mit Wirkung vom 15. Juli 1925 in Kraft.

**Verordnung über das Kostenwesen bei den Aufwertungsstellen für die Aufwertung der Guthaben bei Fabrik- und Werksparkassen sowie der Ansprüche an Betriebs-Pensionskassen. Vom 13. September 1926 (GS. 253).**

Auf Grund des Art. 19 Abs. 1 der Durchführungsverordnung zum Aufwertungsgesetz über die Aufwertung der Guthaben bei Fabrik- und Werksparkassen sowie der Ansprüche an Betriebs-Pensionskassen vom 8. Juli 1926 (Reichsgesetzbl. I S. 403) wird folgendes verordnet:

§ 1.

Für das Verfahren vor der in Art. 9 der Verordnung vom 8. Juli 1926 bestimmten Aufwertungsstelle werden Gebühren und Auslagen nach Maßgabe der folgenden Vorschriften erhoben.

§ 2.

Für die Gebührenberechnung ist der Wert des Streitgegenstandes maßgebend. Dieser Wert ist von der Aufwertungsstelle unter Berücksichtigung der gestellten Anträge nach freiem Ermessen, jedoch nicht über 200000 RM., festzusetzen.

§ 3.

Die Gebühren und Auslagen des Verfahrens vor der Aufwertungsstelle hat der Schuldner (Betriebsunternehmer) zu tragen. Soweit aber von der Aufwertungsstelle oder in der Beschwerdeinstanz die Kosten des Verfahrens vor der Aufwertungsstelle einem Gläubiger auferlegt sind, sind sie von diesem einzuziehen.

§ 4.

Die Fälligkeit, Berechnung, Einziehung und Niederschlagung der Gebühren und Auslagen richtet sich nach den Vorschriften, welche für die nach dem Preußischen Gerichtskostengesetz vom 28. Oktober 1922 (Gesetzsamml. 1922 S. 363, 1923 S. 107) zu erhebenden Gerichtskosten maßgebend sind. Über Erinnerungen des Zahlungspflichtigen gegen den Ansatz der Gebühren und Auslagen entscheidet die Aufwertungsstelle endgültig und gebührenfrei.

§ 5.

(1) Volle Gebühr im Sinne dieser Verordnung ist die im § 32 des Preußischen Gerichtskostengesetzes vom 28. Ok-

tober 1922 (Gesetzsamml. 1922 S. 363, 1923 S. 107) in der Fassung der Verordnung vom 18. Dezember 1923 (Gesetzsamml. S. 556) bestimmte Gebühr. Der Mindestbetrag einer Gebühr ist 20 RM.

(2) Für die Erhebung der Auslagen gelten die Vorschriften der §§ 109 bis 112 und 114 des Preußischen Gerichtskostengesetzes vom 28. Oktober 1922 (Gesetzsamml. 1922 S. 363, 1923 S. 107). Die den Beisitzern gemäß Artikel 10 Abs. 4 der Verordnung vom 8. Juli 1926 (Reichsgesetzbl. I S. 403) zu zahlenden Aufwandsentschädigungen gehören nicht zu den Auslagen, welche den Beteiligten in Rechnung zu stellen sind.

(3) Eine Erhebung von Stempeln findet nicht statt. Urkunden, von denen im Verfahren Gebrauch gemacht wird, sind nur insoweit einem Stempel unterworfen, als sie es ohne diesen Gebrauch sein würden. Für die Behandlung dieser Stempel gelten die §§ 29, 30 des Preußischen Gerichtskostengesetzes vom 28. Oktober 1922 (Gesetzsamml. 1922 S. 363, 1923 S. 107) sinngemäß.

§ 6.

(1) In allen Fällen, in denen der Schuldner (Betriebsunternehmer) die Aufwertungsstelle anruft, ist von ihm bei Eingang der Anrufung auf Grund einer von dem Vorsitzenden vorzunehmenden vorläufigen Wertfestsetzung ein Gebührenvorschuß in Höhe von 5 Zehnteilen der vollen Gebühr zu erfordern. Bevor der Gebührenvorschuß gezahlt ist, soll die Aufwertungsstelle nicht in Tätigkeit treten.

(2) Wenn der Schuldner (Betriebsunternehmer) Anträge stellt, so kann von ihm zur Deckung der baren Auslagen ein angemessener Vorschuß erhoben werden. Die Aufwertungsstelle kann die Vornahme der Handlung von der Zahlung

des für die baren Auslagen erforderten Vorschusses abhängig machen.

§ 7.

(1) Für das Verfahren vor der Aufwertungsstelle einschließlich der Anordnung und Vornahme von Beweisverhandlungen werden 15 Zehnteile der vollen Gebühr erhoben. Die Gebühr deckt auch gleichzeitig die Beurkundung eines Vergleichs.

(2) Wird eine das Verfahren abschließende Entscheidung der Aufwertungsstelle getroffen, so werden außerdem 5 Zehnteile der vollen Gebühr erhoben.

(3) Wird die Anrufung zurückgenommen bevor ein gebührenpflichtiger Akt stattgefunden hat, so werden 5 Zehnteile der vollen Gebühr erhoben. Die Bekanntmachung der Anrufung der Aufwertungsstelle (Art. 13 Abs. 1 der Verordnung vom 8. Juli 1926) gilt in diesem Sinne nicht als ein gebührenpflichtiger Akt.

§ 8.

Wird eine Sache vom Beschwerdegerichte zur anderweiten Verhandlung an die Aufwertungsstelle zurückverwiesen, so gilt die Fortsetzung des Verfahrens vor der Aufwertungsstelle hinsichtlich der Gebührenerhebung nicht als ein neues Verfahren.

§ 9.

Diese Verordnung tritt mit Wirkung vom 1. August 1926 in Kraft.

Das Preußische Staatsministerium.

# Anhang XII.

## Kosten der Spruchstellen.

**Verordnung zur Ausführung der Vierten Verordnung zur Durchführung der Verordnung über Goldbilanzen vom 18. August 1924 (RGBl. I S. 697). Vom 22. November 1924 (GS. 737). — Auszug.**

Zur Ausführung der Vierten Verordnung zur Durchführung der Verordnung über Goldbilanzen vom 28. August 1924 (Reichsgesetzbl. I S. 697) wird folgendes bestimmt:

I. Spruchstellen.

. . . . . . . . . . . . . . . . . . . . . . . . . . . . . .

II. Kostenwesen.

§ 5.

Für das Verfahren vor der Spruchstelle werden Gebühren und Auslagen nach Maßgabe der folgenden Vorschriften erhoben.

§ 6.

Für die Gebührenberechnung ist der Wert des Streitgegenstandes maßgebend. Dieser Wert ist von der Spruchstelle unter Berücksichtigung der gestellten Anträge nach freiem Ermessen festzusetzen.

§ 7.

Schuldner der Gebühren und Auslagen ist derjenige, dem durch eine Entscheidung der Spruchstelle die Kosten des Verfahrens auferlegt worden sind (§ 14 der Vierten Verordnung zur Durchführung der Verordnung über Goldbilanzen). In Ermangelung einer solchen Entscheidung kommen die Vorschriften der §§ 1, 2, 4 und 5 des Preußischen Gerichtskostengesetzes vom 28. Oktober 1922 (Gesetzsamml.

1922 S. 363, 1923 S. 107) entsprechend zur Anwendung mit der Maßgabe, daß für die Gebühr auch diejenigen haften, welche sich der Anrufung angeschlossen haben (§ 9 der Verordnung).

§ 8.

Die Fälligkeit, Berechnung und Einziehung der Gebühren und Auslagen richtet sich nach den für Gerichtskosten geltenden Vorschriften. Über Erinnerungen des Zahlungspflichtigen gegen den Ansatz von Gebühren und Auslagen entscheidet die Spruchstelle gebührenfrei.

§ 9.

(1) Volle Gebühr im Sinne dieser Verordnung ist die im § 32 des Preußischen Gerichtskostengesetzes vom 28. Oktober 1922 (Gesetzsamml. 1922 S. 363, 1923 S. 107) in der Fassung der Verordnung vom 18. Dezember 1923 (Gesetzsamml. S. 556) bestimmte Gebühr. Der Mindestbetrag einer Gebühr ist zwanzig Goldmark.

(2) Für die Erhebung der Auslagen gelten die Vorschriften der §§ 109 bis 112 und 114 des Preußischen Gerichtskostengesetzes vom 28. Oktober 1922 (Gesetzsamml. 1922 S. 363, 1923 S. 107). Die den Beisitzern gemäß § 7 der Vierten Verordnung zur Durchführung der Verordnung über Goldbilanzen zu zahlenden Aufwandsentschädigungen gehören nicht zu den Auslagen, welche den Beteiligten in Rechnung zu stellen sind.

(3) Eine Erhebung von Stempeln findet nicht statt. Urkunden, von denen im Verfahren Gebrauch gemacht wird, sind nur insoweit einem Stempel unterworfen, als sie es ohne diesen Gebrauch sein würden. Für die Behandlung dieser Stempel gelten die §§ 29, 30 des Preußischen Gerichts-

kostengesetzes vom 28. Oktober 1922 (Gesetzsamml. 1922 S. 363, 1923 S. 107) sinngemäß.

§ 10.

(1) Sobald die Anrufung bei der Spruchstelle eingeht, ist auf Grund einer von dem Vorsitzenden der Spruchstelle vorzunehmenden vorläufigen Wertfestsetzung ein Gebührenvorschuß in Höhe von fünf Zehnteilen der vollen Gebühr von dem Antragsteller zu erheben. Bevor der Gebührenvorschuß gezahlt ist, soll die Spruchstelle nicht in Tätigkeit treten.

(2) Zur Deckung der baren Auslagen kann von dem Antragsteller ein angemessener Vorschuß erhoben werden. Die Spruchstelle kann die Vornahme der Handlung von der Zahlung des für die baren Auslagen erforderten Vorschusses abhängig machen.

§ 11.

(1) Für das Verfahren vor der Spruchstelle einschließlich der Anordnung und Vornahme von Beweisverhandlungen werden zwanzig Zehnteile der vollen Gebühr erhoben. Die Gebühr deckt auch gleichzeitig die Beurkundung eines Vergleichs.

(2) Wird eine das Verfahren abschließende Entscheidung der Spruchstelle getroffen, so wird außerdem die volle Gebühr erhoben.

(3) Wird die Anrufung zurückgenommen, bevor ein gebührenpflichtiger Akt stattgefunden hat, so werden fünf Zehnteile der vollen Gebühr erhoben. Die Bekanntmachung der Anrufung der Spruchstelle (§ 8 Abs. 4 der Vierten Verordnung zur Durchführung der Verordnung über

Goldbilanzen) gilt in diesem Sinne nicht als ein gebührenpflichtiger Akt.

Berlin, den 22. November 1924.

Das Preußische Staatsministerium.

## Anhang XIII.

## Kosten des Verwaltungszwangsverfahrens.

**Verordnung, betreffend das Verwaltungszwangsverfahren wegen Beitreibung von Geldbeträgen vom 15. November 1899 (GS. 545) in der Fassung der Verordnung vom 16. Mai 1923 (GS. 271), 12. April 1924 (GS. 209), 28. November 1924 (GS. 741), 31. Oktober 1925 (GS. 157), 16. März 1926 (GS. 103) — (Auszug).**

§ 54.

(1) Für die Mahnung (§ 7) wird eine Gebühr erhoben (Mahngebühr).

(2) Die Mahngebühr beträgt
von dem Betrage (§ 60) bis zu 100 Reichsmark einschließlich 1 vom Hundert,
von dem Mehrbetrage ½ vom Hundert,
mindestens jedoch 20 Reichspfennig.

(3) Die Gebührenschuld entsteht, sobald der Mahnzettel zur Post gegeben oder dem mit der Behändigung Beauftragten übergeben wird oder sobald Auftrag zur mündlichen Mahnung erteilt wird.

(4) Die Mahngebühr wird nicht erhoben, wenn der Auftrag zur Mahnung zurückgenommen wird, bevor der Beauftragte Schritte zur Ausführung des Auftrags unternommen hat.

(5) Erfolgt die Mahnung durch öffentliche Bekanntmachung, so wird keine Mahngebühr erhoben.

§ 55.

Im Vollstreckungsverfahren werden Gebühren erhoben:

1. für die Pfändung von Sachen, für die Wegnahme der vom Schuldner herauszugebenden Urkunden sowie für die Pfändung von Forderungen oder anderen Vermögensrechten (Pfändungsgebühr, § 56);
2. für die Versteigerung und für den freihändigen Verkauf von Gegenständen (Versteigerungsgebühr, § 57);
3. für die Abschrift einer Niederschrift (Schreibgebühr, § 58).

§ 56.

(1) Die Pfändungsgebühr (§ 55 Nr. 1) beträgt
von dem Betrage (§ 60) bis zu 100 Reichsmark einschließlich
1½ vom Hundert,
von dem Mehrbetrage ¾ vom Hundert,
mindestens jedoch 60 Reichspfennig.

(2) Die Gebührenschuld entsteht:

1. sobald der Auftrag zur Pfändung von Sachen oder zur Wegnahme von Urkunden dem Vollziehungsbeamten zugeht;
2. sobald die Vollstreckungsbehörde die Verfügung, durch die eine Forderung oder ein anderes Vermögensrecht gepfändet wird, unterzeichnet hat.

(3) Die Pfändungsgebühr wird nicht erhoben:

1. wenn die Vollstreckungsbehörde den Vollstreckungsauftrag zurücknimmt, bevor der Vollziehungsbeamte Schritte zur Ausführung des Auftrags unternommen hat;

2. wenn die Vollstreckungsbehörde von der Zustellung der Verfügung, durch die eine Forderung oder ein anderes Vermögensrecht gepfändet wird, Abstand nimmt.

(4) Wird die Pfändung von Sachen abgewendet (§ 18), so ist

1. die volle Pfändungsgebühr zu entrichten, wenn an den Vollziehungsbeamten, nachdem er sich zur Vornahme der Pfändung an Ort und Stelle begeben hat, gezahlt wird;
2. die halbe Pfändungsgebühr, mindestens aber 30 Reichspfennig, zu entrichten, wenn an den Vollziehungsbeamten gezahlt wird, bevor er sich an Ort und Stelle begeben hat, oder wenn die Pfändung in anderer Weise als durch Zahlung abgewendet wird, nachdem der Vollziehungsbeamte an Ort und Stelle erschienen ist;
3. keine Pfändungsgebühr zu entrichten, wenn die Pfändung in anderer Weise als durch Zahlung abgewendet wird, bevor sich der Vollziehungsbeamte an Ort und Stelle begeben hat.

(5) Wird die Pfändung als Anschlußpfändung (§ 34) ausgeführt, so wird dadurch die Gebührenschuld nicht berührt. Das gleiche gilt, wenn ein Pfändungsversuch erfolglos bleibt, weil pfändbare Sachen nicht vorgefunden werden oder weil die Voraussetzungen des § 17 Abs. 2 vorliegen.

(6) Werden wegen desselben Anspruchs mehrere Forderungen oder andere Vermögensrechte gepfändet, so wird die Pfändungsgebühr nur einmal erhoben.

§ 57.

(1) Die Versteigerungsgebühr (§ 55 Nr. 2) beträgt von dem Betrage (§ 60) bis zu 100 Reichsmark einschließlich

2 vom Hundert,

von dem Mehrbetrage 1 vom Hundert,
mindestens jedoch 60 Reichspfennig.

(2) Die Gebührenschuld entsteht, sobald der Auftrag zur Versteigerung oder zum freihändigen Verkaufe dem Vollziehungsbeamten oder dem sonstigen Beauftragten zugeht.

(3) Die Versteigerungsgebühr wird nicht erhoben, wenn die Vollstreckungsbehörde den Auftrag zur Versteigerung oder zum freihändigen Verkauf zurücknimmt, bevor der Beauftragte Schritte zur Ausführungdes Auftrags unternommen hat.

(4) Wird die Versteigerung oder der freihändige Verkauf abgewendet (§ 27 Abs. 3), so finden die Bestimmungen des § 56 Abs. 4 mit der Maßgabe entsprechende Anwendung, daß auch im Falle des § 56 Abs. 4 Nr. 1 nur die halbe Versteigerungsgebühr, mindestens aber 30 Reichspfennig, zu entrichten ist.

§ 58.

(1) Die Schreibgebühr (§ 55 Nr. 3) beträgt 20 Reichspfennig. Umfaßt die Abschrift mehr als zwei Seiten, so ist für jede weitere angefangene Seite ebenfalls 20 Reichspfennig zu entrichten.

(2) Die Gebührenschuld entsteht, sobald die Erklärung, durch die die Abschrift bestellt wird, dem Vollziehungsbeamten oder der Vollstreckungsbehörde zugeht.

(3) Die Schreibgebühr wird nicht erhoben, wenn die Bestellung zurückgenommen wird, bevor mit der Anfertigung der Abschrift begonnen worden ist.

§ 59.

Gestrichen.

§ 60.

(1) Der Berechnung der Gebühren wird der Gesamtgoldwert der Beträge zugrunde gelegt, derentwegen gemahnt oder vollstreckt wird. Bei Feststellung des Betrags, von dem die Gebühren berechnet werden, werden Zinsen und Kosten nicht berücksichtigt, wenn sie als Nebenschulden zusammen mit einer Hauptschuld geltend gemacht werden. Bei Ausführung einer Versteigerung oder bei einem Verkauf aus freier Hand wird die Versteigerungsgebühr von dem Erlöse berechnet, soweit er nicht die Summe der beizutreibenden Beträge übersteigt.

(2) Zur Berechnung der Gebühren wird der nach Abs. 1 maßgebende Betrag auf den nächsten durch zehn teilbaren Reichsmarkbetrag, die Gebühren selbst werden auf den nächsten durch fünf teilbaren Reichspfennigbetrag nach unten abgerundet.

§ 61.

(1) Wird gegen Eheleute wegen eines Anspruchs vollstreckt, für den die Eheleute als Gesamtschuldner haften, so werden Pfändungs- und Versteigerungsgebühren nur einmal erhoben. Für die Gebühren haften die Eheleute als Gesamtschuldner.

(2) Wird in anderen Fällen gegen mehrere Schuldner vollstreckt, so sind die Gebühren, auch wenn der Vollziehungsbeamte mehrere Vollstreckungsmaßnahmen bei derselben Gelegenheit vornimmt, von jedem Vollstreckungsschuldner besonders zu entrichten.

§ 62.

Die im Mahnverfahren entstehenden baren Auslagen sind aus der Mahngebühr zu decken.

§ 63.

(1) Im Vollstreckungsverfahren sind die Reise- und Zehrungskosten des Vollziehungsbeamten von dem Vollstreckungsschuldner nicht zu erstatten.

(2) Die übrigen baren Auslagen, die im Vollstreckungsverfahren entstehen, hat der Vollstreckungsschuldner zu erstatten. Zu den Auslagen gehören insbesondere:

1. die Post-, Fernsprech- und Telegrammgebühren;
2. die Kosten, die durch öffentliche Bekanntmachung, insbesondere durch Einrücken in öffentliche Blätter, entstehen; hierzu gehören auch die nach den Vorschriften des Gerichtskostengesetzes zu berechnenden Schreibgebühren für Schriftstücke, die zum Aushange bestimmt sind, dagegen nicht die durch öffentliche Bekanntmachung der Mahnung entstehenden Auslagen;
3. die Beträge, die den zum Öffnen von Türen oder Behältnissen zugezogenen Personen zu zahlen sind, ferner die Kosten der Beförderung, Verwahrung und Beaufsichtigung gepfändeter Sachen, die Kosten der Aberntung gepfändeter Früchte und der Erhaltung gepfändeter Tiere;
4. die an Zeugen und Sachverständige zu zahlenden Beträge (§ 64);
5. die Gerichtskosten und in den Fällen des § 35 etwaige Gebühren und Auslagen des Gerichtsvollziehers.

(3) Die Pflicht zur Erstattung solcher Auslagen, die bei Ausführung einer Vollstreckungsmaßnahme erwachsen, entsteht, sobald der Auftrag zu der Vollstreckungsmaßnahme dem Vollziehungsbeamten oder dem sonstigen Beauftragten zugeht, oder sobald die Vollstreckungsbehörde die Verfügung, durch die eine Forderung oder ein anderes Vermögensrecht gepfändet wird, unterzeichnet.

(4) Findet zur Versteigerung oder zum freihändigen Verkaufe von Sachen, die bei mehreren Vollstreckungsschuldnern gepfändet worden sind, ein einheitliches Verfahren statt, so werden die Auslagen, die in diesem Verfahren entstehen, auf die beteiligten Vollstreckungsschuldner verteilt. Dabei ist auf die besonderen Umstände des einzelnen Falles, insbesondere auf Wert, Umfang und Gewicht der Gegenstände, billige Rücksicht zu nehmen.

§ 64.

(1) Zeugen und Sachverständigen ist auf Antrag eine Entschädigung zu gewähren.

(2) Die Entschädigung darf die Gebühr einschließlich des Teuerungszuschlags nicht übersteigen, die in bürgerlichen Rechtsstreitigkeiten auf Grund der Gebührenordnung für Zeugen und Sachverständige (in der jeweils geltenden Fassung) gewährt werden kann.

§ 64a.

Auf die Umrechnung eines Reichsmarkbetrags in einen Goldmarkbetrag und umgekehrt finden die Vorschriften der Goldabgabenverordnung vom 18. Januar 1924 (Gesetzsamml. S. 40) Anwendung.

Der Gesamtbetrag der Kosten (Gebühren und Auslagen), der von einem Schuldner zu entrichten ist, wird auf den nächsten durch fünf teilbaren Goldpfennigbetrag nach unten abgerundet

§ 65.

Für Zwangsvollstreckungen, die durch Gerichtsvollzieher ausgeführt werden, gelten die Bestimmungen der §§ 54 bis 64 nicht.

# Anhang XIV.

## I. Gebührentabelle des § 32.

| Lfde. Nummer | Wertstufe bis einschl. RM. | Volle Gebühr | | Bruchteile der vollen Gebühr | |
|---|---|---|---|---|---|
| | | einfach | zweifach | 5/10 | 2/10 |
| 1 | 50 | 2 | 4 | 2 | 2 |
| 2 | 100 | 3 | 6 | 2 | 2 |
| 3 | 200 | 4 | 8 | 2 | 2 |
| 4 | 300 | 5 | 10 | 2,50 | 2 |
| 5 | 500 | 6 | 12 | 3 | 2 |
| 6 | 1 000 | 8 | 16 | 4 | 2 |
| 7 | 1 500 | 10 | 20 | 5 | 2 |
| 8 | 2 000 | 12 | 24 | 6 | 2,40 |
| 9 | 2 500 | 14 | 28 | 7 | 2,80 |
| 10 | 3 000 | 16 | 32 | 8 | 3,20 |
| 11 | 3 500 | 18 | 36 | 9 | 3,60 |
| 12 | 4 000 | 20 | 40 | 10 | 4 |
| 13 | 5 000 | 22 | 44 | 11 | 4,40 |
| 14 | 6 000 | 24 | 48 | 12 | 4,80 |
| 15 | 7 000 | 26 | 52 | 13 | 5,20 |
| 16 | 8 000 | 28 | 56 | 14 | 5,60 |
| 17 | 9 000 | 30 | 60 | 15 | 6 |
| 18 | 10 000 | 32 | 64 | 16 | 6,40 |
| 19 | 12 000 | 36 | 72 | 18 | 7,20 |
| 20 | 14 000 | 40 | 80 | 20 | 8 |
| 21 | 16 000 | 44 | 88 | 22 | 8,80 |
| 22 | 18 000 | 48 | 96 | 24 | 9,60 |
| 23 | 20 000 | 52 | 104 | 26 | 10,40 |
| 24 | 22 000 | 56 | 112 | 28 | 11,20 |

| Lfde. Nummer | Wertstufe bis einschl. RM. | Volle Gebühr | | Bruchteile der vollen Gebühr | |
|---|---|---|---|---|---|
| | | einfach | zweifach | $^5/_{10}$ | $^2/_{10}$ |
| 25 | 24 000 | 60 | 120 | 30 | 12 |
| 26 | 26 000 | 64 | 128 | 32 | 12,80 |
| 27 | 28 000 | 68 | 136 | 34 | 13,60 |
| 28 | 30 000 | 72 | 144 | 36 | 14,40 |
| 29 | 35 000 | 80 | 160 | 40 | 16 |
| 30 | 40 000 | 88 | 176 | 44 | 17,60 |
| 31 | 50 000 | 100 | 200 | 50 | 20 |
| 32 | 60 000 | 112 | 224 | 56 | 22,40 |
| 33 | 70 000 | 124 | 248 | 62 | 24,80 |
| 34 | 80 000 | 136 | 272 | 68 | 27,20 |
| 35 | 90 000 | 148 | 296 | 74 | 29,60 |
| 36 | 100 000 | 160 | 320 | 80 | 32 |
| 37 | 110 000 | 172 | 344 | 86 | 34,40 |
| 38 | 120 000 | 184 | 368 | 92 | 36,80 |
| 39 | 130 000 | 196 | 392 | 98 | 39,20 |
| 40 | 140 000 | 208 | 416 | 104 | 41,60 |
| 41 | 150 000 | 220 | 440 | 110 | 44 |
| 42 | 160 000 | 232 | 464 | 116 | 46,40 |
| 43 | 170 000 | 244 | 488 | 122 | 48,80 |
| 44 | 180 000 | 256 | 512 | 128 | 51,20 |
| 45 | 190 000 | 268 | 536 | 134 | 53,60 |
| 46 | 200 000 | 280 | 560 | 140 | 56 |
| 47 | 210 000 | 292 | 584 | 146 | 58,40 |
| 48 | 220 000 | 304 | 608 | 152 | 60,80 |
| 49 | 230 000 | 316 | 632 | 158 | 63,20 |
| 50 | 240 000 | 328 | 656 | 164 | 65,60 |
| 51 | 250 000 | 340 | 680 | 170 | 68 |
| 52 | 260 000 | 352 | 704 | 176 | 70,40 |
| 53 | 270 000 | 364 | 728 | 182 | 72,80 |
| 54 | 280 000 | 376 | 752 | 188 | 75,20 |

| Lfde. Nummer | Wertstufe bis einschl. RM. | Volle Gebühr | | Bruchteile der vollen Gebühr | |
|---|---|---|---|---|---|
| | | einfach | zweifach | $^5/_{10}$ | $^2/_{10}$ |
| 55 | 290 000 | 388 | 776 | 194 | 77,60 |
| 56 | 300 000 | 400 | 800 | 200 | 80 |
| 57 | 310 000 | 412 | 824 | 206 | 82,40 |
| 58 | 320 000 | 424 | 848 | 212 | 84,80 |
| 59 | 330 000 | 436 | 872 | 218 | 87,20 |
| 60 | 340 000 | 448 | 896 | 224 | 89,60 |
| 61 | 350 000 | 460 | 920 | 230 | 92 |
| 62 | 360 000 | 472 | 944 | 236 | 94,40 |
| 63 | 370 000 | 484 | 968 | 242 | 96,80 |
| 64 | 380 000 | 496 | 992 | 248 | 99,20 |
| 65 | 390 000 | 508 | 1016 | 254 | 101,60 |
| 66 | 400 000 | 520 | 1040 | 260 | 104 |
| 67 | 410 000 | 532 | 1064 | 266 | 106,40 |
| 68 | 420 000 | 544 | 1088 | 272 | 108,80 |
| 69 | 430 000 | 556 | 1112 | 278 | 111,20 |
| 70 | 440 000 | 568 | 1136 | 284 | 113,60 |
| 71 | 450 000 | 580 | 1160 | 290 | 116 |
| 72 | 460 000 | 592 | 1184 | 296 | 118,40 |
| 73 | 470 000 | 604 | 1208 | 302 | 120,80 |
| 74 | 480 000 | 616 | 1232 | 308 | 123,20 |
| 75 | 490 000 | 628 | 1256 | 314 | 125,60 |
| 76 | 500 000 | 640 | 1280 | 320 | 128 |
| 77 | 510 000 | 652 | 1304 | 326 | 130,40 |
| 78 | 520 000 | 664 | 1328 | 332 | 132,80 |
| 79 | 530 000 | 676 | 1352 | 338 | 135,20 |
| 80 | 540 000 | 688 | 1376 | 344 | 137,60 |
| 81 | 550 000 | 700 | 1400 | 350 | 140 |
| 82 | 560 000 | 712 | 1424 | 356 | 142,40 |
| 83 | 570 000 | 724 | 1448 | 362 | 144,80 |
| 84 | 580 000 | 736 | 1472 | 368 | 147,20 |

| Lfde. Nummer | Wertstufe bis einschl. RM. | Volle Gebühr | | Bruchteile der vollen Gebühr | |
|---|---|---|---|---|---|
| | | einfach | zweifach | $^{5}/_{10}$ | $^{2}/_{10}$ |
| 85 | 590 000 | 748 | 1496 | 374 | 149,60 |
| 86 | 600 000 | 760 | 1520 | 380 | 152 |
| 87 | 610 000 | 772 | 1544 | 386 | 154,40 |
| 88 | 620 000 | 784 | 1568 | 392 | 156,80 |
| 89 | 630 000 | 796 | 1592 | 398 | 159,20 |
| 90 | 640 000 | 808 | 1616 | 404 | 161,60 |
| 91 | 650 000 | 820 | 1640 | 410 | 164 |
| 92 | 660 000 | 832 | 1664 | 416 | 166,40 |
| 93 | 670 000 | 844 | 1688 | 422 | 168,80 |
| 94 | 680 000 | 856 | 1712 | 428 | 171,20 |
| 95 | 690 000 | 868 | 1736 | 434 | 173,60 |
| 96 | 700 000 | 880 | 1760 | 440 | 176 |
| 97 | 710 000 | 892 | 1784 | 446 | 178,40 |
| 98 | 720 000 | 904 | 1808 | 452 | 180,80 |
| 99 | 730 000 | 916 | 1832 | 458 | 183,20 |
| 100 | 740 000 | 928 | 1856 | 464 | 185,60 |
| 101 | 750 000 | 940 | 1880 | 470 | 188 |
| 102 | 760 000 | 952 | 1904 | 476 | 190,40 |
| 103 | 770 000 | 964 | 1928 | 482 | 192,80 |
| 104 | 780 000 | 976 | 1952 | 488 | 195,20 |
| 105 | 790 000 | 988 | 1976 | 494 | 197,60 |
| 106 | 800 000 | 1000 | 2000 | 500 | 200 |
| 107 | 810 000 | 1012 | 2024 | 506 | 202,40 |
| 108 | 820 000 | 1024 | 2048 | 512 | 204,80 |
| 109 | 830 000 | 1036 | 2072 | 518 | 207,20 |
| 110 | 840 000 | 1048 | 2096 | 524 | 209,60 |
| 111 | 850 000 | 1060 | 2120 | 530 | 212 |
| 112 | 860 000 | 1072 | 2144 | 536 | 214,40 |
| 113 | 870 000 | 1084 | 2168 | 542 | 216,80 |
| 114 | 880 000 | 1096 | 2192 | 548 | 219,20 |

| Lfde. Nummer | Wertstufe bis einschl. RM. | Volle Gebühr | | Bruchteile der vollen Gebühr | |
|---|---|---|---|---|---|
| | | einfach | zweifach | 5/10 | 2/10 |
| 115 | 890 000 | 1108 | 2216 | 554 | 221,60 |
| 116 | 900 000 | 1120 | 2240 | 560 | 224 |
| 117 | 910 000 | 1132 | 2264 | 566 | 226,40 |
| 118 | 920 000 | 1144 | 2288 | 572 | 228,80 |
| 119 | 930 000 | 1156 | 2312 | 578 | 231,20 |
| 120 | 940 000 | 1168 | 2336 | 584 | 233,60 |
| 121 | 950 000 | 1180 | 2360 | 590 | 236 |
| 122 | 960 000 | 1192 | 2384 | 596 | 238,40 |
| 123 | 970 000 | 1204 | 2408 | 602 | 240,80 |
| 124 | 980 000 | 1216 | 2432 | 608 | 243,20 |
| 125 | 990 000 | 1228 | 2456 | 614 | 245,60 |
| 126 | 1 000 000 | 1240 | 2480 | 620 | 248 |
| | usw. von je 10 000 | 12 | 24 | 6 | 2,40 |

## II. Gebührentabelle für Handelsregistereintragungen.

| Gebührenklasse | Satz d. § 69 Nr. 1a | Zweifaches des Satzes § 69 Nr. 1a | Bruchteile d. Satzes § 69 Nr. 1a | | |
|---|---|---|---|---|---|
| | | | $^{6}/_{10}$ | $^{3}/_{10}$ | $^{1}/_{10}$ |
| I. (Gewerbeertrag 50000 od. mehr od. Gewerbekapital 100000 od. mehr) .. | 160 | 320 | 96 | 48 | 16 |
| II. (Gewerbeertrag 20000 bis ausschl. 50000 od. Gewerbekapital 150000 bis ausschl. 1000000)..... | 80 | 160 | 48 | 24 | 8 |
| III. (Gewerbeertrag 4000 bis ausschl. 20000 od. Gewerbekapital 30000 bis ausschl. 150000)....... | 40 | 80 | 24 | 12 | 4 |
| IV. (Gewerbeertrag 1500 bis ausschl. 4000 od. Gewerbekapital 3000 bis ausschl. 30000)........ | 20 | 40 | 12 | 6 | 2 |
| V. Wegen geringem Gewerbeertrag oder -kapital befreiter Betrieb)....... | 4 | 8 | 2 40 | 2 | 2 |

# Sachregister.

(Die Zahlen bezeichnen die Seiten.)

## A.

## B.

## C.



## D.

## E.

## J.



## K.



## L.

## S.

## U.



## V.

## W.

## Z.

Gedruckt bei A. W. Hayn's Erben, Potsdam

# Nachweis wichtiger Gesetzesausgaben

mit und ohne Erläuterungen, größere und kleinere Kommentare, Lehrbücher, Sammelwerke, Entscheidungssammlungen, Zeitschriften

Zusammengestellt vom Verlage Walter de Gruyter & Co., Berlin W 10
Februar 1930

## Inhaltsübersicht

## I. Allgemeines, Sammelwerke.

**Handwörterbuch der Rechtswissenschaft.** Unter Mitberatung von Reichsgerichtspräsident Dr. E. Bumke, L. Busch, Oberreichsanwalt Dr. L. Ebermayer, Geh. Justizrat Professor Dr. Fr. Endemann, Geh. Justizrat Professor Dr. E. Heymann, Senatspräsident am Reichsgericht Dr. O. Strecker, Präsident des Bayrischen Obersten Landesgerichts Staatsrat Dr. K. v. Unzner herausgegeben von Dr. jur. Fritz **Stier-Somlo**, o. Professor an der Universität Köln, und Dr. jur **Alex. Elster**, Berlin. 6 Bände. Lexikon-Oktav. 1926/29.
In Halbleder geb. RM. 304.—

*„Es zeigt sich doch jetzt immer mehr, daß Ihr Handwörterbuch ein ganz großer Wurf war. Wie ich höre, wird es auch in der Praxis in steigendem Maße benutzt." Professor Dr. Nipperdey, Köln.*

**Bürgerliches Rechtslexikon.** (Nach dem Bürgerlichen Gesetzbuch, dem Handelsgesetzbuch und sonstigen Reichs- und Landesgesetzen.) Von E. **Christiani**, weil. Amtsgerichtsrat. Vierte, durchgearbeitete und verbesserte Auflage von Dr. Alexander **Elster**, Rechtsanwalt Dr. Hugo Hoormann, Amtsgerichtsrat Georg Krause, Lexikon-Oktav. IV, 474 Seiten. 1930 . . . . . . . . . . . . . . Geb. RM. 15.—

*Christianis „Bürgerliches Rechtslexikon" erscheint nach seinen großen Erfolgen vor dem Kriege nunmehr in vierter Auflage. Die besondere Art der Stichwortaufteilung und die verständliche Darstellung haben es in alle Kreise gelangen lassen, die stets eine Gelegenheit zu zuverlässiger Rechtsbelehrung haben müssen.*

**Hedemann,** J. W., **Einführung in die Rechtswissenschaft.** Zweite, erweiterte und umgestaltete Auflage. Oktav. XXII, 566 Seiten. 1927. (Lehrbücher und Grundrisse der Rechtswissenschaft Bd. IX.) .
RM. 14.—, geb. RM. 16.—

*„. . . Das Buch Hedemanns, welches die Aufgabe einer Einführung am reichsten und umfassendsten auffaßt und löst . . ."*
*Juristische Wochenschrift.*

**Sternberg,** Theodor, **Einführung in die Rechtswissenschaft.**
I. Teil: Methoden- und Quellenlehre. Zweite, neugestaltete Auflage. Verbesserter Neudruck. 190 Seiten. 1927. (Sammlung Göschen Bd. 169.)
Geb. RM. 1.80
II. Teil: Das Rechtssystem. Erste Hälfte: Grundbegriffe und Privatrecht. Zweite, vermehrte Auflage. 133 Seiten. 1922. (Sammlung Göschen Bd. 170.) . . . . . . . . . . . . . . . . . Geb. RM. 1.80

*Eine in ihrer Knappheit ganz ausgezeichnete Darstellung der juristischen Begriffe und Probleme.*

**Schröder,** Richard, und **Glitsch,** Heinrich, **Deutsche Rechtsgeschichte. schichte.** Sechste, verbesserte Auflage. Groß-Oktav. Mit einer Abbildung im Text, fünf Tafeln und einem Bildnis. 1124 Seiten. 1922.
RM. 26.—, in Halbleder geb. RM. 30.—

*Dieses bekannte Lehrbuch hat sich seit langen Jahren bestens bewährt.*

**Fehr,** Hans, **Deutsche Rechtsgeschichte.** Zweite, verbesserte und ergänzte Auflage. Oktav. 416 Seiten. 1925. (Lehrbücher und Grundrisse der Rechtswissenschaft Bd. X.) RM. 13.—, geb. RM. 14.50

*Das Buch gibt eine plastische Darstellung der deutschen Rechtsgeschichte, die eine Anhäufung von Stoff ausdrücklich vermeidet, vielmehr das Schwergewicht auf eine mehr ideengeschichtliche Behandlung des Gegenstandes legt.*

**Schröder,** Richard, und **Glitsch,** Heinrich, **Deutsche Rechtsgeschichte.** Zweite Auflage. Neudruck.
I. Bis zum Ende des Mittelalters. 160 Seiten. 1929. (Sammlung Göschen Bd. 621.) . . . . . . . . . . . . . . . Geb. RM. 1.80

II. Die Neuzeit. 90 Seiten. 1929. (Sammlung Göschen Bd. 664.) Geb. RM. 1.80

*Eine gemeinverständliche kurze Darstellung der deutschen Rechtsgeschichte.*

**Giese,** Friedrich, **Preußische Rechtsgeschichte.** Übersicht über die Rechtsentwicklung der preußischen Monarchie und ihrer Landesteile. Ein Lehrbuch für Studierende. Groß-Oktav. 256 Seiten. 1920. RM. 5.—, geb. RM. 6.50

*„Das Buch ist nicht ein, sondern das (bisher fehlende) Lehrbuch der preußischen Rechtsgeschichte."*
*Dr. Karl Strupp im „Verwaltungsarchiv".*

**von Mayr,** Robert, **Römische Rechtsgeschichte.** I. Buch. Die Zeit des Volksrechtes. 1. Hälfte: Das öffentliche Recht. 150 Seiten. 1912. (Sammlung Göschen Bd. 577.) . . . . . . . . . . Geb. RM. 1.80
2. Hälfte: Das Privatrecht. 117 Seiten. 1912. (Sammlung Göschen Bd. 578.) . . . . . . . . . . . . . . . . Geb. RM. 1.80
II. Buch: Die Zeit des Amts- und Verkehrsrechtes. 1. Hälfte: Das öffentliche Recht. 158 Seiten. 1912. (Sammlung Göschen Bd. 645.) Geb. RM. 1.80
2. Hälfte: Das Privatrecht I. 122 Seiten. 1913. (Sammlung Göschen Bd. 646.) . . . . . . . . . . . . . . . . . . Geb. RM. 1.80
Das Privatrecht II. 150 Seiten. 1913. (Sammlung Göschen Bd. 647.) Geb. RM. 1.80
III. Buch. Die Zeit des Reichs- und Volksrechtes. 111 Seiten. 1913. (Sammlung Göschen Bd. 648.) . . . . . . . . . . Geb. RM. 1.80
IV. Buch. Die Zeit der Orientalisierung des römischen Rechtes. 155 Seiten. 1913. (Sammlung Göschen Bd. 697.) . . . . Geb. RM. 1,80

**Stammler,** Rudolf, **Lehrbuch der Rechtsphilosophie.** Dritte, vermehrte Auflage. Groß-Oktav. XVI, 396 Seiten. 1928. RM. 13.—, geb. RM. 15.—

*„. . . Ein Werk aus einem Gusse, ein herbes Werk von größter wissenschaftlicher Strenge, eine Schule, durch die jeder gehen muß, der mit den rechtsphilosophischen Problemen der Gegenwart ringt."*
*Schweizerische Juristenzeitung.*

**Stammler,** Rudolf, **Rechts- und Staatstheorien der Neuzeit.** Leitsätze zu Vorlesungen. Zweite, vermehrte und verbesserte Auflage. Oktav. IV, 116 Seiten. 1925. . . . . . . . . . RM. 3.50, geb. RM. 4.50

*Ein unentbehrlicher Führer durch die Rechts- und Staatstheorien der Neuzeit.*

**Stammler,** Rudolf, **Wirtschaft und Recht** nach der materialistischen Geschichtsauffassung. Eine sozialphilosophische Untersuchung. Fünfte, durch einen Nachtrag ergänzte Auflage. Oktav. VIII, 704 Seiten. 1924. . . . . . . . . . . . . . . . RM. 14.—, geb. RM. 16.—

*„Das Werk Stammlers darf den Ruhm in Anspruch nehmen, unter allen Büchern, die in der letzten Zeit auf dem hier in Betracht kommenden Gebiet erschienen sind, die stärkste Wirkung hervorgebracht zu haben."* *Historische Zeitschrift.*

**Friedrichs,** Karl, **Der Allgemeine Teil des Rechts.** Eine Darstellung der gemeinsamen Lehren des öffentlichen und des privaten Rechts. Groß-Oktav. X, 306 Seiten. 1927. . . . . . RM. 12.—, geb. RM. 13.50

*„Eine solche Arbeit fehlte bisher in der juristischen Literatur. Friedrichs ist wie kein anderer berufen, eine grundlegende Arbeit über dieses Gebiet zu schreiben."* *Mitteilungen des Preuß. Richtervereins.*

**Maas,** Georg, und **Magnus,** Julius, **Abkürzungsverzeichnis der Rechtssprache.** Abkürzungen der Bezeichnungen von Rechtsquellen, Behörden, Entscheidungen usw. des deutschen und österreichischen Rechts. Oktav. IV, 140 Seiten. 1929. . . . . . . . . . . . . . . . RM. 4.—

*„Bis jetzt fehlte eine Zusammenstellung, die in zuverlässiger Weise die gebräuchlichsten Abkürzungen wiedergab. Diese Lücke füllt das neue Buch in glücklicher Weise aus." Der junge Rechtsgelehrte.*

**Endemann,** Friedrich, **Grundriß des römischen Privatrechts.** Oktav. X, 256 und 30 Seiten. 1925. (Lehrbücher und Grundrisse der Rechtswissenschaft Bd. XII.) . . . . . . . . RM. 9.—, geb. RM. 10.50

*„. . . ein nach jeder Richtung hochstehendes Werk."*
*Der junge Rechtsgelehrte.*

**Stammler,** Rudolf, **Aufgaben aus dem römischen Recht.** Der „Institutionenübungen für Anfänger" vierte Auflage. Oktav. IV, 92 Seiten. 1919. Mit Figuren im Text . . . . . . . . . . Geb. RM. 5.—

*Zum selbständigen Einarbeiten in das System des römischen Privatrechts.*

## II. Bürgerliches Recht

### 1. Bürgerliches Gesetzbuch

**Lehmann,** Heinrich, **Allgemeiner Teil des Bürgerlichen Gesetzbuches.** Dritte, vermehrte und verbesserte Auflage (9. bis 12. Tausend). Oktav. XIV, 439 Seiten. 1928. (Lehrbücher und Grundrisse der Rechtswissenschaft Bd. I.) . . . . . . . . RM. 12.—, geb. RM. 13.50

*„Es liegt ein großer pädagogischer Wert in diesem Buch. Es wird sich unter den Studenten rasch großer Beliebtheit erfreuen."*
*Das Recht.*

**Leonhard,** R., **Der Allgemeine Teil des Bürgerlichen Gesetzbuches** in seinem Einflusse auf die Fortentwicklung der Rechtswissenschaft. Groß-Oktav. XVI, 537 Seiten. 1900. (Recht des Bürgerlichen Gesetzbuches in Einzeldarstellungen Nr. X.) . . . . . . . . . . . RM. 10.—

*Die Sammlung „Recht des Bürgerlichen Gesetzbuches" umfaßt systematische Darstellungen des BGB. aus der Feder erster Juristen der Wissenschaft und Praxis.*

**Oertmann,** Paul, **Allgemeiner Teil des Bürgerlichen Gesetzbuches.**
I. Einleitung. Lehre von den Personen und von den Sachen. Dritte, verbesserte Auflage. 136 Seiten. 1926. (Sammlung Göschen Bd. 447.) Geb. RM. 1.80
II. Erwerb und Verlust, Geltendmachung und Schutz der Rechte. Dritte, verbesserte Auflage. 147 Seiten. 1928. (Sammlung Göschen Bd. 448.) . . . . . . . . . . . . . . . . . . . . Geb. RM. 1.80

*Nach der die Vorgeschichte des BGB. und einzelne für seine Bedeutung und Anwendung wichtige Hauptfragen behandelnden Einleitung bespricht der Verfasser die Lehre von den Personen und von den Sachen. Er verarbeitet den Inhalt der einzelnen Gesetzesparagraphen wissenschaftlich und erörtert dabei auch mehrfach Fragen, die im BGB. selbst nicht geregelt, höchstens gestreift werden.*

**Plancks Kommentar zum Bürgerlichen Gesetzbuch nebst Einführungsgesetz.** Bisher herausgegeben von E. Strohal. Bearbeitet von E. Brodmann, L. Busch, J. Ebbecke, F. Flad, M. Greiff, K. Gunkel, P. Knoke, M. Landois, A. Lobe, Fr. Oegg, H. Siber, O. Strecker, K. von Unzner. Vierte, völlig neubearbeitete Auflage. Lexikon-Oktav. Bisher sind erschienen:
I. Band: Allgemeiner Teil. 606 Seiten. 1913. RM. 15.—, geb. RM. 17.—
II. Band, 1. Hälfte: Recht der Schuldverhältnisse. (Allgemeiner Teil.) 640 Seiten. 1914 . . . . . . . . . RM. 15.—, geb. RM. 17.—

II. Band, 2. Hälfte: Recht der Schuldverhältnisse. (Besonderer Teil.) 1296 Seiten. 1928 . . . . . . . . . . RM. 49.—, geb. RM. 52.—
III. Band: Sachenrecht. 1464 Seiten. 1920. RM. 30.—, geb. RM. 33.—
IV. Band: Familienrecht. 1. Hälfte §§ 1297—1588. 701 Seiten. 1928. RM. 26.—, geb. RM. 28.—
V. Band: Erbrecht.
Erste Lieferung: §§ 1922—1984. 192 Seiten. 1924 . . RM. 6.—
Zweite Lieferung: §§ 1985—2063. 160 Seiten. 1926 . . RM. 7.—
Dritte Lieferung: §§ 2064—2196. 256 Seiten. 1929 . . RM. 12.—

*„Für jeden Praktiker, der tiefer in den Rechtsstoff eindringen muß, um die zur Entscheidung stehende Frage zu prüfen, ist Plancks Kommentar immer ein zuverlässiger Ratgeber und seine Erläuterung und Meinung von hohem Wert und Gewicht, stets sorgfältiger Beachtung wert.“ Zentralblatt für freiwillige Gerichtsbarkeit.*

**Das Bürgerliche Gesetzbuch** mit besonderer Berücksichtigung der Rechtsprechung des Reichsgerichts. Erläutert von Dr. Busch, Erler, Dr. Lobe, Michaelis, Oegg, Schliewen und Seyffarth, Reichsgerichtsräten und Senatspräsidenten am Reichsgericht. Sechste, neubearbeitete Auflage. 5 Bände. §§ 1—2385. Lexikon-Oktav. 3182 Seiten. 1928 . . . . RM. 125.—, in Halbleder geb. RM. 150.—
I. Band: Allgemeiner Teil. Recht der Schuldverhältnisse I. (Allgemeiner Teil.) — II. Band: Recht der Schuldverhältnisse II. (Einzelne Schuldverhältnisse.) — III. Band: Sachenrecht. — IV. Band: Familienrecht. — V. Band: Erbrecht. Alphabetisches Sachverzeichnis.
(Das Werk wird nur komplett abgegeben.)

*„Eine neue Auflage dieses für die Praxis wertvollsten Kommentars ist ein Ereignis für die Juristenwelt.“ Blätter für Rechtspflege im Bezirk des Kammergerichts.*

**Achilles-Greiff, Bürgerliches Gesetzbuch** nebst Einführungsgesetz. In Verbindung mit André, Meyer, Strecker, v. Unzner. Zwölfte, vermehrte und verbesserte Auflage, mit Erläuterungen der Verordnung über das Erbbaurecht, des Gesetzes über die religiöse Kindererziehung und des Gesetzes für Jugendwohlfahrt. Groß-Oktav. XVI, 1247 Seiten. 1927. (Guttentagsche Sammlung Deutscher Reichsgesetze Bd. 38/39.) . . . . . . . . . . . . . . . . Geb. RM. 24.—

*„Das ausgezeichnete Buch, das einer weiteren Empfehlung kaum bedarf, wird seine führende Stellung unter den Handausgaben ohne Zweifel behaupten.“ Juristische Rundschau.*

**Bürgerliches Gesetzbuch nebst Einführungsgesetz.** Vom 18. August 1896 mit Berücksichtigung der bis zum 1. Januar 1928 ergangenen Abänderungen. Textausgabe mit ausführlichem Sachregister. Sechzehnte Auflage. (61. bis 66. Tausend). Taschenformat. 758 Seiten. 1928. (Guttentagsche Sammlung von Textausgaben ohne Anmerkungen mit Sachregister.) . . . . . . . . . . . . . . . . Geb. RM. 5.—

*Die vorliegende Ausgabe zeichnet sich durch Vollständigkeit und besondere Ausführlichkeit des Sachregisters aus.*

**Lindemann, Otto, Ausführungsgesetz zum Bürgerlichen Gesetzbuche** vom 20. September 1899 nebst einem Anhang: Verordnung zur Ausführung des Bürgerlichen Gesetzbuchs vom 16. November 1899. Nach dem Tode des früheren Herausgebers Kammergerichtsrat Dr. P. Siméon, erläutert von Geh. Oberjustizrat Otto Lindemann, Ministerialdirektor im Pr. Justizministerium. Vierte Auflage. Etwa 220 Seiten. 1930. (Guttentagsche Sammlung Preußischer Gesetze Bd. 23.) Geb. RM. 5.—

*Die neue Auflage kommt im richtigen Augenblick, um dem fühlbaren Mangel an neuen Bearbeitungen der Ausführungsgesetze zum Bürgerlichen Gesetzbuch abzuhelfen. Sie ist völlig neu bearbeitet und nach den Ergebnissen von Gesetzgebung und Rechtsprechung bis in die jüngste Zeit ergänzt.*

v. **Schwerin**, Cl., Frhr., **Grundzüge des deutschen Privatrechts.** Zweite Auflage. Oktav. XII, 342 Seiten. 1928. (Lehrbücher und Grundrisse der Rechtswissenschaft Bd. XIII.) RM. 9.50, geb. RM. 11.—

„*Was dem Studenten not tut, ist ein kurzgefaßtes Handbuch. ... Ein ausgezeichnetes Hilfsmittel dieser Art ist das vorliegende Buch.*"
*Zeitschrift für Rechtspflege in Bayern.*

**Wegner**, Arthur, **Jugendrecht.** Ein Lehrbuch zur Einführung. Oktav. IX, 219 Seiten. 1929 . . . . . . . . . RM. 6.—, geb. RM. 7.50

„*Ein gleichartiges und gleichwertiges Werk über das Jugendgericht gibt es noch nicht.*" *Breslauer Zeitung.*

**Schuldverhältnisse insbesondere**

**Hedemann**, Justus Wilh., **Schuldrecht des Bürgerlichen Gesetzbuches.** Oktav. Zweite Auflage in Bearbeitung. (Lehrbücher und Grundrisse der Rechtswissenschaft Bd. II.)

„*Die Schrift bietet die beste mir bekannte Einführung in das schwierige Recht der Schuldverhältnisse.*" *Staats- und Selbstverwaltung.*

**Oertmann**, Paul, **Schuldrecht.** (BGB. II.)
I. Allgemeine Lehren. Dritte, verbesserte Auflage. 142 Seiten. 1927. (Sammlung Göschen Bd. 323.) . . . . . . . . Geb. RM. 1.80
II. Die einzelnen Schuldverhältnisse. Dritte, verbesserte Auflage. 159 Seiten. 1929. (Sammlung Göschen Bd. 324.) . . Geb. RM. 1.80

„*In knapper Form und gemeinverständlicher Ausdrucksweise ist ein vorzüglicher Überblick über den Stoff gegeben.*"
*Leipziger Zeitschrift für deutsches Recht.*

**Meyer**, Georg, **Das Recht der Beschlagnahme von Lohn- und Gehaltsforderungen.** Sechste Auflage. Taschenformat. 1927. Mit Nachtrag 1928. (Guttentagsche Sammlung Deutscher Reichsgesetze Bd. 55.) Geb. RM. 4.50

„*Das Buch ist in flüssiger, übersichtlicher Form geschrieben und schöpft aus der Praxis für die Praxis; ein Handbuch nicht nur für den Juristen, sondern ebenso für das kaufmännische Büro, die Fabrik und das Handelsgeschäft.*" *Württembg. Wirtschafts-Zeitung.*

**Seligsohn**, Franz, **Haftpflichtgesetz.** Groß-Oktav. 349 Seiten. 1920. RM. 8.—, geb. RM. 9.50

„*Das reiche Material hat der Verfasser mit logischer Schärfe und in knapper Form bearbeitet und damit ein mustergültiges Werk geschaffen, das für die meist veralteten Kommentare zum Reichshaftpflichtgesetz einen wertvollen Ersatz bietet.*"
*Blätter für Rechtspflege im Bezirk des Kammergerichts.*

**Krieg**, O., **Mietrecht und Wohnungsmangelgesetzgebung** im Reiche, in Preußen und in Berlin, einschließlich Hauszinssteuer, Kostenwesen und Rechtsentscheiden des Kammergerichts und des Obersten Landesgerichts. Zusammengestellt und mit ausführlichem Schlagwortregister versehen. Vierte Auflage. Taschenformat. XII, 594 Seiten. 1928. (Guttentagsche Sammlung Deutscher Reichsgesetze Bd. 156.) Geb. RM. 10.—

„*Eine solche Ausgabe zu besitzen, ist wertvoll. Diese Ausgabe verdient schon wegen ihrer Vollständigkeit besondere Beachtung. Ein vortreffliches Sachregister ist beigegeben.*" *Juristische Wochenschrift*

**Stölzle**, Hans, **Viehkauf** nach Bürgerlichem Gesetzbuch und ausländischem Recht. Verordnung, betreffend die Hauptmängel und Gewährfristen beim Viehhandel. Von Eugen Fröhner. Sechste, vermehrte und wesentlich verbesserte Auflage. Taschenformat. 699 Seiten. 1926. (Guttentagsche Sammlung Deutscher Reichsgesetze Bd. 50.) Geb. RM. 15.—

„*Das Buch ist Juristen wie Laien als lichtvoller Ratgeber in allen Fragen nur auf das wärmste zu empfehlen.*"
*Deutsche Juristen-Zeitung.*

**Hoffmann,** J., **Abzahlungsgeschäfte.** Vierte Auflage, besorgt von K.-A. Crisolli. Taschenformat. Im Druck. (Guttentagsche Sammlung Deutscher Reichsgesetze Bd. 34.)

*„Jeder, der mit Abzahlungsgeschäften zu tun hat, kann sich bestens aus dem Büchlein informieren. Der Kommentar ermöglicht es auch dem Laien, sich mit allen einschlägigen Fragen vertraut zu machen."*
*Berliner Intelligenz-Blatt.*

**Harnier,** Ed., **Sicherung der Bauforderungen.** Dritte Auflage. Taschenformat. 122 Seiten. 1912. (Guttentagsche Sammlung Deutscher Reichsgesetze Bd. 93.) . . . . . . . . . . . . . . . Geb. RM. 1.80

*„Die vorliegende Neubearbeitung der kleinen Ausgabe des äußerst schwierigen Gesetzes findet einen weiterstreckten Interessenkreis. Nach einer äußerst klaren Einleitung werden seine Bestimmungen an der Hand der Gesetzesmaterialien und auf dem Boden des geltenden Rechts, unter Herstellung des Zusammenhanges mit ihm, in knappen Anmerkungen erläutert." Mitteilungen der Handelskammer Breslau.*

**Göppert,** H., **Gesetz, betreffend die gemeinsamen Rechte der Besitzer von Schuldverschreibungen.** Zweite Auflage, bearbeitet von E. Trendelenburg. Taschenformat. 156 Seiten. 1915. (Guttentagsche Sammlung Deutscher Reichsgesetze Bd. 52.) . . . . . Geb. RM. 1.50

**Dungs,** H., **Sechs Haager Abkommen über internationales Privatrecht.** Taschenformat. 116 Seiten. 1910. (Guttentagsche Sammlung Deutscher Reichsgesetze Bd. 98.) . . . . . . . . . . . . Geb. RM. 1.50

*„Die diesen Abkommen vom Verfasser beigefügten Erläuterungen sind kurz und klar gefaßt und entsprechen den allgemeingültigen Anschauungen. Der Kommentar von Dungs kann nur angelegentlichst empfohlen werden." Juristisches Literaturblatt.*

**Bogeng,** G., **Die Haager Abkommen über das internationale Privatrecht.** Taschenformat. 173 Seiten. 1908. (Guttentagsche Sammlung Deutscher Reichsgesetze Bd. 90.) . . . . . . . . . . . . Geb. RM. 2.—

**Sachenrecht insbesondere**

**Hedemann,** Justus Wilh., **Sachenrecht des Bürgerlichen Gesetzbuches.** Oktav. XXXII, 507 Seiten. 1924. (Lehrbücher und Grundrisse der Rechtswissenschaft Bd. III.) . . . . . RM. 12.—, geb. RM. 13.50

*„Ein trotz seiner Kürze ausgezeichnetes und inhaltreiches Lehrbuch, nicht nur für den Studierenden, sondern auch für ältere Juristen. Die Arbeit ist wissenschaftlich tiefgründig und doch gemeinverständlich geschrieben." Zeitschrift des Deutschen Notarvereins.*

**Kretschmar,** F., **Sachenrecht.**

I. Allgemeine Lehren. Besitz und Eigentum. Zweite, verbesserte Auflage. 142 Seiten. 1922. (Sammlung Göschen Bd. 480.) Geb. RM. 1.80

II. Begrenzte Rechte. 144 Seiten. 1923. (Sammlung Göschen Bd. 481.) Geb. RM. 1.80

*Diese Bändchen bieten die Grundzüge des Sachenrechts in gedrängter und klarer Form.*

**Lenzen,** Georg, **Das Deutsche Pfandleihrecht.** Kommentar zum preußischen Pfandleihgesetz unter Berücksichtigung der außerpreußischen Gesetze. Oktav. XXVI, 266 Seiten. 1929 . . . . Geb. RM. 20.—

*„Diese zusammenfassende Darstellung ist die erste ihrer Art und sehr verdienstlich. Das Buch regt zu allerhand Fragen an."*
*Juristische Wochenschrift.*

**Günther,** Hermann, **Erbbaurecht.** Taschenformat. 167 Seiten. 1919. (Guttentagsche Sammlung Deutscher Reichsgesetze Bd. 135.)
Geb. RM. 2.—

*„Günther ist ausführlich, ohne weitschweifig zu sein; ausgezeichnete Vorbemerkungen geben vorzügliche Übersicht und wahren den Zusammenhang. Überall ist der bisherige Rechtszustand, der ja für absehbare Zeit seine Bedeutung behält, mit in das Bereich der Betrachtungen gezogen. Der Praxis wird das Werk von hervorragendem Nutzen sein." Beiträge zur Erläuterung des deutschen Rechts.*

**Arnheim,** Hugo, **Grundbuchordnung.** Kommentar zur Grundbuchordnung für das Deutsche Reich nebst den für Preußen erlassenen Ausführungsbestimmungen. Zweite, völlig neubearbeitete Auflage. Lexikon-Oktav. 959 Seiten. 1913 . . . . . . . . . . . . . RM. 15.—

*„Der Band weist außerordentliche Gründlichkeit, Klarheit und Übersichtlichkeit auf. Man kann wohl sagen, daß kaum eine Frage auftauchen wird, die nicht wenigstens berührt wäre; die bisher zutage getretenen Fragen aber sind sämtlich in der eingehendsten Weise erörtert." Zentralblatt für freiwillige Gerichtsbarkeit.*

**Fischer,** Otto, und **Fischer,** Norbert, **Grundbuchordnung für das Deutsche Reich** nebst den preußischen Ausführungsbestimmungen. Neunte, durchgearbeitete und ergänzte Auflage. Taschenformat. 322 Seiten. 1927. (Guttentagsche Sammlung Deutscher Reichsgesetze Bd. 42.)
Geb. RM. 5.—

*„Eine der vortrefflichen alteingeführten Handausgaben der Guttentagschen Sammlung, bei der schon die Auflagenziffer für die Brauchbarkeit in der Praxis spricht. Nach wie vor ist das Buch ein vortrefflicher Wegweiser und Berater." Juristische Wochenschrift.*

**Ricks,** Gerhard, **Die Grundbuchpraxis.** Ein Handbuch für den täglichen Gebrauch in Grundbuchsachen. Achte Auflage. Groß-Oktav. XII, 412 Seiten. 1929 . . . . . . . . . . RM. 12.—, geb. RM. 14.—

*„Das Buch hat einen Anspruch darauf, in der Praxis geradezu verschlungen zu werden. Es ist aus der täglichen Praxis heraus für die Praxis lebensfrisch und unterhaltend geschrieben."*
*Mitteilg. a. d. Württemb. Notariats-Praxis.*

**Friedlaender,** Martin, **Hypothekenbeschaffung für Wohn- und Geschäftshäuser.** Handbuch für die Praxis der Grundstückswirtschaft. Groß-Oktav. VIII, 151 Seiten. 1929 . . . . . RM. 6.—, geb. RM. 7.50

*„Das Buch gibt einen außerordentlich praktischen Überblick über alle Fragen der Hypothekenbeschaffung. Die anschauliche Art der Zergliederung und die gründliche Darlegung des Statuts sichern dem Buch eine weite Verbreitung." Deutsche Sparkassen-Zeitung.*

## Familienrecht, Erbrecht

**Lehmann,** Heinrich, **Familienrecht** des Bürgerlichen Gesetzbuches einschließlich Jugendfürsorgerecht. Oktav. XII, 352 Seiten. 1926. (Lehrbücher und Grundrisse der Rechtswissenschaft Bd. IV.)
RM. 11.—, geb. RM. 12.50

*„Die Schilderung Lehmanns ist überall anregend und fesselnd. Das Werk kann allen Rechtsstudenten und Referendaren zur Anschaffung dringend empfohlen werden." Der junge Rechtsgelehrte.*

**Titze,** Heinrich, **Familienrecht.** (BGB. IV.) 169 Seiten. Neudruck. 1924. (Sammlung Göschen Bd. 305.) . . . . . . . . Geb. RM. 1.80

**Endemann,** Fr., **Erbrecht.** Oktav. XII, 166 Seiten. 1923. (Lehrbücher und Grundrisse der Rechtswissenschaft Bd. V.) RM. 3.—, geb. RM. 4.50

*„Dieser Leitfaden behandelt den spröden Stoff des schwierigen Erbrechts in meisterhafter, fesselnder Darstellung."*
*Zeitschrift des Bundes Deutscher Justizamtmänner.*

**Blume,** Wilh. von, **Erbrecht.** (BGB. V.)

I. Einleitung. Die Grundlagen des Erbrechts. 75 Seiten. 1913. (Sammlung Göschen Bd. 659.) . . . . . . . . . . Geb. RM. 1.80

II. Die Nachlaßbeteiligten. Mit 23 Figuren. 131 Seiten. 1913. (Sammlung Göschen Bd. 660.) . . . . . . . . . . Geb. RM. 1.80

**Riesenfeld,** S., **Die Erbenhaftung nach dem Bürgerlichen Gesetzbuch.** Groß-Oktav. 2 Bände. 1916 . . . . . RM. 15.—, geb. RM. 18.—
I. Band: Die Grundsätze der Haftung. XII, 461 Seiten.
II. Band: Das Inventar und die Mittel der Haftungsbeschränkung. VIII, 455 Seiten.

*„Ein hervorragendes Werk, das in allen Teilen die vollständige Beherrschung des schwierigen Stoffes erkennen läßt und sich dabei durch klare und gemeinverständliche Darstellung auszeichnet."*
*Sächsisches Archiv für Rechtspflege.*

### Aufwertung

**Michaelis,** Richard, **Das Aufwertungsrecht** nach den Aufwertungsgesetzen und nach allgemeinem bürgerlichem Rechte. Kommentar zu den Gesetzen vom 16. Juli 1925 über die Aufwertung von Hypotheken und anderen Ansprüchen und über die Ablösung öffentlicher Anleihen sowie systematische Darstellung des Aufwertungsrechts außerhalb dieser Gesetze. Zweite, gänzlich umgearbeitete Auflage des Kommentars zur Dritten Steuernotverordnung vom 14. Februar 1924 (Aufwertung). Mit einer Fristentabelle von H. Hoormann. Groß-Oktav. X, 516 Seiten. 1926. Mit Nachtrag 1927. (de Gruytersche Sammlung Deutscher Gesetze. Handkommentare.) . . . . . . . . . . Geb. RM. 16.—

*„Es handelt sich um ein ganz erstklassiges Werk, das sich für jeden Aufwertungsinteressenten als unentbehrlich erweisen wird."*
*Deutsche Allgemeine Zeitung.*

**Berliner,** Ludwig, und **Pfaffenberger,** Ernst, **Aufwertung von Versicherungsansprüchen** mit Durchführungsbestimmungen.

I. Teil. Oktav. 235 Seiten. 1925. (Guttentagsche Sammlung Deutscher Reichsgesetze Bd. 164.) . . . . . . . . . . . Geb. RM. 6.50

II. Teil: Sach- und Transportversicherung; Unfall- und Haftpflichtversicherung. Oktav. 112 Seiten. 1926. Mit Nachtrag. (Guttentagsche Sammlung Deutscher Reichsgesetze Bd. 164a.) . . Geb. RM. 3.50

*„Eine ganz ausgezeichnete, wohldurchdachte Darstellung und Erläuterung des Aufwertungsrechtes des gesamten Versicherungswesens, eine unentbehrliche Ergänzung zu jedem Gesamtkommentar über das Aufwertungsgesetz."* *Zentralblatt für Handelsrecht.*

### 2. Handelsrecht

**v. Gierke,** Jul., **Handelsrecht und Schiffahrtsrecht.** Dritte, ergänzte Auflage. Groß-Oktav. XIV, 744 Seiten. 1929. (Lehrbücher und Grundrisse der Rechtswissenschaft Bd. VI.) RM. 21.—, geb. RM. 22.50

*„. . . ein außerordentlich hochstehendes, immer den neuesten Stand der Lehre und der Rechtsprechung widerspiegelndes Lehrbuch des Handelsrechts im weitesten Sinn."* *Der junge Rechtsgelehrte.*

**Lehmann,** K., und **Hoeniger,** H., **Lehrbuch des Handelsrechts.** Dritte Auflage. Erster Halbband, enthaltend die Lehre vom Handelsstand und von den Handelsgesellschaften. Groß-Oktav. 432 Seiten. 1921. RM. 10.—

*Ein großangelegtes Lehrbuch des Handels- und Schiffahrtsrechts.*

**Lehmann, K., und Hoeniger, H., Deutsches Handelsrecht.**

I. Einleitung. Der Kaufmann und seine Hilfspersonen. Offene Handelsgesellschaft, Kommandit- und stille Gesellschaft. 117 Seiten. 1921. (Sammlung Göschen Bd. 457.) . . . . . . . . . . Geb. RM. 1.80

II. Aktiengesellschaften, Gesellschaften mit beschränkter Haftung, eingetragene Genossenschaften. Handelsgeschäft, 126 Seiten. 1924. (Sammlung Göschen Bd. 458.) . . . . . . . . . . . . . . Geb. RM. 1.80

*Eine gemeinverständliche Darstellung in gedrängter Form.*

**Hein,** Joh., **Die Zusammenhänge zwischen Steuerrecht und Handelsrecht und ihre Entwicklung,** untersucht an dem Gewinn und an der Bewertung. Eine bilanzrechtliche und bilanzkritische Darstellung mit praktischen Beispielen. Groß-Oktav. X, 280 Seiten. 1928. RM. 10.—, geb. RM. 12.—

*„Das Buch führt in klarer Gestaltung in die Probleme des Bilanzrechts ein. Eine übersichtliche Gliederung ermöglicht eine schnelle und doch gründliche Einführung. Darüber hinaus stellt das Buch eine wesentliche Förderung für die dringend notwendige wissenschaftliche Behandlung des Steuerbilanzrechts und seiner Zusammenhänge mit den verwandten Rechtsmaterien dar." Zeitschrift für Handelsrecht.*

**Veröffentlichungen der Vereinigung der Handelsrechtslehrer deutscher Hochschulen.**

**Bericht** über die erste Tagung der Vereinigung in Berlin am 7. und 8. März 1927 (Senatssaal der Universität). Mit Beiträgen von **Ernst Heymann, Hans Wüstendörfer, Otto Schreiber** und **Arthur Nußbaum.** Oktav 65 Seiten. 1928. . . . . . . . . . . . . . . . . . RM. 5.—

*Das Handelsrecht zeigt heute unter den privatrechtlichen Materien die meisten wissenschaftlichen und gesetzgeberischen Probleme und entwickelt am meisten Initiative. Unter diesen Verhältnissen werden sich die Veröffentlichungen der Vereinigung der Handelsrechtslehrer deutscher Hochschulen als besonders fruchtbar und förderlich erweisen.*

**Staubs Kommentar zum Handelsgesetzbuch.** Zwölfte und dreizehnte Auflage. Bearbeitet von Heinrich Koenige, Albert Pinner, Felix Bondi. Vier Bände und ein Registerband. Groß-Oktav. 4000 Seiten. 1927 . . . . Zusammen RM. 157.—, in Halbleder RM. 183.60

*„Der Staubsche Kommentar ist das klassische Hilfswerk zum Deutschen Handelsgesetzbuch und für die Beurteilung der zahlreichen schwierigen Fragen dieses Gesetzes maßgebend geworden; es stellt ein unentbehrliches Mittel zur Erfassung und zur Anwendung des Gesetzes dar." Frankfurter Zeitung.*

**Mosse,** Albert, und **Heymann,** Ernst, Handelsgesetzbuch (ohne Seerecht). Mit den ergänzenden Vorschriften des Bürgerlichen Gesetzbuchs und einem Anhang, enthaltend das Einführungsgesetz, das Depotgesetz, die Bestimmungen über Börsentermin- und Differenzgeschäfte u. a. Nebst Erläuterungen. Im Anschluß an die Textausgabe von F. Litthauer. Siebzehnte Auflage. Unter Mitwirkung von Karl August Crisolli. Oktav. VIII, 693 Seiten. 1926 (Guttentagsche Sammlung Deutscher Reichsgesetze Bd. 4.) . . . . . . . . .Geb. RM. 14.—

*„Die Litthauer-Mossesche Ausgabe des Handelsgesetzbuches hat bei allen Praktikern seit langem den wohlbegründeten Ruf größter Zuverlässigkeit und übersichtlicher Anordnung, die mit möglichster Knappheit des Ausdrucks gepaart sind. Das Buch ist ein zuverlässiger Führer durch das immer schwieriger werdende Gebiet des Handelsrechts." Vossische Zeitung.*

**Handelsgesetzbuch nebst Einführungsgesetz und Seerecht.** Elfte Auflage. 381 Seiten. 1924. (Guttentagsche Sammlung von Textausgaben ohne Anmerkungen.) . . . . . . . . . . . . . . Geb. RM. 2.60

*Die handliche Ausgabe enthält den genauen Gesetzestext mit einem das Zurechtfinden sehr erleichternden Sachregister.*

**Baum,** G., **Das vertragliche Wettbewerbsverbot** (Konkurrenzklausel). Nebst Kommentar zum Gesetze vom 10. Juni 1914. Taschenformat. XII, 231 Seiten. 1914. (Guttentagsche Sammlung Deutscher Reichsgesetze Bd. 115.) . . . . . . . . . . . . . . Geb. RM. 3.—

**Gesellschaften**

**Brodmann,** Erich, **Aktienrecht.** Kommentar. Groß-Oktav. XII, 580 Seiten. 1928. (Gewerbe- und Industrie-Kommentar Bd. IV.)
RM. 28.—, geb. RM. 30.—

*„Mit unvergleichlichem Geschick hat der Verfasser Großartiges geleistet — Brodmann ist Trumpf!" Zeitschrift für Aktiengesellschaften.*

**Solmssen,** Georg, **Probleme des Aktienrechts** unter besonderer Berücksichtigung ihrer Entwicklung in den Vereinigten Staaten von Amerika. Zweite Auflage. Oktav. I, 127 Seiten. 1928 . . RM. 2.50

*„Sämtliche Momente, die bei der Prüfung der Frage, ob und inwieweit das geltende deutsche Aktienrecht änderungsbedürftig ist, haben eine eingehende und umfassende Erörterung gefunden. Allen, die sich mit dieser recht heiklen Frage befassen, kann die Anschaffung des Werkes wärmstens empfohlen werden." Badische Wirtschafts-Zeitung.*

**Hachenburg,** Max, **Kommentar zum Gesetz, betr. die Gesellschaften mit beschränkter Haftung.** (Früher **Staub-Hachenburg.**) Fünfte Auflage unter Mitarbeit von Fritz Bing und Walter Schmidt. 2 Bände . . . . . . . . . . . . . RM. 43., geb. RM. 47.—
I. Band: §§ 1—34. Groß-Oktav. VI, 527 Seiten. 1926.
II. Band: §§ 35—84. Groß-Oktav. II, 452 Seiten. 1927.

*„Was Hachenburg in seinen Neubearbeitungen aus diesem Buche gemacht hat, ist erstaunlich. Sein reiches juristisches Wissen, sein überlegener und kritischer Verstand, seine vorzügliche Gestaltungskraft und seine nur wenigen Juristen eigene vielseitige Auslegungskunst haben etwas Großes, Unvergleichliches geschaffen. Man findet selten ein literarisches Werk, in welchem Rechtsgelehrsamkeit und praktisches Können vereint einem Spezialgesetz so zugute kamen wie hier."*
*Zeitschrift für Aktiengesellschaften.*

**Brodmann,** Erich, **Gesetz, betr. die Gesellschaften mit beschränkter Haftung.** Kommentar. Groß-Oktav. (Gewerbe- und Industrie-Kommentar Bd. I.) . . . . . . . . . . . . . . 2. Auflage. Im Druck.

*„Übersichtliche, klare Anordnung der Erläuterungen, tiefes Eindringen in die Einzelheiten des Gesetzes unter steter Berücksichtigung des Wirtschaftslebens, erschöpfende Wiedergabe der Rechtsprechung, namentlich des Reichsgerichts, sind die besonderen Vorzüge des Werkes, das damit ein unentbehrliches Rüstzeug werden wird." Badische Rechtspraxis.*

**Parisius,** Ludolf, und **Crüger,** Hans, **Das Reichsgesetz, betr. die Gesellschaften mit beschränkter Haftung.** Textausgabe mit Anmerkungen und Sachregister. Achtzehnte Auflage, bearbeitet von Adolf Crecelius und Fritz Citron. Taschenformat. 244 Seiten. 1929. (Guttentagsche Sammlung Deutscher Reichsgesetze Bd. 32.)
Geb. RM. 3.50

*„Die äußerst sachkundig erläuterte Ausgabe wird von den interessierten Kreisen freudig begrüßt werden. Wir können das Bändchen der bekannten Sammlung bestens empfehlen."*
*Badische Wirtschafts-Zeitung.*

**Klumpp,** Hermann, **Beiträge zur Rechtsstellung der Geschäftsführer einer G. m. b. H. nach deutschem und französischem Recht.** Oktav. XVI, 180 Seiten. 1928 . . . . . . . . . . . . . . . . RM. 6.—

*Im G.m.b.H.-Recht hat die Stellung des Geschäftsführers besondere Bedeutung. Die vorliegende Arbeit, die unter Auswertung der umfangreichen Literatur eine eingehende Untersuchung dieser so wichtigen Frage nach deutschem und französischem Recht darstellt, wird in juristischen und geschäftlichen Kreisen Interesse finden.*

**Stark*,** Arthur, **Offene Handelsgesellschaften, Kommanditgesellschaften und stille Gesellschaften** von der Errichtung bis zur Auflösung. Nebst Vertrags- und Anmeldeformularen und mit Berücksichtigung des Steuerrechts. Oktav. XIV, 167 Seiten. 1928 . . . . . . . . RM. 5.—

*Eine systematische Darstellung für Studium und Praxis.*

**Wechselordnung und Scheckrecht**

**Staubs Kommentar zur Wechselordnung.** Fortgesetzt von J. Stranz und M. Stranz. Zwölfte Auflage, bearbeitet von M. Stranz und Martin **Stranz.** Groß-Oktav. 432 Seiten. 1929.
RM. 16.—, geb. RM. 18.—

*„Staub-Stranz ist der Kommentar zur Wechselordnung. Auch die jüngste Auflage des Kommentars gibt einen echten Staub-Stranz. Weiterer Kommentar dazu ist überflüssig.“ Juristische Wochenschrift.*

**Stranz,** J., und **Stranz,** M., **Wechselordnung** vom 3. Juni 1908. Kommentar. Zwölfte Auflage von M. und M. Stranz. Taschenformat. VIII, 396 Seiten. 1923. Mit Nachtrag 1926. (Guttentagsche Sammlung Deutscher Reichsgesetze Bd. 5.) . . . Geb. RM. 3.50

*„Die Ausgabe der Wechselordnung mit ihrem äußerst nützlichen, guten Kommentar ist sehr zu empfehlen. Erfreulicherweise enthält das Bändchen auch die Bestimmungen der Zivilprozeßordnung über Urkunden- und Wechselprozesse im Anhang.“ Badische Wirtschaftszeitung.*

**Wechselordnung** in der Fassung der Bekanntmachung vom 3. Juni 1908 (RGBl. S. 326ff.). Mit einem Anhang, enthaltend den Wechselprozeß und Nebengesetze. Textausgabe mit Einleitung und Sachregister. Taschenformat. 102 Seiten. 1928. (Guttentagsche Sammlung von Textausgaben ohne Anmerkungen.) . . . . . . . . Geb. RM. 1.50

*Vorteilhafte Anordnung, ein zuverlässiges Sachregister, das das Gesetz erschließt, Handlichkeit und sauberer Druck zeichnen auch die neue Auflage der Wechselordnung aus, deren Einleitung den letzten Stand dieser Materie erfaßt und deren Anhang „Nebengesetze“ bis auf die letzte Zeit ergänzt ist.*

**Michaelis,** Richard, **Scheckgesetz** mit allen einschlägigen Nebengesetzen, den ausländischen Gesetzen und dem Deutschen Postscheckgesetz mit Postscheckordnung. Kommentar. Groß-Oktav. VII, 339 Seiten. 1927. (Gewerbe- und Industrie-Kommentar Bd. II.) RM. 16.—, geb. RM. 18.—

*„Wenn irgendein Buch, so entspricht dieses einem Bedürfnis.“ Berliner Tageblatt.*

**Schiffahrtsrecht**

**Schaps,** Georg, **Das deutsche Seerecht.** Kommentar zum vierten Buche des Handelsgesetzbuches (als Ergänzung zu Staub's Kommentar nebst Erläuterungen zu den seerechtlichen Nebengesetzen. Zweite, vollständig umgearbeitete Auflage herausgegeben von Max Mittelstein † und Julius Sebba.

I. Band. (Handelsgesetzbuch: Viertes Buch.) Groß-Oktav. VIII, 1041 Seiten. 1921 . . . . . . . . . . RM. 25.—, geb. RM. 28.—

II. Band. (Seerechtliche Nebengesetze.) Bearbeitet von J. Sebba. XVI, 1108 Seiten. 1929 . . . . . . . . . RM. 52.—, geb. RM. 55.—

*„Die alte, auf der Staubschen Kommentierungsmethode beruhende Auflage erfreute sich mit Recht schon großen Ansehens. In diesen bewährten Bahnen leistet die zweite Auflage an Vollständigkeit, Übersichtlichkeit und Genauigkeit das Höchste, was Wissenschaft und Praxis nur wünschen können.“ Juristische Wochenschrift.*

**Brandis,** Otto, **Das deutsche Seerecht** (mit Ausschluß des Seeversicherungsrechts.) I. Allgem. Lehren: Personen und Sachen des Seerechts. 130 Seiten. 1908. II. Die einzelnen seerechtlichen Schuldverhältnisse: Verträge des Seerechts und außervertragliche Haftung. 156 Seiten. 1908. (Sammlung Göschen Bd. 386/87.) . . . . . Geb. je RM. 1.80

**Knitschky,** W. E., **Die Seegesetzgebung.** Fünfte Auflage, bearbeitet von O. Rudorff. XXIV, 1024 Seiten. 1913. (Guttentagsche Sammlung Deutscher Reichsgesetze Bd. 19.) . . . . . . Vergriffen.

**Sieveking,** Gustav, **Das deutsche Seeversicherungsrecht.** Kommentar zum zehnten Abschnitt des vierten Buches des Handelsgesetzbuches. Lexikon-Oktav. 218 Seiten. 1912 . . . . . . RM. 5.—, geb. RM. 6.80

*„Der Kommentar ruht auf einer vortrefflichen Grundlage und zeigt sich auch in seinem Inhalte dieser Grundlage durchaus würdig. Er ersetzt ein Lehrbuch und kann daher auch zur Einführung in das Seeversicherungsrecht empfohlen werden.“*

*Leipziger Zeitschrift für deutsches Recht.*

**Ritter,** Carl, **Das Recht der Seeversicherung.** Ein Kommentar zu den Allgemeinen Deutschen Seeversicherungsbedingungen. Groß-Oktav. 2 Bände. 1494 Seiten. 1924. (Friederichsen, de Gruyter & Co., m. b. H., Hamburg.) . . . . . . . . . . . . . Geb. RM. 100.—

**Allgemeine Deutsche Seeversicherungs-Bedingungen.** Im Jahre 1919 herausgegeben von den deutschen Seeversicherern nach Beratung mit deutschen Handelskammern und Fachverbänden unter Vorsitz der Handelskammer Hamburg. 16.—20. Tausend. 50 Seiten. 1925. (Friederichsen, de Gruyter & Co., m. b. H., Hamburg.) . . . . . RM. 2.—

**General Rules of Marine. Insurance** 1919 adopted by the German Underwriters. Authorind Translation by Dr. Alfred Sieveking, larger in Hamburg. 64 Seiten. 1920. (Friederichsen, de Gruyter & Co., m. b. H., Hamburg.) . . . . . . . . . . . . . . . RM. 3.—

**Materialien zu den Allgemeinen Deutschen Seeversicherungs-Bedingungen.** Im Auftrag der vereinigten Handelskammern herausgegeben von Prof. Dr. E. Bruck. Groß-Oktav. 2 Bände. 678 Seiten. 1920. (Friederichsen, de Gruyter & Co., m. b. H., Hamburg.) . . . . RM. 10.—

**Bene,** F., **Der Begriff des Versicherungsfalles in der Seeversicherung.** (Hamburger Rechtsstudien, herausgegeben von Mitgliedern der Rechts- und Staatswissenschaftlichen Fakultät der Hamburgischen Universität, Heft 1.) Groß-Oktav. 75 Seiten. 1928. (Friederichsen, de Gruyter & Co., m. b. H., Hamburg.) . . . . . . . . . . . . RM. 4.50

**Elkan,** H. H., **Die Bedeutung des Interesses für die Veräußerung der versicherten Sache.** (Hamburger Rechtsstudien, herausgegeben von Mitgliedern der Rechts- und Staatswissenschaftlichen Fakultät der Hamburgischen Universität, Heft 2.) Oktav. 58 Seiten. 1928. (Friederichsen, de Gruyter & Co., m. b. H., Hamburg.) . . . . . . RM. 4.—

**Makower, H., Gesetze, betreffend die privatrechtlichen Verhältnisse der Binnenschiffahrt und der Flößerei.** Nach den Materialien erläutert. Sechste, vermehrte Auflage, bearbeitet von E. Loewe. Taschenformat. 458 Seiten. 1923. (Guttentagsche Sammlung Deutscher Reichsgesetze Bd. 36.) . . . . . . . . . . . . . . . Geb. RM. 4.—

*„Das vorzüglich bearbeitete Buch dürfte mit seinen klaren und verständlichen Erläuterungen für jeden, der in irgendeiner Weise mit der Binnenschiffahrt und der Flößerei zu tun hat, ein nie versagender Ratgeber sein."* *Schiffbau.*

**Sebba, Jul., Seewasserstraßenordnung.** (Polizeiverordnung zur Regelung des Verkehrs auf den deutschen Seewasserstraßen vom 31. März 1927.) Taschenformat. 493 Seiten. 1928. (Guttentagsche Sammlung Deutscher Reichsgesetze Nr. 171.) . . . . . . . . . . . . Geb. RM. 8.50

*Die vorliegende Ausgabe ist für die an dem neuen Gesetz interessierten beiden Fachgruppen, die der Nautiker und der Juristen, von gleich großer Bedeutung. Diese Verbindung zweier Kenntnisgebiete gibt dem vorliegenden Kommentar seine besondere Note und seinen großen Wert.*

## Genossenschaften

**Parisius,** Ludolf, **Crüger,** Hans, **Crecelius,** Adolf, und **Citron,** Fritz, **Reichsgesetz, betreffend die Erwerbs- und Wirtschaftsgenossenschaften.** Kommentar zum praktischen Gebrauch für Juristen und Genossenschaften. Elfte, neubearbeitete Auflage. Groß-Oktav. XV, 598 Seiten. 1928 . . . . . . . . . . . . . RM. 28.—, geb. RM. 30.—

*„Crüger beherrscht wie kein anderer Theorie und Praxis des Genossenschaftswesens, auch nach der wissenschaftlichen Seite hin."*
*Juristische Wochenschrift.*

**Parisius,** Ludolf, und **Crüger,** Hans, **Das Reichsgesetz, betreffend die Erwerbs- und Wirtschaftsgenossenschaften.** Textausgabe mit Anmerkungen und Sachregister. Zwanzigste neubearbeitete Auflage von Hans Crüger, Adolf Crecelius und Fritz Citron. Taschenformat. (Guttentagsche Sammlung Deutscher Reichsgesetze Bd. 29.) Im Druck.

*„In knapper und klarer Form werden die gesetzlichen Bestimmungen abgehandelt und alles zum Verständnis unbedingt Erforderliche in den Anmerkungen beigebracht. Das Werk kann nur empfohlen werden."* *Ministerialblatt f. d. Preuß. innere Verwaltung.*

## Verschiedenes

**Schreiber,** Otto, **Handelsrechtliche Nebengesetze.** Taschenformat. VIII, 1002 Seiten. 1926. (Guttentagsche Sammlung Deutscher Reichsgesetze Bd. 162.) . . . . . . . . . . . . . . . . . . . . Geb. RM. 14.—

*„Die Sammlung ist ein unentbehrliches Hilfsmittel für den Praktiker. Die Zusammenstellung ist sehr zuverlässig; auch das Sachregister von Kleffel verdient volle Anerkennung."*
*Zentralblatt für Handelsrecht.*

**Staffel, W., Verordnung gegen Mißbrauch wirtschaftlicher Machtstellungen** vom 2. November 1923. Kommentar. Oktav. 108 Seiten. 1927. (Guttentagsche Sammlung Deutscher Reichsgesetze Bd. 167.) Geb. RM. 3.50

*„Die für das Wirtschaftsrecht so wichtige Kartellverordnung findet hier eine eingehende Kommentierung. Die Erläuterungen werden daher um so unentbehrlicher für die wirtschaftliche Praxis auf diesem Gebiete sein."* *Industrie- und Handelszeitung.*

**Lusensky, F., Gesetz über die Handelskammern.** Taschenformat. (Guttentagsche Sammlung Preußischer Gesetze Bd. 21.)

Neue Auflage in Vorbereitung.

*„Das Buch ist ein vortrefflicher Berater aller derer, die in der Handelskammerorganisation sind oder zu ihr in Beziehung stehen. Es kann warm empfohlen werden."*

*Zeitschrift für Polizei- und Verwaltungsbeamte.*

**Göppert-Seydel, Hypothekenbankgesetz vom 13. Juli 1899** (mit den Änderungen durch die Gesetze vom 14. Juli 1923, vom 26. Januar 1926 und 21. Dezember 1927). Textausgabe mit Einleitung, Anmerkungen und Sachregister. Dritte Auflage bearbeitet von Dr. **Martin Friedländer.** Taschenformat. VIII, 202 Seiten. 1929. (Guttentagsche Sammlung Deutscher Reichsgesetze Nr. 51.) . . . . . . . . RM. 5.—

*Die vorliegende Auflage des bekannten „Göppert-Seydel" ist den veränderten Verhältnissen entsprechend vollkommen umgearbeitet worden; sie berücksichtigt sowohl die nach dem Kriege erfolgten Änderungen und Ergänzungen des Gesetzes und des Aufwertungsrechtes wie auch die Judikatur und das Schrifttum bis auf die letzte Zeit. Damit kommen die Vorzüge des „Göppert-Seydel" der Praxis und Wissenschaft wieder in ihrem ganzen Umfange zugute.*

## Bank und Börse

**Koch,** R., und **Schacht,** Hjalmar, **Die Reichsgesetzgebung über das Münz- und Notenbankwesen.** Textausgabe mit Anmerkungen und Sachregister. Siebente, völlig neubearbeitete Auflage. Taschenformat. XVIII, 617 Seiten. 1925. (Guttentagsche Sammlung Deutscher Reichsgesetze Bd. 26.) . . . . . . . . . . . . . . . . . . . . Geb. RM. 14.—

*„Dieser Kommentar zeichnet sich durch Vollständigkeit und Reichhaltigkeit aus und bietet außerdem in der Einleitung einen vortrefflichen Überblick über die Entwicklung des deutschen Noten- und Geldwesens während der letzten Jahrzehnte."*

*Monatsschrift für Handelsrecht und Bankwesen.*

**Nußbaum,** Arthur, **Bank- und Börsenrecht.** Eine Sammlung von Gesetzen und Geschäftsbedingungen. Taschenformat. XII, 622 Seiten. 1927. (Guttentagsche Sammlung Deutscher Reichsgesetze Bd. 169)

Geb. RM. 11.—

*Die vorliegende Sammlung der verstreuten bank- und börsenrechtlichen Vorschriften fehlte bisher in der kaufmännischen und juristischen Bankpraxis ebenso wie im handelsrechtlichen und betriebswirtschaftlichen Unterricht. Ihr Erscheinen wurde daher vielseitig begrüßt. Die Sammlung berücksichtigt auch die dem freien Verkehr entstammenden Rechtsbildungen.*

**Kommentar zum Börsengesetz.** Im Auftrage des Centralverbandes des Deutschen Bank- und Bankiergewerbes (E. V.) bearbeitet von H. Rehm, H. Trumpler, Heinrich Dove, Ernst Neukamp, R. Schmidt-Ernsthausen, James Breit. Mit einem Vorwort von J. Rießer. Lexikon-Oktav. VIII, 464 Seiten. 1909.

RM. 12.—, geb. RM. 13.50

*„Einen so guten Kommentar zum Börsengesetz hat es noch nie gegeben. Wer sich darein vertieft, wird reiche Belehrung daraus schöpfen über das Börsenwesen im allgemeinen und über seine Rechtsübung und Rechtsprechung im besonderen."*

*Sächsisches Archiv für Rechtspflege.*

**Hemptenmacher,** Th., **Börsengesetz.** Dritte Auflage von O. Meyer. Taschenformat. XXIII, 373 Seiten. 1915. (Guttentagsche Sammlung Deutscher Reichsgesetze Bd. 41.) . . . . . . . . Geb. RM. 3.50

*„Das Bändchen bringt neben einem kurzen Überblick und einem vorteilhaft erweiterten Anhang das Börsengesetz nebst Ausführungs-*

*bestimmungen. Alles in allem schließt sich auch dieses Bändchen wieder den übrigen Textausgaben der wegen ihrer unbedingten und erschöpfenden Sachlichkeit bekannten Guttentagschen Sammlung Deutscher Reichsgesetze würdig an." Bayrische Handelszeitung.*

**Lusensky, F., Gesetz, betreffend die Pflichten der Kaufleute bei Aufbewahrung fremder Wertpapiere (Depotgesetz).** Neue Auflage in Bearbeitung. (Guttentagsche Sammlung Deutscher Reichsgesetze Bd. 40.)

*„Die beste Bearbeitung des sogenannten Depotgesetzes." Zeitschrift für Aktiengesellschaften.*

**Frohner, G., Aktiensonderdepot und Legitimationsübertragung.** (Hamburger Rechtsstudien, herausgegeben von Mitgliedern der Rechts- und Staatswissenschaftlichen Fakultät der Hamburgischen Universität, Heft 3.) Groß-Oktav. VII, 114 Seiten. 1929. (Friederichsen, de Gruyter & Co., m. b. H., Hamburg.) . . . . . . . . . . . . . . . . . . RM. 7.—

**Schwerin, Frh. Cl. von, Recht der Wertpapiere** (einschließlich Wechsel- und Scheckverkehr). Oktav. X, 234 Seiten. 1924. (Lehrbücher und Grundrisse der Rechtswissenschaft Bd. 7.) RM. 7.—, geb. RM. 8.50

*„Das Buch löst seine Aufgabe, den Studierenden eine Einführung in die Materie des Wertpapierrechts zu geben, ausgezeichnet, vor allem deshalb, weil es eine gute theoretische Fundierung mit einer dem Lehrzweck entsprechenden Darstellung des praktischen Rechts und der Rechtstatsachen verbindet." Deutsche Juristenzeitung.*

**Bank-Archiv.** Zeitschrift für Bank- und Börsenwesen. Unter Mitwirkung von hervorragenden Fachmännern herausgegeben von Geh. Justizrat Prof. Dr. Rießer, Berlin. Schriftleitung: Rechtsanwalt Otto Bernstein, geschäftsführendes Mitglied des Centralverbands des Deutschen Bank- und Bankiergewerbes. Quart. Jährlich 24 Nummern. XXIX. Jahrgang. 1929/30 . . . . . . . . . . . Pro Halbjahr RM. 12.—

*„Ein von sachverständigen Mitarbeitern unterstütztes Organ, das in der glücklichen Vermischung von wissenschaftlichen Aufsätzen mit Mitteilungen aus der bankmännischen und gerichtlichen Praxis einen Berater von exzeptionellem Werte bildet." Frankfurter Zeitung.*

**Zeitgemäße Bankrechtsfragen.** Festgabe der Rechtsabteilung der Disconto-Gesellschaft zum 70. Geburtstage des Herrn Dr. jur. Arthur Salomonsohn. Quart. 126 Seiten. 1929 . . . RM. 8.—, geb. RM. 10.—

*„Der Band enthält 8 vorzügliche Aufsätze. Die Verfasser befassen sich mit Problemen, die in der Rechtsabteilung einer Großbank oft zur Debatte stehen und deren endgültige Klärung ein praktisches Bedürfnis ist." Wirtschaftl. Nachrichten.*

**Verhandlungen des VII. allgemeinen deutschen Bankiertages.** Köln 9.—11. September 1928 auf Grund stenographischer Berichte. Groß-Oktav. 436 Seiten . . . . . . . . . . . . . . . . . . . . . . . . RM. 10.—

## III. Grenzgebiete des Bürgerlichen Rechts

### 1. Privat- und Sozialversicherung

Koenige, Heinrich, und **Petersen, A., Gesetz über die privaten Versicherungsunternehmungen** vom 12. Mai 1901. Textausgabe mit Anmerkungen und Sachregister. Dritte, umgearbeitete Auflage. Taschenformat. 856 Seiten. 1927. (Guttentagsche Sammlung Deutscher Reichsgesetze Bd. 62.) . . . . . . . . . . . . . . Geb. RM. 20.—

*„Der Verfasser hat es meisterhaft verstanden, reiche Literatur und Judikatur zu dem wichtigen Grundgesetz der Privatversicherung mit seiner eigenen selbständigen Auffassung von der Bedeutung der Gesetzesbestimmungen in Verbindung zu bringen. Für Theorie und Praxis der Privatversicherung wird das Werk dadurch zu einem unentbehrlichen Hilfsmittel." Deutsche Versicherten-Zeitung.*

**Bruck, E., Reichsgesetz über den Versicherungsvertrag** nebst dem zugehörigen Einführungsgesetz vom 30. Mai 1908. Sechste, vollkommen neubearbeitete Auflage. Taschenformat. 708 Seiten. 1929. (Guttentagsche Sammlung Deutscher Reichsgesetze Bd. 83.) Geb. RM. 14.—

*„Die Vorzüge, welche die früheren Auflagen schon zeigten, die Fülle des Gebotenen, die Beherrschung des Stoffes, die anschauliche und doch knappe Sprache, und dies alles in dem engen Rahmen einer Textausgabe, kleinen Handausgabe mit Anmerkungen, sind auch dieser vierten Auflage in hohem Maße eigen."*
*Mitteilungen für die öffentlichen Feuerversicherungs-Anstalten.*

**Moldenhauer, Paul, Das Versicherungswesen.**

I. Allgemeine Versicherungslehre. Vierte Auflage. 152 Seiten. 1925. (Sammlung Göschen Bd. 262.) . . . . . . . . . . Geb. RM. 1.80

II. Die einzelnen Versicherungszweige. Zweite Auflage. 130 Seiten. 1923. (Sammlung Göschen Bd. 636.) . . . . . . . . Geb. RM. 1.80

*„Das Buch ist für jeden, der sich mit dem Versicherungswesen und seinen Zweigen vertraut machen will, ein trefflicher Führer."*
*Versicherungspost.*

**Veröffentlichungen des Reichs-Aufsichtsamts für Privatversicherung.** Groß-Oktav. Jahrg. 1—2, je 2.50. Jahrg. 3—16, je 6.—. Jahrg. 17—21, je 7.50. Jahrg. 22, 15.—. Jahrg. 23, 18.—. Jahrg. 24, 21.—. Jahrg. 25, 50.—. Jahrg. 26, 51.50. Jahrg. 27, Heft 1—3, 28.—. Jahrg. 28, Heft 1, 6.—; 2, 13.—; 3, 9.—.

**Versicherungsstatistik** für 1902 über die unter Reichsaufsicht stehenden Unternehmungen. Herausgegeben vom Reichsaufsichtsamt für Privatversicherung. Lexikon-Oktav. LXXVII, 384 Seiten. 1905. RM. 10.—
— für 1903 bis 1917 . . . . . . . . . . Je Jahrgang RM. 10.—

**Berliner,** Ludwig, und **Pfaffenberger,** Ernst, **Aufwertung von Versicherungsansprüchen** mit Durchführungsbestimmungen.

I. Teil. Oktav. 235 Seiten. 1926. Mit Nachtrag. (Guttentagsche Sammlung Deutscher Reichsgesetze Bd. 164.) . . . . Geb. RM. 6.50

II. Teil: Sach- und Transportversicherung; Unfall- und Haftpflichtversicherung. Oktav. 112 Seiten. 1926. (Guttentagsche Sammlung Deutscher Reichsgesetze Bd. 164a.) . . . . . . . . . . Geb. RM. 3.50

*„Ein bedeutsamer Kommentar, durch den die gesetzlichen Bestimmungen von der juristischen und versicherungstechnischen Seite aus eingehend erläutert werden. In seinem straffen, systematischen Aufbau, der Geschlossenheit der Darstellung muß man das Buch als ein Standardwerk für das gesamte versicherungsrechtliche Aufwertungsgebiet bezeichnen.*
*Ein unentbehrlicher Ratgeber in allen interessierten Kreisen."*
*Versicherungs-Post, Berlin.*

**Lippmann,** Karl, **Die Reichsversicherungsordnung** in der Fassung der Bekanntmachung vom 15. Dezember 1924 und des Gesetzes über das Reichsschiedsamt vom 22. Januar 1925 nebst dem Einführungsgesetze, den wichtigsten Ausführungsvorschriften, den ergänzenden Gesetzen und Verordnungen sowie den Verordnungen über das Verfahren. Oktav. XV, 589 Seiten. 1925. (Guttentagsche Sammlung Deutscher Reichsgesetze Bd. 161.) . . . . . . . . . . . . . . . Geb. RM. 11.—

Ergänzungsband, enthaltend den vollständigen Wortlaut der neuen Fassung des Unfallversicherungsgesetzes sowie die Ergänzungen der übrigen Bücher der RVO. Oktav. 224 Seiten. 1926. (Guttentagsche Sammlung Deutscher Reichsgesetze Bd. 161a.) . . . Geb. RM. 4.—

**Zweiter Ergänzungsband**, enthaltend weitere Änderungen und Ergänzungen durch die in der Zeit von Anfang 1926 bis Mitte 1928 erlassenen Gesetze und Verordnungen. Zweite, vermehrte Ausgabe, Stand vom 1. Juli 1928. Oktav. 71 Seiten. 1928. (Guttentagsche Sammlung Deutscher Reichsgesetze Bd. 161b.) . . . . . RM. —.80

**Dritter Ergänzungsband**, enthaltend weitere Änderungen und Ergänzungen durch die bis Mitte 1929 erlassenen Gesetze und Verordnungen. Oktav. 81 Seiten. 1929. (Guttentagsche Sammlung Deutscher Reichsgesetze Bd. 161c.) . . . . . . . . . . . RM. 1.—

*„Das Buch dürfte sich in der Bibliothek eines jeden finden, der sich mit der Reichsversicherungsordnung befaßt. Es gehört zu den praktisch wertvollsten.“ Deutsche Allgemeine Zeitung.*

**Reuß,** Max, und **Hense,** Fritz. **Das Reichsknappschaftsgesetz** vom 1. Juli 1926 nebst Einführungsgesetz. 2. Aufl. Taschenformat. XVI, 640 Seiten. 1926. (Guttentagsche Sammlung Deutscher Reichsgesetze Bd. 155.) . . . . . . . . . . . . . . . . . . . . . . . . . Geb. RM. 12.—

*„Die Herausgabe des Gesetzes bedarf keiner besonderen Empfehlung. Das Buch kann allen, die auf dem Gebiete des Knappschaftswesens tätig sind, aufs wärmste empfohlen werden.“*

*Zeitschrift für Bergrecht.*

**Angestelltenversicherungsgesetz** vom 28. Mai 1924. Zweite Auflage. Taschenformat. 143 Seiten. 1927. Mit Nachtrag. (Guttentagsche Sammlung Deutscher Reichsgesetze. Textausgaben ohne Anmerkungen.) Geb. RM. 2.50

*Diese neue Ausgabe entspricht der neuesten Fassung des Gesetzes unter Berücksichtigung der letzten Änderungen und Verordnungen. Das beigefügte Sachregister erleichtert das rasche Zurechtfinden in den einzelnen Bestimmungen des Gesetzes.*

**Manes,** Alfred, **Sozialversicherung.** 7., ergänzte Aufl. 1928. Kl.-Oktav. 139 Seiten. (Sammlung Göschen Bd. 267.) . . . . Geb. RM. 1.80

*„Es gibt keine andere Darstellung der geltenden Sozialversicherung, die in solch erfreulicher Kürze und Sachlichkeit durch die annähernd 2400 Paragraphen führt.“*

*Hanseatische Rechts- und Gerichts-Zeitschrift.*

**Schmeißer,** Herbert, **Handbuch der Arbeitslosenversicherung.** Mit einer Einführung und Erläuterungen. Taschenformat. 2. Aufl. im Druck. (Guttentagsche Sammlung Deutscher Reichsgesetze Bd. 165.)

*„Das Buch gibt in kurzer, aber ausreichender Form eine Darstellung des gesamten Rechtsstoffes der Erwerbslosenfürsorge unter Anpassung an die praktischen Bedürfnisse.“ Kommunalpolitische Blätter.*

## 2. Arbeitsrecht

**Depéne,** Hans, **Das Arbeitsgerichtsgesetz.** Taschenformat. 180 Seiten. 1927. (Guttentagsche Sammlung Deutscher Reichsgesetze Bd. 168.) Geb. RM. 3.60

*„Zur Einarbeitung ist das vorliegende Buch besonders brauchbar, weil es sich nicht um einen Kommentar mit vielen Details handelt, sondern um eine Textausgabe mit einer ausführlichen, von einem hervorragenden Sachkenner verfaßten Einleitung. Daß die entsprechenden Bestimmungen anderer einschlägiger Gesetze gleich mit abgedruckt sind, ist ein großer Vorteil.“ Wirtschaftliche Rundschau.*

**Arbeitsrechtliche Spruchsammlung.** Beiträge zum Deutschen Handwerksblatt . . . . . . . . . . . . . . . . Pro Quartal RM. 0.90

**Günther,** Adolf, und **Schneider,** Richard, **Arbeiterschutz und Arbeitsrecht.** Zweite Auflage. Taschenformat.

I. Teil: **Arbeitszeitschutz.** Das Arbeitszeitnotgesetz und die übrige arbeitszeitrechtliche Gesetzgebung des Reichs seit dem 9. November 1918. 386 Seiten. 1927 . . . . . . . . . . . . . . . Geb. RM. 7.50

*„Der Kommentar umfaßt die gesamte arbeitszeitrechtliche Gesetzgebung von der Staatsumwälzung bis zur Gegenwart. Er ist ein Führer durch das weite und unübersichtliche Gebiet der arbeitszeitrechtlichen Gesetzgebung. Ein ausführliches Sachregister soll die praktische Benutzung erleichtern." Die Wirtschaftsgenossenschaft.*

II. Teil: Gesetz über die **Beschäftigung Schwerbeschädigter** nebst den einschlägigen gesetzlichen Bestimmungen. 404 Seiten. 1928. (Guttentagsche Sammlung Deutscher Reichsgesetze Bd. 138a/138c.) Geb. RM. 8.—

*„Das Buch stellt nicht nur beim Studium des Gesetzes ein wertvolles Hilfsmittel dar, sondern ist auch für den Handgebrauch des Arbeitsrechtspraktikers unentbehrlich." Berliner Wohlfahrtsblatt.*

IV. Teil: **Betriebsstillegungsverordnung.** 240 Seiten. 1929. (Guttentagsche Sammlung Deutscher Reichsgesetze. Bd. 138d.) Geb. RM. 6.50

**Tilly,** Dr. Helmuth Tczerclas von, **Internationales Arbeitsrecht.** Unter besonderer Berücksichtigung der Internationalen Arbeitsorganisation. 120 Seiten. 1924. (Sammlung Göschen Bd. 882.) . . . . Geb. RM. 1.80

*Es ist das erste Werk, das in klarer, kurzer und allen leicht verständlicher Weise das gesamte grundlegende Tatsachenmaterial — und zwar nur dieses — auf dem umfassenden Gebiete des internationalen Arbeiterschutzes von dessen ersten Anfängen bis in die neueste Zeit bietet.*

### 3. Gewerberecht

**Hiller,** Fr., und **Luppe,** H., **Gewerbeordnung für das Deutsche Reich nebst Kinderschutzgesetz und Hausarbeitsgesetz** sowie den für das Reich und Preußen erlassenen Ausführungsbestimmungen. Einundzwanzigste, veränderte Auflage. (143. bis 148. Tausend.) Taschenformat. 931 Seiten. 1928. Mit Nachtrag vom 11. 2. 1929. (Guttentagsche Sammlung Deutscher Reichsgesetze Bd. 6.) . . . . . . Geb. RM. 11.—

*„Ein Wort der Empfehlung für dieses Buch zu sagen, erübrigt sich. Hervorgehoben sei, daß diese Auflage alle Vorzüge der früheren Auflagen in sich schließt. Die zahlreichen neuen Gesetze sind erschöpfend berücksichtigt." Zeitschrift des Deutschen Notarvereins.*

**Brassert,** H., **Allgemeines Berggesetz** für die preußischen Staaten mit Kommentar. Zweite Auflage, bearbeitet von Hans Gottschalk. Groß-Oktav. XXIX, 1291 Seiten. 1914. RM. 27.—, geb. RM. 30.—

**Sonnenfeld,** Hugo, **Die reichsrechtlichen Bestimmungen, betreffend den Handel mit Drogen und Giften.** Dritte, veränderte Auflage. Taschenformat. 435 Seiten. 1926. (Guttentagsche Sammlung Deutscher Reichsgesetze Bd. 64.) . . . . . . . . . . . . . . . Geb. RM. 12.—

*„Die Arbeit gehört einem Spezialgebiet an, mit dem nicht jeder Jurist zu tun hat. Wird er einmal genötigt, sich auf dieses Gebiet zu begeben, so ist er um so dankbarer für eine Arbeit, die sofort den Eindruck größter Sachkunde und vollständiger Materialsammlung macht, und deren Führung man sich unbedenklich anvertrauen kann."*

*Vossische Zeitung.*

**Lebbin**, Georg, **Nahrungsmittelgesetze** mit Erläuterungen. Zweite, stark vermehrte Auflage in zwei Bänden.

I. Band: Das Lebensmittelgesetz vom 5. Juli 1927 mit Nebengesetzen (Margarine, Fleisch, Milch, Süßstoff, Essigsäure usw.). Erläutert von G. Lebbin und R. Gießner. Taschenformat. XVI, 419 Seiten. 1928. Geb. RM. 8.50

II. Band: Getränkegesetze und Getränkesteuergesetze (Wein, Bier, Branntwein, Mineralwasser). Unter Mitarbeit von Rechtsanwalt Dr. Kniebe. Taschenformat. XII, 400 Seiten. 1926. (Guttentagsche Sammlung Deutscher Reichsgesetze Bd. 54b.) . . . . Geb. RM. 10.—

*„Das Werk ist für unsere Leser und überhaupt die ganze Fachwelt der Getränkeindustrie unentbehrlich, muß doch jedermann mit den einschlägigen Gesetzesbestimmungen sich soweit wie irgend möglich vertraut machen, wenn er nicht in Nachteile geraten will. Die Anschaffung des Buches kann bestens empfohlen werden."*

*Branntweinmonopol.*

**Voß**, Werner, **Die reichs- und landesrechtlichen Bestimmungen auf dem Gebiete des Gesundheitswesens. Taschenformat** 608 Seiten. 1929. (Guttentagsche Sammlung Deutscher Reichsgesetze Bd. 172.) Geb. RM. 11.—

*„Das Buch wird seiner Aufgabe, fast den gesamten Gesetzesstoff in einem einzigen kleinen Bande in die Hand zu geben, gewiß gerecht und wird sich schnell als unentbehrliches Hilfsmittel für jeden erweisen, der öfter mit dem Gesundheitswesen zu tun hat."* *Reichsverwaltungsblatt.*

**4. Geistig-gewerblicher Rechtsschutz.**

**Pietzcker**, Eduard, **Patentgesetz und Gebrauchsmusterschutzgesetz.** Kommentar unter Berücksichtigung der vorgeschlagenen und weiter beantragten Abänderungen des Patentgesetzes. Erster Halbband: §§ 1—12 PatG. Groß-Oktav. 427 Seiten. 1929. (Gewerbe- und Industrie-Kommentar Bd. V, 1.) . . . . . RM. 26.—, geb. RM. 28.—

*„Die überall zutage tretende geistige Leistung macht Pietzckers Kommentar für jeden, der sich mit diesem Rechtsgebiet zu beschäftigen hat, zum unentbehrlichen Rüstzeug."*

*Markenschutz und Wettbewerb.*

**Seligsohn**, Arnold, **Patentgesetz und Gesetz, betr. den Schutz von Gebrauchsmustern.** Siebente Auflage. Oktav. 1930. In Bearbeitung.

*„Die Vorzüge des Buches sind bekannt. Klare, leichtfaßliche Sprache, wissenschaftliche Vertiefung, dabei starke Betonung der Praxis, lückenlose Behandlung aller Probleme sind die Vorzüge, die den Seligsohnschen Kommentar zum unentbehrlichen Rüstzeug jedes im gewerblichen Rechtsschutz Tätigen gemacht haben."*

*Mitteilungen vom Verband Deutscher Patentanwälte.*

**Lutter**, R., **Patentgesetz.** Nebst Ausführungsbestimmungen, völkerrechtlichen Verträgen und Patentanwaltsgesetz, unter eingehender Berücksichtigung der Rechtsprechung des Reichsgerichts und der Praxis des Reichspatentamts. Neunte Auflage. Taschenformat. XV, 467 Seiten. 1928. (Guttentagsche Sammlung Deutscher Reichsgesetze Bd. 22.) Geb. RM. 10.—

*„Der jetzige Verfasser hat einen völlig neuen Kommentar geschaffen, der in seiner Knappheit und Sparsamkeit dem ursprünglichen Zweck gerecht wird, aber an wissenschaftlicher Durcharbeitung und Gründlichkeit die vorangegangenen Auflagen weit überragt."*

*Gewerblicher Rechtsschutz und Urheberrecht.*

**Elster,** Alexander, **Urheber- und Erfinder-, Warenzeichen- und Wettbewerbsrecht.** (Gewerblicher Rechtsschutz.) Zweite, stark erweiterte und völlig umgearbeitete Auflage. Mit Abdruck der Gesetzestexte. Oktav. XII, 611 Seiten. 1928. (Lehrbücher und Grundrisse der Rechtswissenschaft Bd. VIII.) . . . . . . . . RM. 18.—, geb. RM. 19.50

*„Seit Kohler und Osterrieth endlich wieder das lang entbehrte Lehrbuch. Hier unternimmt ein wahrhaft selbständiger und ideenreicher Kopf den Versuch, eine wirkliche Synthese zu schaffen."*

*Juristische Rundschau.*

**Neuberg,** J., **Der internationale gewerbliche Rechtsschutz.** 2. Auflage. 128 Seiten. 1923. (Sammlung Göschen Bd. 271.) . . . Geb. RM. 1.80

**Neuberg,** Johannes, **Gesetz, betr. das Urheberrecht an Mustern und Modellen,** und Gesetz, betr. den Schutz von Gebrauchsmustern, nebst den zu beiden Gesetzen ergangenen Ausführungsverordnungen und abgeschlossenen internationalen Verträgen. Textausgabe mit Einleitung, Anmerkungen und Sachregister. Taschenformat. 192 Seiten. 1911. (Guttentagsche Sammlung Deutscher Reichsgesetze Bd. 102.) Geb. RM. 2.40

*„Die Anmerkungen sind kurz, klar, treffend, mit Nachweisungen aus der Judikatur und aus der Literatur versehen. Sie ermöglichen auch dem mit der Materie nicht vertrauten Praktiker eine schnelle Orientierung über den Stand der Frage."*

*Zeitschrift für das gesamte Handelsrecht.*

**Daude,** Paul, **Die Reichsgesetze über das Urheberrecht an Werken der Literatur und der Tonkunst und das Verlagsrecht** vom 19. Juni 1901 in der Fassung des Gesetzes vom 22. Mai 1910 zur Ausführung der revidierten Berner Übereinkunft. Oktav. VIII, 293 Seiten. 1910. RM. 6.—

*„Der Zusammenhang der erläuterten Gesetze mit dem Strafgesetzbuch, dem Bürgerlichen Gesetzbuch und anderen Gesetzen ist in leichtverständlicher Weise praktisch dargestellt. Es wird vorzügliche Dienste leisten."* *Deutsche Literatur-Zeitung.*

**Lindemann,** O., **Gesetz, betr. das Urheberrecht** an Werken der Literatur und der Tonkunst. Vierte Auflage. Taschenformat. 171 Seiten. 1921. (Guttentagsche Sammlung Deutscher Reichsgesetze Bd. 60.) Geb. RM. 1.80

*„Die Arbeit ist nicht bloß eine Gesetzesausgabe, sondern ein wertvoller Kommentar des Gesetzes. Das Werk sei jedermann auf das beste empfohlen."* *Juristische Wochenschrift.*

**Fuld,** Ludwig, **Gesetz, betr. das Urheberrecht an Werken der bildenden Künste und der Photographie.** Zweite Auflage. Taschenformat. 192 Seiten. 1925. (Guttentagsche Sammlung Deutscher Reichsgesetze Bd. 81.) . . . . . . . . . . . . . . . . . . Geb. RM. 6.—

*„Der zwar kleine, aber inhaltreiche und daher sehr beliebte Kommentar von Fuld erscheint in zweiter, völlig neubearbeiteter Auflage. Überall ist dem Stande der heutigen Rechtsprechung und wissenschaftlichen Auffassungen Rechnung getragen. In einem Anhang sind die einschlägigen internationalen Übereinkommen abgedruckt. Alle Interessenten werden mit Freuden die neue Auflage begrüßen."*

*Danziger Juristische Monatsschrift.*

**Heinitz,** Ernst, und **Marwitz,** Bruno, **Das Reichsgesetz über das Verlagsrecht.** Textausgabe mit Einleitung, Anmerkungen und Sachregister. Dritte Auflage. Taschenformat. 136 Seiten. 1922. (Guttentagsche Sammlung Deutscher Reichsgesetze Bd. 61.) . . . . Geb. RM. 1.60

*„Dieser kurze Kommentar ist durch seine knappen, das Wichtige klar vortragenden Darlegungen dazu berufen, eine Lücke auszufüllen, die sich für den Praktiker des Verlagsrechts seit Jahren ergab. Man darf deshalb das Erscheinen dieser neuen Auflage aus der Feder des Spezialisten des Verlagsrechts mit größter Freude begrüßen."*
*Börsenblatt für den Deutschen Buchhandel.*

**Elster,** A., **Das deutsche Urheber- und Verlagsrecht.** 128 Seiten. 1923. (Sammlung Göschen Bd. 863.) . . . . . . . . . Geb. RM. 1.80

*„Erstaunlich ist, wie Elster diese beiden so viel umstrittenen Gesetze auf so engem Raum in vortrefflicher Weise zur Darstellung gebracht hat."* *Deutscher Journalistenspiegel.*

**Heymann,** E., **Die zeitliche Begrenzung des Urheberrechts.** Oktav. 74 Seiten. 1927. (Sitzungsberichte der Preußischen Akademie der Wissenschaften zu Berlin.) . . . . . . . . . . . . . . . . . RM. 5.—

**Elster,** A., **Das deutsche Erfinderrecht.** (Patent- und Musterschutzrecht). 118 Seiten. 1924. (Sammlung Göschen Bd. 891.) . . Geb. RM. 1.80

*„Die Aufgabe, einen Überblick über das deutsche Erfinderrecht zu geben, ist im Rahmen der kurzen Erörterungen mit viel Geschick gelöst. Deshalb wird das Büchlein auch bei allen Gruppen der am Patentrecht interessierten Personen seine Freunde finden."*
*Gewerblicher Rechtsschutz und Urheberrecht.*

**Seligsohn,** Jul., **Geheimnis und Erfindungsbesitz.** Groß-Oktav. 147 Seiten. 1921 . . . . . . . . . . . . . . . . . . . . . . . RM. 3.—

**Reininger,** G., **Der Schutz des Urheberrechts im deutschen Rundfunk.** Oktav. 88 Seiten. 1929 . . . . . . . . . . . . . . RM. 4.—

*„Eine interessante, zeitgemäße, namentlich auch für geistige Neuschöpfer wichtige Studie."* *Badische Rechtspraxis.*

**Wolff,** F., und **Crisolli,** K.-A., **Das Recht der Reklame.** Lexikon-Oktav. 424 Seiten. 1929 . . . . . . . . . . . RM. 20.—, geb. RM. 22.—

*Mit diesem Buch ist erstmalig eine systematische erläuternde Zusammenstellung der hauptsächlichsten Bestimmungen gegeben, die von Reklame handeln, bzw. mit Reklame in irgendeinem Zusammenhang stehen. In der Praxis macht sich das Fehlen einer solchen Bearbeitung sehr bemerkbar, da die Reklame in der Gesetzgebung kein in sich abgeschlossenes Gebiet bildet, sondern ihre gesetzlichen Grundlagen in den mannigfachen Bestimmungen des privaten und öffentlichen Rechts findet. Die Verfasser haben die einschlägige Rechtsprechung und Literatur bis in die neueste Zeit berücksichtigt.*

**Pinner-Elster, Gesetz gegen den unlauteren Wettbewerb.** Achte, sehr vermehrte und umgestaltete Auflage. Taschenformat. 254 Seiten. 1927. (Guttentagsche Sammlung Deutscher Reichsgesetze Bd. 37.) Geb. RM. 5.—

*„Das Buch ist mehr als eine bloße ‚Textausgabe mit Anmerkungen', nämlich ein richtiger Kommentar, und wird in der Praxis ausgezeichnete Dienste tun."*
*Senatspräsident am Reichsgericht Dr. Lobe, Leipzig, i. d. Jurist. Wochenschrift.*

**Wassermann,** Martin, **Der unlautere Wettbewerb** nach deutschem Recht. I. Generalklausel, Reklameauswüchse, Ausverkaufswesen, Angestelltenbestechung. 160 Seiten. 1911. II. Kreditschädigung, Firmen- und Namenmißbrauch, Verrat von Geheimnissen, Ausländerschutz. 151 Seiten. 1911. (Sammlung Göschen Bd. 339 u. 535.) . . . Geb. je RM. 1.80

**Born**, A., **Reichspreßgesetz** vom 7. Mai 1874 nebst den einschlägigen Bestimmungen der Reichsverfassung, des Reichsstrafgesetzbuches, der Gewerbeordnung usw. Mit Kommentar und Sachregister. Dritte Auflage. Taschenformat. 176 Seiten. 1924. (Guttentagsche Sammlung Deutscher Reichsgesetze Bd. 53.) . . . . . . . . . Geb. RM. 4.—

*„Das Werk bringt eine sehr reichhaltige Kommentierung des Stoffes, die um so wertvoller ist, als den Entscheidungen der Wortlaut der Urteilsbegründungen beigefügt ist. Sämtliche einschlägigen Bestimmungen der das Pressewesen berührenden Gesetze sind aufgeführt, eingehend besprochen und in Beziehung zueinander gebracht worden. Als Nachschlagewerk in Zweifelsfällen wird das Buch von großem Nutzen sein.“ Ministerialblatt für die preußische innere Verwaltung.*

**Hagens**, Alfred, **Warenzeichenrecht.** Kommentar. Groß-Oktav. VIII, 408 Seiten. 1927. (Gewerbe- und Industrie-Kommentar Bd. III.) RM. 22.—, geb. RM. 24.—

*„Eine ausführliche Darstellung, die zeigt, daß der Verfasser das gesamte Fachschrifttum und die reichhaltige Rechtsprechung restlos beherrscht. Ich habe gefunden, daß nicht ein einziger Fall von Bedeutung fehlt.“ Markenschutz und Wettbewerb.*

**Seligsohn**, Arnold, **Gesetz zum Schutz der Warenbezeichnungen.** Dritte Auflage, bearbeitet in Gemeinschaft mit Martin Seligsohn in Berlin. Groß-Oktav. IV, 416 Seiten. 1925. RM. 15.—, geb. RM. 16.50

*„Der Kommentar zeigt alle Vorzüge des in der Wissenschaft und Praxis des gewerblichen Rechtsschutzes gleich ausgezeichneten Juristen: volle theoretische und praktische Beherrschung des Stoffes, klare Darstellungsgabe, sorgsame Behandlung und treffsicheres Urteil.“ Badische Rechtspraxis.*

**Freund**, G. S., **Magnus**, Julius, und **Jüngel**, Friedrich, **Das deutsche Warenzeichenrecht.** Sechste, neubearbeitete Auflage. Teil I: Die internationalen Verträge. VI, 247 Seiten. Mit 4 Tafeln. 1924. (Guttentagsche Sammlung Deutscher Reichsgesetze Bd. 87a.) Geb. RM. 9.—

*„Das ganze Werk mit seiner Fülle von Gesetzen, Verordnungen, Verträgen, Bekanntmachungen bildet eine Quellensammlung für das internationale deutsche Zeichenrecht, ohne die man fortan nicht mehr auskommen kann.“ Gewerblicher Rechtsschutz und Urheberrecht.*

## IV. Zivilprozeß

**Fischer**, Otto, **Lehrbuch des deutschen Zivilprozeß- und Konkursrechts.** Groß-Oktav. XII, 488 Seiten. 1918 . . . RM. 8.—, geb. RM. 10.—

**Kisch**, Wilh., **Deutsches Zivilprozeßrecht.**

I. Band. Vierte, verbesserte Auflage. 115 Seiten. 1929. (Sammlung Göschen Bd. 428.) . . . . . . . . . . . . Geb. RM. 1.80

II. Band. Vierte, verbesserte Auflage. 168 Seiten. 1929. (Sammlung Göschen Bd. 430.) . . . . . . . . . . . . . Geb. RM. 1.80

III. Band. Vierte, verbesserte Auflage. 148 Seiten. 1929 (Sammlung Göschen Bd. 430.) . . . . . . . . . . . . . Geb. RM. 1.80

*Diese Auflage wird jedem, der sich auf gemeinverständliche Weise über unser geltendes Zivilgerichtswesen unterrichten will, gute Dienste leisten, und kann namentlich den Studierenden des Rechts als Einführung bestens empfohlen werden.*

**Sydow, R., Busch, L., und Krantz, W., Zivilprozeßordnung und Gerichtsverfassungsgesetz.** Neunzehnte Auflage. Groß-Oktav. VIII, 1335 Seiten. 1926. (de Gruytersche Sammlung Deutscher Gesetze. Handkommentare.) . . . . . . . . . . . . . . Geb. RM. 25.—

*„Der Wert des Werkes ist längst anerkannt. Es gibt wohl keinen Praktiker, der sich seiner nicht mit besonderer Vorliebe bedient. Vollständigkeit, Übersichtlichkeit, Zuverlässigkeit und Ausführlichkeit der Erläuterungen sind auch diesmal dem allgemein beliebten Buche als seine hervorstechendsten Vorzüge treugeblieben. Für die Praxis ist es unentbehrlich.“*

*Zeitschrift des Bundes Deutscher Justizamtmänner.*

**Zivilprozeßordnung mit Gerichtsverfassungsgesetz und Einführungsgesetzen** in der Fassung der Bekanntmachung vom 13. Mai 1924 mit den bis 1. April 1929 ergangenen Abänderungen. Textausgabe mit Sachregister. Taschenformat. 440 Seiten. 1929. (Guttentagsche Sammlung von Textausgaben ohne Anmerkungen.) . . . Geb. RM. 3.50

*Die handliche Ausgabe enthält den genannten Gesetzestext mit einem das Zurechtfinden sehr erleichternden Sachregister.*

**Sydow, R., Busch, L., und Krantz, W., Gerichtsverfassungsgesetz** mit Einführungsgesetz. Unter besonderer Berücksichtigung der Entscheidungen des Reichsgerichts. Zehnte Auflage. Taschenformat. 347 Seiten. 1925. (Guttentagsche Sammlung Deutscher Reichsgesetze Bd. 14.)
Geb. RM. 6.—

*„Das Buch bedarf keiner Empfehlung, es empfiehlt sich selbst durch die Fülle dessen, was es bietet. Gesetzgebung und Rechtsprechung sind bis in die neueste Zeit berücksichtigt.“*

*Leipziger Zeitschrift für Deutsches Recht.*

**Rausnitz, Julius, Gebührenordnung für Notare** vom 28. Oktober 1922 (GS. 404) nebst den einschlägigen Vorschriften des Preußischen Gerichtskostengesetzes vom 28. Oktober 1922 (GS. 363), beide in der Fassung der Gesetze vom 12. April 1923 (GS. 107), 18. Dezember 1923 (GS. 556) und der Verordnung vom 28. Juni 1924 (GS. 573). Sechste, umgearbeitete Auflage. Oktav. 158 Seiten. 1925. (Guttentagsche Sammlung Preußischer Gesetze Bd. 4.) . . . Geb. RM. 7.—

*„Der in seiner äußeren Form sehr handlich und gut ausgestaltete Kommentar kann nur auf das wärmste empfohlen werden. Er wird sehr bald ein unentbehrlicher, weil nie versagender Ratgeber werden, der die Berufsarbeit sehr erleichtern wird.“ Juristische Wochenschrift.*

**Sydow, R., Busch, L., und Krieg, O., Die Deutsche Gebührenordnung für Rechtsanwälte,** das Gesetz, betreffend die Erstattung von Rechtsanwaltsgebühren in Armensachen, und die Preußische Landesgebührenordnung mit Erläuterungen. Auf der Grundlage der Sydow-Busch'schen Textausgabe mit Anmerkungen in dreizehnter Auflage unter Mitaufnahme des Gesetzes über die Erstattung in Armensachen neubearbeitet. Taschenformat 496 Seiten. 1929. (Guttentagsche Sammlung Deutscher Reichsgesetze Bd. 17.) . . . . . . . . Geb. RM. 9.—

*„Die Erläuterung der Gebührenordnung bietet besonders Wertvolles. Sie steht schon lange unter den Anmerkungsausgaben mit an erster Stelle. Und das mit Recht.“*

*Zeitschrift des Bundes Deutscher Justizamtmänner.*

**Sydow**, R., **Busch**, L., und **Krieg**, O., **Deutsches Gerichtskostengesetz nebst Gebührenordnung** für Gerichtsvollzieher und für Zeugen und Sachverständige in den neuesten Fassungen. Auf der Grundlage der Sydow-Busch'schen Textausgabe mit Anmerkungen neubearbeitet in elfter Auflage. Taschenformat. XI, 433 Seiten. 1928. (Guttentagsche Sammlung Deutscher Reichsgesetze Bd. 15.) . . . . . . Geb. RM. 7.50

*„Die neue Auflage bietet unter gründlicher Berücksichtigung der gesamten einschlägigen Rechtsprechung eine zeitgemäße, übersichtliche und erschöpfende Erläuterung des Gesetzes. Für den täglichen Gebrauch in der Praxis erscheint diese Textausgabe mit Anmerkungen als unentbehrlich."*

*Dr. Natter in der „Württembergischen Zeitschrift für Rechtspflege".*

**Lindemann**, Otto, **Preußisches Gerichtskostengesetz** (neueste Fassung). Nach dem Tode des früheren Herausgebers P. Siméon erläutert. Achte, völlig umgearbeitete Auflage. Taschenformat. 439 Seiten. 1928. (Guttentagsche Sammlung Preußischer Gesetze Bd. 17.)

Geb. RM. 8.—

*„Die achte Auflage dieser bekannten Ausgabe des Preußischen Gerichtskostengesetzes ist entsprechend den bedeutsamen Änderungen der letzten Jahre völlig umgearbeitet. Die gesamte Rechtsprechung wurde eingehend berücksichtigt, so daß hier eine Erläuterung vorliegt, die Zuverlässigkeit und Vollständigkeit in sich verbindet."*

*Mitteilungen des Preußischen Richtervereins.*

## Freiwillige Gerichtsbarkeit

**Jastrow**, Hermann, und **Günther**, Hermann, **Die Gesetze des Reiches und Preußens über die freiwillige Gerichtsbarkeit.** Textausgabe mit Einleitung, Anmerkungen und Sachregister. Siebente, vermehrte Auflage. Taschenformat. 548 Seiten. 1928. (Guttentagsche Sammlung Deutscher Reichsgesetze Bd. 46.) . . . . . . . . . . Geb. RM. 9.—

*„Die Anmerkungen unterrichten in zuverlässiger Weise über die wichtigste Rechtsprechung des Reichsgerichts und der deutschen Oberlandesgerichte auf dem Gebiete der freiwilligen Gerichtsbarkeit. Ein ausführliches Sachregister erhöht die Brauchbarkeit des bewährten Buches, das auch in der neuen Auflage seinen Zweck auf das beste erfüllen wird."* *Juristische Wochenschrift.*

**Die Gesetze des Reiches und Preußens über die freiwillige Gerichtsbarkeit.** Textausgabe mit Sachregister. Taschenformat. 168 Seiten. 1930. (Guttentagsche Sammlung von Textausgaben ohne Anmerkungen mit Sachregister.) . . . . . . . . . . . . . . . . RM. 3.—

*Das Buch enthält in der bekannten Art der Guttentagschen Gesetzesausgaben außer dem „Gesetz über die Angelegenheiten der freiwilligen Gerichtsbarkeit" alle in dieses Gebiet fallenden sonstigen Gesetze, Ausführungsbestimmungen, Abkommen, Verordnungen usw. in absolut zuverlässigem Abdruck und ein das Zurechtfinden sehr erleichterndes Sachregister.*

**Szkolny**, Felix, und **Kober**, Leopold, **Das Notariatsrecht**, unter besonderer Berücksichtigung des materiellen Rechts und des Steuer- und Stempelrechts erläutert. Oktav. 236 Seiten. 1926. (Guttentagsche Sammlung Deutscher Reichsgesetze Bd. 163.) . . . . . . . Geb. RM. 8.50

*„Die Darlegung des materiellen Rechts, soweit es in der täglichen Anwendung den Notar hauptsächlich beschäftigt. Es wird die Beurkundung einzelner Rechtsgeschäfte und anderer Rechtsvorgänge behandelt. Die Ausführungen verwerten die neueste Lehre und Rechtsprechung eingehend, die Darstellung ist leicht faßlich und klar, einzelne Muster vervollkommnen das anschauliche Bild."*

*Zeitschrift des Deutschen Notarvereins.*

**Szkolny**, Felix, **Die Belehrungspflicht des Notars.** Oktav. 52 Seiten. 1927. . . . . . . . . . . . . . . . . . . . . . . . . . RM. 2.—

*„Ein trotz seines geringen Umfanges sehr nützliches Buch, für das wir dem Verfasser Dank wissen müssen. Es ist zu begrüßen, daß die Beschäftigung mit dem Notariatsrecht zunimmt, und es besteht die Hoffnung, daß dies eine günstige Einwirkung auf die Handhabung des Notariats nicht verfehlen wird."*

*Zeitschrift des Deutschen Notarvereins.*

**Konkursordnung und Zwangsvollstreckung**

**Jaeger**, Ernst, **Kommentar zur Konkursordnung** und den Einführungsgesetzen. Mit einem Anhang, enthaltend das Anfechtungsgesetz, die Vergleichsordnung, Auszüge aus den Kostengesetzen, Ausführungsgesetze und Geschäftsordnungen. Sechste und siebente, neubearbeitete Auflage. Groß-Oktav. Der Umfang des Gesamtwerkes umfaßt etwa 100 Bogen. Die Ausgabe erfolgt in Lieferungen.

Gesamtpreis etwa RM. 80.—

Erster Band. Erste Lieferung (§§ 1—16). 296 Seiten. 1928. RM. 16.—

Erster Band. Zweite Lieferung (§§ 17—27). Seite 297—472. 1929. RM. 10.—

Erster Band. Dritte Lieferung. Im Druck.

*„Das Jaegersche Werk ist ohne Zweifel der beste von den mehreren guten Kommentaren zur Konkursordnung, die wir besitzen."*

*Zeitschrift für Deutschen Zivilprozeß.*

**Sydow**, R., **Busch**, L., und **Krieg**, O., **Konkursordnung** und Anfechtungsgesetz mit Erläuterungen. Auf der Grundlage der Sydow-Buschschen Textausgabe mit Anmerkungen in fünfzehnter Auflage unter Mitaufnahme der Vergleichsordnung neubearbeitet. Taschenformat. 816 Seiten. 1929. (Guttentagsche Sammlung Deutscher Reichsgesetze Nr. 13.) . . . . . . . . . . . . . . . . . . . . . Geb. RM. 12.—

*„Die Erläuterungsbücher von Sydow-Busch sind als Kommentare mittleren Umfanges seit vielen Jahren in der Juristenwelt rühmlichst bekannt."* *Juristische Rundschau.*

**Fischer**, K., und **Schäfer**, L., **Die Gesetzgebung, betr. die Zwangsvollstreckung in das unbewegliche Vermögen** im Reiche und in Preußen. Bearbeitet von J. Krech und O. Fischer. Zweite Auflage. Lexikon-Oktav. XVI, 728 Seiten. 1910 . . . RM. 15.—, geb. RM. 18.—

*„Unter den zahlreichen Bearbeitungen des Zwangsvollstreckungsgesetzes ist der Kommentar von Fischer und Schäfer wohl der wissenschaftlich bedeutendste. Überall sind die Erläuterungen systematisch, manchmal geradezu lehrbuchartig aufgebaut, die leitenden Gedanken treten trotz der Fülle der behandelten Einzelfragen klar und deutlich hervor."*

*Zeitschrift für Rechtspflege in Bayern.*

**Krech**, J., und **Fischer**, O., **Die Gesetzgebung, betr. die Zwangsvollstreckung in das unbewegliche Vermögen** im Reiche und in Preußen. Textausgabe mit Einleitung, Anmerkungen und Sachregister. Zehnte Auflage, bearbeitet von O. Fischer. Taschenformat. 266 Seiten. 1929. (Guttentagsche Sammlung Deutscher Reichsgesetze Bd. 43.)

Geb. RM. 5.—

*„Einer besonderen Empfehlung dieser handlichen Ausgabe, deren Hauptteil das Gesetz über die Zwangsversteigerung und Zwangsverwaltung bildet, bedarf es nicht, Gesetzgebung, Rechtsprechung und Rechtslehre sind bis zur Gegenwart berücksichtigt."*

*Sächsisches Archiv für Rechtspflege.*

**Samter,** M. K., **Handbuch zum Verfahren der Zwangsversteigerung und Zwangsverwaltung** nach dem Reichsgesetz vom 24. März 1897 (Fassung vom 20. Mai 1898). Zweite Auflage, vermehrt durch einen Nachtrag und ein Selbstexaminatorium. VIII, 400 Seiten. 1912. RM. 5.—

*Im ersten Teil dieses Handbuches sind, seinem Einführungszweck entsprechend, die allgemeinen und materiellrechtlichen Grundlagen des Verfahrens kurz dargestellt, deren Aneignung jüngeren Juristen besonders schwer fällt. Im zweiten Teil ist das Verfahren in organischer Plastik zur Darstellung gelangt, um auch älteren Juristen, in strepitu fori, eine leichte und doch voll ausreichende Übersicht der in Betracht kommenden Vorschriften und Rechtsgrundsätze zu gewähren.*

**Kretzschmar,** F., **Die Zwangsversteigerung und die Zwangsverwaltung.** 110 Seiten. 1911. (Sammlung Göschen Bd. 523.) . . Geb. RM. 1.80

## V. Strafrecht und Strafprozeß

### Strafgesetzbuch

**Ebermayer,** Ludwig, **Lobe,** Adolf und **Rosenberg,** Werner, **Das Reichsstrafgesetzbuch,** Leipziger Kommentar mit besonderer Berücksichtigung der Rechtsprechung des Reichsgerichts. Vierte, vermehrte und verbesserte Auflage. Lexikon-Oktav. X, 1282 Seiten. 1929. RM. 56.—, in Halbleder geb. RM. 63.—

*„Zusammenfassend wird man sagen müssen, daß der Kommentar nun wohl endgültig an die Spitze der großen Kommentare zum StGB. getreten ist."* *Zeitschrift für Rechtspflege in Bayern.*

**Kohlrausch,** Eduard, **Strafgesetzbuch für das Deutsche Reich mit Nebengesetzen.** Textausgabe mit Anmerkungen und Sachregister. Früher von Dr. Fr. v. Liszt u. Dr. E. Delaquis. Neunundzwanzigste Auflage. Taschenformat. X, 562, *48 Seiten. 1930. (Guttentagsche Sammlung Deutscher Reichsgesetze Bd. 2.) . . . Geb. RM. 8.—

*„Ein Buch, an Hand dessen eine schnelle und zuverlässige Orientierung über die wichtigsten Auslegungsfragen möglich ist. Es dient in gleicher Weise dem Studierenden zur Einführung in eine Lektüre des Gesetzes wie dem Praktiker zur schnellen Auffindung einer Entscheidung."*

*Rechtsanwalt Dr. Max Alsberg in der „Juristischen Wochenschrift".*

**Liszt,** Fr. v., **Lehrbuch des deutschen Strafrechts.** Fünfundzwanzigste, vollkommen durchgearbeitete und zum Teil umgestaltete Auflage, besorgt von Dr. E. Schmidt, Professor an der Universität Breslau. Groß-Oktav. XXXIV, 976 Seiten. 1927. RM. 27.50, geb. RM. 30.—

*„Das Lisztsche Lehrbuch wird auch in dieser neuen Bearbeitung seinen ersten Platz und seinen Weltruf sich bewahren."*

*Zeitschrift des Deutschen Notarvereins.*

**Gerland,** H. B., **Das deutsche Reichsstrafrecht.** Oktav. 600 Seiten. 1922. (Lehrbücher und Grundrisse der Rechtswissenschaft Bd. XVI.) RM. 10.—, geb. RM. 11.50

*„Durch knappe, geradezu klassische Kürze zeigende Darstellung gelang es Gerland auf engem Raume eine ungeheure Fülle des Stoffes zu bieten und auf jede Frage Antwort zu geben."*

*Juristische Wochenschrift.*

**Gerland, H., Der Entwurf 1925.** Allgemeiner Teil. Kritische Bemerkungen. Oktav. 96 Seiten. 1925 . . . . . . . . . . . . RM. 5.—

*„Eine außerordentlich interessante Abhandlung. Die Schrift stellt ein fast unentbehrliches Hilfsmittel für jeden dar, der sich mit den einschlägigen Fragen zu beschäftigen hat."*

*Mitteilungen des Preußischen Richtervereins.*

**Aschrott, P. F. u. Kohlrausch, Ed., Reform des Strafrechts.** Kritische Besprechung des Amtlichen Entwurfs eines Allgemeinen Deutschen Strafgesetzbuchs. Auf Veranlassung der Deutschen Landesgruppe der Internationalen Kriminalistischen Vereinigung unter Mitwirkung erster Fachgenossen herausgegeben. Gr.-Oktav. V, 415 S. 1926. RM. 18.—

*„Die gestellte Aufgabe ist glänzend gelöst. Kaum ein Punkt ist übersehen worden, der die Kritik herausfordert. — Niemand, der an der endgültigen Gestaltung unseres Strafrechts Anteil nimmt, darf an dieser Sammelkritik achtlos vorübergehen."*

*Geh. Hofrat Prof. Dr. v. Lilienthal in der „Deutschen Juristen-Zeitung".*

**Zeitschrift für die gesamte Strafrechtswissenschaft.** Gegründet von **Fr. von Liszt und A. Dochow.** Unter ständiger Mitarbeiterschaft hervorragender Fachmänner herausgegeben von Dr. K. von Lilienthal, Professor in Heidelberg, Dr. Ed. Kohlrausch, Professor in Berlin, und Dr. W. Gleispach, Professor in Wien. Der Jahrgang besteht aus 8—9 Heften. Quart.

Bd. 1—43. 1881—1922. Je RM. 15.—. Bd. 44. 1922. RM. 25.—. Bd. 45. 1924. RM. 21.—. Bd. 46—49. 1925—1929. Je RM. 30.—.

**Sammlung außerdeutscher Strafgesetzbücher** in deutscher Übersetzung. Herausgegeben von den Schriftleitungen der Zeitschrift für die ges. Strafrechtswissenschaft u. d. Mitteilungen der Internationalen Kriminalistischen Vereinigung. Nr. 1—43. 1881—1914 . . Preise auf Anfrage.

Nr. 44:

**Japanische Strafgesetze.** I. Schwurgerichtsordnung vom 18. April 1923 und strafrechtliche Nebengesetze. Übersetzt von Hyoichiro Kusano, Reichsgerichtsrat in Tokio, Tadao Sugiura, Oberlandesgerichtsrat in Sapporo, und Dr. jur. Fritz Bartelt in Berlin. II. Strafvollzugsgesetz vom 28. März 1908 nebst Ausführungsverordnung vom 16. Juni 1908. Übersetzt von Dr. jur. Toshita Tokiwa, Gerichtsassessor in Tokio, und Dr. jur. Werner Gentz, Justizrat beim Strafvollzugsamt in Kiel. Oktav. 55 Seiten. 1927. RM. 3.—

Nr. 45:

**Die Auslieferungsgesetze Norwegens, Schwedens und Finnlands.** Mit einer systematischen Darstellung der Grundzüge des nordischen Auslieferungsrechts im Hinblick auf den Erlaß eines deutschen Auslieferungsgesetzes Von Dr. jur. Ernst Wolgast, Privatdozent in Königsberg i. Pr. Groß-Oktav. VIII, 487 Seiten. 1928. . . RM. 20.—

Nr. 46:

**Das Türkische Strafgesetzbuch** vom 1. März 1926. Gesetz Nr. 765. (Türkisches Gesetzblatt Nr. 320 vom 13. März 1926.) Das Ausführungsgesetz zum Türkischen Strafgesetzbuch vom 26. April 1926. Deutsche Übersetzung von Dr. K. Ziemke. Oktav. 138 S. 1927. RM. 5.—

Nr. 47:

**Entwurf eines griechischen Strafgesetzbuches.** Übersetzt und eingeleitet von Demetrius G. Venturas, Rechtsanwalt in Korfu, Griechenland. Oktav. 123 Seiten. 1928 . . . . . . . . . RM. 7.—

Nr. 48:

**Italienischer Vorentwurf zu einem neuen Strafgesetzbuch.** (Progetto di un nuovo codice penale.) In deutscher Übersetzung von Dr. K. Bunge, Landgerichtsrat in Berlin. Oktav. XXXII, 244 Seiten. 1928. RM. 10.—

## Nebengesetze

**Lindemann,** Otto, **Sammlung der wichtigsten preußischen Strafgesetze.** Zweite Auflage. Taschenformat. 372 Seiten. 1912. (Guttentagsche Sammlung Preußischer Gesetze Bd. 34.) . . . . . Geb. RM. 3.50

*„Die durch mehrere wichtige Gesetze erweiterte zweite Auflage dieses unentbehrlichen Ergänzungsbandes zu den in Einzelausgaben erschienenen Preußischen Gesetzen ist durch die Wiedergabe der noch geltenden vereinzelten alten Strafvorschriften nebst trefflich unterrichtenden Vorbemerkungen und Erläuterungen besonders wertvoll. Nur mittels einer solchen ausgezeichneten Sammlung ist es möglich, auch die zerstreuten Gebiete des Strafrechts völlig zu beherrschen." Deutsche Juristen-Zeitung.*

**Fraustädter,** Werner, **Deutsches Auslieferungsgesetz** vom 23. Dezember 1929 und andere neuere Vorschriften der Rechtshilfe in Strafsachen, einschließlich der Auslieferung. Textausgabe mit Einleitung, Erläuterungen und Sachregister. Etwa 150 Seiten. 1930. (Guttentagsche Sammlung Deutscher Reichsgesetze Bd. 86.) . . . . Geb. RM. 4.—

*Das Auslieferungsgesetz hat durch die Neufassung vom 25. 12. 1929 eine starke Umgestaltung erfahren, die zur Hearusgabe der vorliegenden Neubearbeitung geführt hat. Diese enthält eine ausführliche Erläuterung der neuen Bestimmungen sowie einen Abdruck der wichtigsten Verträge und Vorschriften und ermöglicht einen vollständigen Überblick über den gegenwärtigen Stand des deutschen Auslieferungsrechtes.*

**Kirchner,** Rudolf, **Gesetz über den Verkehr mit Kraftfahrzeugen.** Vierte Auflage. (Guttentagsche Sammlung Deutscher Reichsgesetze Bd. 92.) In Vorbereitung.

*„Ein sehr wertvolles Hilfsmittel für Anwendung und Auslegung des wichtigen Gesetzes." Leipziger Zeitschrift für deutsches Recht.*

**Lindemann,** Otto, **Polizeiverordnungen in Preußen.** Zweite Auflage. Taschenformat. 189 Seiten. 1912. (Guttentagsche Sammlung Preußischer Gesetze Bd. 36.) . . . . . . . . . . . . Geb. RM. 2.50

**Abhandlungen des Kriminalistischen Instituts an der Universität Berlin.** Herausgegeben von Dr. **Franz von Liszt,** o. Professor der Rechte. Sonderverzeichnis kostenlos. Vierte Folge. I. Band.

Heft 1:

**Dannenberg,** Herbert, **Liberalismus und Strafrecht im 19. Jahrhundert unter Zugrundelegung der Lehren Karl Georg von Waechters.** Oktav. IV, 66 Seiten. 1925 . . . . . . . . . . . . . . . RM. 3.—

Heft 2:

**Tarnowski,** Dr. Hans, **Die systematische Bedeutung der adäquaten Kausalitätstheorie für den Aufbau des Verbrechensbegriffs.** Oxtav. X, 340 Seiten. 1927 . . . . . . . . . . . . . . . . . . . RM. 18.—

**Heindl,** Robert, **System und Praxis der Daktyloskopie** und der sonstigen technischen Methoden der Kriminalpolizei. Dritte, neubearbeitete und vermehrte Auflage. 900 Abbildungen im Text und 21 Bildertafeln. 780 Seiten. Groß-Oktav. 1927 . . . . . RM. 36, geb. RM. 40.—

*„Ein Werk, mit dem wohl für geraume Zeit die Literatur dieses Gebiets ihren krönenden Abschluß gefunden haben dürfte. — Es darf erwartet werden, daß jeder Richter, Rechtsanwalt und Verteidiger sich dieses vorzüglichen Werkes bedient." Deutsche Juristenzeitung*

**Kleine kriminalistische Bücherei.**

Band 1:

**Schneickert,** Hans, **Die strafrechtlichen Aufgaben der Polizei.** Für den Polizeiunterricht und die Polizeipraxis. Taschenformat. 182 Seiten. 1921. RM. 2.—

Band 2:

**Philipp,** Lothar, **Beobachtungs- und Ermittlungspraxis im Polizei- und Detektivdienst.** Taschenformat. 180 Seiten. 1923 . . . RM. 2.—

*„Alles in allem: ein Buch, für den Fachmann lesenswert, für den Anfänger ein guter Leitfaden, für den Laien interessant."*

*Zeitschrift für gerichtliche Schriftvergleichung.*

Band 3:

**Manteuffel,** H. v., **Falschspieler.** Formen und Technik des Spielbetruges, nebst einem Anhange: Der Spielprofessor und sein angeblich sicheres System beim Spiele gegen eine öffentliche Roulettebank. Taschenformat 90 Seiten. 1923 . . . . . . . . . . . RM. 2.—

*Gerade heutzutage, wo die Spielleidenschaft so weite Kreise zieht, ist es von besonderem Reiz, diese klare, flüssige und lehrreiche Darstellung zu verfolgen.*

Band 4:

**Schneickert,** Hans, **Kriminalistische Spurensicherung.** Sammlung dienstlicher Anweisungen und sachverständiger Ratschläge für den Dienstgebrauch und für Polizeischulen. Zweite, vermehrte und verbesserte Auflage. Taschenformat. 96 Seiten. Mit 2 Abbildungen. 1925. Geb. RM. 3.—

*„Alle Einzelheiten werden hervorgehoben und als möglicherweise wichtige Beweismomente in einem vielarmigen System zusammengefaßt. In der Durchführung seiner Aufgabe hat der Verfasser tatsächlich alles berücksichtigt, was für das Beweisverfahren von Bedeutung ist und sein könnte."* *Archiv für Kriminologie.*

Band 5:

**Rehfeld,** P., **Gerichtsärztliche Tatbestandsfeststellungen** im Dienste der Polizei. Ein Leitfaden für Polizei- und Kriminalbeamte. Taschenformat. 133 Seiten. 1927 . . . . . . . . . . . . . . . . Geb. RM. 3.50

*„Die Bearbeitung gibt eine geschlossene, einheitliche Behandlung des Stoffgebietes durch einen Arzt, wie sie anderweitig in der kriminalistischen Literatur nicht vorhanden ist." Deutsches Polizeiarchiv.*

**Strafprozeßordnung**

**Kohlrausch,** Eduard, **Strafprozeßordnung** und Gerichtsverfassungsgesetz mit Nebengesetzen. Einundzwanzigste Auflage. Taschenformat. XI, 526 Seiten. 1927. (Guttentagsche Sammlung Deutscher Reichsgesetze Bd. 12.) . . . . . . . . . . . . . . . Geb. RM. 7.50

*„Das Buch ist nicht nur für den Praktiker, der sich rasch unterrichten will, sondern auch für den Studierenden, zumal wenn ihm die wirtschaftlichen Verhältnisse die Anschaffung umfangreicher Kommentare nicht ermöglichen, von größtem Wert."*

*Oberreichsanwalt Dr. Ebermayer in der „Juristischen Wochenschrift".*

**Feisenberger,** Albert, **Strafprozeßordnung und Gerichtsverfassungsgesetz.** Handkommentar. Groß-Oktav. IX, 517 Seiten. 1926. Mit Nachtrag. 1927. (de Gruytersche Sammlung Deutscher Gesetze. Handkommentare.) . . . . . . . . . . . . . . . . . . Geb. RM. 17.—

*„Der vorliegende Handkommentar ist eine glänzende Arbeit, die bald in der Hand jedes Strafrichters und Rechtsanwalts sein wird. Er hält die Mitte zwischen Textausgabe und den umfangreichen Kommentaren. Geradezu vorbildlich ist er für den Umfang der Heranziehung der Rechtsprechung. Alles Wesentliche ist berücksichtigt."*

*Danziger Juristische Monatsschrift.*

**Beling**, E., **Deutsches Reichsstrafprozeßrecht** mit Einschluß des Strafgerichtsverfassungsrechts. Oktav. XIV, 568 Seiten. 1928. (Lehrbücher und Grundrisse der Rechtswissenschaft Bd. XVII.) RM. 15, geb. RM. 16.50

*Die Eigenart des vorliegenden Lehrbuches des Reichsstrafprozeßrechts ist, daß es dem Verständnis der Gesetzestexte vorarbeiten und zu ihnen hinführen will. Gerade das, was nicht im Gesetz steht, ist die Hauptsache; die Gesetzesparagraphen sind Ziel, nicht Ausgangspunkt. Insbesondere aber stellt der Verfasser die Regelungsinhalte des geltenden Rechts in die heutige rechtspolitische Gedankenwelt hinein und gibt ein auch äußerlich scharf hervortretendes System, das den Lernenden befähigt, die Fülle der Einzelheiten unter allgemeinen Ordnungsgesichtspunkten zusammenzusetzen.*

**Rosenfeldt**, E. H., **Deutsches Strafprozeßrecht.** 2 Bände. 128 und 148 Seiten. 1926. (Sammlung Göschen Bd. 938/939.) Geb. je RM. 1.80

*„Eine wissenschaftlich hochstehende, auf einem knappen Raum zusammengedrängte, klar und originell geschriebene Einführung in den deutschen Strafprozeß.“* *Schweizer. Zeitschrift für Strafrecht.*

**Löwe**, F., und **Rosenberg**, Werner, **Die Strafprozeßordnung für das Deutsche Reich** vom 22. März 1924 nebst dem Gerichtsverfassungsgesetz. Kommentar. Achtzehnte, neubearbeitete Auflage. Lexikon-Oktav. 1332 Seiten. 1929 . . . . RM. 44.—, in Halbleder geb. RM. 50.—

*„Der Löwesche Kommentar hat sich in Wissenschaft und Rechtsprechung eine so hervorragende Stellung erworben, daß er zum unentbehrlichen Ratgeber für Theoretiker und Praktiker geworden ist. Der Kommentar steht nach wie vor an erster Stelle und ist ein Meisterwerk in der Kunst einer klaren, übersichtlichen und erschöpfenden Darstellung dieses außerordentlich spröden Stoffes.“*
*Zeitschrift des deutschen Notarvereins.*

**Feisenberger**, Albert, **Strafprozeßordnung und Gerichtsverfassungsgesetz**, in alter und neuer Fassung synoptisch gegenübergestellt. Mit ausführlichem Sachregister. Taschenformat. 265 Seiten. 1924. Mit Nachtrag. 1927. (Guttentagsche Sammlung Deutscher Reichsgesetze Bd. 158.) . . . . . . . . . . . . . . . . . . . . Geb. RM. 4.50

*„Die Ausgabe ist für die Praxis auf längere Zeit unentbehrlich. Die synoptische Darstellung erleichtert die Arbeit und schützt vor Gedächtnisfehlern.“* *Juristische Wochenschrift.*

**Aschrott**, P. F., **Die Reform des Strafprozesses.** Kritische Besprechungen der von der Kommission für die Reform des Strafprozesses gemachten Vorschläge. Auf Veranlassung der Internationalen Kriminalistischen Vereinigung, Gruppe Deutsches Reich. Groß-Oktav. XII, 120 und 784 Seiten. 1906 . . . . . . . . . . . . . . . . . . RM. 12.—

**Beiträge zur Reform des Strafprozesses.** Herausgegeben von Dr. Franz **Adickes**, Dr. P. F. **Aschrott**, Dr. K. **von Lilienthal**, Dr. Fr. **von Liszt.** 2 Bände. Groß-Oktav. I. Bd. Heft 1—6. 1908. RM. 9.70. — II. Bd. Heft 1—5. 1909. RM. 15.10.

**Frede**, L. u. **Grünhut**, M., **Reform des Strafvollzuges.** Kritische Beiträge zu dem Amtlichen Entwurf eines Strafvollzugsgesetzes. Oktav. VII, 264 Seiten. 1927 . . . . . . . . . . . . . . . . RM. 10.—

*Die in dem vorliegenden Buch zusammengefaßten Beiträge üben nicht nur eine Einzelkritik an den Bestimmungen des Entwurfs, sondern dienen zugleich unter dem Gesichtspunkt der gegenwärtigen gesetzgeberischen Aufgabe der wissenschaftlichen Grundlegung des ganzen Strafvollzugsproblems.*

## VI. Öffentliches Recht.

### 1. Staats- und Völkerrecht.

**Fischbach,** O. G., **Allgemeine Staatslehre.** Zweite Auflage. 136 Seiten. 1928. (Sammlung Göschen Bd. 358.) . . . . . Geb. RM. 1.80

*„Das Buch darf einer breiten Öffentlichkeit als ausgezeichnete Einführung, den Fachgenossen aber, jung und alt, als Musterbeispiel wissenschaftlichen Bemühens um die denkbar beste Leistung anempfohlen werden, wie man ihm heute nicht allzu häufig mehr begegnet."*
*Reichsverwaltungsblatt.*

**Fischbach,** O. G., **Allgemeines Staatsrecht.**
I. Teil. 139 Seiten. 1923. (Sammlung Göschen, Bd. 415.) Geb. RM. 1.80
II. Teil. 151 Seiten. 1923. (Sammlung Göschen Bd. 416.) Geb. RM. 1.80

*Diese Bearbeitung bringt nicht bloß einen leicht faßlichen gemeinverständlichen Überblick über alle Zweige des Staatsrechtes, sondern auch in den einzelnen Partien viele gründliche wissenschaftliche Erörterungen der einschlagenden Probleme und kritischen Beleuchtung der verschiedenen Rechtsansichten.*

**Stier-Somlo,** Fritz, **Deutsches Reichs- und Landesstaatsrecht I.** Oktav. XVI, 726 Seiten. 1924. (Lehrbücher und Grundrisse der Rechtswissenschaft Bd. XVIII.) . . . . . . . . . RM. 16.50, geb. RM. 18.—

*„. . . Von den zurzeit vorhandenen größeren Lehrbüchern des Reichsstaatsrechts das geignetste."* *Juristische Wochenschrift.*

**Stier-Somlo,** Fritz, **Reichsstaatsrecht.** I. Grundbegriffe des Staatsrechts. Verfassungsgeschichte vom Ende des 18. Jahrhunderts bis zur Reichsverfassung vom 11. August 1919. 108 Seiten. 1927. (Sammlung Göschen Bd. 967.) . . . . . . . . . . . . . . . . Geb. RM. 1.80
II. Das geltende Reichsstaatsrecht. 114 Seiten. 1927. (Sammlung Göschen Bd. 968.) . . . . . . . . . . . . . . . Geb. RM. 1.80

**Stier-Somlo,** Fritz, **Preußisches Staatsrecht.** Zweite Auflage. 136 Seiten. 1927. (Sammlung Göschen Bd. 298.) . . . . Geb. RM. 1.80

*„Die drei schmalen Bändchen werden nicht allein als wünschenswertes Orientierungsmittel für den Laien und den angehenden Juristen zu begrüßen sein, sondern auch dem im praktischen Berufsleben stehenden Juristen Anregung und Belehrung bieten."*
*Juristische Wochenschrift.*

**Arndt,** Adolf, **Die Verfassung des Deutschen Reiches.** Dritte Auflage. Taschenformat. 1927. (Guttentagsche Sammlung Deutscher Reichsgesetze Bd. 137.) . . . . . . . . . . . . . . RM. 8.—

*„Für alle, die sich auf dem schwierigen Gebiet der Reichverfassung orientieren wollen, liegt hier ein vorzügliches Nachschlagewerk von gediegener Wissenschaftlichkeit vor."*
*Staats- und Selbstverwaltung.*

**Stier-Somlo,** Fritz, **Kommentar zur Verfassung des Freistaates Preußen.** Groß-Oktav. 319 Seiten. 1921 . . . . . . . . . . Geb. RM. 3.—

*„Die Darstellung ist flüssig und knapp und ist als treffliche Orientierung über das neue Verfassungswerk, eine Orientierung, die ihre notwendige Ergänzung in dem vorzüglichen Kommentar Stier-Somlos findet, sehr zu empfehlen."* *Zeitschrift für öffentliches Recht.*

**Arndt,** Adolf, **Die Verfassung des Freistaats Preußen** vom 30. November 1920. Mit Einleitung, vollständigem Kommentar, Landeswahlgesetz und Sachregister. Taschenformat. 158 Seiten. 1921. (Guttentagsche Sammlung Preußischer Gesetze Bd. 1.)
Geb. RM. 2.—

*„Die Einleitung ist eine vortreffliche staatsrechtliche Abhandlung, die unter Berücksichtigung und Verwertung der einschlägigen Literatur in die Entstehungsgeschichte und in die Bedeutung der Verfassungsurkunde einführt. Der Kommentar wird denjenigen, die sich mit den einzelnen Bestimmungen der Verfassung vertraut machen wollen, ein willkommener Ratgeber sein."*
*Zeitschrift für Polizei- und Verwaltungsbeamte*

**Veröffentlichungen der Vereinigung deutscher Staatsrechtslehrer.**

Heft 1: Der deutsche Föderalismus. Oktav. 1924 . . . RM. 5.—
Heft 2: Der Schutz des öffentlichen Rechts. Oktav. 1925. RM. 12.—
Heft 3: Die Gleichheit vor dem Gesetz. Der Einfluß des Steuerrechts auf die Begriffsbildung des öffentlichen Rechts. Oktav. 1927. RM. 7.—
Heft 4: Das Recht der freien Meinungsäußerung. — Der Begriff des Gesetzes in der Reichsverfassung. Oktav. 1928 . . . . . RM. 10.—
Heft 5: Wesen und Entwicklung der Staatsgerichtsbarkeit. — Überprüfung von Verwaltungsakten durch die ordentlichen Gerichte. Oktav. 1929 . . . . . . . . . . . . . . . . . . . . . . . . RM. 12.—
Heft 6: Bundesstaatliche und gliedstaatliche Rechtsordnung. Verwaltungsrecht der öffentlichen Anstalt. Berichte von Fritz Fleiner, Josef Lukas, Lutz Richter und Arnold Köttgen. Verhandlungen der Tagung der deutschen Staatsrechtslehrer zu Frankfurt a. M. am 25. und 26. April 1929. Mit einem Auszug aus der Aussprache. Oktav. IV, 166 Seiten. 1929 . . . . . . . . . . . . . . . . RM. 9.—

**Sehling,** Emil, **Kirchenrecht.** Zweite Auflage.
I. Teil. Einleitung. Quellen, Verfassung und Verwaltung der katholischen Kirche. Anhang: Die griechisch-orthodoxe Kirche. 119 Seiten. 1922. (Sammlung Göschen Bd. 377.) . . . . . . . . Geb. RM. 1.80
II. Teil: Das evangelische Kirchenrecht. Die Stellung des Staates zur Kirche und das Verhältnis der Religionsgesellschaften zueinander. 87 Seiten. 1927. (Sammlung Göschen Bd. 954.) . . . Geb. RM. 1.80

**Edler v. Hoffmann,** H., **Deutsches Kolonialrecht.** 150 Seiten. 1907. (Sammlung Göschen Bd. 318.) . . . . . . . . . . Geb. RM. 1.80

**Reier,** Otto, **Sozialisierungsgesetze.** Taschenformat. 214 Seiten. 1920. (Guttentagsche Sammlung Deutscher Reichsgesetze Bd. 141.)
Geb. RM. 2.20

*„Das Werk stellt die erste zusammenfassende kommentarische Darstellung der Sozialisierungsgesetzgebung dar und ist für alle Interessenten unentbehrlich."* *Zentralblatt der Reichsversicherung*

**Delius,** H., **Die Beamtenhaftpflichtgesetze** des Reiches und der Länder. Vierte, vermehrte und vollkommen neubearbeitete Auflage. Taschenformat. 384 Seiten. 1929. (Guttentagsche Sammlung Deutscher Reichsgesetze Bd. 94.) . . . . . . . . . . . . . . . . Geb. RM. 10.—

**Hohenstein,** Adolf, und **Goldbaum,** Wenzel, **Reichsschädengesetze.** Textausgabe mit Anmerkungen. Oktav. 360 Seiten. 1922. (Guttentagsche Sammlung Deutscher Reichsgesetze Bd. 150.) . . . Geb. RM. 4.—

*„Im ganzen ist das vorliegende Werk nicht nur ein wertvolles Hilfsmittel für den Fachmann, sondern ist besonders jedem Geschädigten zu empfehlen, der sich über seine Ansprüche orientieren will."*
*Auslandswarte*

**Wörterbuch des Völkerrechts und der Diplomatie.** Begonnen von Professor Dr. Julius **Hatschek** †. Fortgesetzt und herausgegeben von Dr. Karl **Strupp,** Professor an der Universität Frankfurt a. M., Associé de l'institut de droit international, membre de l'Academie Diplomatique Internationale. Lexikon-Oktav.

Band I: Aachen—Lynchfall. VI, 860 Seiten. 1924.
RM. 35.—, in Halbleder geb. RM. 40.—

Band II: Maas—Utschiali. 779 Seiten. 1925.
RM. 35.—, in Halbleder geb. RM. 40.—

Band III (Schluß): Vasallenstaaten—Zwangsverschickung. Ferner Anhang: Abessinien—Weltgerichtshof; Sachverzeichnis und Mitarbeiterregister. II, 1316 Seiten. 1929.
RM. 62.—, in Halbleder geb. RM. 67.—

*„Der Vorsprung, den entsprechende Werke in französischem Sprachgewande bisher hatten, ist nunmehr in Deutschland eingeholt. Die Form der alphabetischen Zergliederung des Stoffes ermöglicht eine breitere Behandlung der Einzelfälle, die im internationalen Rechtsleben nicht selten von größerer Bedeutung als vorzeitig aufgestellte Abstraktionen sind." Zeitschrift für Völkerrecht.*

**Anzilotti, Lehrbuch des Völkerrechts.** Übersetzt und herausgegeben vom Institut für ausländisches öffentliches Recht und Völkerrecht, Berlin. I. Band. Groß-Oktav. 444 Seiten. 1929. RM. 19.—, geb. RM. 20.—

*Mit der Herausgabe der Übersetzung dieses Lehrbuches des berühmten Völkerrechtlers ist das Institut für ausländisches öffentliches Recht und Völkerrecht einem in Deutschland außerordentlich fühlbaren Bedürfnis entgegengekommen. Das Buch ist nicht schlechthin eine Übersetzung der italienischen Originalausgabe, sondern berücksichtigt auch die gesamte Rechtsprechung und Literatur der letzten Zeit und stellt somit das zurzeit modernste Lehrbuch des Völkerrechts überhaupt dar.*

**Niemeyer,** Theodor, **Völkerrecht.** 168 Seiten. 1925. (Sammlung Göschen Bd. 865.) . . . . . . . . . . . . . . . . . . Geb. RM. 1.80

*Dieses Bändchen gibt in gedrängter Form eine vollständige Übersicht über das Völkerrecht.*

**Beiträge zum ausländischen öffentlichen Recht und Völkerrecht.** Herausgegeben im Auftrage des Instituts für ausländisches öffentliches Recht und Völkerrecht in Berlin in Gemeinschaft mit Friedrich Glum, Ludwig Kaas, Rudolf Smend, Heinrich Triepel von Viktor **Bruns.** Groß-Oktav.

*Eine Sammlung einschlägiger wissenschaftlicher Abhandlungen, Materialsammlungen, Übersetzungen besonders wertvoller ausländischer Werke u. a.*

Heft 1:

**Staatsrecht und Politik.** Rede beim Antritt des Rektorats der Friedrich-Wilhelms-Universität zu Berlin am 15. Oktober 1926. Von Heinrich **Triepel.** 40 Seiten. 1927 . . . . . . . . . . . . RM. 2.—

Heft 2:

**Volksentscheid und Volksbegehren.** Ein Beitrag zur Auslegung der Weimarer Verfassung und zur Lehre von der unmittelbaren Demokratie. Von Dr. Carl **Schmitt,** o. ö. Professor der Rechte an der Universität Bonn. 54 Seiten. 1927 . . . . . . . . . RM. 2.60

Heft 3:

**Der Aufbau des britischen Reiches.** (Der Verhandlungsbericht der Reichskonferenz von 1926.) Eingeleitet und herausgegeben von Gerichtsassessor Dr. K. **Heck,** Referent am Institut für ausländisches öffentliches Recht und Völkerrecht. 152 Seiten. 1927 . . RM. 6.—

Heft 4:

**Die Souveränität.** Ein Beitrag zur Theorie des Staats- und Völkerrechts. Von Dr. H. **Heller,** Privatdozent und Referent am Institut für ausländisches öffentliches Recht und Völkerrecht. 177 Seiten. 1927 RM. 8.50

Heft 5:

**Die Missionsfreiheit** nach den Bestimmungen des geltenden Völkerrechts. Von Dr. Theodor **Grentrup,** S. V. D. 112 Seiten. 1928. RM. 5.50

Heft 6:

**Das Minoritätenproblem** und seine Literatur. Kritische Einführung in die Quellen und die Literatur der europäischen Nationalitätenfrage der Nachkriegszeit, unter besonderer Berücksichtigung des völkerrechtlichen Minderheitenschutzes.

Allgemeiner Teil. Von Jakob **Robinson,** Rechtsanwalt in Kaunas (Litauen). 265 Seiten. 1928 . . . . . . . . . . . . . . RM. 9.—

Heft 7:

**Der Reichssparkommissar.** Von Dr. Karl **Bilfinger,** o. ö. Professor der Rechte an der Universität Halle. 68 Seiten. 1928 . . . RM. 3.60

Heft 8:

**Die völkerrechtliche Stellung der fremden Truppen im Saargebiet.** Von Dr. jur. J. M. **Bumiller,** Referent am Institut für ausländisches öffentliches Recht und Völkerrecht, Berlin. 156 Seiten. 1928. RM. 9.—

Heft 9:

**Das Recht des Ausnahmezustands im Auslande** (Frankreich, Belgien, Niederlande, Italien, England, Irland). Bearbeitet im Institut für ausländisches öffentliches Recht und Völkerrecht. 296 Seiten. 1928. RM. 14.—

Heft 10:

**Die Beziehungen zwischen dem Parlament und den Gerichten in England.** Eine rechtsvergleichende Studie. Von Heinrich B. **Gerland.** 137 Seiten 1928 . . . . . . . . . . . . . . . . . . . . . RM. 8.—

Heft 11:

**Zu den Problemen des fascistischen Verfassungsrechts.** Akademische Antrittsvorlesung. Von Dr. Gerhard **Leibholz,** Privatdozent an der Universität Berlin, Referent am Institut für ausländisches öffentliches Recht und Völkerrecht. 112 Seiten. 1928 . . . . . . . . RM. 5.—

Heft 12:

**Der deutsche und der französische Reichswirtschaftsrat.** Ein Beitrag zu dem Problem der Repräsentation der Wirtschaft im Staat. Von Dr. Friedrich **Glum,** Privatdozent an der Universität Berlin, Wissenschaftliches Mitglied des Instituts für ausländisches öffentliches Recht und Völkerrecht. 188 Seiten. 1929 . . . . . . . . . . RM. 9.—

Heft 13:

**Das Wesen der Repräsentation** unter besonderer Berücksichtigung des Repräsentativsystems. Ein Beitrag zur allgemeinen Staats- und Verfassungslehre. Von Dr. Gerhard **Leibholz,** Privatdozent an der Universität Berlin, Referent am Institut für ausländisches öffentliches Recht und Völkerrecht. Groß-Oktav. 214 Seiten. 1929 . . . . RM. 14.—

**Zeitschrift für ausländisches öffentliches Recht und Völkerrecht.** Im Auftrage des Instituts für ausländisches öffentliches Recht und Völkerrecht herausgegeben von Dr. Viktor **Bruns,** Professor an der Universität Berlin, Leiter des Instituts.

Band I, Teil 1: Abhandlungen. 43 Bogen . . . . . . . . RM. 43.—
Band I, Teil 2: Urkunden. 5 1/2 Bogen . . . . . . . . . RM. 54.—

*Der neuen Zeitschrift für ausländisches öffentliches Recht und Völkerrecht ist es als Aufgabe gesetzt, die wichtigsten, die Wissenschaft und die Praxis beschäftigenden Probleme des Völkerrechts und des außerstaatlichen öffentlichen Rechts zu behandeln. Sie wird zu all diesen Fragen eingehend Stellung nehmen und über alle wichtigen Ergebnisse der Gesetzgebung und der Rechtsprechung auf diesem Gebiete im In- und Ausland eingehend berichten. Der I. Jahrgang der Zeitschrift wird in zwei Bänden herausgegeben; künftig erfolgt das Erscheinen vierteljährlich.*

**Kraus,** H., **Internationale Schiedssprechung.** Eine Sammlung der für das Deutsche Reich verbindlichen Verträge und Vertragsbestimmungen, die sich auf internationale Gerichtsbarkeit, Schiedsgerichtsbarkeit, sowie Vergleichsverfahren beziehen, nebst den dazugehörigen deutschen Regierungsdenkschriften. Taschenformat. XXXVI, 348 Seiten. 1929. (Guttentagsche Sammlung Deutscher Reichsgesetze Bd. 174. . . . . . . . . . . . . . . . . . . . . . . . . Geb. RM. 10.—

*„Die vorliegende Dokumentensammlung füllt eine Lücke aus, da es bisher schwer war, alle schiedsrichterlichen Verpflichtungen des Deutschen Reiches auf einmal einzusehen.“ Friedenswarte.*

**Strupp,** Karl, **Das Werk von Locarno.** Eine völkerrechtlich-politische Studie. Oktav. 180 Seiten. 1926 . . . . . . . . . . . RM. 10.—

*„Die lückenlose Mitteilung aller für das Verständnis und die Auslegung wichtiger Urkunden macht das aktuelle Buch zu einem außerordentlich wertvollen Mittel der Erkenntnis des Inhalts und der Tragweite dieser grundlegenden Staatsverträge.“ D. A. Z.*

**Deutschland unter dem Dawes-Plan.** Entstehung, Rechtsgrundlagen, wirtschaftliche Wirkungen der Reparationslasten. Von Professor Max **Sering,** Universität Berlin. Oktav. VIII, 237 Seiten. 1928. RM. 10.—

*„Nicht nur dem Juristen und Volkswirtschaftler, sondern auch dem Laien verständlich, gibt das Werk einem jeden wertvollen Einblick in Deutschlands wirtschaftspolitische Abhängigkeit, die sich bis in die kleinsten Betriebe hineinzieht, die jedes einzelne Glied des deutschen Volkes betrifft.“ Prakt. Rundschau.*

## 2. Verwaltungsrecht.

### Reichsrecht

**Blume,** E., und **Weirauch,** W., **Die Eisenbahn-Verkehrsordnung** vom 16. Mai 1928 mit Allgemeinen Ausführungsbestimmungen sowie dem Internationalen Übereinkommen über den Eisenbahnfrachtverkehr vom 30. Mai 1925 und dem Internationalen Übereinkommen über den Eisenbahn-Personen- und Gepäckverkehr vom 12. Juni 1925. Textausgabe mit Anmerkungen. Vierte Auflage. Taschenformat. X, 482 Seiten. 1928. (Guttentagsche Sammlung Deutscher Reichsgesetze Bd. 91.) Geb. RM. 9.—

*„Ein treffliches Hilfsbuch für alle, die sich mit dem Eisenbahnverkehrsrecht theoretisch und praktisch zu beschäftigen haben. Der Kommentar wird besonders auch den Gerichten und den Anwälten*

*gute Dienste leisten, da die Ausführungsbestimmungen zur Eisenbahnverkehrsordnung, die vollständig abgedruckt werden, sonst nur in den Tarifen veröffentlicht werden, die in den Kreisen der Juristen weniger bekannt sind. Allen, die es angeht, kann daher die Anschaffung der neuen Auflage dringend empfohlen werden."*

*Juristische Wochenschrift.*

**Fischer,** D., und **Staedler,** E., **Die deutsche Post- und Telegraphengesetzgebung.** Teil I: Postrecht (mit Ausschluß des internationalen Rechts). Siebente Auflage. 47*, 586 Seiten. 1929. (Guttentagsche Sammlung Deutscher Reichsgesetze Bd. 7.) . . . . . . . . . Geb. RM. 15.—

*Mit der vorliegenden Neuauflage dieser lange Zeit vergriffen gewesenen Ausgabe wird dem Wunsche zahlreicher Interessenkreise entsprochen: Die neue Bearbeitung ist gegenüber der letzten Auflage wesentlich vermehrt und in allen Teilen neugestaltet. Sie enthält die Quellen des Postrechts, wobei die Postordnung in ihrer letzten Fassung (vom Januar 1929) erscheint.*

*Dem Ganzen wurde erstmalig eine Systematik des geltenden Postrechts vorangestellt; die Gesetzestexte wurden sorgfältig erläutert, Rechtsprechung und die einschlägige Literatur bis auf die letzte Zeit berücksichtigt.*

**Sebba,** Julius, **Seewasserstraßenordnung.** (Polizeiverordnung zur Regelung des Verkehrs auf den deutschen Seewasserstraßen vom 31. März 1927.) Taschenformat. 493 Seiten. 1928. (Guttentagsche Sammlung Deutscher Reichsgesetze Bd. 171.) . . . . . . . . . . . . Geb. RM. 8.50

*„Es bedarf hierbei wohl nicht der besonderen Hervorhebung, daß die Kommentierungsmethode des rühmlichst bekannten Neu-Herausgebers von Schaps-Seerecht auch in dem vorliegenden Werke eine knappe und doch gründliche geworden ist."*

*Verkehrsrechtliche Praxis.*

**Busse,** Rudolf, **Luftrecht einschließlich Luftverkehrsgesetz und Pariser Luftverkehrsabkommen.** Taschenformat. XVIII, 448 Seiten. 1928. (Guttentagsche Sammlung Deutscher Reichsgesetze Bd. 170.)
Geb. RM. 10.—

*Das vorliegende Buch sucht in einem nationalen und internationalen Teil einen klaren Überblick über das gesamte Luftrecht zu geben; der neueste Stand der Rechtsprechung ist hierbei berücksichtigt. Den erläuterten Gesetzesabkommenstexten ist eine systematische Einführung in das gesamte Luftrecht mit seinen vielseitigen Rechtsdisziplinen vorausgeschickt.*

**Zeitschrift für das gesamte Luftrecht (ZLR.).** Herausgegeben von Dr. jur. Otto **Schreiber,** o. Professor an der Universität Königsberg i. Pr., Geh. Regierungsrat, Leiter des Instituts für Luftrecht. Erscheint in Bänden zu je vier Heften.
Band I 1926/28 . . . . . . . . . . . RM. 50.—, geb. RM. 55.—
Band II, Heft 1 . . . . . . . . . . . . . . . . . RM. 10.—

*„Organisation und Inhalt der Zeitschrift machen einen vorzüglichen Eindruck. Im Interesse ihres hohen sachlichen Zieles sind ihr weite Verbreitung und bester Erfolg zu wünschen."*

*Weltwirtschaftliches Archiv.*

**Volkmann,** Kurt, **Die Straßenverkehrsordnungen** nebst den einschlägigen Nebenbestimmungen. Taschenformat. 312 Seiten. 1929. (Guttentagsche Sammlung Deutscher Reichsgesetze Bd. 175.) . . . Geb. RM. 7.—

*„Das übersichtliche Werkchen, das uns eine schnelle Information über auftauchende Rechtsfragen auf diesem besonderen Verkehrgebiete verschafft, kann Polizeibeamten, Gerichten, Anwälten, Fuhrwerksbesitzern, Kraftfahrern und Radfahrern zur Anschaffung empfohlen werden."*

*Verkehrsrechtl. Rundschau.*

**Kirchner**, Rudolf, **Gesetz über den Verkehr mit Kraftfahrzeugen** vom 3. Mai 1909. Vierte, völlig neubearbeitete Auflage. (Guttentagsche Sammlung Deutscher Reichsgesetze Bd. 92.) . . In Vorbereitung.

*„Der Verfasser hat sich mit der nicht unschwierigen Materie auf das beste vertraut gemacht und seine Kenntnisse mit großer Gewandtheit in logischen, klaren und ausführlichen Erläuterungen zum Gesetze verwertet.“ Zeitschrift für Polizei- und Verwaltungsbeamte.*

**Aumer**, Georg, **Der Kraftfahrzeugverkehr.** Richtlinien für Polizeibeamte und Kraftfahrer. Mit 79 Abbildungen und Figuren. Zweite Auflage. Taschenformat. 208 Seiten. 1928 . . . . . . . Geb. RM. 4.50

*„Ein kleines, aber nicht nur für jeden Polizeibeamten, sondern für jeden bei einem Kraftfahrzeugunfall — sei es nur als Zeugen — Beteiligten interessantes Kapitel über Hinweise auf Feststellungen bei Unglücksfällen und eine Übersicht über den Kraftfahrzeugbestand schließen die interessante Schrift, die — wenn sie sich auch ihrem Zweck entsprechend von juristischen Erörterungen fernhält — doch auch dem Juristen eine Fülle rechtstatsächlichen Materials, das gerade auf diesem Gebiete besonders wichtig ist, bietet.“*

*Juristische Wochenschrift.*

**Holzapfel**, W., **Die Siedlungsgesetzgebung** im Reich und in Preußen. 347 Seiten. 1920. (Guttentagsche Sammlung Deutscher Reichsgesetze Bd. 140.) . . . . . . . . . . . . . . . . . . . . . . Geb. RM. 3.—

*„Die zur Ausführung jener Gesetze bestimmten Behörden und auch die literarische Forschung wird dem Verfasser für seine mühevolle Arbeit Anerkennung zollen.“ Archiv für öffentliches Recht.*

**Behrend**, Ernst, und **Stranz-Hurwitz**, Helene, **Sammlung von Wohlfahrtsgesetzen** des Deutschen Reichs und Preußens nebst den allgemeinen Wohlfahrtsgesetzen von Sachsen, Thüringen, Hamburg, Mecklenburg-Schwerin und -Strelitz, Oldenburg, Lippe und Lübeck.

Teil I: Taschenformat. 560 Seiten. 1923 . . . . . Geb. RM. 5.—

Teil II: Nebst Ausführungsgesetzen sämtlicher Länder zum Reichsjugendwohlfahrtsgesetz. Taschenformat. XVI, 551 Seiten. 1925. (Guttentagsche Sammlung Deutscher Reichsgesetze Bd. 152 und 152a.) Geb. RM. 9.—

Teil I und II zus. RM. 12.—

*„Die kurzen, alles Wesentliche zusammenfassenden Einleitungen zu den einzelnen Gesetzen sind mit außerordentlicher Sachkunde und Klarheit geschrieben; sie genügen zusammen mit den Literaturangaben völlig für den Praktiker, um die Gesetzestexte richtig handhaben zu können. Das Werk ist für alle in der Wohlfahrtspflege Arbeitenden unentbehrlich und sehr praktisch.“*

*Nachrichtendienst des Deutschen Vereins für öffentliche Fürsorge.*

**Wegner**, Arthur, **Jugendrecht.** Ein Lehrbuch zur Einführung. Oktav. IX, 219 Seiten. 1929 . . . . . . . . . . . RM. 6.—, geb. RM. 7.50

*„Ein gleichartiges und gleichwertiges Werk über das Jugendrecht gibt es noch nicht.“ Breslauer Zeitung.*

**Drewes**, Paul, und **Sandré**, Emil, **Das Reichsgesetz für Jugendwohlfahrt** vom 9. Juli 1922 und **Jugendgerichtsgesetz** vom 16. Februar 1923 nebst Nebengesetzen. Zweite Auflage. Taschenformat. XVI, 496 Seiten. 1928. (Guttentagsche Sammlung Deutscher Reichsgesetze Bd. 154.) Geb. RM. 11.—

*„Eine sehr handliche Gesetzesausgabe. Sie bietet in ausführlichen geschichtlichen und rechtlichen Vorbemerkungen und Einleitungen wertvolles Material zur Einführung in den Willen und Geist beider Gesetze und gibt in knappen, aber ausreichenden Erläuterungsbemerkungen zu den einzelnen Bestimmungen dem Praktiker die erforderlichen Unterlagen zur richtigen Anwendung. Das Werk dürfte sich in der Praxis beliebt machen.“ Blätter für öffentliche Fürsorge*

**Sandré,** Emil **Verordnung über die Fürsorgepflicht.** Vom 14. Februar 1924. Mit Einschluß der für die Durchführung dieser Verordnung in Frage kommenden reichs- und landesgesetzlichen Bestimmungen. Taschenformat. 342 Seiten. 1925. (Guttentagsche Sammlung Deutscher Reichsgesetze Bd. 160.) . . . . . . . . . . . . Geb. RM. 6.—

*„Die Zusammenstellung der bis in die jüngste Zeit ergangenen gesetzlichen Bestimmungen, die in Beziehung zur Fürsorgepflichtverordnung stehen, gibt der Sandréschen Arbeit ihre besondere Bedeutung. Die Anmerkungen sind zahlreich und zeichnen sich durch einen feinen, klaren Stil aus. Das Buch ist übersichtlich geordnet und leicht zu handhaben."* *Schleswig-Holsteinsche Wohlfahrtsblätter.*

**Szczesny,** Viktor, **Das Lichtspielgesetz** vom 12. Mai 1920 mit der Ausführungsverordnung Einleitung, Gebührenordnung und Sachregister. Taschenformat. 106 Seiten. 1920. (Guttentagsche Sammlung Deutscher Reichsgesetze Bd. 147.) . . . . . . . . . . Geb. RM. 1.50

*„Das neue Lichtspielgesetz hat hier eine ausführliche Kommentierung gefunden. Das Buch kann bei der gründlichen Behandlung des Stoffes als ein geeignetes Hilfsmittel für die Praxis bezeichnet werden."* *Preußische Gemeinde-Zeitung.*

**Wündisch,** Ernst, **Das Gesetz über Schußwaffen und Munition** vom 12. April 1928 (RGBl. I S. 143) nebst der Ausführungsverordnung der Reichsregierung vom 13. Juli 1928 (RGBl. I S. 198) und dem Preußischen Erlaß zur Durchführung des Gesetzes vom 7. September 1928 (MBliV. S. 925). Taschenformat. 139 Seiten. 1928. (Guttentagsche Sammlung Deutscher Reichsgesetze Bd. 173.) . . . . Geb. RM. 5.—

*Durch das neue Gesetz über Schußwaffen und Munition vom 12. April 1928 sind auf diesem für die Öffentlichkeit so wichtigen Gebiet neue Rechtsverhältnisse geschaffen worden, für die die Praxis exakte Erläuterungen wünscht. Eine solche Erläuterung stellt das vorliegende Buch dar, das, von einem auf diesem Gebiet besonders erfahrenen Sachkenner bearbeitet, eine absolut zuverlässige Darstellung der neuen Bestimmungen enthält. Außer dem Gesetzestext sind die für die Praxis wichtigen Ausführungsbestimmungen des Reiches und Preußens abgedruckt. Auf Übersichtlichkeit, Leichtverständlichkeit und Vollständigkeit der Erläuterungen, die die Hauptvorzüge der Guttentagschen Sammlung sind, wurde auch bei diesem Gesetze Wert gelegt.*

**Fraustädter,** W., und **Kreutzberger,** M., **Das deutsche Ausländerrecht.** Die Bestimmungen des Reichsrechts und preußischen Landesrechts. Textausgabe mit Erläuterungen und Sachregister. Taschenformat. 396 Seiten. 1927. (Guttentagsche Sammlung Deutscher Reichsgesetze Bd. 166.) Geb. RM. 9.—

*„Eine höchst begrüßenswerte Veranstaltung, aus dem Bedürfnis der Praxis hervorgegangen und mit vollendetem Sachverständnis unternommen. Sowohl die Vollständigkeit der mannigfach verstreuten gesetzlichen Bestimmungen als deren Anordnung, Registrierung und Erläuterung durch Ausführungsbestimmungen, Gerichtsentscheidungen, Verwaltungspraxis ist vortrefflich."*

*Niemeyers Zeitschrift für internationales Recht.*

**Voß,** Werner, **Die reichs- und landesrechtlichen Bestimmungen auf dem Gebiete des Gesundheitswesens.** Zusammengestellt und mit Anmerkungen versehen. Taschenformat. 608 Seiten. 1929. (Guttentagsche Sammlung Deutscher Reichsgesetze Bd. 172.) . . . . . . Geb. RM. 11.—

*„Der Band enthält eine Sammlung der Gesetze, Verordnungen und Bestimmungen auf dem Gebiete des Gesundheitswesens, wie sie in dieser Vollständigkeit sonst nicht besteht. Dadurch erst ist ein zuverlässiger und rascher Überblick über die einschlägigen weit verstreuten Bestimmungen gewährleistet."*

*Württ. Zeitschr. f. Rechtspflege.*

**Hippel,** W. von, **Reichsviehseuchengesetz** vom 26. Juni 1909 nebst Ausführungsvorschriften und dem preußischen Ausführungsgesetz. Zweite Auflage. Taschenformat. 486 Seiten. 1913. (Guttentagsche Sammlung Deutscher Reichsgesetze Bd. 103.) . . . . . . . . Geb. RM. 4.—

**Boxberger,** L. von, **Vogelschutzgesetz** vom 30. Mai 1908 nebst den das Flugwild betreffenden Bestimmungen der Preußischen Jagdordnung. Taschenformat. 57 Seiten. 1909. (Guttentagsche Sammlung Deutscher Reichsgesetze Bd. 89.) . . . . . . . . . . . . . . Geb. RM. 1.—

## Landesrecht

**Bitter,** von, **Handwörterbuch der Preußischen Verwaltung.** Dritte, vollständig umgearbeitete Auflage. Unter Mitwirkung zahlreicher hoher Reichs- und preußischer Staatsbeamten herausgegeben von Dr. Bill Drews, Staatsminister a. D., Präsident des Pr. Oberverwaltungsgerichts, und Dr. Franz Hoffmann, Wirklicher Geheimer Oberregierungsrat, Berlin. Lexikon-Oktav. 1928.

RM. 120.—, in Halbleder geb. RM. 132.—

Erster Band, 1. Halbband: Abbaugerechtigkeiten—Fleisch- und Viehagenten. 552 Seiten.

2. Halbband: Fleischvergiftung—Kyffhäuserbund. Seite 553 bis 1134 und IX Seiten.

Zweiter Band: Lackfabriken—Zwischenkredit. VII, 1220 Seiten.

(Im Verlage der Firmen: Walter de Gruyter & Co., Berlin; Carl Heymanns Verlag, Berlin; Roßberg'sche Verlagsbuchhandlung, Leipzig.)

*Das zentrale Werk der Praxis des Verwaltungsrechts.*

**Reichelt,** H., **Verwaltungsgesetzbuch für Preußen.** Systematische Zusammenstellung der wichtigsten Verwaltungsgesetze und Verordnungen für Praxis und Unterrichtszwecke. Lexikon-Oktav. VII, 1302 Seiten. 1914 . . . . . . . . . . . . . . . . . . Geb. RM. 7.60

*„Das Buch ist sehr wertvoll, dem Praktiker unentbehrlich und leistet demjenigen, der sich auf eine Prüfung vorbereitet, vorzügliche Dienste. Allen Verwaltungsbehörden wird das Buch warm empfohlen."*
*Preußische Verwaltungs- und Finanz-Zeitung.*

**Friedrichs,** K., **Die Gesetzgebung über die allgemeine Landesverwaltung** und Zuständigkeit der Verwaltungs- und Verwaltungsgerichtsbehörden. Dritte, durchgesehene Auflage. Taschenformat. XXIII, 295 Seiten. 1927. (Guttentagsche Sammlung Preußischer Gesetze Bd. 42.) Geb. RM. 5.—

*„Der Wert dieser Arbeit liegt darin, daß er eine erschöpfende und klare Übersicht über das tatsächlich geltende Verwaltungsrecht bringt. Das Werk ist ein vorzügliches und nie versagendes Hilfsmittel."*
*Gesetz und Recht.*

**Fischbach, Das Reichbeamtengesetz vom 31. März 1873 in der Fassung der Bekanntmachung vom 18. Mai 1907 mit allen Abänderungen und Ergänzungen.** Taschenformat. 311 Seiten. 1930. (Guttentagsche Sammlung Deutscher Reichsgesetze Bd. 82.) . . . . . . . Geb. RM. 6.—

*Die vorliegende Erläuterung des Beamtengesetzes durch den bekannten Staatsrechtlehrer kommt einem besonderen Bedürfnis der Praxis entgegen, die s. Zt. eine den neuesten Fortschritten der Wissenschaft und Rechtsprechung entsprechende Handausgabe sehr entbehrt. Bemerkenswert ist, daß auch verwandte Gesetze und Verordnungen der einheitlichen Erläuterung unterzogen wurden, so daß dieses Buch für die Praxis ein der Sache wie der Erläuterungsart wichtiges Hilfsmittel darstellt.*

**Pfafferoth,** Carl, **Preußische Beamtengesetzgebung.** Fünfte Auflage. XIV, 280 Seiten. 1916. (Guttentagsche Sammlung Preußischer Gesetze Bd. 2.) . . . . . . . . . . . . . . . . . . . Geb. RM. 2.40

**Dultzig,** Eugen von, **Das preußische Disziplinargesetz für die nichtrichterlichen Beamten.** Taschenformat. XIV, 364 Seiten. 1914. (Guttentagsche Sammlung Preußischer Gesetze Bd. 51.) . . . . Geb. RM. 4.20

*„Der Verfasser kennt das Disziplinarrecht aus eigener Tätigkeit und aus langer Erfahrung. Diese hat er zu einem praktischen Nachschlagebuch für alle praktischen Fragen des Disziplinarrechts ausgestaltet. Bei tunlichster Kürze sind doch recht erschöpfende, klare und anschauliche Erläuterungen entstanden, die das Verständnis und die Anwendung des Disziplinarrechts in zweckmäßiger Weise erleichtern. Das Büchlein verdient volle Beachtung.“*

*Zeitschrift für Polizei- und Verwaltungsbeamte.*

**Hagemann,** Rudolf, **Hinterlegungsordnung** vom 21. April 1913. Taschenformat. 175 Seiten. 1914. (Guttentagsche Sammlung Preußischer Gesetze Bd. 53.) . . . . . . . . . . . . . . . . . Geb. RM. 2.20

*„Das in der vorteilhaft bekannten Guttentagschen Sammlung erschienene Buch darf als ein Hilfsmittel zu dem nicht immer ganz einfachen Verständnis der neuen Hinterlegungsvorschriften bestens empfohlen werden; es ist klar, übersichtlich und ausführlich.“*

*Zentralblatt für freiwillige Gerichtsbarkeit.*

**Aschrott,** P. F., **Gesetz über die Fürsorgeerziehung Minderjähriger.** Vom 2. Juli 1900. Nebst Ausführungsanweisungen. Dritte Auflage. Taschenformat. 374 Seiten. 1917. (Guttentagsche Sammlung Preußischer Gesetze Bd. 28.) . . . . . . . . . . . . Geb. RM. 2.80

*„Das Buch gewährt nicht nur einen klaren Einblick in die gegenwärtige Gestaltung der Fürsorgeerziehung in Preußen, sondern es gibt auch über die Zweifelsfragen, welche bei der Auslegung des technisch ziemlich unvollkommenen Fürsorgeerziehungsgesetzes in besonders reicher Fülle auftauchen, durchweg eine erschöpfende und zutreffende Auskunft.“* *Das Recht.*

**Marcks, A., Gesetz, betr. die Unterhaltung der öffentlichen Volksschulen.** Taschenformat. 194 Seiten. 1906. (Guttentagsche Sammlung Preußischer Gesetze Bd. 39.) . . . . . . . . . . . . . . . . . . . Geb. RM. 1.80

*„Das handliche Büchlein wird, von sachkundiger Seite herrührend und praktisch angelegt, Verwaltungsbeamten, Schulvorständen, Lehrern beim Gebrauch gute Dienste leisten.“*

*Schulblatt der Provinz Brandenburg.*

**Ledermann,** W., und **Brühl,** L., **Die Städteordnung für die sechs östlichen Provinzen Preußens.** Zweite Auflage. Taschenformat. 593 Seiten. 1913. (Guttentagsche Sammlung Preußischer Gesetze Bd. 32.) Geb. RM. 6.—

*„Der Kommentar, eine hervorragende Arbeit, ist von der Kritik und der Praxis so einmütig günstig aufgenommen worden, daß er auch in seiner zweiten durch Gesetzgebung, Literatur und Rechtsprechung der letzten zehn Jahre bereicherten Ausgabe keiner weiteren Empfehlung bedarf.“* *Kommunale Praxis.*

**Wölbling,** P., **Bildung der neuen Stadtgemeinde Berlin.** Zweite Auflage. Taschenformat. 114 Seiten. 1920. (Guttentagsche Sammlung Preußischer Gesetze Bd. 59.) . . . . . . . . . . Geb. RM. 1.40

*„Die Ebenmäßigkeit mit den Kommentaren anderer Gesetze der Guttentagschen Sammlung erringt der Verfasser durch seine strenge Sachlichkeit. Damit muß seinem Werk die Beachtung bei der Durchführung des Gesetzes und bleibender Wert gesichert erscheinen.“*

*Soziale Praxis.*

**Holzapfel, W., Umlegungsordnung.** Taschenformat. 144 Seiten. 1921. (Guttentagsche Sammlung Preußischer Gesetze Bd. 60.) . . RM. 1.80

*„Holzapfel, der hervorragende Kenner der Auseinandersetzungsgesetze, erläutert die Vorschriften der Umlegungsordnung in seiner scharfsinnigen Art in durchaus erschöpfender Weise und gibt in diesen Erläuterungen ein außerordentlich anschauliches Bild von der Umlegung der Grundstücke. Das Buch ist auch für Laien leicht und gut verständlich und kann jedem, der für die Umlegung Interesse hat, zur Benutzung angelegentlich empfohlen werden."*

*Preußisches Verwaltungsblatt.*

**Holzapfel W., Gesetz über Landeskulturbehörden.** Taschenformat. 176 Seiten. 1919. (Guttentagsche Sammlung Preußischer Gesetze Bd. 57.) Geb. RM. 2.—

*„Der Titel gibt den Inhalt des Werkchens vollständig an, hinzuzufügen ist aber, daß die Erläuterung, die umfangreich und eingehend ist und der praktischen Handhabung des Gesetzes Schritt für Schritt folgt, aus der Feder eines Mannes herrührt, der durch seine sachliche Qualifikation als gründlicher Kenner der Materie für eine zuverlässige Führung die größte Gewähr bietet. Dankenswert ist die Gründlichkeit der im bescheidenen Rahmen geleisteten Arbeit."*

*Verwaltungs-Archiv.*

**Meyer, O., Gesetz, betr. die Anlegung und Veränderung von Straßen und Plätzen in Städten und ländlichen Ortschaften.** Taschenformat. 211 Seiten. 1913. (Guttentagsche Sammlung Preußischer Gesetze Bd. 50.) RM. 3.—

**Strauß-Torney,** Hugo von und **Saß,** Carl, früher **Friedrichs,** R., **Gesetz, betr. Anlegung und Veränderung von Straßen und Plätzen** in Städten und ländlichen Ortschaften. (Straßen- und Baufluchtengesetz.) Kommentar. Sechste Auflage. Groß-Oktav. 211 Seiten. 1920. RM. 8.—, geb. RM. 9.50

*„Das Werk zeigt eine Reichhaltigkeit und Vollständigkeit, die sonst wenigen Kommentaren eigen ist, und übertrifft hierin noch weit die früheren Auflagen. Besonders erwähnenswert ist die geschickte Anordnung der Erläuterungen und das praktische Inhaltsverzeichnis."*

*Wochenschrift des Architektenvereins zu Berlin.*

**Heine, H. Die preußischen Baupolizeigesetze** nebst den sonstigen einschlägigen Reichs- und Landesgesetzen. Taschenformat. 404 Seiten. 1928. (Guttentagsche Sammlung Preußischer Gesetze Bd. 64.) Geb. RM. 8.—

*Diesem Band ist die Aufgabe gestellt, die in erster Linie in Betracht kommenden Gesetze und sonstigen Vorschriften und die im Zusammenhang hiermit entstehenden Rechtsfragen in übersichtlicher Weise zusammenzufassen und zu erörtern. Die Rechtsprechung des Oberverwaltungsgerichts und anderer Gerichte ist hierbei berücksichtigt worden.*

**Goldschmidt, O., Gesetze gegen die Verunstaltung landschaftlich hervorragender Gegenden mit Ausführungsanweisungen.** Taschenformat. 152 Seiten. 1912. (Guttentagsche Sammlung Preußischer Gesetze Bd. 49.) Geb. RM. 2.40

*„Der Kommentar bietet eine sachgemäße, sorgfältige und erschöpfende Erläuterung der einzelnen gesetzlichen Bestimmungen. Er wird als ein durch Vollständigkeit und Zuverlässigkeit ausgezeichnetes Hilfsmittel jedem Freunde des Heimatschutzes ein willkommener Ratgeber sein."* *Jahrbuch des Verwaltungsrechts.*

**Wulff**, G., und **Herold**, F., **Wassergesetz** vom 7. April 1913. Mit Einleitung, Erläuterungen und Sachregister. Zweite, umgearbeite Auflage von G. Wulff. Taschenformat. XVI, 665 Seiten. 1928. (Guttentagsche Sammlung Preußischer Gesetze Bd. 52.) . . Geb. RM. 12.—

*„Gründlichkeit und trefflichere Kürze bilden einen besonderen Vorzug des Werkes.“ Ministerialblatt f. d. preuß. innere Verwaltung.*

**Lohmann**, W., **Gesetz, betr. die Feuerbestattung.** Taschenformat. 79 Seiten. 1912. (Guttentagsche Sammlung Preußischer Gesetze Bd. 47.) Geb. RM. 1.50

*„Der Verfasser, der als Mitglied der Kommission des Abgeordnetenhauses an dem Zustandekommen des Gesetzes hervorragend beteiligt war, konnte als zuständiger Bearbeiter des Gesetzes in erster Linie gelten. Der kleine Kommentar ist besonderer Aufmerksamkeit sicher.“*
*Jahrbuch des Verwaltungsrechts.*

**Holtgreven**, A., und **Wolff**, Th., **Das Wildschadengesetz** vom 11. Juli 1891. Kommentar. Vierte, vermehrte und verbesserte Auflage. Oktav. VIII, 216 Seiten. 1902 . . . . . . . . . . . . RM. 4.—

*„Dieses Werkchen will einerseits die juristisch zweifelhaften Punkte des Wildschadengesetzes wissenschaftlich erörtern und klarstellen und andererseits allen denjenigen, welche bei der Handhabung dieses Gesetzes in irgendeiner Weise, sei es als Private, Beamte, Grundbesitzer oder als Jagdberechtigte, beteiligt sind, ein praktischer Berater sein.“*
*Allgemeine Forst- und Jagdzeitung.*

**Born**, A., **Das preußische Fischereigesetz** vom 11. Mai 1916 in der geltenden Fassung. Taschenformat. 428 Seiten. 1928. (Guttentagsche Sammlung Preußischer Gesetze Nr. 62.) . . . . . . . . . Geb. RM. 7.50

*Die Ausgabe bietet eine bis jetzt fehlende neue Darstellung des Fischereigesetzes, in der vor allem die neue Rechtsprechung eingehend verwertet ist. Außer dem Fischereigesetz, das eine ausführliche Erläuterung gefunden hat, sind die wichtigen Ausführungsverordnungen und im Anhang die einschlägigen Bestimmungen anderer für die Anwendung des Fischereigesetzes in Frage kommenden Gesetze berücksichtigt.*

**Born**, A., **Die preußischen Jagdgesetze** in ihrer geltenden Fassung. Mit Erläuterungen versehen. Taschenformat. 433 Seiten. 1928. (Guttentagsche Sammlung Preußischer Gesetze Nr. 63.) . . . Geb. RM. 8.—

*„Das Buch kann zur Belehrung und Handgebrauch den Gerichten, Landratsämtern, Gemeinden und Forstbehörden sowie allen jagdlich interessierten Personen warm empfohlen werden.“*
*Leipziger Ztsch. f. dtsch. Recht.*

**Kunze**, F., **Das Jagdscheingesetz.** Zweite Auflage. Taschenformat. 157 Seiten. 1899. (Guttentagsche Sammlung Preußischer Gesetze Bd. 19.) . . . . . . . . . . . . . . . . . . . . . . Geb. RM. 2.—

*„Die eingehenden Anmerkungen und die im Titel hervorgehobenen Beigaben machen den kleinen Kommentar zu einem vortrefflichen, in der Praxis schwer entbehrlichen Hilfsmittel zur Auslegung des Gesetzes.“ Zeitschrift für die gesamte Strafrechtswissenschaft.*

**Caro**, H., **Gesetz, betr. Austritt aus der Landeskirche**, vom 14. Mai 1873. Taschenformat. 190 Seiten. 1911. (Guttentagsche Sammlung Preußischer Gesetze Bd. 46.) . . . . . . . . . . . . Geb. RM. 2.40

*„Ein sehr praktisches Buch, das in den Anmerkungen zum Wortlaut des Gesetzes eine reiche Fülle von Material bietet für alle möglichen Fragen, die mit Aus- und Übertritt zusammenhängen. Das genau gearbeitete Inhaltsverzeichnis ermöglicht bei gelegentlicher Benutzung ein leichtes Auffinden des Nötigen.“*
*Deutsch-Protestantische Bücherschau.*

**Kollenscher,** M., **Rechtsverhältnisse der Juden in Preußen.** Taschenformat. VIII, 199 Seiten. 1910. (Guttentagsche Sammlung Preußischer Gesetze Bd. 45.) . . . . . . . . . . . . . . . . . . . . . . . RM. 2,40

*„Eine zusammenfassende, erschöpfende Darstellung der in den verschiedensten Quellen zerstreuten zahlreichen Judengesetze und Verordnungen. Jede Synagogengemeinde und jeder, der sich mit jüdischen Angelegenheiten beschäftigt, müßte dieses Buch besitzen."*
*Jüdische Rundschau.*

### 3. Steuerrecht

**Nieberl,** A., **Reichsabgabenordnung** vom 13. Dezember 1919 nebst Einführungsverordnung vom 18. Dezember 1919 und Übergangsverordnung vom 11. Oktober 1921. Textausgabe mit Anmerkungen und ausführlichem Sachregister. Zweite, neubearbeitete Auflage. Taschenformat. 1927. (Guttentagsche Sammlung Deutscher Reichsgesetze Bd. 143.) . . . . . . . . . . . . . . . . . . . . . . Geb. RM. 12.—

*„Die Darstellung ist leicht verständlich und klar. Das Sachregister ist gründlich bearbeitet. Jedenfalls wird das Buch, das einen mit der praktischen Handhabung der RAbgO. vertrauten Verfasser erkennen läßt, nicht nur den Steuerbeamten, sondern auch dem rechtsuchenden Publikum und seinen Beratern ein willkommener guter Führer auf diesem Gebiet sein."* *Juristische Wochenschrift.*

**Michaelis,** Richard, **Die Dritte Steuernotverordnung** vom 14. Februar 1924. Mit besonders ausführlicher Berücksichtigung der Vorschriften über die Aufwertung und die öffentlichen Anleihen. Taschenformat. VIII, 388 Seiten. 1924. (Guttentagsche Sammlung Deutscher Reichsgesetze Bd. 157.) . . . . . . . . . . . . . . . . . Geb. RM. 7.—

*„Ganz besonders zu rühmen ist der Kommentar von Michaelis, der dank seiner eingehenden und gründlichen Bearbeitungsweise erheblichen Einfluß auf die Praxis gewonnen hat."* *Juristische Wochenschrift.*

**Hollaender,** Adolf, **Einkommensteuergesetz und Körperschaftsteuergesetz** nebst den zugehörigen Aus- und Durchführungsbestimmungen, Verordnungen und Erlassen. Taschenformat. XXXIX, 697 Seiten. 1926. Mit Nachtrag. 1928. (Guttentagsche Sammlung Deutscher Reichsgesetze Bd. 151.) . . . . . . . . . . . . . . . . Geb. RM. 24.—

*„Das auf die Bedürfnisse der Praxis abgestellte und ihnen gerecht werdende Buch wird jedem gute Dienste leisten, der sich handelnd oder leitend auf dem äußerst unsicheren, ohne Hilfsmittel überhaupt nicht begehbaren Boden der heutigen Einkommensteuer zurechtfinden muß."* *Juristische Rundschau.*

**Pick, Reichsbewertungsgesetz.** Textausgabe mit Anmerkungen. In Bearbeitung.

**Wrzeszinski,** Richard, und **Simon,** H. Veit, **Vermögenssteuergesetz und Reichsbewertungsgesetz.** Kommentar . . . . . . . In Bearbeitung.

**Schachian,** Herbert, **Erbschaftsteuergesetz,** Fassung vom 22. August 1925, mit Anmerkungen. Vierte Auflage. Oktav. 65 Seiten. 1926. RM. 2.50

*„Eine vollständige Darstellung des Erbschaftssteuerrechts und der zugrunde liegenden bürgerlich-rechtlichen Vorschriften des Erbrechts. Als wissenschaftliche und praktische Leistung steht der klar und scharf geschriebene Kommentar in vorderster Reihe unter seinen Rivalen; er ist als Wegweiser besonders zu empfehlen."*
*Juristische Wochenschrift.*

**Hoffmann,** U., **Die preußischen Erbschaftsteuergesetze.** Taschenformat. 561 Seiten. 1905. (Guttentagsche Sammlung Preußischer Gesetze Bd. 20.) . . . . . . . . . . . . . . . . . . . . . . . RM. 3.—

**Lindemann,** Otto, **Umsatzsteuergesetz** (neueste Fassung) mit Ausführungsbestimmungen. Vierte, vermehrte und verbesserte Auflage. Taschenformat. 518 Seiten. 1926. (Guttentagsche Sammlung Deutscher Reichsgesetze Bd. 132.) . . . . . . . . . . . . . . Geb. RM. 10.—

*„Es handelt sich um einen ausführlichen, gediegenen und klar abgefaßten Kommentar, der den weiteren Vorzug besitzt, auf dem laufenden zu sein. Das Werk kann allen Interessenten nur warm empfohlen werden." Industrie- und Handelszeitung.*

**Meyer,** E. H., **Gesetzgebung über Steuer- und Kapitalflucht.** Zweite Auflage. Taschenformat. 129 Seiten. 1921. (Guttentagsche Sammlung Deutscher Reichsgesetze Bd. 145.) . . . . . . . Geb. RM. 1.60

*„Das Büchlein enthält den Text der einschlagenden vier Gesetze samt den vier Verordnungen gegen die Kapitalabwanderung bzw. Kapitalflucht, eine kurze Übersicht über den Inhalt der Gesetze und sehr knapp gehaltene Anmerkungen. Sein Wert liegt in der handlichen Zusammenfassung der einschlagenden Vorschriften."*
*Juristische Wochenschrift.*

**Lindemann,** Otto, **Grunderwerbsteuergesetz** (neueste Fassung) mit den Ausführungsbestimmungen. Zweite, völlig umgearbeitete Auflage. Taschenformat. 186 Seiten. 1926. Mit Nachtrag 1927. (Guttentagsche Sammlung Deutscher Reichsgesetze Bd. 139.) . . . . Geb. RM. 4.—

*„Das Buch wird manchem in den mannigfachen Streitfragen des in der Praxis sehr einschneidenden Gesetzes ein willkommener Ratgeber sein. Die Erläuterungen zeichnen sich durch Klarheit und Gemeinverständlichkeit im besten Sinne aus." Württembergische Industrie.*

**Hagelberg,** E., und **Krämer,** L., **Grunderwerbsteuergesetz** vom 12. September 1919 (RGBl. S. 1617) in der Fassung des Gesetzes vom 11. März 1927 (RGBl. I S. 72) nebst Einleitung, Sachregister und Ausführungsbestimmungen und der einschlägigen Vorschriften des Finanzausgleichs-Steuermilderungsgesetzes und Steuerstrafrechts. Für die Praxis erläutert. Zweite, völlig umgearbeitete und erweiterte Auflage. 1928. Groß-Oktav. 355 Seiten . . . . . . . . Geb. RM. 15.—

*„Die verhältnismäßige Kürze ihrer Erläuterungen bei großer Vollständigkeit ist zu rühmen. Das Buch ist nicht nur für den Juristen, sondern auch für den gebildeten Laien, namentlich Grundstücksmakler und Hausbesitzer, von großem, praktischen Wert."*
*Zeitschrift d. Deutsch. Notarvereins.*

**Hagelberg,** E., und **Krämer,** L., **Wertzuwachssteuerrecht.** Kommentar. Groß-Oktav. 256 Seiten. 1929 . . . . . RM. 12.—, geb. RM. 13.50

*Die Verfasser kommentieren die neue Wertzuwachssteuerordnung für Berlin und die preußische Mustersteuerordnung. Ihr Buch ist ein Leitfaden für die Steuerpflichtigen und ihre Rechtsberater und die mit der Wertzuwachssteuer befaßten Behörden. Es stellt die rechtliche und wirtschaftliche Bedeutung der Bestimmungen klar: Die Rechtsprechung des Preußischen Oberverwaltungsgerichts wurde erschöpfend berücksichtigt. Auch Spezialfragen wie die Aufwertung und das Schwarzkaufwesen wurden behandelt.*

**Hoepker,** Heinrich, **Die Industriebelastungsgesetze** vom 30. August 1924 nebst den Durchführungsbestimmungen zum Gesetz über die Industriebelastung. Taschenformat. XV, 200 Seiten. 1925. Mit Nachträgen. (Guttentagsche Sammlung Deutscher Reichsgesetze Bd. 159.)
Geb. RM. 4.—

*„Die Anmerkungen sind erschöpfend und führen den Leser mit Geschick in die schwierige und neue Materie ein. Rechtsanwälte sowie Kaufleute, für welche die Industriebelastung in Frage kommt, werden das mit einem guten Sachregister ausgestattete Werk mit gleichem Nutzen gebrauchen!" Industrie- und Handels-Zeitung.*

**Eiffler,** Kurt, **Staatliche Verwaltungsgebühren.** Gesetz über staatliche Verwaltungsgebühren vom 29. September 1923 nebst Gebührenordnungen und Ausführungsbestimmungen. Taschenformat. 192 Seiten. Mit Nachtrag. 1925. (Guttentagsche Sammlung Preußischer Gesetze Bd. 61.) Geb. RM. 6.—

*„Das Buch ist für alle preußischen staatlichen und kommunalen Behörden unentbehrlich"* *Deutsches Beamtenarchiv*

**Loeck,** P., und **Eiffler,** K., **Preußisches Stempelsteuergesetz** mit den gesamten Ausführungsbestimmungen. Unter besonderer Berücksichtigung der Entscheidungen der Verwaltungsbehörden und der Gerichte herausgegeben. Zehnte, neubearbeitete Auflage. Taschenformat. 476 Seiten. 1928. (Guttentagsche Sammlung Preußischer Gesetze Bd. 18.) Geb. RM. 13.—

*„Die zahlreichen Auflagen zeugen für die Güte und praktische Brauchbarkeit des Buches, das durch den von Eiffler hinzugefügten Anhang auf den gegenwärtigen Rechtsstand gebracht ist."* *Finanz-Ministerialblatt*

**Lebbin,** Georg, **Nahrungsmittelgesetze** mit Erläuterungen. Zweite, stark vermehrte Auflage in zwei Bänden.
Zweiter Band: **Getränkegesetze und Getränkesteuergesetze** (Wein, Bier, Branntwein, Mineralwasser). Unter Mitarbeit von Rechtsanwalt Dr Kniebe. Taschenformat. XII, 400 Seiten. 1926. (Guttentagsche Sammlung Deutscher Reichsgesetze Bd. 54b.) . . . . . . Geb. RM. 10.—

*„Die wichtigsten Gesetze sind eingehend kommentiert und so vollständig ergänzt, daß die Sammlung als unentbehrliches Hilfsmittel, wie es in dieser Art bislang noch fehlte, für den Sachbearbeiter bei Behörden und Verbänden sowohl als auch für den Kaufmann der Branche zu begrüßen ist"* *Württembergische Wirtschafts-Zeitschrift*

**Wündisch,** Friedrich, **Das Tabaksteuergesetz** vom 12. September 1919 nebst den Ausführungsbestimmungen vom 26. Februar 1920. Taschenformat. 286 Seiten. 1920. Mit Nachtrag 1925. (Guttentagsche Sammlung Deutscher Reichsgesetze Bd. 146.) . . . . . . . . Geb. RM. 4.—

*„Endlich ein Kommentar zum Tabaksteuergesetz! Die Ausgabe kommt den Wünschen der Praxis nach einer erschöpfenden Darstellung des neuen Gesetzes in umfassender Weise entgegen. Das Buch bildet eine ausgezeichnete Informationsquelle für alle Fragen, die in der Praxis vorkommen."* *Deutsche Tabak-Zeitung*

## VII. Entscheidungs-Sammlungen und Zeitschriften.

**Entscheidungen des Reichsarbeitsgerichts.** Herausgegeben von den Mitgliedern des Reichsarbeitsgerichts. Oktav.
Band I. 1928. Band II. 1928/29. Band III. 1929. Band IV. 1929/30. Je RM. 6.50, geb. RM. 8.—

**Entscheidungen des Reichsgerichts.** Herausgegeben von den Mitgliedern des Gerichtshofes u. d. Reichsanwaltschaft. Oktav. (2 Sammlungen.)

1. **Entscheidungen in Zivilsachen.** (Werden in Heften im Umfange von etwa 5 bis 6 Bogen sowie in vollständigen Bänden, geheftet und gebunden, ausgegeben. Jährlich 4 Bände.) 1.—126. Band. Je RM. 6.50, geb. RM. 8.—

2. **Entscheidungen in Strafsachen.** (Werden in Heften im Umfange von 5 bis 6 Bogen sowie in vollständigen Bänden, geheftet und gebunden, ausgegeben. Jährlich 1 Band.) 1.—63. Band. Je RM. 6.50, geb./ RM. 8.—

**Zeitschrift für die gesamte Strafrechtswissenschaft.** Gegründet von Fr. von **Liszt** und **A. Dochow.** Unter ständiger Mitarbeiterschaft hervorragender Fachmänner herausgegeben von Prof. Dr. K. **von Lilienthal**, Prof. Dr. Ed. **Kohlrausch** und Prof. Dr. W. **Gleispach.** Der Jahrgang besteht aus 8—9 Heften. Quart.

Bd. 1—43. 1881—1922. Je RM. 15.—. Bd. 44. 1922. RM. 25.—.

Bd. 45. 1924. RM. 21.—. Bd. 46—49. 1925—1929. Je RM. 30.—. Bd. 50. 1929/30. RM. 36.—.

**Juristische Rundschau.** Herausgegeben von Otto **Lindemann,** Ministerialdirektor, Geh. Oberjustizrat, Berlin, Dr. Friedrich **Flad,** Senatspräsident beim Reichsgericht, Leipzig, Fritz **Hartung,** Ministerialrat im preußischen Justizministerium, Berlin, und

**Höchstrichterliche Rechtsprechung.** Herausgegeben von Eugen **Friedrichs,** Oberlandesgerichtsrat, Naumburg a. d. S., Dr. Albert **Feisenberger,** Reichsanwalt, Leipzig, Benno **Mugdan,** Kammergerichtsrat i. R., Geh. Justizrat, Berlin. — Erscheint am 1. und 15. jeden Monats.

6. Jahrgang. 1930. Vierteljährlich RM. 7.50, Einzelheft RM. 1.50
Beilage „Höchstrichterliche Rechtsprechung" einzeln vierteljährlich 5.—

**Judicium.** Vierteljahresschrift für die gesamte Zivilrechtspflege. Unter ständiger Mitarbeit von J. Goldschmidt (Berlin), H. Lehmann (Köln), R. Pollak (Wien), L. Rosenberg (Gießen), H. Walsmann (Rostock) herausgegeben von W. **Kisch** (München), H. **Lucas** (Berlin), A. **Mendelssohn-Bartholdy** (Hamburg), M. **Pagenstecher** (Hamburg), J. D. **Sauerländer** (München), H. **Sperl** (Wien), E. **Volkmar** (Berlin). Vierteljährlich erscheint 1 Heft. Der Jahrgang beginnt am 15. November. 2. Jahrgang 1929/30. (Friederichsen, de Gruyter & Co. m. b. H., Hamburg 36.) . . . . . . . . . . . . . . . . . RM. 24.—

**Zeitschrift für ausländisches und internationales Privatrecht.** Herausgegeben in Gemeinschaft mit Ernst **Heymann,** Heinrich **Titze,** Martin **Wolff,** ordentliche Professoren an der Universität Berlin, wissenschaftliche Berater des Instituts, Max **Pagenstecher,** o. Professor an der Universität Hamburg, Franz **Schlegelberger,** Ministerialdirektor im Reichsjustizministerium, Honorarprofessor an der Universität Berlin, von Ernst **Rabel,** o. Professor an der Universität Berlin, Direktor des Instituts. Jährlich 6 Hefte im Umfang von etwa 65 Bogen.

Preis des dritten Jahrganges RM. 50.—

**Zeitschrift für Bergrecht.** Bis zu seinem Tode herausgegeben von dem Wirkl. Geh. Rat, Berghauptmann a. D. Dr. jur. H. Brassert. Redigiert und herausgegeben von den rechtskundigen Ministerialräten der Bergabteilung des Preußischen Ministeriums für Handel und Gewerbe. Jährlich ein Band von mehreren Heften. Die Hefte erscheinen in zwangsloser Folge. 1928/29. RM. 20.—, Jahrgang 70, Heft 1/2. 1929. RM. 10.—

**Zeitschrift für das gesamte Luftrecht (ZLR.).** Herausgegeben von weiland Dr. jur. Otto **Schreiber.** Erscheint in Bänden zu je vier Heften.

Band I. 1926/28 . . . . . . . . . . . RM. 50.—, geb. RM. 55.—

Band II, Heft 1 . . . . . . . . . . . . . . . . . . . . RM. 10.—

**Bank-Archiv.** Zeitschrift für Bank- und Börsenwesen. Unter Mitwirkung von hervorragenden Fachmännern herausgegeben von Geh. Justizrat Prof. Dr. **Rießer,** Berlin. Schriftleitung: Rechtsanwalt Otto **Bernstein,** geschäftsführendes Mitglied des Centralverbandes des Deutschen Bankund Bankiersgewerbes. Quart. Jährlich 24 Nummern. XXIX. Jahrgang. 1929/30 . . . . . . . . . . . Pro Halbjahr RM. 12.—